自贸区研究系列

中国自由贸易试验区协同创新中心

2020上海城市经济与管理发展报告

长三角生态绿色一体化发展示范区建设与上海城市能级提升

上海财经大学上海发展研究院　上海财经大学城市与区域科学学院
上海市政府决策咨询研究基地“赵晓雷工作室”
上海市教育系统“赵晓雷城市经济与管理工作室”　编

主　编　赵晓雷
副主编　何　骏
编　委　(按姓氏笔划)
邓涛涛　张锦华　张祥建

格致出版社　上海人民出版社

前 言

2018年11月5日，国家主席习近平在首届中国国际进口博览会上发表主旨演讲，提出支持长江三角洲区域一体化发展并上升为国家战略，着力落实新发展理念，构建现代化经济体系，推进更高起点的深化改革和更高层次的对外开放，同“一带一路”建设、京津冀协同发展、长江经济带发展、粤港澳大湾区建设相互配合，完善中国改革开放空间布局。长三角一体化上升成为国家战略。

建设长三角一体化发展示范区，可以将一系列深化改革措施在示范区内试点，进行集中落实、率先突破、系统集成，努力打造贯彻新发展理念的新标杆，一体化体制机制的试验田，引领长三角更高质量一体化发展的新引擎。长三角一体化发展示范区不同于一般的城市功能区，其特点在于功能结构的特殊性和空间形态的特殊性。在功能结构上，主导功能是为长三角区域更高质量一体化发展起示范带动作用。由主导功能所决定，示范区的产业要融合发展并集群化，产业园区与居民社区融合发展并城市化，经济活动与社会活动互相融合并社区化。在空间形态上，示范区跨省级行政区划，但又不能变更行政区划，要在既定的行政区划条件下打破行政分割壁垒，创新构建一体化发展体制机制，由分割式管理向一体化管理转型。

全书共分五章，分别从不同的视角分析了长三角一体化发展示范区建设与上海城市能级提升相关的重大问题。本报告的主要内容包括长三角一体化示范区的区域规划和功能，长三角一体化发展示范区产业优化布局机制，长三角一体化发展示范区建设与上海二元经济结构消除，上海各行政区土地承载力及土地利用效率实证分析，长三角一体化发展示范区建设与上海城市区位功能结构优化。

本书的研究工作由上海市政府决策咨询研究基地“赵晓雷工作室”及上海财经大学上海发展研究院、城市与区域科学学院负责实施。本书的主题设计、框架确定及总体组织由赵晓雷负责。全书共五章，各章的分工如下：第1章，何骏、杨宇宇；第2章，何骏、董春风、郭岚；第3章，张锦华；第4章，张祥建、李永盛、刘潇、莫兰（西南大学）；第5章，邓涛涛、杨星福、陶修军。

赵晓雷

2019年10月于上海财经大学

目 录

目录

第1章
长三角一体化示范区的区域规划和功能

1.1　长三角一体化示范区产生的背景

1.1.1　长三角一体化国家战略的产生与发展

2018年11月5日，国家主席习近平在首届中国国际进口博览会上发表主旨演讲，提出支持长江三角洲区域一体化发展并上升为国家战略，着力落实新发展理念，构建现代化经济体系，推进更高起点的深化改革和更高层次的对外开放，同"一带一路"建设、京津冀协同发展、长江经济带发展、粤港澳大湾区建设相互配合，完善中国改革开放空间布局。长三角一体化上升成为国家战略。

1. 长三角的经济地位和重要性

长三角区域覆盖三省一市，包括上海、江苏、浙江、安徽，地域面积达35.9万平方公里，占全国的1/26；常住人口约2.2亿人，占全国的1/6。长三角区域可以说是我国地域相邻、文化相通、交通网络发达、综合经济实力最强、经济活跃度最高的地区之一。其不仅是中国和长江经济带的经济、金融和产业高地和对外开放的前沿，更是中国经济结构转型升级的探路先锋，经济地位和重要性不言而喻。

(1) 经济基础好。

2018年，上海、浙江、江苏以及安徽共三省一市GDP总量达21.15万亿元，占全国GDP的23.5%。长三角城市群是中国先进实体经济的引领区，从产业基础来看，汽车产业产值占全国产值的26.23%，造船产业产值占全国产值的30.8%，通信产业产值占全国产值的29.9%。从进出口来看，长三角进口贸易额占全国总额的44.48%，出口贸易额占全国总额的69.62%，各港口货物吞吐量占全国总量的39.55%。此外，长三角还是中国金融服务业的重要基地，上市公司数量占全国总数的 33.96%，上市公司融资占全国融资总额的 29.54%。

毫无疑问，长三角地区已经成为我国经济发展的标杆，是对内辐射、对外开放的龙头，具备一体化发展的经济基础。同时，为了形成更大的发展合力，让这种经济基础更好地发挥作用，必然要求长三角要实现更高质量的发展，走一体化的发展方式。

（2）长三角城市群居六大世界级城市群之一。

全球层面来看，城市群已成为国家参与世界竞争与国际分工的全新地域单元，决定着 21 世纪政治经济发展的新格局，是世界经济重心转移的重要承载体，更是国与国之间竞争的主阵地。长三角城市群作为在规模上已跻身国际公认的六大世界级城市群，在引领中国经济发展中任重道远。

目前以上海为中心的 26 个城市组成的长三角城市群居六大世界级城市群之一，其中，上海是具有国际影响力特大型城市，是长三角龙头城市，是中国经济、金融、航运、贸易中心，是长江经济带和长三角的科技创新中心和产业发展高地。目前在长三角区域已经形成以上海为中心的“一超多强众小”的金字塔形城市总体格局。

当今世界，城市群、都市圈的竞争力是一个国家竞争力的关键所在。长三角一体化上升为国家战略，就是希望长三角区域通过一体化，推动经济、政治、文化、社会、生态各领域高质量全面发展，继而成为引领中国未来发展的排头兵、示范区。

（3）高度对外开放。

长三角区域的协同开放水平较高，净出口总额占到全国总额的 37%、吸收外商直接投资占到全国外商直接投资的 62%、对外直接投资占全国的 29%。

上海自贸试验区是国内最早设立全面深化改革和对外开放的试验区和探路先锋，经过近年来的实践已经积累大量改革试点经验，自贸试验区以 1/50 的面积创造了上海市 1/4 的生产总值、40%的实到外资和外贸进出口总额。

（4）创新集中高地。

高度发展的经济滋生了创新的土壤，长三角区域内集中了全国 1/4 的双一流高校、国家重点实验室、国家工程研究中心，拥有 13 个国家重大科技基础设施，国家级重点实验室、工程技术研究中心、企业技术中心总数超过 500 家，还有全国 1/3 的研发经费支出和有效的发明专利。

此外，长三角还是我国战略新兴产业集中地。比如集成电路和软件信息服务产业产值，分别占了全国的 1/2 和 1/3。

（5）示范作用强。

从区域空间讲，长三角区域处于“一带一路”和长江经济带的交汇地带，对长江经济带起到了重要的引领带动作用。目前，长三角在转型发展、对外开放、科技创新策源地打造等方面都是先行示范区。现在把长三角区域一体化上升为国家战略具有非常重要的战略示范作用。

首先，在对外开放上，长三角一直走在全国最前沿，在新的形势下，我们要进一步深化对外开放，这不仅是要更加开放市场、引进外资，更多的还是要走出去、参与“一带一路”建设。长三角在这方面将有更大、更积极的作用。

其次，对中国来说，现在最重要的是要转型升级、创新驱动发展，习近平总书记提出上海要建设具有全球影响力的创新中心，对周边地区也提出了相应的战略定位和要求。长三角地区不仅可以集聚大量高端的科创资源，成为科技创新的策源地，更重要的是，它还是一个非常好的腹地，这里产业发达、产业门类丰富、产业水平比较高。长三角地区科创能力的提升，将对整个国家发展起到强有力的支撑作用。

2. 长三角一体化可能性

由于经济基础和历史渊源的原因，长三角一体化更具备现实可行性。与粤港澳大湾区发展相比，长三角一体化具备同样的制度基础，文化认同感也更高。与京津冀相比，长三角的内部融合程度更高，市场经济发展程度高。因此，在国内城市群的建设过程中，长三角一体化更具备现实可能性和示范性。

(1) 经济基础近似。

近年来，一方面上海跟浙江、江苏、安徽等周边地区之间，特别是大城市跟中小城市之间的发展差距明显缩小，产业发展水平、人均收入水平等越来越接近。另一方面，长三角地区的基础设施大踏步前进，高铁、跨江跨海快速交通、互联网、物流体系等的发展，为一体化打下了很好的物质基础，缩短了时空距离，让资金、人才、技术等各种要素可以更便捷地流动和配置。更高质量的一体化具备良好的经济基础。

(2) 文化认同感强。

一体化与文化认同密切相关，文化认同有助于降低风险成本、磨合成本，加强地区凝聚力。没有共同文化认同的黏结，一体化实现就更加困难。

长三角在区域文化认同方面有着得天独厚的条件。从历史上看，这一区域在历史上就有千丝万缕的联系。在历史上的很多朝代，它们都属于同一行政区划。一直以来，长三角区域内部人员和经济的联系就很密切，且从未被割裂过。长三角一脉相承的文化认同渊源，为三省一市的经济合作以及一体化进程的推动奠定了坚实的基础。

3. 长三角一体化的发展历程

“长三角一体化战略”至今已经走过37个年头，这段时间里，“长三角一体化”概念上一变再变，空间上一扩再扩。

1982年12月，国务院决定建立上海（长江三角洲）经济区，范围是以上海为中心，由包括苏州、无锡、常州、南通、杭州、嘉兴、湖州、宁波、绍兴等长江三角洲的9个城市组成。

在国务院进行机构改革的大背景下，上海经济区规划办被撤销，7月，上海经济区最后一次省市长会议在上海举行，处理各项善后工作。至此，规划办历时5年多的艰苦试验画上了句号。

1992年，“长三角城市群”一词横空出世，最初包括上海、杭州、宁波、湖州、嘉兴、绍兴、舟山、南京、镇江、扬州、泰州、常州、无锡、苏州、南通14个地级市，后又分别在1996年纳入泰州，2003年纳入台州，最终以江浙沪的16个城市为主体形态的长三角城市群最终得以形成。

2010年，国家发展改革委发布“长江三角洲地区区域规划”，将长三角区域范围界定为江浙沪全境内的25个地级市，在原有16个城市的基础上，加进了苏北的徐州、淮阴、连云港、宿迁、盐城和浙西南的金华、温州、丽水、衢州。

2016年，《长江三角洲城市群发展规划》发布，在2省1市25个城市的基础上去掉了江浙的一些城市，同时将安徽省的8个城市纳入长江三角洲城市群。最终的范围包括上海市，江苏省的南京、苏州、无锡、南通、泰州、扬州、盐城、镇江、常州，浙江省的杭州、湖州、嘉兴、宁波、舟山、绍兴、金华、台州，安徽省的合肥、芜湖、马鞍山、铜陵、安庆、池州、滁州、宣城，一共为26个地级市。

从“雏形”到最终“成形”，“长三角一体化”足足走过了34个年头；最终，在2018年11月首届中国国际进口博览会开幕式上，“长三角一体化”完成最新一次升级。开幕式上，国家主席习近平在发言中提到，将支持长江三角洲区域一体化发展并上升为国家战略，前后耗时36年。

长三角一体化发展上升成为国家战略后，又有了新的进展。

2018年6月，上海、浙江、江苏以及安徽共三省一市共同编制《长三角地区一体化发展三年行动计划（2018—2020年）》的纲领性文件，计划囊括了12个合作专题，覆盖范围包括上海、江苏、浙江、安徽全境的41个城市。

2018年10月《长三角地区加快构建区域创新共同体战略合作协议》，共同构建长三角创新创业的生态体系，打造G60科技走廊。

2018年11月5日，习近平主席在首届中国国际进口博览会上提出，支持长江三角洲区域一体化并上升为国家战略。自此，长三角一体化进程更进一步。

4. 长三角一体化未来规划

长三角地区是中国经济最具活力、开放程度最高、创新能力最强的区域之一，其一体化发展已经到了全面深化的关键阶段。随着长三角一体化高质量发展上升为国家战略，三省一市也提出了未来的发展规划。

2018年6月，上海、浙江、江苏以及安徽三省一市共同编制《长三角地区一体化发展三年行动计划(2018—2020年)》的纲领性文件，明确了长三角一体化发展的任务书、时间表和路线图。

三年行动计划明确要将长三角地区建设成为“全国贯彻新发展理念的引领示范区，成为全球资源配置的亚太门户，成为具有全球竞争力的世界级城市群”。根据该计划，到2020年，长三角地区要基本形成世界级城市群框架，建成枢纽型、功能性、网络化的基础设施体系，基本形成创新引领的区域产业体系和协同创新体系，绿色美丽长三角建设取得重大进展，区域公共服务供给便利化程度明显提升。

具体而言，长三角三省一市未来将在以下7个领域展开重点合作：

共建互联互通综合交通体系，建设畅达便捷长三角。加强轨道交通同建设，持续推进区域港航协同发展，全面提升省际公路运输能力，协力打造长三角世界级机场群，强化交通运输联合执法，完善公共交通服务一体化。

提升能源互济互保能力，建设安全高效长三角。推进区域油气煤技术设施建设，持续提升电网综合能力，深化新能源领域合作，推动区域能源市场建设。

强化创新驱动，建设协同创新长三角。共建内聚外合的开放型创新网络，推动长三角产业链深度融合，推动跨行政区融合发展。

共建高速泛在的信息网络，建设数字智慧长三角。共同推进新一代信息基础设施建设，合力推动长三角工业互联网建设，深入推动长三角智慧应用。

合力打好污染防治攻坚战，建设绿色美丽长三角。强化生态系统和生态空间保护，推进江河湖海水环境协同治理，深入推进大气污染协同防治。

共享普惠便利的公共服务，建设幸福和谐长三角。强化区域食品安全管理，共建高品质的世界著名旅游目的地，共同促进体育产业联动发展，加强区域养老服务合作，持续开展劳动保障法治写作，深化区域人力资源协作，提升跨区域社会保障服务便利化水平。

共创有序透明的市场环境，建设开放活力长三角。努力建设信用长三角，共同做好涉外服务保障，加强区域一体化市场建设，促进区域金融协调发展与风险防范。

5. 长三角一体化更进一步面临的问题

长三角地区一体化取得了积极进展。长三角地区差距持续缩小，经济联系更加活跃，区域产业分工合作水平进一步提升，市场整合度不断提高，科技创新能力显著增强，基础设施及基本公共服务明显改善。随着长三角一体化发展上升为国家战略，三省一市的联系更加紧密和深入，一体化未来的发展空间巨大。

但是，从既往发展的事实经验来看，长三角地区一体化在深化发展进程中还存在一些深层次问题，并未得到根本解决。

(1) 体制机制不健全。

真正长期地、持续地扭曲一体化进程的主要力量，可以归结为制度方面的阻碍因素。经过多年努力，长三角在跨地区协调机制建设方面已经取得了较为显著的成绩，但也面临政策配套、立法和资金等保障机制不完善，利益协调机制不健全等现实挑战。

不健全的体制机制造成的政策不协调，即政策歧视，会阻碍长三角更高质量的一体化发展。

(2) 产业趋同程度依然较高。

由于地理区位的相似性，以及江苏省、浙江省、安徽省受上海产业转移的影响因素，长三角地区产业结构趋同化现象比较突出，尤其是江浙皖地区，产业同构现象较为严重，地区间低水平同质化竞争较为激烈。

从区位熵指标来看，长三角地区产业布局各有优势，存在着一定的互补性，但优势产业重合度依然较高。浙江省几乎所有区位熵大于1的制造业行业均与江苏省重合，江苏省几乎所有区位熵大于1的高端制造业行业均与上海重合。

(3) "断头路"现象仍存在。

长三角一体化过程中的"断头路"既体现在省市之间交通基础设施方面，也体现在公共服务方面。

就前者来说，上海的青浦还有多条与苏、浙两省对接道路未接通；浙江的宁波正在全力加快沪嘉甬铁路的前期工作，谋划甬台温高铁，打通全国沿海高铁的"断头路"。

就公共服务层面上的"断头路"来说，还需要在制度供给、政策推动上发力，需要三省一市在发展战略、规划上深度接轨，小到交通卡的异地互通互用，大到金融机构资金、人力资源乃至土地资源的自由流动、流转。长三角一体化的深入，在市场一体化共享机制、公共服务和社会治理协调机制、生态环境等方方面面都需发力，医疗、教育、市场管理同样需要破除"断头路"。

(4) 生态环境相对脆弱。

从单位GDP耗电量、废水排放量、固体废物排放量、PM2.5、PM10、酸雨发生率等指标来看,长三角三省一市需进一步节能减排,环境质量不容乐观。

脆弱的生态环境无疑会成为长三角高质量一体化发展的短板。未来长三角地区一体化发展应更加注重坚持生态优先,强化生态系统和生态空间保护,严格保护跨省界重要生态空间,加快形成保护和开发的良性循环,深入推进大气污染协同防治,强化区域环境协同监管,进一步完善区域环保合作机制,研究建立多元生态补偿机制等,促成优质生态产品供给能力不断提升,基本建成与世界级城市群相适应的自然生态、人居环境和区域风貌。

6. 长三角一体化的目标

长江三角洲区域一体化发展已经上升为国家战略,从国际、国内的经济发展形势,以及长三角加强自身竞争力的需要,未来一段时期,长三角一体化的目标主要分为以下三个方面:一是实现更高质量的一体化,二是建设世界级城市群,三是完善改革开放的布局。

(1) 实现更高质量一体化。

首先,就是以形成高质量发展标杆为目标来推进经济结构优化和发展方式转变。中国经济已经由高速增长阶段转向高质量发展阶段。身处百年未有之大变局,能否实现高质量发展,决定着中国在国际上所处的地位,也决定着中国未来的命运。长三角区域作为当前全国发展基础最好、整体实力最强的地区之一,具有在高起点上实现更好发展的优势与条件。它不仅是推动我们国家高质量发展的动力源,还要成为高质量发展的标杆。

其次,要以打造国际一流营商环境为目标,推进体制与管理的创新。推动体制机制创新,不是虚无缥缈的,更不是高高在上的,必须围绕实实在在的东西,通过打造一流营商环境来全面改善体制机制和管理服务,就是要找到一个重要抓手。

最后,要以建立城乡融合发展和建设美丽田园为目标,推进社会治理变革,改善基本公共服务。

(2) 建设世界级城市群。

凭借深厚的经济基础和极强的经济活力,长三角成为全国发展基础最好、体制环境最优、整体竞争力最强的地区之一,战略地位不断加强。其中最主要的定位,就是形成一个面向全球、辐射亚太、引领全国的世界级城市群。

早在2010年5月,国务院批准实施的《长江三角洲地区区域规划》就已经明确了长三角地区要建成具有较强国际竞争力的世界级城市群。2016年5月,国务院通过的《长江三角洲城市群发展规划》则进一步明确，到2030年长三角要全面建成具有全球影响力的世界级城市群，并承担全国新一轮改革开放排头兵的重要战略定位。

从长三角城市群的发展来看，中心城市上海在经济实力、科创实力、国际竞争能力等方面表现突出，带动城市及区域共同体发展作用强劲。而南京都市圈、杭州都市圈、合肥都市圈、苏锡常都市圈、宁波都市圈等在现代经济体系和治理体系建设方面也相对成熟，长三角地区改革创新与开放发展的能力和动力始终走在全国前列。

一体化是城市群发展的最高阶段，是实现区域要素自由流动和资源有效配置的最佳形态。长三角地区有相近的自然地理环境和人文环境，并且在不断发展的进程中形成了政治、经济、社会等方面的相互依赖，具备形成一体化发展的现实基础。尤其是近年来，在党和国家的支持与指导下，地方政府积极推动区域一体化，形成了协调充分、互动紧密的发展联盟。以《长三角地区一体化发展三年行动计划》为蓝本，长三角规划一张图、交通一张网、民生一卡通和市场一体化正在逐步实现。

(3) 完善改革开放布局。

长三角一体化发展上升为国家战略，一方面能够进一步发挥长三角地区在长江经济带国家战略中的龙头与核心作用；另一方面通过对长三角一体化发展的战略升级，与京津冀协同发展、粤港澳大湾区共同形成三大区域经济发展的整体格局，带动经济稳定发展，对我国当前面对复杂多变的国际环境和经济增长放缓的情况，具有重要的战略性意义。

从地理空间上看，长三角一体化上升为国家战略后，与京津冀协同发展、粤港澳大湾区共同形成了我国经济发展从北向南不断延伸的经济发展核心承载区。在此基础上，结合"一带一路"建设和长江经济带发展共同构建了当前我国新一轮改革开放的空间布局。

长三角地区是我国经济发展过程中最重要的组成部分，且长三角一体化区域协同发展机制在经历了此前多年的实践探索后，在消除市场经济发展的行政壁垒、区域壁垒等方面都具有全国领先的经验与基础，由此作为改革开放40周年的一项重要举措，亦是顺应发展的实践需求。

长三角区域一体化上升为国家战略，在长三角推进更高起点的深化改革和更高层次的对外开放，有利于进一步推动长三角城市群更高质量一体化，进一步加快长三角的高质量发展，形成可复制、可推广、可辐射的经验做法，更好地发挥长三角在中国新一轮改革开放中的带动作用。

1.1.2　示范区对长三角一体化的意义

长三角一体化进程取得了一系列积极进展，无论是经济发展、产业分工、市场开放、科技创新等方面，都为其他地区提供了借鉴经验。但一体化在深化发展过程中，仍然存在一些深层次问题，还没有得到根本解决。

建设长三角一体化发展示范区，可以将一系列深化改革的措施在示范区内试点，进行集中落实、率先突破、系统集成，努力打造贯彻新发展理念的新标杆、一体化体制机制的试验田、引领长三角更高质量一体化发展的新引擎。

1. 示范区对长三角一体化的意义

作为我国经济最具活力、开放程度最高、科技创新能力最强、产业体系最完备、要素流动最便捷的区域之一，长三角地区正处于转型提升、创新发展的关键阶段。站在新的历史方位上，长三角三省一市应立足服务国家战略，充分利用得天独厚的资源禀赋条件和区位优势，共同打造长三角一体化发展示范区，加强区域产业协同发展和产能协作，以改革创新推动长三角地区实现更高质量一体化发展。这既是长三角地区加快形成国际竞争新优势、培育具有全球影响力的世界级城市群的必由之路和内在要求，亦是提升区域整体能级、更好服务全国发展大局、代表国家参与全球合作竞争及全面增强全球要素配置能力和效率的责任与担当。

(1) 小范围探索试验区。

推动长三角一体化，核心难点之一在于探索跨省级行政区的治理体制机制，从破解路径而言，设立“长三角一体化发展示范区”可谓是一条突破强、见效快、风险小、可操作、能复制的路径。

在长三角区域内选择一小块地方，作为示范区，探索破解长三角一体化中深层次的体制机制障碍，并在积累经验后撬动长三角的大尺度一体化，甚至是全域的一体化，具备以下优势：

第一，省市交界地带问题突出、集中，可为一体化合作试验提供更为丰富、更深层次的问题和挑战。地理邻近，但却不受同一行政部门管辖，这就容易产生“断头路”、垃圾偷盗、违禁物品的买卖等跨界违章违法现象；110、120、119 等紧急救护不及时；阻碍优势资源流动；临近区域的断崖式景观差异等。这种由于制度造成的“隐形墙”，使得各政区空间临近却以邻为壑，利益关联却推诿扯皮。在这些治理困境最为凸显的区域，设立示范区，相关省市向合作区让渡部分经济社会管理权限，探索建立跨政区的一体化治理体制机制，可试验更多的一体化发展和治理内容。

第二,政区交界处易于形成示范效应。从历史上来看,政区交界处由于空间临近,习俗和文化也都接近,而出现的诸多治理难题多是制度"人为"造成的,一旦破除了这层本就不存在的"墙",将很快能"攀亲结对",融合发展,易于取得一体化治理的成效,进而形成示范效应。

第三,小尺度探索面临的风险性较小。示范区的空间范围一般较小,在试验中其制度风险相对较小,无论是组织架构、运行机制、财税情况,牵扯面都不大,万一实践中出现问题,也易于及时纠偏,缩小影响。

(2) 进一步消除行政壁垒。

长期以来,囿于行政区划分割和地方利益保护,长三角区域市场准入规则、监管规则、行业标准、资质认证等政策性壁垒降低了资源利用、要素配置和流通的效率。

作为改革创新发展先行示范区,长三角一体化发展示范区有助于突破区域壁垒和体制机制障碍,按照市场化要求共同建立有机统一的区域大市场,在更大范围内推动资源整合、一体化共享及要素自由有序流动,促进资源要素的优化配置和产业功能的整合联动,形成优势互补、协同发展、互利共赢的区域协调发展新格局。

(3) 推动长三角一体化高质量发展。

打造以开发区为重点的高质量发展改革示范平台。依托长三角自主创新示范区、经济技术开发区和高新技术开发区等各类开发区平台,推进改革创新协同,推动产业分工协作,推动先进制造业与现代服务业融合发展,打造全球科技创新策源地。

示范区将成为引领长三角高质量一体化发展的新引擎。长三角一体化发展示范区的最终目标是在自身高质量发展的基础上,成长为引领整个长三角高质量一体化发展的新引擎。示范区应依托上海科创中心优势,瞄准服务科创中心、实现项目落地的精准定位,推进自身高质量发展。

(4) 构建开放协调的区域空间格局。

发挥各方优势特色,明晰城市功能定位及分工协作机制,形成分工合理与各具特色的区域空间格局。基于长三角三省一市资源禀赋、战略地位及政策先行优势,长三角一体化发展示范区将从实施国家战略的高度,把握区域空间结构优化的机遇,从区域层面构建开放协调的空间格局,进而加强在功能、产业、科创、交通、环境、设施方面的衔接,促进区域空间协同和一体化发展。

2. 高质量融入示范区的路径

长三角区域一体化发展上升为国家战略,为示范区三县区(青浦、吴江、嘉善)带来前所未有的发展机遇。示范区要深入贯彻习近平总书记重要指示精神,按照高水平建成长三角一体化发展示范区的要求，树立“一体化”意识和“一盘棋”思想，强化合作对接，加快形成高质量一体化发展新格局。

(1) 强化法规约束。

建设一体化示范区要着重建设好组织形式和管理模式，在法律层面处理好示范区立法、行政和司法过程中与地方权限的关系。探索建立一套有利于推动一体化的法律法规体系，为长三角区域各城市、各地区加强协同发展、融合发展提供强有力的法制保障。在当前可以先协商制定统一的行为规则，并依规进行激励与处罚。

(2) 坚持规划一体。

推动长三角一体化发展示范区建设，规划是龙头。一是联合编制规划纲要，探索一体化制度创新。当务之急是要基于总体目标要求，打破行政区划，统一编制示范区经济社会发展规划，相应一体制定各专项领域的发展规划。二是成立联合办公机构。健全完善三地一体化合作机制，成立推进一体化联合办公机构，试行三地干部交流、交叉任职的机制和以推进一体化成效为主要考核内容的政绩评价体系，探索高质量的公共管理一体化。三是制定行动方案。依据相关规划制定推进一体化的操作方案，对推进每一个领域的相关事项进一步明确任务表、路线图和时间期，相应建立指标考核体系和督促评估机制，把各项任务高标准、严时限落到实处。

(3) 促进要素流动。

重点建立资源、商品、要素自由流动或交换的体制机制，形成没有行政分割、地区封锁的统一开放的市场。一是加大对企业和人才的服务，促进各类要素跨区域自由流动。二是统一企业登记标准和流程，推行企业登记无差别受理。三是试行区内企业信用等级评定办法，建立公共信用联合惩戒机制。四是打破户籍、身份、人事关系等人为限制，实行专技职称、继续教育证书、外国人工作证等互认互准制度。五是建立技术创新成果市场交易平台，实行区内技术创新成果转化的市场化配置。

(4) 深化协调共进。

强有力的协调是持续推进一体化示范区向纵深发展的重要保障，这方面，长三角区域已经积累了丰富的经验，目前已形成了三级运作的组织构架，应根据一体化示范区走向深入的要求，进一步提升完善。一是统筹土地管理。探索跨区域统筹用地指标、盘活空间资源的土地管理机制。建立统一的建设用地指标管理机制，便于示范区统筹安排使用。试点调整基本农田规划，允许跨省市交易耕地占补平衡指标。探索建立城乡统一的建设用地市场，在符合规划和用途管制的前提下，允许农村集体经营性建设用地出让、租赁、入股，实行与国有土地同等入市、同权同价。二是统一投资管理。全面推行负面清单管理，实行“一张清单管准入”。公布企业投资项目核准目录，对核准目录以外投资项目实行告知性备案。建立投资项目“一网通办”平台，为在示范区投资项目铺设一条以“事项最明、材料最少、环节最简、流程最优、效率最高、服务最佳”为鲜明特点的报建新路，助力每一个投资项目尽早生根开花。三是探索财税分享管理制度。推进税收征管一体化，以资源整合的“加法”，流程再造的“减法”，释放综合效益的“乘法”。四是尝试特殊手段。如三地共同出资成立一体化示范区发展有限公司，并建立旨在推进重大一体化项目实施和惩戒明显违背一体化要求行为的“一体化发展平衡基金”等。

(5) 引领创新共建。

推动长三角一体化发展示范区建设，创新是动力。一是完善一体化区域协同创新体系，推动科技创新与产业发展深度融合，开展关键核心技术攻关，打造区域创新共同体，充分发挥示范区在长三角协同创新中的配套和服务作用。二是共同编制高新产业发展方案和招商目录。依托一体化区域重点产业，加快制定集成电路、人工智能、氢能源、智能网联等高新产业发展方案，研究制定产业招商目录。三是积极支持和配合示范区管理体制改革。结合浙江“最多跑一次”改革、上海“只跑一次”制度、江苏“不见面审批”改革，优化行政和投资项目审批制度，落实负面清单管理，提高行政服务效率，营造营商环境标杆区域。

(6) 实现开放共赢。

推动长三角一体化发展示范区建设，开放是目标。一是积极融入“一带一路”建设，主动接轨自贸试验区，促进投资贸易便利化，打造开放新高地和合作新平台。二是扩大对外开放。继续办好进口博览会，深化市场化改革，保护产权和知识产权，鼓励公平竞争，主动扩大进口。三是加大对内合作。引领长江经济带建设，培育区域开放竞争合作新优势。

(7) 实施民生共享。

推动长三角一体化发展示范区建设，公共服务是重点。一是推进教育和医疗一体化。实施统一的基本医疗保险政策，完善医保异地结算机制，逐步实现异地住院、急诊、门诊直接结算。引进长三角双一流高校或国际名校在示范区建立研究生院或分校。探索上海综合性三甲医院与示范区医院全面合作。二是推进示范区图书馆、博物馆、文化馆等公共文化资源共建共享。三是推进文化旅游一体化。实行市民卡及老人卡互认互用，建立居民服务“一卡通”，在文化、旅游、交通、通信领域率先实现“同城待遇”，实现区域旅游共享共建。

(8) 加大绿色共保。

推动长三角一体化发展示范区建设，生态环境是保障。一是推进区域环保标准一致化。加大跨界河湖协同治理力度，在淀山湖、太浦河等重点区域划定生态红线，实行严格的生态保护措施。二是联合编制长三角区域联防联控重污染天气应急预案，加强陆域及水域废弃物综合治理。探索环境风险企业信用评价机制，共推跨省域重要生态廊道建设。三是共同建立示范区环境风险识别和预警制度，探索跨区域生态补偿机制。

1.2　长三角一体化示范区的区域规划

1.2.1　选址原因

1. 地理位置相邻

长三角一体化发展示范区地跨青浦、吴江、嘉善三地，是传统所言的吴根越角，地理位置的邻近，可以在经济社会、综合治理、生态建设等方面较大程度地进行统合与一体化管理。除此之外，地理邻近地区还易于形成示范效应。由于空间邻近，习俗和文化也都接近，易于融合发展，实现一体化发展示范区的“示范作用”。

这一地区的现实基础决定了其试验探索不仅空间广阔，而且具有很强的代表性，而这种试验探索能够把科学处置和优化提升有机结合起来，既能够有效地解决当地存在的突出问题，又适宜在长三角区域整体层面推广运用。基于地区实际的空间广阔且具代表性的试验内容主要包括：实现经济发展和生态保护的有机结合，打造生产力高度发达条件下的美丽家园；实现城市和乡村的完美协调，在展示农村与城市各自新形象的同时促进城乡融合发展；实现城市与城市的充分和谐，建立结构合理、功能互补、创新活力充足的城市群；实现分工与协同的高度一体，促进各地区、各城市在做强做大比较优势基础上共同发展提升，通过这些关键领域的试验探索，为长三角区域的全面发展、协调发展、绿色发展提供有效路径。

作为传统长三角相关省域的交界地区，其试验探索对上海、江苏和浙江具有直接意义。而作为传统长三角区域的“发展中”地区，对面积较大，近年来已被纳入长三角区域范围的安徽来说，也具有很强的适应性。

2. 发展目标相通

由于地域相连、区位相似，青浦、嘉善、吴江三地在发展目标上也是相通的，都是要接轨上海，抓住长三角一体化的发展机遇。

具体来讲：青浦提出要加快打造为上海对外服务的门户城市和长三角一体化

发展的综合性节点城市;嘉善提出要深入实施接轨上海战略,全方位提升开放合作水平,打造浙江省全面接轨上海的示范区。吴江的"官宣"则是进一步加快对接上海、主动融入长三角的步伐,实现协同发展、错位发展和创新发展。

共同的发展目标使得示范区内各方有共同的发展方向和发展利益,共同促进区内高质量发展,实现高质量示范的作用。

3. 文化认同感强

从文化看,三地本就是一体。青浦与吴江、嘉善共处吴越文化圈,以朱家角、同里、黎里、西塘等古镇为代表,是典型的江南古镇集聚区,传承着相同的江南历史文脉。甚至青浦在历史上也曾属于江苏,1958 年才划归上海,因此三地是真正意义上的人文相亲。同时,三地民间交往繁多,不少居民的亲戚就散居在这不大不小的 2 000 多平方公里的土地上;三地经济往来密切,特别是改革开放以来,上海的"星期天工程师"带动了吴江、嘉善产业的发展,不少企业在三地都设有机构;特别是跨区域居住和就业的"双城记"乃至"三城记"越来越多。

4. 基础设施互联互通有一定基础

长三角一体化工作以来,三省一市的基础设施互联互通取得了一定发展,尤其是在行政区划交界处。以交通为例,沪苏浙 2 条跨省公交 2019 年 3 月正式开行,吴江黎里至上海青浦公交专线(7618 路)往返于黎里旅游集散中心、东方绿舟站间,单向运行里程约 35 公里。吴江黎里至嘉善西塘公交专线(7619 路)往返于黎里旅游集散中心、西塘古镇停车场间,单向运行里程约 19 公里,运行时长约 30 分钟。具备长三角一体化示范区全面互通、同城一体的交通网络的优越条件。

表 1.1　吴江省际毗邻公交线路汇总

番　号	毗邻地区	线路起讫点
	新增线路	
7618 路	江苏吴江、上海青浦	黎里旅游集散中心、上海东方绿舟站
7619 路	江苏吴江、浙江嘉善	黎里旅游集散中心、西塘汽车站
	现有线路	
7307 路	江苏吴江、上海青浦	吴江第五人民医院、荡东
7319 路	江苏吴江、上海青浦	吴江临沪汽车站、汾湖站
7213 路	江苏吴江、浙江桐乡	桃源中心小学、太师桥北
7606 路	江苏吴江、浙江南浔	七都广场、南浔
7616 路	江苏吴江、浙江南浔	八都小学、泰安路换乘中心
7615 路	江苏吴江、浙江桐乡	桃源汽车站、乌镇汽车站

5. 经济水平接近

长三角区域基本属于中等发达地区，示范区内的经济水平总体没有很大的悬殊，这意味着在探索一体化的试验中，有很大的尝试空间，许多经济社会发展相关的试验可以先行在示范区内探索展开。

2018年，吴江区实现地区生产总值约1 930亿元，是苏州除下辖市县以及苏州工业园区以外GDP总量最强的区。城乡居民人均可支配收入达52 592元。

2018年，嘉善县实现地区生产总值582.60亿元，增长8.5%，增速列嘉兴市第一。城镇居民人均可支配收入达58 654元，农村居民人均可支配收入达34 788元，同比增长分别为8.3%和8.8%。

2018年，青浦区全年实现地区生产总值1 074.3亿元，全社会固定资产投资完成540亿元，列上海全市第三，外资项目数、合同外资、实到外资实现"三连增"，创五年来新高。

同时，三地积极打造功能优势特色。吴江区正推进智能制造"五个一"工程，发展动能加速转换；嘉善县培育集成电路、智能网联汽车等特色产业，瞄准数字经济发展。青浦区确立了新一轮的产业发展战略"三大两高一特色"："三大"是大物流，大会展、大商贸，"两高"是高端信息技术、高端智能制造，"一特色"是加快发展文旅健康产业。

6. 小尺度探索风险性较小

长三角一体化示范区由浙江省嘉兴市嘉善县、上海市青浦区、江苏省苏州市吴江区三个地区共同组成，示范区总规划面积将大约2 414.58平方公里。

因此在试验中，其制度风险相对较小，无论是组织架构、运行机制还是财税情况牵扯面都不大，万一实践中出现问题，也易于及时纠偏，缩小影响。

1.2.2　区域规划

长三角一体化发展示范区主要由上海青浦区、江苏苏州吴江区、浙江嘉兴嘉善县组成。行政区域面积为2 414.58平方公里。目前区域常住人口为308.72万人，户籍人口为170.63万人，人口密度为1 279人/平方公里，经济总量是3 029.68亿元。该区域区位地理状况良好、基础设施较为完善、产业基础较为雄厚，具备打造长三角一体化发展示范区的先决条件。

在长三角如此大的区域中实现一体化制度创新，难度可想而知，现有的制度创新在大范围中难以一时实现一体化。正因为种种限制，所以才有必要选择示范区率先先行先试,在示范区尽快形成一体化制度创新成果,为国家区域合作先行探路。把党的十八大、十九大明确的改革任务在示范区集中落地、率先突破、系统集成,特别要在涉及规划管理、土地管理、投资管理、要素流动、财税分享、公共服务政策等方面,进行实质性的先行先试。

表 1.2　青浦、吴江、嘉善 2019 年一体化发展工作方案重点内容

工作方向	方　案　内　容
产业建设	推进上海股交长三角中心建设,共同推动科技创新券通兑及大型科学仪器开放共享,推动华为青浦基地和人才公寓基地年内开工,促进亨通光电、京东方等华为核心供应企业共同打造万亿级信息产业集群
基础建设	研究开通吴江对接上海轨交 17 号线的公交线路、开通嘉善对接 17 号线的公交线路;青浦东航路连接吴江康力大道贯通工程将加快推进
社会民生	推进行政审批互联互通,推进跨区域企业信用信息平台互通
旅　　游	共创淀山湖国家旅游区方案和环淀山湖岸线贯通精品方案
教育、医疗	推动复旦兰生学校年内完成桩基施工、复旦大学附属妇产科医院青浦分院开工建设,积极争取青浦定点医疗结构接入长三角门诊异地就医结算平台
环　　保	将推进区域间环保标准一致化,加大跨界河湖协同治理力度,编制长三角区域联防联控重污染天气应急预案和响应措施清单

1.2.3　上海市青浦区

青浦区原本只是上海的一个普通郊区,实力和地位都次于松江区和嘉定区。然而,青浦区作为上海的西翼,地位特别特殊,在局部已经超过其他郊区。

在《上海市城市总体规划(2017—2035 年)》中,青浦区拥有上海五大新城之一的青浦新城,也拥有中心镇朱家角镇,并且青浦东部的西虹桥商务区,位于上海主城区内部的虹桥片区。因此,青浦成为上海规划中,除了浦东新区、嘉定区之外,另一个既拥有上海主城区部分,又拥有新城的行政区。

青浦区在上海的特殊性以及优势的地位,主要体现在三个方面:

(1) 青浦区的土地供应比较充裕。

青浦区位于上海正西侧,相比松江和嘉定,青浦区的后发优势明显。在上海浦西的郊区,青浦区的建设用地,相对来说是比较充裕的。

从青浦区的规划图中可以看出,青浦的建设用地从西虹桥、青浦城区到朱家角,将形成一个整体。实际上,青浦区的建设用地不仅预留充裕,而且大部分已经完成了腾退,对未来的开发比较有利。

(2) 青浦区产城融合的后发优势明显。

上海郊区建设多年,经历了多种不同的模式,到了青浦区大力发展的阶段,已经积累了足够的经验,吸取了教训。郊区发展之最大要义“产城融合”,将在青浦区充分得到发挥。

青浦区的建设思路是明显的产城融合模式,居住区和产业区并行发展,避免睡城模式。在上海西部的虹桥商务区中,青浦区实际上占据了正西侧的位置。位于青浦的西虹桥商务区更是青浦发展最新引擎,也是虹桥商务区当中比较有潜力的部分。

青浦区的后发优势非常明显,这最主要是积累了两个方面的经验:最早的松江新城,把靠近地铁站的最好的土地用于住宅和大学城建设,以致产业发展乏力;嘉定区的产业虽非常发达,但新城核心总感觉人气不足。有鉴于此,青浦区按照目前最合理的模式产城融合发展。

(3) 青浦西部发展前景明朗。

青浦区西部包括知名的朱家角镇,也有普遍被认为偏远的练塘镇、金泽镇。青浦西部的三镇组成了上海的一个后花园,也是上海比较靠近江苏和浙江的地方。

朱家角镇是上海的一个历史文化名镇,也是著名的水乡。朱家角镇位于淀山湖畔,东与盈浦街道、夏阳街道接壤;南与练塘镇、松江科技园区、佘山镇交界;西依淀山湖,与金泽镇相连;北与江苏省昆山市淀山湖镇毗邻。朱家角交通便利,处于上海市与江苏省交界处,是上海通往江苏、浙江的重要通道。朱家角镇东西向有318国道、沪青平高速公路、沈砖公路,南北向有朱枫公路,依傍同三国道,南接沪杭高速公路,北通沪宁高速公路。朱家角是联系青浦城区和淀山湖湖区的纽带,规划也非常给力。从历史来看,朱家角的水乡特色非常鲜明,水路交通横有淀浦河;纵有拦路港、西大盈港、朱泖河,均为6级航道,可通行100—500吨级的船只,直通黄浦江,并与太湖水系相通。现在,地铁17号线开通之后,朱家角也更多增加了现代城市化的印记。未来的朱家角是一个风貌非常特殊的地区:既有传统江南水乡的旅游风貌,又有现代化的城市功能。

除了传统的旅游特色之外,青浦区西部又有华为研发基地、乐高乐园等设施,可谓规划非常全面,未来这一面土地充裕、环境美丽的地方,可能真正成为上海的前院(面向长三角)。

基于上述三个特点,青浦区发展全面开花,未来可期。长三角一体化示范区将青浦区作为选址地之一,可以与嘉善、吴江形成良好合力,发挥示范区的功能,推动长三角一体化高质量发展。

1. 地理环境

青浦区地处上海市西部，太湖下游，黄浦江上游。东与闵行区毗邻，南与松江区、金山区及浙江省嘉善县接壤，西连江苏省苏州市，北与嘉定区相接，位于东经120°53′—121°17′，北纬30°59′—31°16′之间，青浦区总面积676平方公里。

2. 人口和人民生活

2018年年末，青浦区年末常住人口121.9万人，其中外来常住人口71.3万人。户籍人口48.9万人，其中非农人口36.5万人。人口平均期望寿命为84.22岁，其中男性81.91岁，女性86.52岁。

2018年青浦区城乡居民人均可支配收入47 336元，比上年增长9.5%。快于同期全区经济增长速度，高于全市平均增长水平，增速排名在全市郊区靠前。其中，农村常住居民人均可支配收入31 364元，比上年增长9.3%。

3. 经济发展综合现状

2018年青浦区全年实现地区生产总值1 074.3亿元，比上年增长6.4%，其中，第一产业增加值8.2亿元，增长4.1%；第二产业增加值468.7亿元，增长0.2%；第三产业增加值597.5亿元，增长11.9%。三次产业结构比为0.8∶43.6∶55.6。按常住人口计算，青浦区人均生产总值为88 130元/人，比上年增长5.3%。

近年来，青浦区围绕构建“三大两高一特色”的主导产业体系，着力做强大物流、大会展、大商贸三大现代服务业产业集群，重点发展高端信息技术、高端智能制造两大先进制造业产业集群，加快发展文旅健康产业。

4. 三大发展机遇

(1) 新开放战略和区域一体化。

随着改革开放的深入全面推进，区域发展新格局经历了重塑。“一带一路”倡议、长江经济带战略加速推进，长三角地区产业分工、信息互动、开发合作、服务共享、交通互联等领域协同发展深化，上海辐射带动服务能力不断提升，作为上海西部门户的青浦将获得更多发展利好和开放红利。

同时，上海城市东西向发展轴将带动虹桥商务区崛起，进而带动西虹桥商务区的发展，并向青浦新城及湖区延伸，既有利于青浦提升区位价值和战略功能，也有利于青浦更好承接中心城区功能转移、参与区域联动发展。

(2) 新型城镇化和城乡一体化。

近年来，我国新型城镇化战略深入实施，上海全面推进城乡发展一体化，加快建设重心向郊区转移。

青浦新城将打造服务长三角区域的宜业、宜居、宜游的现代化新城；徐泾乃至青东地区城市化进程在虹桥综合交通枢纽、国家会展中心、西虹桥商务区带动下进一步提速；青西地区着眼打造与国际大都市功能相匹配的著名湖区，加快推进国家主体功能区建设和历史文化名镇联动发展；轨交17号线建成运营，将进一步强化区域协调联动，增强城乡发展一体化的动力。

(3) 新产业革命和经济绿色化。

新一代信息技术向三次产业各环节加速渗透，“互联网＋”发展模式快速兴起，上海加快向具有全球影响力的科创中心迈进，为青浦产业升级、创新发展提供新机遇。

上海自贸试验区制度改革经验不断深化和复制推广，服务经济发展瓶颈将进一步破除，青浦特别是西虹桥商务区迎来服务业升级新机遇。

国家提出的绿色发展强调将生态文明建设融入经济、政治、文化、社会建设各方面和全过程，为青浦发挥生态环境优势，以“绿色化”“生态＋”作为增长新动力和发展新出路提供了新契机。

5. 主要发展目标

(1) 总体目标。

随着长三角一体化进程的加速，国家提出在长三角打造面向全球、辐射亚太、引领全国的世界级城市群。青浦也不再仅只是上海市的郊区，而会更多地参与上海与长三角的区域分工。新一轮的上海市总体规划提出，构建“多中心、网络化、组团式、集约型”的空间体系，加强区域性发展廊道的带动作用，强化新城的综合性节点城市功能，将位于重要区域廊道上、既有基础较好的嘉定、松江、青浦、奉贤、南汇等新城培育成在全球城市区域中具有综合性辐射带动能力的节点城市，全面承接全球城市核心功能，强化枢纽和交通支撑能力，提升服务配套水平。

青浦与嘉定、松江共同承担着上海向西服务长三角的职能。东翼围绕虹桥枢纽，发挥枢纽优势，承担着上海国际贸易中心中会展、商贸等重要的市级功能乃至区域级功能；西翼围绕淀山湖及三大古镇，发挥生态、人文优势，承担着国际度假休闲、生态文化创新、品质宜居生活等市级功能；新城依托产业园区推动创新升级以及城市功能的完善。

(2) 区域功能实现新跃升。

“一城两翼”功能布局继续深化，地区差距不断缩小，城市综合承载能力加快提升。青浦新城打造成为服务上海及长三角区域，产城一体、水城融合的宜业、宜居、宜游的现代化新城。东翼以西虹桥商务区为核心，打造以中央商务区为引领、现代服务业为支撑，服务长三角、面向全国和全球的功能组团。西翼以建设国家主体功能区、打造与国际大都市功能相匹配的著名湖区为目标，推进历史文化名镇联动发展、江南水乡国家公园共建。强化轨交17号线的带动功能，构建区域联动协调发展新格局。

(3) 生态文明再创新局面。

环境治理水平持续提升，生态环境质量明显改善，资源节约循环高效使用，打造绿色生态人居品质，着力推进水环境保护，全面提升环境空气质量，单位生产总值能源消耗和主要污染物排放量进一步下降，生态产品供给能力不断提升，生态环境优势转化为经济社会发展优势进一步提升，努力建设成为国家生态文明示范区。

6. 具体区域发展规划

顺应区域一体化要求，立足于上海加快形成网络化、组团式、多中心、集约型的城市空间格局，按照统筹区域协调联动发展要求，强化青浦新城和西虹桥商务区辐射引领作用，依托轨交17号线、318国道等廊道，加强区域相互促进、联动发展，继续深化“一城两翼”功能布局。

其中，一城就是青浦城区，指的是青浦区的中部；东翼属于上海主城区的西虹桥商务区以及邻近地区；西翼指的是以朱家角为代表的绿色生态地区。

(1) 青浦新城：打造宜业、宜居、宜游的现代化新城。

增强新城集聚效应和综合服务功能，优化城市品质，打造成为服务上海及长三角区域，产城一体、水城融合的宜业、宜居、宜游的现代化新城。整合内外资源优势，推动产城融合发展，向东强化商贸商务功能、向西拓展休闲文化功能、向北提升产业创新功能，形成“一核三片”功能布局。

“一核”指新城核心区，形成功能突出、配套完善的城市中心。“三片”指东、西、北三片。东片强化与青东地区联动发展，重点发展总部办公、产品研发、商品展示等生产性服务业、商贸商务业。西片依托淀山湖、大淀湖等众多水系和优良生态资源，重点发展文化创意、休闲旅游、生态居住功能。北片立足“一园三区”先进制造业基础，打造集制造、研发、办公于一体的现代产业新区。以东大盈港、外青松公路为轴线，导入居住、商务、休闲等功能，打造产城融合廊道。

(2) 青东地区：打造以中央商务区为引领的功能组团。

把西虹桥打造成为开放、绿色、时尚，具有国际化水平的中央商务区，以其为核心引领青东地区乃至全区发展。

举全区之力发展西虹桥商务区，全力打造中央商务区功能，以西虹桥商务区为核心引领青东地区乃至全区发展，着力推进中央商务区功能拓展区和转型发展示范区建设，加强青东地区规划统筹、产业联动、协同发展，打造集高端商务、会展会务、时尚生活等特色于一体，以现代服务业为支撑的服务长三角、面向全国和全球的中央商务区功能组团。

坚持统筹兼顾、资源共享，以重点区域为功能核心、以重要交通廊道为发展轴线、以主导产业组团为基础功能区块，打造"一核两区"整体格局。其中，"一核"指西虹桥商务区；"两区"指南片中央商务区功能拓展区以及北片转型发展示范区。

一是要突出西虹桥的中央商务区核心引擎功能。牢牢抓住国家"一带一路"建设和长江经济带战略重大机遇，发挥虹桥综合交通枢纽和国家会展中心功能优势，加强与虹桥商务区对接，深化西虹桥功能布局，做大会展、商务、居住三大核心功能，强化文化、科技、旅游三大服务支撑，把西虹桥打造成为开放、绿色、时尚的中央商务区，成为推动青东地区乃至全区发展的核心枢纽和增长引擎。

二是要增强两区服务中央商务区的支撑功能。"两区"指中央商务区功能拓展区和转型发展示范区。中央商务区功能拓展区要充分发挥临近虹桥综合交通枢纽和国家会展中心优势，主动承接中心城区及虹桥商务区辐射，聚焦企业总部、研发总部、科创中心、商务配套，打造总部型产业社区。依托意邦建材、西郊农产品等交易市场和"三通一达"等快递物流集聚，做大专业贸易平台。依托徐泾、赵巷等中高档住宅和国际社区，发展特色居住产业，推动产城融合发展。转型发展示范区主要是在原有产业园区发展的基础上，提升汽车零配件、摩托车整车制造、现代物流、现代农业等产业能级，转型发展创新智造工业和生产性服务业，成为全市重要的转型发展示范区。

三是强化青东镇域建设。徐泾镇要主动融入虹桥商务区，着力发展楼宇经济和提升园区能级，培育会展配套产业生态圈，推进老镇区更新改造，增强综合服务功能，成为会展配套服务核心和现代化城市功能新区。赵巷镇要进一步提升商业商务区能级，提高特色居住区品质，加快195区域二次开发，凸显时尚生活、高端商务的品牌效应，成为现代服务业引领发展的现代化新市镇。华新镇要进一步推进产业结构调整和转型升级，形成以先进制造、生产性服务业、总部经济为主的产业特色，优化城镇功能，提升镇域品质，成为上海国际大都市镇域经济转型发展示范新市镇。重固镇要以新型城镇化建设为契机，提升城镇综合承载和服务能力，重点培育发展以平台经济、文化旅游等为特色的现代服务业，努力打造新型城镇化建设示范区。白鹤镇要紧扣"一产培优、二产转型、三产促新"的产业发展思路，聚焦打造新型工业、文化旅游、商贸流通、现代农业、城镇服务等功能，成为沪宁、沪杭发展带上的特色节点镇。

(3) 青西地区:打造与国际大都市功能相匹配的著名湖区。

以建设国家主体功能区、打造与国际大都市功能相匹配的著名湖区为目标,推进历史文化名镇联动发展、江南水乡国家公园共建,构建休闲旅游、文化创意、商务会议、康体疗养、绿色制造、都市农业的产业体系,成为传承古今创新发展的特色镇区、彰显江南水乡魅力的生态景区。

一是形成"两片两带三组团"功能布局。根据上海市政府印发的《淀山湖地区中长期发展规划》(沪府发〔2013〕58号),构建"两片两带三组团"的空间布局,进一步完善细化,不断丰富著名湖区内涵。

二是拓展湖区功能区域。依托丰富的生态自然资源和人文景观资源,进一步挖掘"水、古、绿"特色,并在现有基础上不断拓展功能区域。推进青西郊野公园建设,依托湿地景观和湖滨资源,建设水漾湿地生态区、江南人家体验区、水上森林生态区三大功能片区,拓展康体疗养项目,打造集游憩、康体、休闲、生态等功能于一体的远郊型湿地郊野公园。推进旅游休闲中心建设,实施大观园全面改造升级,打造以上海国际帆船港为载体的帆船度假综合体,争取举办一系列国际、国内帆船赛事。推进文化创意中心建设,推进古镇风貌改造修复、历史遗迹复原和非物质文化遗产保护,引进新型文化体验、生态度假、总部基地等产业项目,打造商旅文娱一体化综合业态。推进生态带和风貌带建设,实现沿湖生态景观走廊的全线贯通,打造上海湖泊旅游的特色道路和慢行系统,并适量开发水上运动和参与性项目;依托湖荡、湿地、河道、田园等空间,打造水乡风貌带,串联式发展休闲观光、康体疗养、乡村度假等产业。

三是联动建设历史文化名镇。挖掘和保护历史文化底蕴和内涵,注重人文城镇、特色城镇建设,推进资源整合、联动发展,聚焦发展"大健康、大旅游、大文化"和总部经济,完善基础设施,补齐教育、文化、医疗卫生等领域短板,建设与国际大都市相匹配的中国历史文化名镇。朱家角镇要主动融入新城发展,争创国家5A级景区,推进新镇区、古镇区、产业区、沈巷片区四区联动建设,完善综合服务功能,成为引领青西地区整体发展的"领头羊"和"排头兵"。练塘镇要以绿色制造、生态农业和红色旅游为主导,推进产业结构优化升级,增强发展活力和统筹镇村发展能力,建设成为产业发展、生态友好、具有浓郁江南水乡特色的新市镇。金泽镇要发挥自然景观和历史文化资源优势,以青西郊野公园建设为契机,大力发展休闲旅游、文化创意、康体疗养、生态农业等生态友好型产业,建设成为环境优良、功能完善、社会和谐的新市镇。

1.2.4 浙江省嘉兴市嘉善县

1. 地理环境

嘉善地处太湖流域杭嘉湖平原，位于浙江省东北部、江浙沪两省一市交汇处，东邻上海市青浦、金山两区，南连平湖市、嘉兴市南湖区，西接嘉兴市秀洲区，北靠江苏省苏州市吴江区和上海市青浦区。

嘉善城区东距上海市中心 80 公里，大虹桥商务区 60 公里，西至杭州 100 公里，南濒乍浦港 35 公里，北接苏州市区 80 公里，处于长江三角洲的中心地带。

2. 人口和人民生活

2018 年，嘉善县常住人口 58.69 万人，较 2017 年增加 1.05 万人。

2018 年，全县城镇居民人均可支配收入 58 654 元，同比增长 8.3%。农村居民人均可支配收入 34 788 元，同比增长 8.8%。

3. 经济发展现状

2018 年，嘉善县实现地区生产总值 582.60 亿元，增长 8.5%，增速列全市第一位。

分产业看，全县三次产业结构比为 3.85 ∶ 55.01 ∶ 41.14。工业生产稳中有升，2018 年，全县 809 家规模以上工业企业实现产值 1 139.34 亿元，增长 12.7%。实现增加值 205.54 亿元，增加 9.9%。服务业发展态势良好，2018 年 1—11 月，全县 181 家规模以上服务业企业实现营业收入 155.85 亿元，同比增长 23.5%。农业生产保持稳定。2018 年，全县农林牧渔业实现产值 41.24 亿元，可比增长 0.1%。其中，农业实现产值 32.03 亿元，可比增长 0.4%；牧业实现产值 1.22 亿元，可比下降 27.1%；渔业实现产值 6.33 亿元，可比增长 3.9%。

投资结构方面，第二产业投资同比增长 1.2%；第三产业投资同比增长 15.0%。从结构看，民间投资增长 12.3%；高新技术产业投资增长 17.3%，生态环境和公共设施投资增长 17.4%，交通运输投资增长 30.9%。

对外经济也稳健发展。2018 年，全县实际利用外资 4.53 亿美元，合同利用外资 11.71 亿美元，连续 17 年入围全省利用外资十强县。外贸进出口总额约 287 亿元，增长 7%左右，其中出口总额约 220 亿元，增长约 8%。

4. 发展机遇

(1) 聚焦示范点建设，着力在全面深化改革上先行示范。

一是基本完成示范点核心任务。认真对照示范点《发展改革方案》和“四个重大"，突出核心任务，组织开展"回头看""对标看"活动，对示范点建设目标任务实行清单制管理，落实责任，挂图作战，对账销号，全面掀起示范点建设新高潮。

二是深入推进重点改革。积极研究对接长三角一体化国家战略，着力在一体化发展体制机制上率先取得突破。深化"最多跑一次"改革，着力在"一窗受理、集成服务"、打破信息孤岛、实现数据共享、高效审批等方面持续加力，不断提升企业和群众的获得感、满意度。要以"最多跑一次"改革撬动其他各领域改革，重点聚焦县域高质量发展，深化"亩均论英雄"、科技人才体制创新、产业平台提升机制等改革，强化城乡融合、乡村振兴等体制机制创新；聚焦百姓需求，深入推进养老、教育、医疗、生态等民生领域改革，真正让人民群众共享改革发展成果。深入贯彻落实中央和省市要求，全面推进县级机构改革，确保改革有序推进、圆满完成。

三是加快培育经验亮点。充分借智借力，加快总结提炼一批有影响、有质量、可借鉴、可复制的嘉善经验模式，集中展示并推广一批理论成果、制度成果、实践成果。发挥"示范点创新奖"导向作用，鼓励原始创新、集成创新，重点打造一批富有影响力的展示窗口和示范片区，不断扩大嘉善示范点建设的影响力和知名度。积极向上争取一批有含金量的政策、资金、项目、要素、试点，在各个领域形成更多嘉善经验、嘉善样本。

(2) 聚焦接轨上海，着力在长三角一体化上先行示范。

一要在接轨上海上有新作为。紧盯长三角一体化国家战略规划，对接《上海市城市总体规划(2035—2040年)》《上海市城市总体规划(2016—2040年)》，启动县域总规编制和各类专项规划修编。加强环淀山湖战略协同区一体化发展，积极探索全域统筹、分类管控、共同实施的一体化规划体制机制。对标上海自贸试验区、全球科创中心、虹桥国际商务区、"上海扩大开放100条"政策等，找差距、补短板，促进市场相通、人才互通。积极呼应上海产业结构调整和城市功能升级，深化合作对接，构建区域产业优势互补、协调发展新格局。高标准推进"上海之窗·枫南小镇"建设，加快打造区域合作新标杆。聚焦政务服务、教育、医疗等重点领域，努力构建与上海互联共享的公共服务体系，不断放大与上海的同城效应。同时，高质量地完成东西部扶贫和山海协作工作任务。

二要在交通互联上有新突破。持续对接长三角综合交通建设，全力配合嘉兴市建设沪嘉轨道交通项目，同步推进沪昆铁路嘉善段高架改造，以更大力度建设接轨上海"113"互联互通工程，加快打通丁新公路南延项目(至新埭)等5条省际断头路，同步谋划青浦、吴江方向的高等级公路。加快启动G320国道改造，扎实推进平黎公路嘉善段改(扩)建工程、丁诸线航道等项目建设,确保杭州湾跨海大桥北接线二期、兴善公路(魏塘至干窑段)全面通车。深化交通治堵工程,力争县城区高峰时段拥堵问题得到有效缓解。

三要在平台建设上有新进展。高标准推进中新嘉善现代产业园建设,完成核心区征迁工作,启动相关道路、标准厂房等基础设施建设,推进东久医疗、金茂磁宇科技芯片城(磁宇科技)等产业项目落地,并积极储备一批重大项目,努力成为高质量发展产业示范平台和未来增长极。嘉善经济技术开发区要深化东区产业集聚和西区转型升级,实行更高标准的项目准入,加快完成园区内"低散乱"企业腾退清零。姚庄经济开发区要在扩容的同时加快引进通信电子、高端汽车装备制造、精密机械等先进制造业龙头企业。嘉兴综合保税区B区要全面推进三期扩容工程,并争取列入省自贸试验区扩展区。省级高新区要大力引育科技含量高、市场前景好、带动能力强的高新企业,力争在年度考核中处于第一梯队。同时,制定出台以"工改工"促进老旧工业园区分类整治政策意见,启动实施"工改工"试点,加快推进乡镇工业园区整合优化,引入专业开发商建设"两创"中心。

(3) 聚焦实体经济,着力在高质量发展上先行示范。

一要抓项目、增后劲。开展"双招双引"月月赛行动,推进招商体制机制创新,探索建立专业机构参与项目评价准入机制,继续加大重点领域、重大产业项目的招引力度,精准招引一批产业关联度大、行业带动力强、科技含量高的优质项目,聚焦项目落地慢、落地难、达产率低等难点问题,实施项目推进攻坚战,继续开展项目集中开竣工活动,抓好"省市县长工程"和"双十百亿"标志性工程,加快荷兰绿色智能新能源、宋城演艺、华策影视、同济未来小镇、格科微电子等重大项目建设。同时,大力支持民营企业发展壮大,努力在帮助企业减负降本,解决融资难、融资贵、创新难、拓市场难等问题上取得突破。

二要抓产业、促转型。大力培育集成电路、智能网联汽车等特色产业,加快打造数字经济发展平台,推动三次产业数字化转型,积极抢占全省数字经济发展制高点。加快提升工业质量效益,全面实施传统企业改造100家等"5个100工程",完善工业企业亩均绩效综合评价机制,启用"亩均论英雄"大数据平台,探索实行分行业个性化评价机制,推进工业厂房标准化绩效管理,实行租赁企业单独评价机制,确保"企房云管家"智慧管理系统实现全覆盖。深入开展"凤凰行动",实施"独角兽""隐形冠军""小升规"企业培育计划,加快形成领军型企业"一马当先"、中小微企业"专精特新"的良好格局。实施服务业提质增效行动,建立服务业全行业企业库、新注册企业库、"新进规"培育库和"小升规"预备库,引导和扶持服务业企业做大做强。

三要抓创新、强动力。加快浙江省国家科技成果转移转化示范区建设，深入推进中科院系统研发中心、哈工大机电工程（嘉善）研究院等创新载体建设。统筹抓好高铁新城上海人才创业园、归谷智造小镇、科创中心三大创新主平台建设，全面运营嘉善国际创新中心，充分发挥科技大市场作用，推进木业家具（智能家居）、钮扣产业创新服务综合体建设，引进一批工业设计、产品研发、检验检测、科技服务等创新资源，打造"全产业链定制、智能制造云工厂"。积极落实科技新政、人才新政、企业研发费加计扣除等政策，强化科技金融支持。

四要抓要素、优保障。坚决打好要素保障攻坚战，推动全域土地综合整治取得更大成效，坚持"一地一策"，加强"低散乱"企业整治腾退，确保"低产田"企业整治提升取得实质性进展。提高金融扶持实体经济的精准性、有效性，推进国有企业实体化运作和镇（街道）融资平台公司实体化转型，加大银行授信储备。狠抓"能源双控"，确保完成全年目标任务。

（4）聚焦双轮驱动，着力在城乡深度融合上先行示范。

一要建设富有品位的精致城市。对标上海全球卓越城市建设，启动实施城市景观风貌等十大专项行动，加快推进"五个一"标志性工程。高水平建设高铁新城，持续打好征迁扫尾攻坚战，加快推进五星级酒店、上海人才创业园三期、智能网联汽车产业园等一批重点产业项目建设，以及妇幼保健医院、亭桥小学等一批基础设施和配套项目建设，基本形成核心区道路框架，不断集聚新西塘越里的商气、人气，全力打造产城融合新地标。加快"网之城"中央公园、邻里中心等市政配套设施建设，积极发展"楼宇经济"，全力打造一批五星级商务楼宇。深入开展"城市双修"工作，按照集中连片、高效快速的要求，强力推进老城区东门、西门、北门、沪嘉城际铁路沿线"三门一线"棚户区改造和"城中村"征迁，高标准建设"梅花坊"城市客厅，做好老旧小区改造、绿化亮化等各项工作，加快老城区旧貌换新颜步伐。

二要建设富有活力的美丽乡村。全域实施农村人居环境提升行动，加快推进美丽乡村"1552"工程，实现"环境优美村"达标率100%，加快5条美丽风景线建设，建成美丽乡村精品村50个，美丽乡村示范村20个。抓住"产业兴旺"这一乡村振兴的根本，加快发展现代农业，大力提升农业大平台，加快新型农业经营主体和新型职业农民的培育，全面推进"标准田"建设，持续引育一批科技含量高、辐射能力强的现代农业项目，打响嘉佑农业、尚品农业、易久农业等农业综合体品牌。深化农房改造集聚，持续做大做强中心点、做精做优保留点、缩减一般集聚点，严格控制点外建房，确保完成农房集聚4 000户。启动新一轮"强村计划"，不断拓宽村级增收渠道，增强村级办事能力。

三要建设富有特色的美丽城镇。全面完成姚庄、西塘省级小城市培育试点三年行动计划，扎实推进天凝市级小城市培育试点，确保考核保持优秀，并积极做好新一轮省市小城市培育申报工作。深入实施特色小镇梯度培育计划，持续加大巧克力甜蜜小镇和归谷智造小镇建设力度，力争实现省级命名，扎实推进西塘互联网通信小镇、干窑机器人小镇等后备军建设，力争新增一批省市特色小镇。巩固小城镇环境综合整治成果，加强生态环境长效治理，加大市政配套建设力度，培育打造特色产业，激发城镇就业创业活力，推动百姓就地就近城镇化。

(5) 聚焦美丽嘉善，着力在大花园建设上先行示范。

一要突出文明创建。学习先进、精准对标，全面梳理问题清单、责任清单、项目清单，实施第二批重点攻坚行动和建设项目，实现项目化运作、工程化实施、常态化督查，加快停车场建设提升等实事工程建设，强势推进市场管理秩序优化等提升工程，打造一批示范样板街路、小区等特色工程，让创建造福于民。落实"四色"督查督办机制，完善疑难会商、项目推进保障、文明规范等机制，以钉钉子精神抓好问题整改。实施市民文明素养提升工程，发动党员干部、居民群众、新居民等社会力量共同参与文明创建，倡导文明风尚。

二要突出环境整治。加大环境保护和生态修复力度，创建国家生态文明示范区。始终保持全域违建清零的高压态势，全力创建"无违建县"，实现"无违建镇(街道)""无违建村"全覆盖。深入实施"污水革命"，严格落实河长制、湖长制，加快东部污水厂等"三厂四线"工程进度，同步推进生活小区和工业集聚区"污水零直排区"建设。坚决打好"蓝天保卫战"，将塑料、印刷等行业纳入挥发性有机物(VOCs)深化治理行业范围，确保全年空气优良天数同比增加。同时，大力推进"垃圾革命"、"厕所革命"、土壤污染防治等工作，严格实行节能降耗"一票否决制"。

三要突出全域旅游。围绕国家全域旅游示范区和大云国家级旅游度假区创建，全面提升西塘、大云两大龙头景区的带动作用，加快美丽乡村风景线和一批 A 级景区村庄建设，注重串点成线、以点带面，变"盆景"为"风景"，并加大与上海等长三角地区的旅游开发和营销合作。西塘古镇要抓好内涵提升和景区扩容，加快推进宋城演艺、华策影视等大项目建设。大云省级旅游度假区要加快推进歌斐颂二期、梦幻嘉善、云野 • 歌遥等项目建设，进一步提升景区管理水平和服务质量，不断扩大云宝 IP 品牌效应。

(6) 聚焦民生福祉，着力在创造美好生活上先行示范。

一要增进民生获得感。制定实施更加积极的就业创业政策，充分发挥职业教育学校的作用，办好上海杉达学院嘉善职业技术学院，加强职业教育和培训，广泛组织开展创业创新大赛，以创业带动更高质量、更充分就业，全力促进百姓持续增收。扎实推进全民社保工程，稳步提高各类社会保障水平，继续拓展社会保障市民卡应用功能，推动实现长三角地区就医直接结算。完善社会大救助体系，加大对困难群众救助帮扶力度。引导房地产市场健康稳定发展，推动住房租赁省级试点取得更大成效。

二要提高民生幸福感。高质量办好十大民生实事，并聚焦“三大”活动中走访收集的突出民生问题，开展专项破难行动，着力解决一批民生关键小事，以实际成效提高百姓幸福感。深化教育体制机制改革，推进集团化、校区化办学，加快实验二小西校区等项目建设，办好让老百姓满意的教育。牢固树立“大卫生、大健康”理念，把健康理念融入社会全领域、覆盖到生命全周期，深化公立医院改革、医疗保障制度改革，全面推进县域医共体建设，提升基层卫生院诊疗水平，加快实现在基层医疗机构开展常见病、多发病、老年病诊治，推进县妇保院新建工程等项目和“智慧医疗”建设，持续改善城乡就医环境。深化养老服务业综合改革，完善长期护理保险制度，不断创新深化智慧养老、医养结合新模式，推动居家养老规模化、品牌化、标准化、连锁化运营。深化“善文化”升级版建设，持续推进“五个满城”系列活动，重点打造“嘉善好人馆”，加快实现善城书房、文化礼堂、文化庭院全覆盖，县博物馆、图书馆新馆投入使用，推动文化产业和文体活动蓬勃发展。

三要增强民生安全感。深化平安嘉善、法治嘉善建设，全力打造全国最具安全感县域，努力实现省平安县创建“十四连冠”。突出基层基础，深化“四个平台”建设，做强全科网格队伍，强化“雪亮工程”应用，扎实开展“三治融合”示范村（社区）创建活动，创建市级“三治融合”示范村（社区）30个。突出攻坚破难，全力防范化解各类重大风险。坚决维护国家政治安全，深入开展扫黑除恶专项斗争。持续扭转信访生态，加大涉稳群体性事件化解力度，全面开展公共安全大排查、大整治，确保刑事、民商事案件数、信访总量和公共安全亡人事故数明显下降。突出示范引领，在推进“一体两翼三基四联”模式上作示范，扎实开展矛盾纠纷多元化省市试点，深入开展“智安街道”市级试点建设工作。

5. 发展目标

嘉善县是一体化发展示范区的核心区域，是浙江落实长三角区域一体化发展国家战略的主阵地，建设长三角一体化发展示范区具有坚实发展基础。

嘉善县地处沪苏浙三省市交界处，是一体化发展示范区的核心区域，是浙江落实长三角一体化发展国家战略的主阵地。嘉善近年来在“八八战略”①指引下，抓住浦东开发开放、上海世博会召开和大虹桥商务区建设等机遇，为建设长三角一体化发展示范区打下了良好基础。

(1) 四个“一体化”。

聚焦“同谋划”，推进规划衔接一体化。一是谋划县域总体布局。嘉善始终按照做好“转变发展方式、主动接轨上海、统筹城乡发展”的指导思想，统筹规划县域“四区一园”的发展定位。二是推动总体规划和专类规划接轨上海。制定实施《嘉善县全面接轨上海“十三五”规划》。积极参与《长三角地区一体化发展三年行动计划(2018—2020年)》《沪嘉综合交通规划》《枫泾新浜—嘉善—新埭城镇圈区域协同规划》编制。

聚焦“共同体”，推进区域合作一体化。一是2016年与上海市金山区签订共建浙沪毗邻地区一体化发展示范区战略框架协议；二是2018年与青浦、昆山、吴江共同签署《环淀山湖战略协同区一体化发展合作备忘录》，签订9项专项合作协议；三是2018年与上海虹桥商务区签订《联动发展合作备忘录》，全方位加强合作。

聚焦“同发展”，推进产业和园区一体化。构建“总部在上海，制造服务在嘉善”的产业和园区协作模式：一是面向上海招引科研机构和人才。引进上海交大、同济大学等7家高校、科研院所的研发机构。设立嘉善国际创新中心，实现“研发在上海，转化在嘉善”。二是强化产业园区合作。加强与上海自贸试验区、张江、漕河泾、紫竹等各类园区合作，配套建设国家级嘉善经济技术开发区、嘉兴综合保税区B区、姚庄省级经济开发区三大主平台。三是积极拓展上海市场。开放上海都市旅游卡在嘉善消费的服务，强化与上海农业部门拓展供沪农产品合作。

聚焦“同城化”，推进基础设施和公共服务一体化。一是打通省际断头路，建立省际公交。规划建设5个打通断头路项目。开行上海省际直达客运班线两条、毗邻公交线路两条和通勤班线两条。二是联合保护水源地。与苏州吴江区、上海青浦区共同实施太浦河水资源保护省际协作。三是加强教育和医疗资源共享。18所学校先后与上海各级各类学校开展合作。嘉善市民卡(医保卡)在上海各大三甲医院实现实时结算。

(2) 五“高地”。

打造协调发展高地，引领高质量规划一体化。长三角一体化发展示范区建设，

---

① 八八战略：2003年，中共浙江省委十一届四次全会作出“发挥‘八个优势’、推进‘八项举措’”的重大部署，简称“八八战略”。

规划是龙头。一是联合编制一体化规划纲要，探索一体化制度创新。当务之急是联合开展示范区规划研究，加强在空间布局、产业协作、基础设施等方面的衔接。二是成立联合办公机构。健全三地一体化合作机制，成立推进一体化联合办公机构，探索高质量的公共管理一体化。三是积极支持和配合示范区管理体制改革。结合浙江“最多跑一次”改革、上海“只跑一次”制度、江苏“不见面审批”改革，优化行政和投资项目审批制度，落实负面清单管理，提高行政服务效率，营造营商环境标杆区域。

打造协同创新高地，引领高质量科创产业一体化。创新是长三角一体化发展示范区建设的动力。一是积极参与G60科创走廊建设，谋划示范区在G60科创走廊中的定位和思路。完善一体化区域协同创新体系，充分发挥示范区在长三角协同创新中的配套和服务作用。加快推进嘉善科技新城归谷智造小镇、同济未来小镇等科创平台建设，打造科研机构与区域性总部经济集聚区。二是共同编制高新产业发展方案和招商目录。依托一体化区域重点产业，加快制定集成电路、人工智能、氢能源、智能网联等高新产业发展方案，研究制定产业招商目录。

打造开放合作高地，引领高质量的内外开放。长三角一体化发展示范区建设，开放是目标。一是积极融入“一带一路”建设，主动接轨自贸试验区，促进投资贸易便利化，打造开放新高地和合作新平台。二是扩大对外开放。继续办好进口博览会，深化市场化改革，保护产权和知识产权，鼓励公平竞争，主动扩大进口。三是加大对内合作。引领长江经济带建设，培育区域开放竞争合作新优势。

打造绿色发展高地，引领高质量环保一体化。长三角一体化发展示范区建设，生态环境是保障。一是推进区域环保标准一致化。加大跨界河湖协同治理力度，共同打造太浦河“百里绿廊”。二是联合编制长三角区域联防联控重污染天气应急预案，加强陆域及水域废弃物综合治理。探索环境风险企业信用评价机制，共推跨省域重要生态廊道建设。三是共同建立示范区环境风险识别和预警制度，探索跨区域生态补偿机制。

打造民生共享高地，引领高质量公共服务一体化。长三角一体化发展示范区建设，公共服务是重点。一是推进教育和医疗一体化。引进长三角双一流高校或国际名校在示范区建立研究生院或分校。探索上海综合性三甲医院与示范区医院全面合作。二是推进示范区图书馆、博物馆、文化馆等公共文化资源共建共享，谋划举办环淀山湖国际马拉松赛等重大体育赛事。三是推进文化旅游一体化。加强示范区在农民画、书法、古籍保护、文化产业研究等方面的合作。推进“环淀山湖旅游一体化联盟”合作，实现区域旅游共享共建。

6. 具体规划

未来，嘉善要紧抓重大发展机遇，突出落实国家战略，全面接轨上海，不断增创开放合作新优势，努力取得示范点建设更大成效的发展目标。

(1) 紧盯上海做好规划衔接。

主动参与长三角一体化规划纲要编制，联合青浦区、吴江区共同参与环淀山湖战略协同区规划建设，率先探索一体化制度创新。主动对接上海城市总体规划、上海大都市圈空间协同规划，高质量编制《嘉善县域总体规划(2016—2035 年)》，提前启动编制国土空间规划，加快空间重构、优化生产力布局，建立全域统筹、分类管控、共同实施的管理体制。高标准规划建设“上海之窗 · 枫南小镇”，全面启动基础设施建设，新建配套小学及幼儿园各 1 所。

(2) 协同上海产业水平分工。

制定出台集成电路、人工智能、氢能源、智能网联、医疗器械产业发展实施方案，研究制定产业招商目录，规划建设智能传感、智能网联汽车等公共研发平台，加快建设氢燃料电池产业试点示范区。深入实施数字经济“一号工程”，力争数字经济核心产业增加值增长 12%以上、软件和信息服务业收入同比增长 40%以上、“企业上云”数量达到 3 000 家。面向上海加快建设国家科技成果转移转化示范区和可持续发展创新示范区，全面运营嘉善国际创新中心，引进优质项目 30 个以上，其中在嘉善注册的有 20 个以上，引进国际国内合作机构 3 个以上。积极推进浙商回归，引进项目 80 个以上，到位资金 90 亿元以上。

(3) 联通上海提升交通便利。

坚决打好项目推进攻坚战，大力实施全面接轨上海的重大交通基础设施工程。加快建设 3 条轨道交通，完成沪嘉城际轨道(嘉善段)线型走向、车站选址、征地拆迁等前期工作，确保项目按期开工，同步推进通苏嘉甬铁路线型确定和沪昆铁路(嘉善段)高架改造。加快 5 条公路建设，320 国道提升改造工程完成“4 改 6”拓宽前期工作及辅道建设，平黎公路(嘉善段)改扩建工程启动高架段建设，丁栅至新埭(疏港)公路改建工程二期惠民段完工通车，丁凝公路改建拓宽工程加快推进，G60 沪杭高速大云出口改造工程完成前期工作。加大力度打通省际断头路，同步谋划青浦、吴江方向的高等级公路。杭州湾跨海大桥北接线二期 10 月通车、兴善公路(魏塘至干窑段)、外环东路(世纪大道至惠民大道段)年底通车。

(4) 对标上海优化公共服务。

深化“最多跑一次”改革，以企业投资项目审批为重点，赋码备案到竣工验收的审批时间压缩至 80 天以内；深入推进“承诺制”和工程建设项目审批制度改革试点工作，新批工业用地原则上实行“标准地”出让；集成打造跨部门、多领域的企业奖惩体系和社会信用体系。创新实施企业常态化开办1日办结制。持续开展“减证便民”行动，打造“办事不求人”城市。大力推广“网上办”“一证办”，100%政务事项一网通办，80%民生事项一证通办，50%以上民生事项实现掌上办理。加快推进“最多跑一次”改革向医疗卫生、金融服务、股改上市等领域延伸。全面落实支持民营经济发展各项政策，实施市场准入负面清单、公平竞争审查等制度，努力破除各种制约民营经济发展的障碍。加大金融服务实体经济力度，加强政银企合作，支持民营企业发行债券融资。打好企业降本减负组合拳，千方百计降低企业税费、社保、财务、电力、物流和制度性交易等成本。提高企业走访实效，第一时间协调解决民营企业各类困难。大力推动交通、医疗等领域与上海“一卡联通”“一卡结算”，争取引进上海大学、上海理工大学等高校建立附属学校、研究生院；引进上海三级甲等综合性医院全面托管县级医院。

1.2.5 江苏省苏州市吴江区

一边是太湖之滨、运河之畔的江南水乡，一边是繁华的现代化国际大都市。一条太浦河，将太湖和黄浦江连接了起来，太湖水源源不断地汇入黄浦江，成为苏州吴江和上海融合发展的见证。吴江汾湖与上海青浦相邻，从上海虹桥商务区到黎里古镇，只需要半个多小时。吴江是上海客商投资兴业的最佳选择，上海也是吴江人走向世界的窗口。

在长三角一体化融合发展的当下，吴江主动接轨上海按下快进键。2017年11月，吴江与上海闵行签订了战略合作协议。2018年2月，吴江区委、区政府又出台《吴江区主动融入全面接轨上海工作意见》，明确要全力打造上海非城市核心功能疏解和高端要素溢出的最佳承接地，并深化与上海全方位、多层次、宽领域的交流合作。

长三角区域地域相连、经济相融、文化相近、人缘相亲，多年来一直互动频繁、往来密切。吴江是全省唯一既与浙江接壤，又与上海相连的区域，区位条件独特、资源禀赋优越、发展基础良好、创新活力十足，在推进长三角一体化发展中具有明显的功能优势、比较优势和叠加优势。

吴江区位处于江浙沪三地交汇处，作为苏州最大、最年轻的区，吴江以争当沿太湖城市建设示范为目标，不断完善城市综合功能，全面提升城市环境品质，以更积极的状态对接上海，融入长三角一体化发展，力争将吴江打造成长三角核心区的投资乐土、创业福地。为加快实现高质量发展，吴江启动实施战略性新兴产业"213"工程、"新地标企业"三年培育计划和创二代薪火工程，帮助更多企业做大做强，实现发展凤凰涅槃。

改革开放40年来，吴江紧跟时代发展潮流，勇于自我变革，勇于开拓创新，经济社会发展始终争先于全国同类区域第一方阵，培育了丝绸纺织和电子信息2个千亿元、装备制造和光电缆2个五百亿元的主导产业集群，形成了民资、外资双轮驱动的发展格局。随着沪苏沪城际高铁、通苏嘉甬城际铁路项目的有力推进，吴江融入长三角一体化发展的进程加快，区位优势、空间优势、生态优势、政策优势愈发彰显。

1. 地理环境

吴江区位于江苏省东南部，东接上海市青浦区，南连浙江省嘉兴市和桐乡市，西临太湖，北靠苏州市吴中区，东南与浙江省嘉善县毗邻，东北与昆山市接壤，西南与浙江省湖州市交界。地理坐标介于北纬30°45′—31°13′，东经120°21′—120°53′，全区总面积1 176.68平方公里(不包括东太湖水域约85平方公里)，东西宽52.67公里，南北长52.07公里。

2. 人口和人民生活

2018年末全区户籍总户数为26万户，总人口为84.1万人。全年出生人口8 103人，出生率为9.68‰，死亡人口6 572人，死亡率为7.85‰；人口自然增长率为1.83‰。全区非农业人口67.4万人。

2018年，全体居民人均可支配收入52 969.3元，比上年增长8.3%，居民收入增幅超GDP。其中城镇居民人均可支配收入63 424.5元，比上年增长7.8%；农村居民人均可支配收入32 193.7元，比上年增长8.2%。全年全体居民人均消费支出33 295.4元，比上年增长6.8%。

3. 经济发展综合现状

2018年，全区实现地区生产总值1 925.03亿元，全区三次产业结构比为2.2∶51.3∶46.5，服务业增加值占地区生产总值的比重为46.5%，服务业占比持续提高。

全年规模以上工业中，四大主导产业合计实现产值2 904.42亿元，占规模以上工业总产值的82.1%。其中丝绸纺织产值突破千亿元，实现产值1 058.54亿元。

4. 产业结构——"4+4+1"产业体系

改革开放以来，通过民营经济和外向型经济的"双轮驱动"，吴江形成了丝绸纺织、电子信息、光电缆和装备制造四大主导产业。2017年，丝绸纺织业年全实现销售1 388亿元，同比增长18.3%；电子信息业产品结构进一步优化，高附加值产品比重不断提升，骨干企业的销售收入均保持20%以上增长；光电缆业受益于"5G建设”“互联网＋”等国家战略继续保持较快增长，骨干企业的科技创新能力、盈利能力不断提升；装备制造业快速发展，全年实现销售468亿元，同比增长近20%，其中以智能装备为主的生产企业增速更为明显。

为了促进吴江的产业结构升级，吴江政府提出了做强先进制造业的“135”计划和做大现代服务业的“154”计划。具体来看：

(1) 做强先进制造业：“135”计划。

为了强化先进制造业立区导向，大力发展智能工业，打造千亿级装备制造业，巩固提升电子信息、丝绸纺织和光缆电缆业，重点实施“135”计划。“135”计划是指1个重点——重点发展以智能装备制造和生产装备智能化为核心的装备制造业；3大优势产业——电子信息产业、丝绸纺织业、光电缆产业；5个新兴产业——新能源产业、节能环保产业、生物技术和新医药产业、新材料产业、新材料产业。

表1.3　吴江做强先进制造业：“135”计划

发展方向	具体内容
1个重点	重点发展以智能装备制造和生产装备智能化为核心的装备制造业
3大优势产业	电子信息、丝绸纺织、光电缆
5个新兴产业	新能源、节能环保、生物技术和新医药、新材料、绿色食品

资料来源：《苏州市吴江区国民经济和社会发展“十三五”规划纲要》。

“1”指重点发展以智能装备制造和生产装备智能化为核心的装备制造业。智能装备制造主要围绕工业机器人、高端数控机床、智能仪器仪表、智能控制及系统集成行业、智能化成形成套设备、智能化包装机械、智能化纺织机械、智能化工程机械、智能化温控设备与环保机械、激光设备及关键部件、3D打印设备、精密传动设备和智能化高速电梯等智能化先进装备，打造具有全球细分行业领军地位的欧美企业集群和国内自主品牌行业领军企业集群。生产装备智能化改造重点推进丝绸纺织、电子信息、光缆电缆、电梯制造等传统优势产业的设备升级，实施机器换人工程，加快实施智能管理应用，提升工业智能化生产水平，鼓励智能化设备研发和生产，到2020年实现装备制造业产值超千亿元。

“3”指全面提升三大优势产业。提升电子信息产业的规模和层次，继续将其打造成产值超千亿元的产业，重点围绕互联网化、移动化、智慧化，发展信息经济、智能工业、网络社会、在线政府、数字生活为主的电子信息产品，推动以传统消费电子产品、配件生产为主向以智慧产业为主转变。推进传统丝绸纺织产业转型升级，继续将其打造成产值超千亿元的产业，改变丝绸纺织产业传统生产经营方式，推动丝绸纺织业向差别化、高端化、品牌化、时尚化方向发展，强化与工业设计、文化创意等产业相结合，重点发展化纤新材料、高档纺织面料、生态型纺织面料、高端服装等产品，实施印染产业集聚升级工程，实现传统丝绸纺织产业向现代丝绸纺织产业转型，打造出口质量安全示范区。推进光电缆产业的特色化、高端化、系统化、集成化发展，延伸产业链，发展光纤拉丝、海底电缆、高铁地铁信号缆、数据缆等特种光缆产品，开发信号放大器、光耦合器、冷接子、适配器等光器件及高压超高压、特种、复合电缆相关产品。

"5"指着力培育五个新兴产业。新能源产业重点发展太阳能材料和组件、生物质和天然气发电、风电材料和配件、新能源汽车、新型电源器件等。节能环保产业重点发展节能技术与装备、节能照明产品、环境治理技术与装备、环保新材料、空气净化技术与装备等资源综合利用产业，大力发展LED芯片、LED系统集成，推进膜材料技术产业化等关键产品产业化。生物技术和新医药产业以化学制药总量提升为突破口，以生物技术为关键点，重点发展医药业前端研发和后端检验检测、服务外包、仿制药研制和产业化等。新材料产业重点发展纺织新材料、金属合金材料、高性能复合材料、新型节能材料等与区域产业结构优化发展关联度高的新材料行业，鼓励和扶持高分子材料、石墨材料、陶瓷材料、超导材料、新型包装材料等发展。绿色食品产业向高档次、大规模发展，做大做活食品精深加工，大力发展新型保健食品、休闲食品、方便食品等产业，促进农产品转化增值，拓宽食品工业发展空间。

(2) 做大现代服务业："154"计划。

强化现代服务业兴区发展导向，加快构建现代服务业发展新体系，全面提升现代服务业层次和水平，到2020年实现服务业增加值超千亿元，重点实施"154"计划。"154"计划是指重点发展文化产业；大力发展5个生产性服务业；着力发展4个生活性服务业。

表1.4　吴江做大现代服务业："154"计划

发展方向	具体内容
1个重点	重点发展文化产业
5个生产性服务业	金融服务、商务服务、互联网、现代物流、服务外包
4个生活性服务业	现代商贸业、电商云商、健康服务、教育产业

资料来源：《苏州市吴江区国民经济和社会发展"十三五"规划》。

"1"指重点发展文化产业。大力发展生态旅游文化产业，以西部东太湖生态旅游度假区、南部丝绸商贸文化旅游区、东部水乡古镇休闲旅游区为核心，整合资源、集聚发展，开发古镇休闲、滨水度假、乡村体验、丝绸文化等特色旅游产品，致力于将吴江打造成古镇旅游新高地、度假旅游新天地、乡村旅游新领地。加快文化创意产业发展，依托江南水乡、滨湖特色、丝绸文化、运河文化等优势，突出绿色开发、集约开发、特色开发，发展创意文化、会议会展产业，通过载体项目、资源转化、跨界融合、引导支持等方面的强化，推动文化与科技、金融深度融合，促进文化创意产业跨越式发展，使文化创意产业成为新支柱产业。

"5"指大力发展生产性服务业。创新发展金融服务业，支持引进金融分支机构，发展互联网金融，加快推进村镇银行、民营银行发展，稳步发展融资租赁、融资担保，培育壮大创业投资、风险投资，全力推进企业上市、债券发行，健全现代金融服务体系。加快发展商务服务业，大力引进职能总部和区域总部，发展会计审计、人力资源、咨询评估、律师经纪和专利代理等职业中介机构，形成种类齐全、分布合理、操作规范的商务服务体系。大力发展互联网产业，推进互联网企业跨界融合发展，重点引进和培育互联网企业，发展TMT(科技、媒体、通信融合而产生的产业)、移动互联网、网络游戏、网络数字安全、数字化服务等产业，大力推进苏州湾科技城、汾湖中移动数据中心建设，探索建立TMT示范产业园。培育壮大现代物流业，培育和引进第三方、第四方物流企业和大型现代物流企业，围绕吴江开发区、盛泽、汾湖、平望四大物流枢纽，推进物流基地多功能建设，以推广多式联运、甩挂运输为重点，以提升物流信息化进程、发展物流网为手段，建成标准化、信息化、专业化、现代化物流网络体系。积极发展服务外包业，重点发展离岸和在岸外包，做大业务流程、信息技术和知识流程外包产业规模，建设服务外包示范区。

"4"指着力发展生活性服务业。提升现代商贸业能级，提升各级商业中心能级，改造提升专业市场，推进社区商业设施、特色商业街、城市综合体建设，培育新型商贸业态，构筑高效通畅的现代商贸服务体系。加快发展电商云商，推进商业体验服务、移动网络销售、提供消费解决方案、自助服务等各类新型业态的集聚；促进同城电商、3D虚拟商城、无店铺销售、APP项目等电子商务应用；依托主体集成化O2O模式、云模式，提供适于各年龄段及各类消费人群的个性化、特色化、定制式的新兴生活服务。大力发展健康服务业，依托云电视、互联网、大数据、移动技术，重点扶持康复医疗、老年护理、个性化健康检测评估、养生保健等健康产业，积极开发与健康管理相关的商业健康保险产品，逐步形成沿太湖和汾湖的健康服务业集聚发展。促进教育产业发展，大力发展"互联网＋教育"，培育发展教育信息化产业，促进产教融合发展；围绕教育领域民生需求，推进民办教育发展；配合产业转型升级的需要，加大职业教育培训力度，促进职业教育多元化、社会化发展，做强苏信学院，深化校企联动和对外交流合作。

5. 发展机遇

随着长三角进入高质量一体化发展的新时代，吴江积极响应，尤其是接轨上海的步伐要更主动、更快速。作为苏州最年轻也是面积最大的区，吴江将不断提升创新能力和基础，在率先获取长三角一体化“发展红利”中，打造成为苏州新的城市发展增长极，实现从长三角“地理中心”走向“价值中心”。

接轨上海，从来不是被动的“年度思考”，而是谋划于先的“时代卷轴”。2018年11月，吴江与上海闵行签订了两地战略合作协议，双方明确将建立定期沟通交流机制，在资源要素、产业发展、载体平台等方面进行全面对接、深化融合，实现优势互补、要素互通、共赢发展，全力打造沪苏全面合作示范区。2019年2月，又出台《吴江区主动融入全面接轨上海工作意见》，明确要全力打造上海非城市核心功能疏解和高端要素溢出的最佳承接地，并深化与上海全方位、多层次、宽领域的交流合作。

瞄准融合发展现实需求，吴江深耕接轨上海战略，重点打好“三张牌”。

首先打出“产业牌”。吴江民营经济发达、外向型经济活跃，产业特色鲜明、集聚度高。目前，吴江的化纤产量占全国的十分之一，光纤光缆产量占全国的三分之一，电梯产量占国内品牌的六分之一，拥有完整的电子信息产业链，上下游配套率达到95%以上。吴江坚持“先进制造业立区，现代服务业兴区”，积极培育与上海产业契合度高、补链性强的新兴产业，重点加强智能制造、新型半导体、生物医药、新能源等先进制造业以及电商物流、高端商务、文化旅游等现代服务业的对接合作，着力构建与上海高端产业配套融合的现代产业体系，推进两地产业融合互补发展。

再亮“城市牌”。吴江是苏州主城区面积最大的板块，也是苏州城市未来发展的纵深所在。吴江坚持以高标准的规划、高水平的建设、高品质的项目引领沿太湖城市发展。苏州湾文化中心、苏州湾体育中心、苏州太湖梦幻世界等一大批文体旅项目加速推进；沪苏湖城际高铁、通苏嘉甬城际高铁、快速环线、苏震桃高速等交通工程有序推进，规划中的轨道交通线网也将与上海轨交17号线连接。接下来，吴江还将全面升级连接两地的道路、轨交、航道等级，加快形成与上海全面对接、一体构建的综合交通体系。

还有“服务牌”。吴江注重政府服务效能的提升，全力当好服务企业发展的“店小二”。深入推进“放管服”改革和“一窗式”“一门式”改革，目前区级行政审批事项已减少至221项，是江苏省最少的县市(区)之一，行政审批制度改革工作荣获省级先进；基本实现“企业3个工作日内注册开业、5个工作日内获得不动产权证、50个工作日内取得工业生产建设项目施工许可证”的“3550”改革目标。

6. 主要发展目标:全力打造“八大标杆”

吴江区深入实施“555计划”,推动创新生态系统、政务生态系统、自然生态系统、社会生态系统协同并进,全力打造“八大标杆”。

主要包括:打造集成式改革标杆、打造民营经济发展标杆、打造智能工业发展标杆、打造环太湖产城旅融合标杆、打造江南水乡标杆、打造丝绸文化传承与发展标杆、打造共建共享共治善治标杆、打造智慧城市标杆。

打造集成式改革标杆。围绕“释放活力、增强动力、提高效率”的总目标,着力破解体制机制障碍。通过改革举措的进一步系统集成,统筹推进经济体制、生态文明体制、城乡一体化体制、社会事业体制、党的建设制度等各项改革,集中力量“深刺激、强刺激”,逐步打通层级壁垒、部门壁垒,打造更有活力的创新生态系统、更加效率的政务生态系统、更具魅力的自然生态系统、更为和谐的社会生态系统,构建“集中高效审批、分类监管服务、综合行政执法”的现代基层政府治理架构。并以此为基础,进一步扩大集成范围和领域,在2020年前形成具有推广经验的全域集成式改革,为全市乃至全省的集成式改革开启新实践、探索新路子。

打造民营经济发展标杆。充分发挥民营经济“领头羊”优势,突出做大做强做优领军型企业,打造一批标志性、引领性、高峰型企业,鼓励企业通过合资合作、并购重组和挂牌上市等资本运作方式,进位扩容,提升效益和水平,实现更多企业在世界500强、中国500强中扩量进位,到2020年全区民营经济注册资本超4 000亿元。加大对优质民营企业上市支持力度,到2020年,新增上市民营企业20家。着力形成和壮大一批竞争力强、成长性好和细分领域排名前的“隐形冠军”企业,成长为“小而优”“小而强”的行业“小巨人”,培育一批新生代、爆发力强、具有国际影响力的地标性企业,提升吴江民企的知名度和影响力,争取到2020年,全区新增年销售收入20亿元以上企业10家,10亿元以上企业20家,5亿元以上企业20家。坚持“走出去”与“引进来”并重,培育和壮大吴江本土跨国企业,推动企业加快全球布局、扩大国际产能合作、打造全球营销体系,在更广阔的空间深度开拓国际市场。

打造智能工业发展标杆。持续加大智能工业投入,全面完成“155”计划,制定新一轮智能工业“三年滚动计划”,确保未来三年每年智能工业投资100亿元以上,省级智能示范车间总数继续保持全省县市(区)首位。大力实施“五个一”工程,积极推动工业大数据推广应用,重点在纺织化纤、光电缆、铸造、电梯等行业企业研究制定一批具有引领性的智能制造标准和体系,打造智能工业“升级版”,全力争创国家级智能制造先行示范区。加快推进智能装备产业园项目建设,加快优质项目招引，形成工业机器人、高端精密机械、智能控制系统和汽车智能装备等四个功能特色，打造年产值超过500亿元的高端智能装备产业核心区。到2020年，全区机器人密度超过100台/万人，拥有50套以上省级认定首台(套)重大技术装备。全面实施战略性新兴产业“213工程”，着力形成以大数据、新型半导体等为重点的千亿级新一代信息技术产业，以智能化成套设备等为重点的千亿级高端装备产业；形成以光纤预制棒等为重点的500亿级新材料产业；形成新能源、节能环保、生物医药三个百亿级产业，推动战略性新兴产业产值超3 000亿元。

打造环太湖产城旅融合标杆。以争当引领沿太湖城市建设的示范为目标，突出融入苏州、对接上海，树立“不是精品即为败笔”的理念，强化太湖新城和吴江开发区同城聚合效应，形成大城区框架，推进梯度南向拓展，加快高素质人口集聚，城市规模由现在的70平方公里城区面积、60万常住人口向100平方公里、100万人口的“双100”目标迈进。抓好既定规划的功能配套和重大项目建设，力争在部分功能上赶超工业园区，同步提升各区镇发展水平，建设宜居、宜业、宜游的美丽家园。大力发展全域旅游，做好“旅游＋”文章，加快东太湖生态旅游度假区建设，突出抓好天洋、亨通两大旅游项目，加快旅游度假区向国家级目标迈进，形成东部水乡古镇休闲旅游区、南部丝绸商贸文化旅游区、西部东太湖生态旅游度假区“三大片区”发展格局。抓好创新“24条”和人才“15条”政策落实，积极推动高端创新要素集聚，发挥两个50亿元产业投资母基金的引导和放大作用，吸引各类金融企业和基金管理公司投资落户，全方位提升创新能力。加强与苏州、上海等城市间的通勤设施，构建内畅外联的综合交通网络。做好8条轨道交通规划建设，努力成为苏州主城转型发展的新增长极、上海非城市核心功能疏解和高端要素溢出的最佳承接地。

打造江南水乡标杆。以系统化思维全力推进更具魅力自然生态系统的打造，全力优化生态环境，加强综合治理，打赢水体、大气、土壤三大污染治理攻坚战。统筹“263”专项行动、“三水同治”“河长制”“湖长制”等，项目化推进，清单化管理，目标化考核，确保到2020年各项任务全面完成，全区工业污水处理达标率100%，畜禽养殖污水排放量在2016年基础上下降60%，生活污水处理率达到80%以上。因地制宜挖掘各镇村特色禀赋，积极推进古镇联合申遗，加大遗存古镇古村保护；着力打造好新能源小镇、金融小镇、丝绸小镇等特色小镇；大力推进被撤并镇整治提升；积极推动城市有机更新，确保老旧小区、棚户区改造三年目标任务落实到位。以自然村为单元推进特色田园乡村建设，全面提升镇村建设水平，到2020年，全区培育打造30个左右体现江南风貌的吴江特色田园乡村，争创2个省级、5个苏州市级特色田园乡村试点。积极实施社保体系融入苏州工程，健全完善社会救助体系，大力发展村级集体经济，全力促进富民增收，确保村级稳定性收入年增长8%以上。按照基本公共服务配置标准，结合政府实事项目实施，大力推进基本公共服务均等化、标准化建设。

打造丝绸文化传承与发展标杆。壮大产业链、提升价值链、完善创新链，全面推动丝绸产业提升发展。整合资源，发挥绸都名镇、丝绸小镇、旗袍小镇的各自优势，注重错位发展、协同互动，在保护的基础上集聚全国乃至全世界的丝绸产业资源、文化资源，打造集生产、展示、体验、交易、创意等于一体的丝绸产业集聚区。全力扶持培育一批丝绸产业知名企业，重点支持桑罗、上久楷、太湖雪、慈云等品牌提升，着力形成1—2个具有全国乃至国际影响力的著名品牌。进一步弘扬与传播丝绸文化，推动丝绸文化向“活态化传承、市场化运作”方向转变，鼓励丝绸企业加快“走出去”步伐，提升吴江丝绸文化的知名度和影响力，擦亮丝绸这张金色名片。

打造共建共享共治善治标杆。围绕打造更为和谐的社会生态系统，运行机制更完善、联动处置更高效、参与覆盖更广泛，为省市两级网格化社会治理试点积累经验、提供借鉴。加强社会综合治理网格化联动指挥平台开发，开展“一标三实”等基础信息建设，强化大数据汇聚集成和分析应用，推广“河长联动管理平台”做法，实现前端治理“721”的工作日标，确保联动机制高效运行。深化镇域综合执法体制改革，确保按计划完成执法权力划转。强化党建引领，探索研究将支部建在网格上，推动群团工作与网格化治理充分融合，进一步发动群众和社会组织参与网格化社会治理工作，构建大参与工作格局。更好发挥网格功能，摸清人员密集场所、居民小区、工矿企业的违法居住、违法建筑、违法经营、违法用地、违法排污等，通过综合执法、依法行政，切实做到安全隐患和违法行为必须消除、违法建筑必须拆除、脏乱现象必须整治、违法经营必须取缔。

打造智慧城市标杆。强化智慧吴江顶层设计，全力探索建设具有示范性的智慧城市经验。启动吴江智慧大厦建设，按照“1＋3＋N”建设框架，加快云计算中心、大数据共享服务平台、智慧吴江综合服务平台和智慧吴江体验中心建设。有序推进教育、医疗、交通、农业、气象等各领域智慧工程，在公共服务、城市运营、社会治理等领域建成一大批示范项目。依托市民卡、大联动中心和工业企业资源集约利用信息系统，融合线上线下服务，加快无线城市建设，实现政务服务从分散式服务向一体化、全场景服务转变，让智慧服务全面渗透市民日常生活，智慧应用全面覆盖城市管理全过程，信息化整体发展达到国内领先水平。积极推进国测(苏州)

智慧城市产业基地建设，着力集聚一批与智慧城市领域相关的研发型机构和重点骨干企业，构建智慧产业生态圈。

7. 区域发展规划

吴江紧紧围绕高质量发展要求，深入实施“555”计划，全力打造“八大标杆”，全区经济社会发展稳中有进、进中提质，呈现良好发展态势。同时，吴江出台《主动融入全面对接上海工作意见》，积极落实环淀山湖战略协同区对接事项清单，与上海闵行区、青浦区、嘉兴市秀洲区、桐乡等周边地区开展涵盖医疗、社保、交通、社会治理等公共服务体系的全方位对接合作。

下一步，吴江将构建现代产业体系，加快智能工业发展步伐，增进企业自助创新能力，提升制造产业核心竞争力，重点引进发展总部经济、文化旅游、高端商贸等现代服务业。同时，优化产业布局、全面提升产业层次，不断完善城市综合功能，全面提升城市环境品质，加快构建内畅外联的交通体系，全力把吴江打造成高端项目聚集、精英人才云集、资金信息汇集的创新创业高地。

所谓“555”计划，是指建设苏州湾科技城、新型半导体产业园、纺织循环经济产业园、智能装备产业园、物流科技园五大平台；实施富民增收、公共服务、美丽镇村、重大交通、平安法治五项工程；打造生态文明、智慧城市、创新创业、人文休闲、政务服务五大高地。

表 1.5　吴江区域发展规划:“555”计划

发展方向	具　体　内　容
5 大平台	苏州湾科技城、新型半导体产业园、纺织循环经济产业园、智能装备产业园、物流科技园
5 项工程	富民增收、公共服务、美丽镇村、重大交通、平安法治
5 大高地	生态文明、智慧城市、创新创业、人文休闲、政务服务

(1) 五大平台——全力提升吴江产业发展层次和水平。

高水平建设苏州湾科技城。重点实施好苏州湾科创园、软件园、文化创意产业园、总部经济区、金融小镇等功能片区。大力发展大数据、软件信息、文化创意、金融、总部经济等新兴产业。加快引进海内外高层次创新创业人才项目，全力打造国内一流的创新创业园区。深化与国测集团、中交建、国科控股等集团型大企业的合作，紧盯步步高、亨通、天安数码、福田文创等特色产业项目，为落户项目提供全方位服务，确保洽谈一批、签约一批、开工一批、储备一批，做实新城发展活力和潜力。

高起点打造新型半导体产业园。积极抢占具有广阔应用空间和巨大市场潜力的新型半导体产业制高点，以华功半导体“一院两中心”、英诺赛科、省产业技术研究院有机光电技术研究所等为牵头项目，打通产业链关键节点，打造集研发、生产、科技服务和孵化于一体的新型半导体产业化基地，加快形成千亿级产业集群。加大优质项目招引力度，加快欧普照明、大峡谷光电、新朋汽车等落地项目建设进度；加快技美半导体、光速充电桩等一批洽谈项目签约落户。充分发挥汾湖高新区首期20亿元的产业基金功能，更好支持新型半导体产业园发展，带动新型半导体产业加速集聚。

高要求落实智能装备产业园。发挥现有欧美企业的集群优势和智能工业的先发优势，加快引进培育2—3家龙头企业，持续壮大“专、精、特、新”专业化企业队伍，加速形成工业机器人、高端精密机械、智能控制系统和汽车智能装备等四个功能特色，全力打造年产值超过500亿元的高端智能装备产业核心区。以智能装备产业园为引领，研究推进苏州湾智能制造创新协同中心建设，实现资源优化配置。鼓励引导工业大数据推广应用，推动智能制造从“机器换人”到“数据换人”的加快升级。重点在电子信息、丝绸纺织、光电缆、电梯等传统优势产业上，攻克一批共性智能制造关键技术，形成一批智能工业发展标准，树立一批智能制造标杆企业，全力打造吴江智能工业升级版，把吴江打造成智能制造先行示范区。

高标准推进纺织循环经济产业园。以促进资源节约集约利用、改善生态环境为目标，高标准编制园区总体规划，积极稳妥做好前期各项工作和配套基础设施建设。抓紧制定出台印染企业搬迁入园政策，按照“五个集中”的要求，统一标准、统一政策，加快推动印染企业集中入园，确保实现主要污染物排放量降低15%，能源消费总量下降10%的目标。

高层次规划中鲈现代物流科技园。大力发展现代物流、国际商贸、先进制造等产业，加快培育高效物流、供应链金融等新业态，着力引进一批具有国际知名物流服务品牌的区域总部、区域运营及结算中心和分拨分销中心。以创建省级孵化器和物流科技小镇为契机，加快完善信息交易平台等配套设施，不断提升园区建设水平，全力打造具有区域影响力的现代物流科技园。

(2) 五项工程——让人民群众更好共享成果。

聚焦聚力促进富民增收。大力发展乡村旅游、传统手工、特色农业等富民产业，积极鼓励创业、培育致富带头人；进一步完善就业政策，拓宽就业渠道，着力促进城乡居民充分就业，持续增加居民的“口袋”。积极实施社保体系融入苏州工程，在居民基础养老金、被征地农民社会保障待遇等方面进一步缩小差距。完善兜底保障功能，不断提升因病致贫、返贫群体的保障水平，着力形成长效机制。健全完善社会救助体系，更好实施精准帮扶、精准救助。启动惠村公司三期项目，确保全年村级经济稳定性收入增长 8%，建设经营性物业 8 万平方米。深化农村土地所有权、承包权、经营权“三权分置”改革，充分发挥“三权”的各自功能和整体效应，把更多休眠资产变成财富“活泉”。

补短补缺完善公共服务。加快推进基本公共服务标准化，以标准化促均等化、提升普惠性，增加城乡居民的“隐形财富”。加快苏州市第九人民医院和瑞金医院苏州分院建设，确保年底基本具备搬迁使用条件。加快推进紧密型医联体建设，促进覆盖区、镇、村(社区)分级诊疗体系形成，推动优质医疗资源加速下沉。强化优质教育资源供给，积极探索“公建民营”等多种办学模式。推动集团化办学落地见效，年内新组建 3—4 个教育集团，大幅提升吴江教育质量和水平。积极鼓励民营资本参与养老事业，加快推进乐龄二期建设运营。积极推进“政社分开”，健全政府向社会组织购买服务常态机制，不断扩大政府购买服务范围。继续推进“智慧社区”建设，实现社区服务社会化试点各区镇全覆盖。

提标提质建设美丽镇村。深化美丽城镇建设，优化完善震泽、七都 2 个示范镇建设成果，同步推进其他各镇开展集中整治。深化被撤并镇环境整治提升，按照“资源跟着需求走、服务跟着居民走”的原则，强化办事处管理职能、提升服务水平，推动人员、职能下沉，精准配置好城乡公共服务事项、确定好服务半径和覆盖人群。加大社区邻里服务中心“缤纷荟”的复制推广，方便群众就近办事。积极争取省特色田园乡村建设试点，因地制宜推进美丽乡村建设。

融汇融合实施重大交通。加快启动江陵路、苏同黎公路、同津大道等城区快速化道路建设，尽快形成主城区内部环形快速路体系。推动苏州湾 1 号、2 号两条隧道建设，积极做好苏州西环南延通车准备、做好同津大道北延工程。积极推进沪苏湖、通苏嘉两条城际高铁规划优化完善，全力打造南苏州高铁枢纽站。加快松陵大道综合交通枢纽工程建设，推动汾湖高新区与上海东方绿洲间的城际 BRT 实施，积极谋划轨道交通与苏州工业园区段的衔接以及区内四大板块之间的轨道交通建设，加快启动 S6 线建设，通过交通的无缝对接更好融入苏州主城、更好接受上海辐射。

固本固优提升平安法治。推进社会治安防控体系升级，全面完成“村村通”技防三年建设计划。严格落实信访工作责任制，健全社会矛盾多元化解机制。加强大型法治文化阵地建设，推进社会信用体系平台建设，建立健全守信联合激励和失信联合惩戒机制。继续加强金融风险防控，维护良好的金融生态。压紧压实安全生产责任传导，狠抓安全生产各项举措的落实，切实保障安全生产形势稳定。

(3) 五大高地——提升城市核心竞争力。

强化目标导向建生态文明高地。大力推进“263”专项行动实施，年内关停替代

35蒸吨及以下燃煤锅炉不少于30台，实施65蒸吨及以下锅炉环保改造，关停化工企业不少于13家，确保年度减煤任务完成、减化目标任务两年内全部完成。全面开展“三水同治”，年内淘汰喷水织机不少于4万台。加大雨污分流、控源截污力度，年内确保完成新建、改造污水主次管网不少于60公里，新增城镇生活污水收集量不少于2.4万吨，高标准完成251个农村生活污水处理工程。加大畜禽养殖整治，完成太湖一级保护区70家规模畜禽养殖场关闭搬迁，综合整治限养区296家规模畜禽养殖场。全面深化河长制改革，加强河道环境综合整治，年内将住家船全部清理到位；全面梳理、迅速推进黑臭河道整治，确保三年任务两年完成。加快完成海绵城市规划编制，启动实施城市地下综合管廊建设。

强化顶层设计建智慧城市高地。加快云计算中心和大数据中心建设，探索政府数据开放共享标准化，加快实现全区基础数据的互联互通、资源整合和动态配置。完善智慧吴江顶层构架，有序推进教育、医疗、交通、农业、气象等各领域智慧工程，逐步拓展公共服务内容，让群众足不出户就能享受到各类便民服务。推进智慧吴江体验中心建设，实现重点应用全方位集成，全面展示智慧城市高地建设成果和未来发展方向。

强化开放包容建创新创业高地。抓好创新“24条”和人才“15条”政策的落实，不断优化创新生态系统。完善“政产学研金”协同机制，推进包括科技创新、管理创新、模式创新在内的全方位创新，年内全社会研发投入占地区生产总值的比重超2.6%，万人发明专利拥有量超37件。强化企业主体地位，力争高新技术企业规模超350家；深化与大院、大所合作，推进大中型工业企业和规模以上高新技术企业研发机构建设；加快各类孵化器和众创空间建设。推动科技与金融深度融合，以50亿元产业投资母基金，引导撬动更多社会资本支持科技创新。深入实施“人才生根”计划，加大中高端人才培养引进力度。以更加包容的姿态推进开放型经济发展，提高引资质量，鼓励有条件、有实力的企业加快“走出去”，打造一批国际化企业。大力度推进企业上市工作，争取到2020年形成30家左右的上市企业队伍。

强化文旅融合建人文休闲高地。坚持把文化元素注入旅游产业开发全过程，厚植特色文化根脉，保护传承好地方特色文化资源。完善文化旅游产业体系，做好“旅游+”文章，促进旅游与文化产业、现代农业、田园乡村相融合，从单纯景区建设转变为多业融合发展。构建全域旅游格局，加快以亨通苏州太湖梦幻世界、天洋梦东方等为重点的38个旅游项目建设，推动东太湖生态旅游度假区争创国家级旅游度假区。进一步推进特色小镇打造，提升发展民宿经济，形成东部水乡古镇休闲旅游区、南部丝绸商贸文化旅游区、西部东太湖生态旅游度假区“三大片区”发展格局，打造休闲度假游目的地。

强化效率效能建政务服务高地。围绕"放管服"，完善拓展行政审批"一窗式"服务信息系统；优化"模拟审批"机制，推进全链条"模拟审批"，真正促进项目快审批、早落地、早投产；进一步推进省政务服务"一张网"工作，全面建立服务企业"代办制"，大力推进"不见面审批"，全面实现"3550"目标。围绕加强机关效能建设，引导党员干部加强调查研究和学习思考，不断提高工作效率，当好服务群众、服务企业的"店小二"，更大发挥吴江政务服务的先发优势、品牌优势和服务优势。

1.3　长三角一体化示范区的功能

1.3.1　示范区整体定位研究

目标定位是示范区的核心与关键，确立示范区目标定位是重点所在，又是难点所在。长三角一体化示范区作为落实长三角区域一体化发展这一国家战略的先行区或试验区，其目标定位既要体现时代要求、国家指向，又要符合自身实际情况，还要适应长三角整个区域发展的需要。换言之，长三角一体化示范区的目标定位应基于时代发展方向、国家战略部署、区域整体需要和自身发展状况等方面进行综合考量。

有鉴于此，长三角一体化发展示范区在目标定位上应着力将示范区打造成为国家高质量发展的引领区、一体融合发展的先行区、城乡协调发展的示范区、创新创业的理想地、生态优先绿色发展样板区以及上海对内开放的载体。

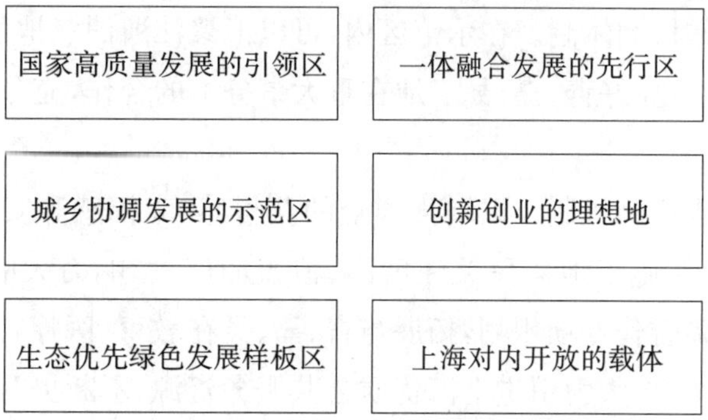

图 1.1　长三角一体化发展示范区的整体定位

资料来源：作者根据相关资料自行整理。

1. 国家高质量发展的引领区

实现高质量发展是我国经济进入新阶段的基本特征,高质量发展既决定着国家发展的综合实力、国际竞争力和可持续发展能力,也关系着社会稳定和国家安全。高质量发展也是世界发展的趋势,是国家间竞争的关键所在。长三角一体化示范区的整体定位,也要从建设国家高质量发展的引领区着手。

2008年以来,浙江、江苏继上海以后步入工业化发达阶段,安徽也正步入工业化后期。生产要素供给与环境的制约不断加大,经济增长速度明显下降,向外投资与产业转移兴起,产业结构优化压力增大,高质量发展成为长三角地区的必然选择。

近年来,全球科技革命与新工业革命兴起,信息智能产业、新能源、新材料等产业迅速崛起,生产方式、流通方式与生活方式迎来革命性变化,创新成为高质量发展的关键。长三角核心区是中国经济最发达地区,也是最早面临经济转型压力的地区,又是中国经济最开放、教育科技最发达的地区。长三角必然是迎接全球新工业革命浪潮的"近水楼台",又是引领中国产业革命的创新示范地,长三角一体化示范区应成为国内领先的技术创新中心。

从总体上说,我国的经济发展模式仍然是以速度为特征的粗放型发展,质量不高、效益不显。长三角区域作为我国经济基础最好、生产力最为发达的地区之一,不仅要成为推动国家高质量发展的动力源,而且要成为引领国家高质量发展的示范区。作为先行和试验地区,长三角一体化示范区应紧扣国家的这个根本性要求,聚焦体制机制改革创新,奋力推动这一重大国家发展战略更好地落地落实,在推进高质量发展方面探索独特路径、提供有益经验,成为国家高质量发展的先行区和示范区。

把长三角一体化示范区建设成高质量发展的示范区,需明确工作方向,重点抓好以下四方面工作:

一是创新合作机制体制。在示范区内,可以汇聚江浙沪三地优势、加强三地联动、激发三地潜能。抓好青、嘉、吴三地在重大事务上的合作,充分发挥其试验示范和引领带动作用。

二是构建民生保障机制。以增强群众的获得感、幸福感和安全感为出发点和落脚点,稳步推出实施三地居民关注度高、覆盖面广、影响力大的相关政策措施。研究制定民生保障合作专项规划,拓展与青、嘉、吴在教育、医疗、文化、旅游、创业、社会保障等领域合作,大力引进上海优质公共服务资源,不断提升示范区公共服务水平,打造宜居、宜业、宜游的优质生活圈。

三是构建具有国际竞争力的现代产业联动发展机制。坚持以供给侧结构性改革为主线，加快构建以创新为战略支撑、先进制造业为主体，现代金融、人力资源相配套的现代产业体系。加快打造电子信息、汽车、智能家电、机器人、绿色石化等一批先进制造业集群，建设具有国际竞争力的先进制造业基地。

四是推动基础设施“硬联通”和机制“软联通”。一方面，长三角一体化发展示范区，从基础设施互联互通开始，探索推进形内联外通、高校衔接的基础设施网络，加快推进长三角“硬联通”。另一方面，加快研究探索创新举措，促进长三角人流、物流、资金流、信息流便捷有序流动，提高要素使用效率，加快推进三地体制机制的“软联通”。

示范区将成为引领长三角高质量一体化发展的新引擎。长三角一体化发展示范区的最终目标是在自身高质量发展的基础上，成长为引领整个长三角高质量一体化发展的新引擎。示范区应依托上海科创中心优势，瞄准服务科创中心、实现项目落地的精准定位，推进自身高质量发展。

针对高质量发展的主要因素，加快推进高标准的产业导向。示范区建设以形成高质量发展的新动能为目标，以弥补高质量发展的短板为导向，共同制订高标准、高起点的产业政策和产业目录。高质量的要素集聚，即汇聚科技、金融、人才等要素，针对上海科创中心提供协同创新的研发、试验、配套、产业化等综合服务。高效率的要素配置，即在开创性的一体化制度创新作用下，提高要素配置效率，实现要素配置的最优化。

2. 一体融合发展的先行区

传统的区域一体化发展，是指发达的大城市，为加快提升不发达的周边中小城市和乡村发展水平，通过构建以大带小、以城带乡的一体化体制机制和特殊政策，把大城市高度集聚的功能、资源、产业和人才优势，辐射扩散到周边城市和乡村，带动其工业化、城市化、现代化进程，加快缩小地区差距和城乡差距。长三角地区多年来的一体化发展思路和实践，基本属于这一传统的概念范畴。

随着党的十八大以来我国新的沿海战略和区域发展战略的“T”形布局雏形初现，新时代赋予了区域一体化新内涵。它要求城市群中的各个城市，为提升同城化水平和国际竞争力，实现“1＋1＞2”的效应。通过建立一体化建设和运营的体制机制及平台载体，消除行政分割，激发规模效应，实现更高层次的共生共享。在高铁、互联网、深度同城化和成熟市场经济的牵引下，这一新概念范畴的区域一体化正在成为长三角区域合作的主流。

经历了将近30年的快速工业化和分散经济发展，大约到了21世纪初，沿海特别是长三角地区越过了经济发展的粗放阶段，需要走向经济发展的集聚模式。城市,特别是超级大城市和城市群在经济发展的动力和载体上开始扮演更加重要的角色,长三角经济一体化有了真正的内生推进动力。

区域一体化的特征是各地区一体融合发展。国家赋予长三角区域的战略使命是推进一体化发展,作为长三角一体化示范区,其将理所当然地成为一体融合发展的先行区。示范区依托于行政区,但示范区必须积极自觉地超越行政区划限制,全面推进一体融合,这既包括在思想上确立推进一体融合的自觉性,也包括在行动上形成推进一体融合的主动性。

长三角一体化示范区,最重要和最关键的,是在区域一体化发展制度创新方面的表率和示范。通过实施长三角区域一体化国家战略这样一个重要的实践平台和重大的制度创新,逐步建立区域一体化发展一系列的体制机制。培育跨区域协作共赢的新动能、新机制,打造高质量区域发展的示范区,构建更加开放协调的区域空间格局,共同打造具有全球影响力和竞争力的世界级城市群。

建设长三角一体化示范区,更大的意义在于各方软件的对接。示范区未来将拥有政策的高度聚焦和倾斜,如果在协调机制上能够打破行政边界束缚,推动当地经济要素市场化流转和配置,激发区域经济发展的内在活力,将对其他类似区域产生极大示范作用。

长三角一体化未来趋势将呈现三个新特征:一是多领域的一体化。不仅有生态保护、交通互联、产业合作、科技创新领域的一体化,还有城市功能、要素市场、民生发展等领域的一体化。二是推进载体的一体化。在基础设施、要素市场、公共服务等领域,长期以来都是按行政区分级设置机构,今后,三省一市应共同谋划、共同出资,建设一批覆盖长三角的专业机构。三是制度建设的一体化。消除地区政策的标准不一、执行不一问题,让各地政策相互衔接、统一。发挥地方立法作用,开展合作立法,为一体化发展提供制度支撑和保障。

示范区将成为一体化合作的试验田。十几年来,长三角区域一体化已经达成数十项合作协议或意向。从既有合作情况看,实质性和已落地的不多,合作的广度和深度有限。长三角一体化发展示范区承载贯彻落实三省一市全方位合作的试验田功能,在体制机制创新上将展现开创性的广度和深度。

其试验田意义体现在:凸显参与合作的主体不断扩大、逐步升级的试验价值。一体化合作从先行启动区主体逐步升级成示范区主体、两省一市主体、长三角区域三省一市主体;合作主体的性质从地方政府逐步扩大为政府—企业—社会全方位。

展示出合作内容的广度和深度前所未有、前所未见的试验价值。一体化合作内容不设定局限的范围,而是划出红线、底线,列出负面清单,清单以外都可以合作。

开创性地探索一体化新体制机制的试验价值。尤其在公共服务、社会治理、生态保护与修复、文化融合等一体化上，形成典型意义的区域协调制度、机制和经验。

3. 城乡协调发展的示范区

改革开放40年来，中国的城镇化稳步推进，2018年城镇化率达58.5%，与此同时，政府通过推出一系列惠农政策，建设社会主义新农村、建设美丽乡村、乡村振兴战略等大大改善了农村的生产生活条件，农村的经济社会发展得到显著提高，农民的收入有显著提高，城乡的相对差距有所缩小。当然城乡之间在很多方面还存在着不小的差距，如城乡收入差距、城乡消费差距、城乡公共资源配置、城乡社会保障制度、人均社会福利支出等方面都存在较大的差距。

但无论是从长三角区域本身而言，还是结合全国的情况来看，城乡协调发展都是经济发展的核心问题和突出难题。长三角一体化示范区拟建设区域分别为上海青浦、浙江嘉善、苏州吴江，这三个区域都属于城乡结合区域，既面临着城市科学发展问题，也存在着乡村振兴问题，更存在着城乡协调不够和发展问题。

因此，在长三角一体化示范区的建设过程中，理应在构建城市发展新形象、开拓农村发展新面貌和推进城乡协调发展、打造景秀物丰的美丽家园方面探索路径与经验，提供样板和示范作用。

长三角城市群是中国最大的城市群，但在上海、杭州、苏州等城市圈的邻界边缘地带，城市化明显滞后于工业化进程。在沪、苏、浙邻界区域开展经济合作，以上海西部、苏州市区与嘉兴市区为支点，大力推进要素自由流动，从而更快更好地促进邻界地区的城镇化，形成较为合理的城镇体系，统筹城乡发展，为我国区域城市化提供示范。

4. 创新创业的理想地

长三角一体化示范区的功能定位，推动创新创业也是一个重要任务。

其一，上海在原来的经济、贸易、金融、航运四大国际中心建设的基础上，提出向具有全球影响力的科技创新中心进军，创新的重要性不言而喻。

其二，在首届中国国际进口博览会主旨演讲中，习近平主席给出上海必须完成的三项工作：一是增设上海自由贸易试验区新片区；二是在上海证券交易所设立科创板并试点注册制；三是长三角区域一体化上升为国家战略。这三大任务寓意深远，都可以作为完成“全球科技创新中心”目标的战略支撑手段。它们之间特定的内在逻辑联系表现为，增设上海自由贸易试验区新片区，有利于长三角区域在开放中吸收国外的先进生产要素，从而实现自主创新；同时，增设上海自贸试验区新片区，也有利于把开放的能量向长三角其他地区进行扩展。设立科创板并试点注册制，不仅支持了上海国际金融中心建设，而且更重要的是利用资本市场直接支持科技创新事业的发展。未来，大量利用政府直接补贴支持战略性新兴产业的传统做法已经不合时宜。发达国家的实践证明，对处于发展初期的高科技产业，最好的办法是利用风险资金和资本市场的支持。而长三角一体化上升为国家战略，不仅仅是为了建立统一的市场，更多的是通过一体化发展机制，把上海向东的对外开放与向西的对内开放连接起来，实现三省一市的科技资源、人才优势和教育成果的协同利用。

其三，长三角区域具备建设世界影响力的科技创新中心示范区的基础条件。长三角地区由东向西有两条走廊，即G60科技走廊和沪宁合之间的沿江地区，这里分布着长三角乃至全国最丰富、最密集的大学、科研院所等科教资源。长三角一体化示范区可以依托于大学、科研院所，尤其是长三角数量众多的双一流大学进行创新创业。同时，也可以依托长三角的人才优势、企业创新主体优势、开放型经济优势，以及科技园和高科技产业集聚优势等，致力于科技创新成果的产业化。上海、南京作为科创中心，科技创新成果转化受制于高昂的土地成本、人工成本和其他制造成本，而在安徽和江苏北部地区不仅有丰富的发展空间，而且这一带科技园区众多，高科技产业发展基础好，成果转化能力强，因而完全可以在“科技创新—产业创新”的协调方面做出示范。

其四，把长三角一体化示范区定位为建设有世界影响力的科技创新中心示范区，与其主要承担的对内开放任务也是一致的。过去，在出口导向下，无论是进入中国市场的外资企业，还是为其做加工配套的本土企业，做的往往是跨国企业早就设计和研发好的订单，自己只是生产基地而已，本身没有多少创新功能。而对内开放尤其是对民营企业开放，利用的是我们自己的内需，需要企业自己进行独立的研究开发和产品设计活动。由此以中国巨大的内需为引力，必将逐步培育出属于中国人自己的品牌和自主创新技术，从而为建设创新驱动国家起到示范效应。

长三角区域是我国创新活力最强的地区之一，而要成为国家高质量发展的动力源，成为具有全球竞争力的发展高地，就必须进一步推进创新。因此，全面集聚创新资源、最大限度地激发创新活力是长三角面对的新任务和努力的方向。

长三角一体化示范区全面推进体制创新、管理创新，打造具有国际一流标准的营商环境，为各类人群前来投资兴业提供最有利的条件和最坚实的支撑，使长三角示范区乃至整个长三角区域成为创新创业的理想之所。

5. 生态优先绿色发展样板区

长三角区域开放性大、企业聚集度高、人口密度大，经济发展整体实力一直处于全国前列。而长三角三省一市在地理位置上相互连接，伴随着经济快速发展而来的一系列生态环境问题往往不会局限在某一个狭隘的区域内，而是跨省市产生的，因此需要三省一市联合起来建立行之有效的生态保护协同机制。

以长三角一体化示范区建设为契机，推进上海、浙江、江苏及安徽三省一市区域绿色协同发展，提升区域生态环境保护能力，构筑经济发展与生态保护齐头并进的样板区域，具有十分重要的意义。

长三角一体化发展示范区被定位为“生态绿色”。明确在坚持生态优先的基础上，对示范区内的生态保护和产业规划进行统一布局，作为规划建设的重点，以体现“高质量”与“一体化”发展的两个关键。

其实，三地的合作早已有之。2018年10月，为保障首届中国国际进口博览会在上海顺利召开，由上海市公安局牵头青浦区、吴江区、嘉善县等单位在青浦区金泽水库举办了长三角地区跨界环境污染事故应急演练。2019年1月9日，青浦区、吴江区、嘉善县环保部门在青浦区召开了长三角一体化示范区生态环境综合治理工作会，会上三地共同研究探讨长三角一体化示范区生态环境治理工作，建立适合三地生态综合治理工作机制，并举行了签约仪式。

接下来，三地的合作应该更加紧密。

在协作机制方面，加强三地一体化生态文明建设示范区发展，健全三地一体化发展合作机制，成立“三地一体化发展合作”轮值联席会议制度，主要负责研究制定区域中长期规划和具体工作推进计划，协调和解决区域环境综合治理中发现困难和问题。

在统一标准方面，按照生态环境部以及各省市有关长三角生态环境治理规划和政策，进一步明确区域内污染控制技术规范，标准融合统一，逐步形成科学合理，管理严格，指导有力的三地一体化生态环境管理模式。

在环境信息共享方面，打破行政壁垒和区域限制，实现环境信息共享共赢实行区域一体化，利用现有监测点位和在线监测平台数据，实行数据共享。组建区域内空气质量预测预报机制，建立区域发展环境风险识别和预警预报制度，探索构建重点区域，预先防范和妥善应对区域发展风险。

打造绿色发展高地，引领高质量环保一体化。长三角一体化发展示范区建设，生态环境是保障。一是推进区域环保标准一致化。加大跨界河湖协同治理力度，共同打造太浦河“百里绿廊”。二是联合编制长三角区域联防联控重污染天气应急预案，加强陆域及水域废弃物综合治理。探索环境风险企业信用评价机制，共推跨省域重要生态廊道建设。三是共同建立示范区环境风险识别和预警制度，探索跨区域生态补偿机制。

6. 上海对内开放的载体

长三角一体化发展，既是上海自身发展的重大机遇，更是上海更好服务全国的重大平台。长三角一体化上升为国家战略，同“一带一路”建设、京津冀协同发展、长江经济带发展、粤港澳大湾区建设相互配合，完善中国改革开放空间布局。这意味着上海不光要自己干好，还要站在更高的角度，加强同其他国家战略的协调与配合，进一步增强服务国家大局的能力。

改革开放40年来，中国实现了从封闭半封闭到全方位开放的伟大历史转折，开放已经成为当代中国的鲜明标识。尤其是上海，背靠长江水，面向太平洋，长期领中国开放风气之先。实践已经证明，开放之于上海、上海开放之于中国的重要性。未来长三角如何实现高质量一体化发展，进而形成可复制、可推广的经验做法，可以说很大程度上影响着中国未来的经济发展格局。

实施长三角一体化发展国家战略，是对我国改革开放空间布局的进一步完善。在江、浙、沪三省市交界区域建设长三角一体化发展示范区，就是要打造进一步扩大对内开放的载体。对党的十八届三中全会以来，党中央明确的全面深化改革举措，可以在地方试点的，进行集中落实、率先突破、系统集成，努力打造贯彻新发展理念的新标杆、一体化体制机制的试验田、引领长三角更高质量一体化发展的新引擎。

毫无疑问，上海的对外开放，浦东新区特别是自贸试验区都是重要载体。但对内开放方面，尤其是面向长三角和长江流域，一直以来都缺少一个核心承载区。长三角一体化发展示范区的建设，就补上了这个“缺”。长三角一体化发展示范区与上海自由贸易试验区新片区一道，未来将有力带动上海一东一西“两翼齐飞”的发展格局，更好发挥对外、对内开放“两个扇面”的枢纽作用，做强上海更好地服务全国的大平台。

1.3.2 示范区的功能研究

示范区主要示范什么？如前文所讲，示范区的功能定位是要将其打造为国家高质量发展的引领区、一体融合发展的先行区、城乡协调发展的示范区、创新创业的理想地、生态优先绿色发展样板区以及上海对内开放的载体。作为“样板间”和

"试验田",示范区要努力实现制度创新示范、深化改革开放示范、协同发展示范、平台机制示范、助力上海"两翼齐飞"的功能作用。

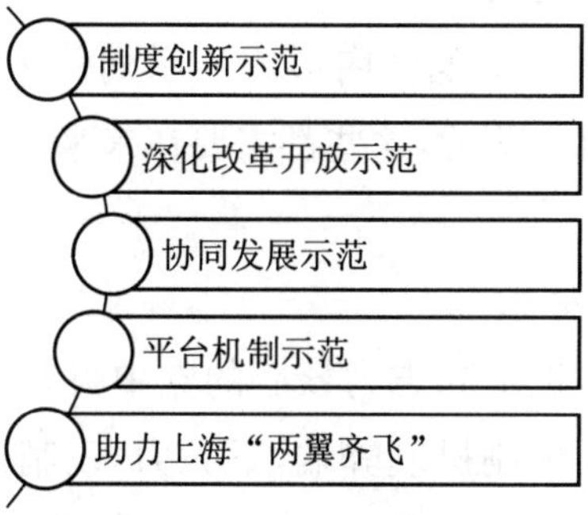

图 1.2　长三角一体化发展示范区的功能

资料来源:作者根据相关资料整理。

1. 制度创新示范功能

改革开放以来,跨省一级的示范区从未设立,长三角一体化示范区可谓开创了这一制度创新的先河。长三角区域一体化国家战略既是中央交给长三角的重大任务,对长三角地区来说又是重大的发展机遇。诚然,一体化发展带来的好处显而易见。但毕竟一体化发展覆盖长三角三省一市,涉及区域之广,使得实现一体化的难度不小。

在这种情况下,通过创建一个跨省一级的一体化发展示范区,就是一个很好的解决办法,其与创建自贸试验区有异曲同工之处,即在一个小范围内进行体制机制的先行先试。

通过在示范区内探索总结的体制机制创新,可以向整个长三角地区进行复制与推广,再推广至全国范围内,对整个中国的区域经济发展具有十分重要的作用。因为当前很多区域经济发展所面临的一些体制机制的创新问题没有办法得到解决,而长三角一体化发展示范区创建的意义正在于此。

从这个角度来说,示范区建设所进行的制度探索经验,正是符合当前中国区域经济发展的实践,具有很强的复制推广价值。

其实所谓的一体化发展,实际归纳起来就是要推动整个区域范围内的人流、物流、资金流、技术流与信息流等要素的顺畅流动,且要素之间的流动不是单向的,而是双向的流动,这就需要相应的体制机制对其进行保障。

长三角一体化示范区内,可以将凡是党的十八大、十九大确定的一系列改革任务涉及的地方,都放到这个示范区里进行探索实践,实现集中落地、率先突破、系统集成，成为全国深化改革的试验田，特别要在涉及规划管理、土地管理、投资管理、要素流动、财税风险、公共服务等方面成为跨区域制度创新和政策突破的“样板间”和“示范田”，起到先行先试的效果。

除此之外，还可以探索在示范区内形成一系列跨区域的、一体化的新体制机制，这在全国范围内是没有先例的，这些都需要在未来示范区的建设过程中积极探索，先行先试。

2. 深化改革开放示范功能

党的十九大以来，以习近平同志为核心的党中央始终坚持在更高起点谋划和推进改革，坚决破除各方面体制机制弊端，下大力气、啃硬骨头。随着改革开放的深入，对内亟须通过区域一体化路径破除行政区经济壁垒，实现地区间生产要素的自由流动与优化配置，实现基础设施与公共服务的联通、政府工作机制与制度的疏通、新时代高质量发展的融通。面对复杂多变的世界经济形势，我国同样需要有更高质量的城市群参与全球竞争。

长三角在全国经济中具有举足轻重的地位，这让长三角一体化承载着重要使命。作为改革开放的前沿地带，长三角一体化发展示范区将成为新时代全面深化改革开放的样板间。它既有同“一带一路”建设、京津冀协同发展、长江经济带发展、粤港澳大湾区建设相互配合、完善中国改革开放空间布局的意义，也有为全面深化改革开放继续蹚出新路的意义。从深圳到浦东再到雄安，从京津冀到粤港澳再到长三角，将改革开放向纵深推进的使命一直都在，探索的脚步从未停止。在中国改革开放历史进程中发挥过重要作用的长三角，在新一轮的深化改革、扩大开放之中，无疑要进一步走在前列，带头探路攻坚。

因此，示范区必须坚定不移全面深化改革开放，敢于向顽瘴痼疾开刀，勇于突破利益固化藩篱，以将改革进行到底的决心和勇气，加强顶层设计，注重制度创新，降低制度成本。在更好发挥政府作用的同时，要更加注重使市场在资源配置中起到决定性作用，利用市场的力量打破行政壁垒和市场壁垒。

制度成本的核心在于地方行政壁垒，行政壁垒越高要素流动的制度成本就越大。对于长三角地区来说，一体化的关键是通过制度创新进一步降低区域间要素流动的障碍，深化区域内分工，为产业集聚发展创造更加良好的条件。

长三角未来发展的方向在于一体化，一体化很有意义，却也很不容易。创设一体化发展示范区是一个好办法，把党的十八大、十九大明确的改革任务在示范区集中落地、率先突破、系统集成。特别要在涉及规划管理、土地管理、投资管理、要素流动、财税分享、公共服务政策等方面，在跨区域制度创新和政策突破方面进行实质性的先行先试，率先形成一批可复制、可推广的改革创新经验。

3. 协同发展示范功能

作为中国最具活力的城市群之一，长三角城市群早在改革开放初期就已自发启动一体化进程。在取得一系列丰硕成果的同时，要实现高质量发展，仍然存在一些短板。打造一体化示范区，首要目的是解决当前长三角一体化的短板。那么，究竟哪些短板需要通过专设示范区的方式来解决呢？

首先，是产业协同的短板。长三角地区的产业同构现象明显，不同城市的产业结构、体量占比、空间布局、关联方式高度相似。江浙沪16个主要城市，有14个城市将电子信息制造业作为主导产业，产业同质性竞争极其激烈。如何破解产业同质化的难题，推进重点产业在整个长三角合理布局，是长期以来长三角各城市一直在努力尝试解决的。比如，上海加快产业结构调整，每年淘汰劣势产能1 000多项，推动龙头企业"走出去"在长三角优化布局，与长三角部分城市建立产业合作园区、发展"飞地经济"等。最近几年崛起的G60科创走廊，也是各方在尝试通过跨省域的产业走廊推进产业集聚布局、协同发展的表现。一体化示范区的设立，将首次从跨省域的角度，来整体思考产业在长三角的优化布局。

其次，是治理协同的短板。我国的行政区划设置，使政府治理的边界和权力责任变得清晰。但在区域发展一体化越来越深入的今天，跨越边界的协同治理越来越重要。虽然长三角地区已经建立了三省一市主要领导座谈会、市长联席会、各类交流会、洽谈会等合作机制，但在协同治理方面仍然面临诸多短板，如公共服务资源的优化配置、科技创新的联合攻关、跨区域污染的联合治理等。因此，如何通过示范区的一体化管理，更好地实现跨区域协同治理，促进长三角地区逐步实现公共服务均等化、资源配置最优化、区域治理一体化，是实现城市群同城化、一体化的关键之举。

第三，是要素资源流动的短板。行政壁垒的分割，以及各省市对自身发展的追求，往往导致要素资源自由流动的困难。比如，人才的流动往往受到户籍、社保等方面的制约；技术的流动往往受到人才、资金、市场的制约。长三角一体化的目标，是要建立统一的大市场，需要不断打破阻碍要素资源流动的体制机制壁垒。设立一体化示范区，在统一的管理体制下，有助于进一步消除资源要素顺畅流动的障碍，为长三角统一大市场的建设作出示范。

因此，为了实现长三角一体化高质量发展，建设示范区克服以上三大短板尤为必要。示范区也必须成为区域一体化发展的先行者、探索者，成为可复制可推广的标杆和样板。

一是实现产业协同。在示范区内，要发展的重点产业，布局在哪个省、哪个县市，将服务服从于产业发展整体需要，从而实现更深层次的产业协同，构建起长三角新的产业生态体系。当然，良性竞争依然是必须的，这也是持续激发长三角发展活力和产业效率的需要。要从提升巩固实体经济能级的角度出发，强化产业集群的战略规划协同、指导政策协同及配套服务协同；在巩固传统制造业优势的基础上，加强与互联网、云计算、大数据等新技术的融合，实现区域产业协同发展与制造业智能化、高端化转型。长三角一体化发展示范区应利用上海城市非核心功能疏解和资源、产业链等外溢机遇，进一步发挥上海综合服务功能齐全、江苏实体制造业实力强、浙江民营经济活跃、安徽具备后发优势等特点，形成产业一体化发展合力。要瞄准世界科技前沿和新兴产业领域，深化智能网联汽车、集成电路、工业互联网、5G等产业链对接合作，注重吸引外资和民间资本，全力打造汽车、电子信息、高端装备等世界级产业集群，尤其要促进张江、合肥综合性国家科学中心、区域内国家自主创新示范区及G60科创走廊等高端创新资源要素的高度集聚，充分发挥科技创新和产业发展的战略协同效应。

二是推进协同治理。一体化示范区的跨区域特点，决定了在治理机制方面需要加快创新，包括建立跨区域协调机制，及时解决利益分享和成本分摊问题；用物联网、人工智能、5G通信等先进的技术手段做好区域治理；在投融资、土地管理、招商、人才引进、生态治理等方面创新体制机制，打造高水平治理的示范区。

三是促进要素自由流动。一体化的本质是要实现资源要素无障碍的自由流动和全方位的开放合作。建设长三角一体化示范区，实现一体化高质量发展，也应该是从促进要素自由流动着手。示范区内可以从优化营商环境等方面入手，以供应链体系、标准体系、综合执法体系建设为重点，实现规则对接，进一步消除市场壁垒和体制机制障碍，在更大范围更深层次上促进区域要素自由流动和资源整合。

专栏1.1　　青浦、吴江、嘉善2019年一体化发展51项重点工作确定

规划契合、设施汇合、产业耦合、功能聚合、治理融合、环保联合、保障配合……农历新年伊始，《青浦、吴江、嘉善2019年一体化发展工作方案》发布，初步确定了今年七个方面51项重点工作。

根据方案，三地将共同开展沪苏浙毗邻区域概念性规划研究，编制毗邻区域现状图，制定共创淀山湖国家旅游区方案和环淀山湖岸线贯通精品方案，开展元荡岸线利用管理和水质提升规划编制前期研究。

三地将加快推进青浦东航路连接吴江康力大道贯通工程，确保青浦段路基施工、桥梁下部结构施工，推进吴江浦港路东进南延工程的规划设计，研究开通吴江对接17号线的公交线路、开通嘉善对接17号线的公交线路，研究精简毗邻地区检查站。

产业方面，将推进上海股交长三角中心建设，推动科技创新券通用通兑和大型科学仪器开放共享，加快长三角地区院士专家企业工作站共建，复制推广江苏省产业技术研究院模式，推动华为青浦基地和人才公寓基地年内开工，促进亨通光电、京东方等华为核心供应企业共同打造万亿级信息产业集群，开通跨省域的旅游专线，研究毗邻区域旅游一卡通等。

三地将启动教师队伍的互动交流与联合培养，推动复旦兰生学校年内完成桩基施工、复旦大学附属妇产科医院青浦分院开工建设，积极争取青浦定点医疗机构接入长三角门诊异地就医结算平台，促进毗邻区域图书馆、博物馆、文化馆等资源共建共享、优势资源整合，积极谋划举办长三角环淀山湖国际马拉松赛、环意自行车赛等重大体育赛事等。

此外，三地将加快推动毗邻区域党建、社会综治和城市管理的三网融合，加快同城联办、一网通办，统一准入条件、办理时限、管理标准等，推进行政审批和便民服务事项互联互通；实现市场主体主要信息共享，探索智慧公安一体化建设，深化在劳动人事争议调解仲裁、劳动保障监察领域交流协作，推进跨区域企业信用信息平台互通。

环境联防联治，三地将同步开展毗邻区域全国生态文明建设示范区（县）创建工作，推进区域间环保标准一致化，加大跨界河湖协同治理力度，全面完成青浦区内二级水源保护区工业企业清拆，共同打造太浦河“百里绿廊”。同时联合编制长三角区域联防联控重污染天气应急预案和响应措施清单，共同加强陆域及水域废弃物综合治理，探索环境风险企业信用评价机制和企业环境风险评级机制，共推跨省域重要生态廊道的联结贯通。

青浦、吴江、嘉善三地还将建立健全一体化发展的定期交流机制和信息通报制度，深化开展跨区挂职、轮岗锻炼、专项攻坚以及异地学习培训工作。

资料来源：《新民晚报》。

4. 平台机制示范功能

长三角一体化发展，人才、资金、技术、产业等必不可少。长三角一体化示范区的发展，必须共建一批集聚资源的开放性合作平台、重大科技创新工程和创新产业项目，成为高端人才、全球投资、科技创新、优势产业的集聚地。

为此，可通过设立引导资金来鼓励区内企业开展深度合作，使长三角一体化发展示范区成为在空间便捷、资源配置、产能协作、基础设施、公共服务等方面具有功能布局互动和良好协调机制的共同体，实现投入共担、利益共享。

长三角一体化发展示范区内通过发展基金和平台公司等探索，将三地之间共同投入的机制建立起来。这一机制涉及区域具体开发项目的落地，未来或将按照投入的资源要素逐步深化利益分享、财税共享等机制改革。

5. 助力上海“两翼齐飞”

上海自贸试验区建设与长三角一体化发展示范区在推动上海形成“一个对内、一个对外”高质量发展驱动格局的同时，二者间更是相互促进、相互借鉴的关系。

上海自贸试验区是围绕着扩大开放，增设自贸试验区新片区将涉及一系列的制度创新，核心是增强对外开放的程度；而长三角一体化发展示范区也是一个区域内的开放举措，重点是打造一个对内开放的重要载体。

如果将这两个在上海的政策举措比拟为“发动机”的话，未来将很大程度上推进上海继续深化改革，扩大开放的进程。设立长三角一体化发展示范区与增设上海自贸试验区新片区未来主要构建出一个对内、一个对外的高质量发展格局。

与此同时，二者间还存在着相互促进、相互借鉴的关系。一方面，上海自贸试验区新片区不仅仅涉及开放问题，同时也将涉及深化改革的问题，长三角一体化发展示范区内探索出的体制机制改革经验等，也可以复制推广至上海自贸试验区内。

另一方面，长三角一体化示范区核心是解决对内开放的问题，但在发展上也存在吸引国际资源等开放问题，上海自贸试验区新片区的建设探索经验，也能够为长三角一体化发展示范区的发展提供可借鉴之处。通过二者间的相互促进、相互借鉴，为上海新时代的发展构建起“两翼齐飞”的驱动格局。

第2章
长三角一体化发展示范区产业优化布局机制

2.1 区域一体化产业优化布局机制研究

2.1.1 区域一体化与产业优化布局

1. 区域一体化

区域,广义上可以是不同国家或地区所组成的大范围,狭义上也可以是一个国家中的某些内部片区。在经济全球化的背景下,区域之间为了在国际市场上更具有竞争力,往往通过协同合作的方式参与国际竞争,在优化配置资源过程中会逐渐形成经济联合体,因此区域一体化是经济发展的必然结果。

区域一体化形成于20世纪中期的欧美国家,经过60至80年代的探索阶段,90年代以来成为最具活力的经济现象,在世界范围内与经济全球化一同推进着世界经济快速发展,塑造了当今世界经济格局。区域一体化的本质和核心是经济一体化,其早期主要从区域经济一体化范畴展开。一般认为,区域一体化由第一届诺贝尔经济学奖获得者简・丁伯根(Jan Tinbergen)率先提出,在其著作《国际经济一体化》中认为通过不同国家或区域间合作,将有关阻碍经济有效运行的人为因素加以消除,通过协作与统一,创造最适宜的国际经济组织。美国经济学家贝拉・巴拉萨(Balassa)对区域一体化也进行了较为系统的研究,发展了简・丁伯根对一体化的定义,他提出一体化既是一个过程,又是一种状态,是"过程"与"状态"并存的概念。区域一体化既是采取相关措施消除区域内各国之间差别待遇的过程,又是若干差别待遇消失的一种状态,这一内涵得到了理论界的广泛认可。

国内外众多学者从概念内涵、运作模式、实践操作、体制机制等多种方面对区域一体化进行了深入的探讨。就其发展模式而言,按照差别待遇的不同,分为自由贸易区、关税同盟、共同市场、经济同盟、完全经济同盟五种模式;就其发展程度而言,主要指某一行业或者部门的一体化(如关税同盟、贸易自由化、金融自由化、共同市场等),即只在部分领域消除差别待遇。随着研究和实践的不断深入拓展,伴随着新区域主义、新经济地理理论和新制度经济学等研究视角的引入,区域一体化主要理论也在不断演进(见表2.1)。

表2.1 区域一体化相关理论

相关理论	主 要 内 容
关税同盟理论	关税同盟理论由雅各布・瓦伊纳(Jacob Viner)在1950年提出,表示内部关税一律取消,对外的关税需要保证一致性。前者对于内部贸易有着促进作用,后者有利于促进"贸易转移"。关税同盟理论在早起对世界贸易格局的确定有着重要作用。后经过不断完善,吸收了更多经济学的理论,为之后的区域一体化理论奠定基础
自由贸易理论	彼得・罗布森(Peter Robson)认为"贸易偏转"是由于成员国间采用了不同的对外关税产生的。罗布森结合了不完全竞争条件等,从发展中国家的角度出发,全方位的分析了其中的区域经济一体化现象。自由贸易理论影响深远
新区域主义理论	产业区逐渐成为区域发展的中心。当前学者们关注的重点是区域建设与治理,这其中政府和社会团体起着重要作用。新区域主义融合了制度经济学等,对区域发展问题进行充分分析。新区域主义理论强调了国际性机构组织等所扮演的重要角色
新经济地理学理论	保罗・克鲁格曼(Paul R.Krugman)等在研究经济模型的过程中融合了运输成本和国际贸易壁垒,在经济全球化阶段,只有进一步提高对外开放程度,这样经济才会实现进一步的发展;从商品领域的角度来说,贸易不受约束,可以真正地实现自由贸易,进一步开放投资和服务贸易领域有更大的灵活性和自由度

随着时间的推移,区域一体化也拥有了更广泛的意义,主要包含区域制度一体化和区域经济一体化两个方面。在区域制度一体化方面,关注国家间的政治关系,研究国家间处于合作的政治意愿而建立的一定形式的组织和制度,描述区域集团化的政府行为。其功能作用是各国家政府在达成一体化共识,制定战略标和策略的基础上,高效及时地相互传递各个利益体的信息,共同探索实现制度一体化的路径方法。在区域经济一体化方面,关注不同空间经济主体之间的经济关系,研究不同区域经济合作整合,最终形成一体化目标的途径。其研究实践的功能是在总结现有区域经济一体化的理论和实践经验的基础上,依托总体发展战略方向,全面剖析区域经济一体化的影响因素、发展过程、制度演变以及社会经济效应等内容,从制度、条件、机制、模式等角度探索区域经济一体化路径,对新的实践做出指导分析。

国家范围内的区域一体化主要是指基于城市区域、城市群以及地理上存在相互联系的区域一体化。长三角是我国区域一体化起步最早、基础最好、程度最高的地区。近十几年来，国务院和国家有关部委先后出台《关于进一步推进长江三角洲改革开放和经济社会发展的指导意见》(2008 年)、《长江三角洲地区区域规划》(2010 年)、《长江三角洲城市群发展规划》(2016 年)等一系列重要文件，不断完善长三角一体化的顶层设计和制度安排，推动长三角一体化进入快车道。2017 年，《上海市城市总体规划(2017—2035 年)》正式发布，提出上海要与长三角城市群一道，共同代表国家在更高层次、更广领域参与国际竞争与合作。2018 年 11 月，在首届中国进口博览会上，习近平总书记提到将支持长江三角洲区域一体化发展，长三角作为我国开放程度高、经济实力强、要素流动活跃的地区，区域一体化发展正式上升为国家战略。《长江三角洲区域一体化发展规划纲要》指出长三角区域一体化发展战略实施重点是落实新发展理念，探索区域发展协调机制，缩小地区差距，推动区域整体性的高质量发展。《2019 年上海市政府工作报告》中首次提出，全力实施长江三角洲区域一体化发展国家战略，合力推进长三角一体化发展示范区建设。此外，中央已明确在江苏苏州吴江地区、浙江嘉兴嘉善地区和上海青浦地区，建设长三角生态绿色一体化发展的示范区，并将出台《长三角生态绿色一体化发展示范区总体方案》。

因此，从热议建设“长三角一体化发展示范区”到将出台《长三角生态绿色一体化发展示范区总体方案》，并非心血来潮，而是中央深刻把握城市群建设规律和区域一体化发展趋势，着眼于深入推进长三角一体化发展、打造世界级城市群的重大战略考量，也是长三角地区近 40 年来持之以恒推进一体化发展的最新体现。建设长三角一体化发展示范区，就是为了要打造贯彻新发展理念的新标杆、一体化体制机制的试验田、引领长三角高质量一体化发展的新引擎。着眼一体化制度创新，探索区域协调发展新模式，建设一体化合作标杆区域，引领长三角更高质量一体化，凸显全局性的战略意义。

当今社会，区域合作是世界经济发展的大势所趋，城市群正成为推动我国经济转型发展的重要力量，一体化正不断为长三角经济社会发展注入重要推动力。省域的一体化示范区是区域一体化的全新探索，是重大的制度创新。未来，长三角一体化发展示范区将成为加速长三角一体化、打造世界级城市群的重要抓手，成为区域一体化领域体制机制改革和重大制度创新突破的载体，成为我国高质量发展、高品质生活的区域样板。

2. 产业优化布局

(1) 产业布局。

产业布局是指一国或地区各产业部门在空间范畴上的分布和组合的经济现象。从静态上看,产业布局是指形成产业的经济、社会、自然资源和生产要素在空间地域上分布和组合的态势。从动态上看,则表现为各产业部门或单个企业为选择最佳区位,在空间范畴上的转移、重组和升级。

专栏2.1　　产业布局理论

产业布局理论是区域产业实现合理空间分布与合理制定产业政策的重要理论基础。目前关于产业布局的理论主要包括:区位理论、比较优势理论、增长极理论生态经济学理论。

区位理论。区位理论主要包括早期杜能的农业区位理论、韦伯(Max Weber)的工业区位理论、费特(F.A.Fetter)的贸易区位论和克里斯·泰勒(Chris Taylor)的中心地理论等,主要研究成本、费用等对于产业空间布局的影响。二战后产业布局理论得到迅速发展,相继出现了成本学派理论、产品生命周期理论、规模递增理论和产业集群理论。

比较优势理论。比较优势理论分为绝对优势和相对优势理论。产业布局的利益机制由区域比较优势决定,而比较优势包括绝对和相对两种。其中,绝对比较优势由亚当·斯密(Adam Smith)提出,认为每个国家或地区都存在具有绝对有利的条件,若都用来专业化生产某一商品,通过相互交换获取其他国的绝对优势产品,则各国的资源、资本将获得有效利用,且是一个共赢的局面。之后,大卫·李嘉图(David Ricardo)继承这一理论的核心思想,并进一步加以拓展,深入研究以解决实践工作中的分工协作问题,提出了相对比较优势理论,认为一国或地区并不只能生产具有绝对优势产品,而是只要利用生产条件,生产和出口相对有利的商品,并进口相对不利的商品,就可以实现交易对手国之间资源的有效利用,获得比较利益。依据"优中选优,劣中选优"思想,主张在产业布局应充分利用地区的资源优势,取长补短,合理布局产业,优化产业结构,促进产业可持续发展。通过这一理论,能很好地指导产业布局过程中资源的利用问题,做到优势互补、效率为王,实现区域产业协调发展。

增长极理论。1950年,法国经济学家佩鲁(Francois Perroux)从极化空间的概念中引申,提出了著名的增长极发展理论,之后该理论又进一步经布代维尔(J.B.Boudeville)和赫希曼(A.O.Hirschman)的完善发展,使之成为制订区域经济政策和发展规划时的重要理论依据。该理论的核心思想是认为区域经济发展的主要动力集中在某些具有创新和技术进步的主导产业中，由于主导产业增长速度高于其他产业，且具有诱导和推动性，这类产业就是所谓的“增长极”。因此通过增长极的发展，使之进一步诱导和推动其他产业发展，形成连锁效应，推动区域经济整体发展，最终实现区域经济从不均衡发展向均衡发展状态的转变。该理论为产业布局提供了重要的规划思路，即在进行产业布局规划时，需要首要考虑把有限的社会、经济、自然资源配置到成长潜力大、经济效益突出的主导产业上，将其培育成为区域发展增长极，并不断强化增长极实力，进一步通过主导产业的扩散效应和乘数效应，发挥对周围地区产业的支配力和影响力。

产业集群理论。产业集群是各种组织、企业和机构等按照分工协作的原则，通过特殊关系在特定区域内形成的空间积聚体，包括同一类型的水平产业群和上下游关系的垂直产业群。20世纪90年代，新经济地理学家克鲁格曼和哈佛商学院教授波特(Michael Porter)分别从规模收益递增和竞争经济学角度提出了产业集群理论。由于产业集群不仅可以受益于外部规模经济，降低生产成本，还可以较低交易成本，获取知识、技术的溢出效应，因此产业集群理论对产业布局拥有很大的启发，从整体的角度看待各类资源之间的联系，除了强调差异化发展，分工合作的重要性外，更加突出发挥区域内各种要素的整合与协作效应，尤其是技术进步与创新驱动对产业布局的重要作用。其中美国的硅谷、剑桥的工业园、法国的索菲亚等高科技产业群都是产业集群理论成功的经典案例。

生态经济学理论。生态学理论包括环境承载力理论和产业生态学理论，主张产业布局应考虑环境承载能力的限度，合理优化产业布局。同时产业布局在区域集聚时应合理调整产业结构有利于生产要素的流动和物质循环，形成各产业协调发展局面。

资料来源：作者根据相关资料整理而得。

(2) 产业优化。

一个国家或地区的经济结构与当地的产业结构息息相关，国家或者区域的经济结构是否合理很大程度上由其产业结构决定，甚至国民经济的发展规模、速度以及方向一定程度上都深受产业结构影响。产业优化是不断地提高产业结构水平、促进各个产业之间协同发展的动态过程，其主要目标是推动产业结构向合理化和高级化方向发展。主要为两部分：一是促进产业间经济技术的联系由不协调向协调不断的转换，也就是合理化的一个过程；二是促进产业由低层次向高层次不断的演进，也就是高级化的一个过程。所以，总体来说产业优化就是解决产业合理化和高级化的过程。

产业合理化。各个产业之间的关联水平提高、协调能力的加强便是产业合理化的过程,同时也是一个动态的过程。主要是在经济发展过程中,以提高经济效益为目的,依据地区的资源条件、消费需求结构以及人口素质等因素对前期不合理的产业进行优化升级,进而实现生产要素的合理配置,促进产业协调发展。当产业间结构能力越高、相互关系越协调,会使得产业结构越合理,资源要素更加有效和合理利用。

产业高级化。产业高级化是产业由开始的低水平向高水平状态发展,利用技术创新提高产业附加值、深加工幅度,产品技术含量以及结构层次改进的过程,侧重于调整滞后的产业结构。有如下特征:一是产业结构沿着第一、二、三优势地位顺向递进的方向演进,这也是当前和未来一段时间国家经济发展的方向。二是产业发展顺着劳动密集、资本密集和技术密集型产业分别占优势地位顺向演进。三是产业沿着低加工度、低附加值向高加工度、高附加值方向演进。

(3) 产业优化布局。

产业优化布局则可以理解为通过对产业结构的不断升级,以及产业不断配置和再配置,寻求产业空间组织达到最优的状态的过程,是地区经济发展规律的具体表现。这一内涵决定了产业优化布局,不仅要遵循经济学规律,还要以环境学和生态学为指导思想。

2.1.2 产业优化布局促进区域一体化的机制

产业优化布局是区域一体化中经济联动的重要内容之一。区域一体化发展能够消除城市之间的贸易、市场、制度等障碍,推动区域间经济生产要素在市场的有效流动,促进区域经济产业的整合优化,推进产业优化的不断升级和合理布局。反之,产业优化布局的过程能够有效实现区域产业结构、空间布局的重新调整,优化总体资源配置,完善相关协调合作制度,有利于区域总体的合理分工,进一步推动区域一体化规划和机制建设程度。

1. 产业优化布局加快资源整合

产业的形成与进步是多种生产要素(比如技术、资金、劳动力等)共同作用的结果。由于各地区资源禀赋不同,不同地区间资源要素的分布通常为非均衡的。因而,为了弥补地区相互之间的不足,解决区域内资源要素配置过程中存在的供需矛盾,促进地区经济更加协调发展,往往可以通过地区之间的一体化发展来实现。

在市场经济不断深化、经济一体化不断深入发展的今天，经济发展中的各个环节都面临着非常巨大的竞争压力，所以，想要实现经济的长效发展，就要走集群化路线，进一步整合资源，扩大产业规模，提升产业竞争力。

2. 产业优化布局形成规模经济

产业优化布局是以资源要素有效配置为前提的。根据目前社会发展状况，如果想让资源要素尽可能发挥自身价值，有效解决资源配置问题，就要将规模经济提上日程，并推动其发展。

规模经济的分类大致有 3 种：(1)内部经济，即经济体在发展的过程中，自身直接受益，获得经济利润；(2)外部经济，即经济体自身的发展变化，会促进相关行业或者部门的发展，获取一定的收益。比如，某个行业的规模逐步扩大之后，与这个行业有关的其他公司都会相应的受益；(3)规模结构经济，即当一系列的经济体交叉在一起之后，其规模也就会相应的扩大，企业自然就会在这个过程当中获得更大的利润，同时自身的产业结构也会进一步的优化。

欲使得上述规模经济发展得以实现，就要重视资源在发展当中的重要作用，减少资源的浪费，而形成经济规模化发展的一个重要手段就是区域一体化发展。

3. 产业优化布局避免同构竞争

一体化发展概念如今已深入人心，这也就造成了不同国家城市之间的竞争愈加复杂。区域竞争势必会成为一种社会发展趋势，是世界各地存在的增长极，但这些增长极的结构是不一样的，规模上大小多样，还要在内部防止过多竞争导致的低效。

在我国，目前伴随着社会发展而产生的因“小而全”导致的产业结构趋同、企业间恶性竞争问题很是突出。推进长三角一体化发展示范区更高质量一体化发展，科学的产业优化布局和功能划分，避免城市间产业同质竞争，能有效协调区域内经济体之间的竞争关系，使集聚的不同经济体发挥各自的比较优势，有序竞争，提高运行效率，能够有效提升区域整体的竞争力。

2.2　示范区产业定位研究

2.2.1　产业发展思路

1. 发展思路

生态文明建设是我国统筹推进“五位一体”总体布局的重要内容，环保监管趋严，环境标准趋严，产业淘汰加速，这些发展势头使得我国产业发展面临巨大压力，因此探索产业生态化发展路径与方法迫在眉睫。习近平总书记强调加快构建生态文明五大体系，其中就包含以产业生态化和生态产业化为主体的生态经济体系。

长三角一体化发展示范区作为落实长三角区域一体化发展国家战略的先行区或试验区，地处经济发达、产业能级较高的长三角地带，对产业和要素集聚的要求更高。作为实施长三角一体化发展国家战略的"先手棋"和重要突破口，它的产业发展不会按照传统开发区路线前行。作为贯彻国家新发展理念的"样板间"，其产业发展定位既要体现时代要求、国家指向，又要符合自身实际情况，还要适应长三角一体化整个区域发展的需要。多种因素决定，产业生态化发展是示范区产业发展的必由之路，也是加快和引领长三角区域一体化发展的内在要求，生态绿色将是示范区产业发展的永恒导向。

产业生态化发展作为一种新的发展理念，是加快示范区产业结构优化升级，推动经济增长方式向低投入、低消耗、低排放和协调、循环、高效的道路转变的根本出路，也是实现示范区产业向着节约发展、清洁发展、安全发展和可持续发展的重要突破口，更是破解长三角地区资源环境制约瓶颈和永续发展的客观要求。示范区发展生态化产业，将有助于扩大示范区的经济引领效应，提高地区综合国际竞争力。

另外。示范区不是新区、新城，其承担着国家战略使命，因此，国际化和前瞻性也是长三角一体化发展示范区产业发展的重要导向。示范区产业发展要以产业合作引领、体制机制创新、高质量发展新引擎为战略定位，未来能够引领带动长三角产业升级、代表国家参与国际产业前沿的竞争与合作。

产业合作引领示范区。示范区应从进一步提升和巩固实体经济能级出发，在巩固传统制造业优势的基础上，发挥青、嘉、吴地缘、资源和交通优势，积极吸引国内外高端产业转移，争取国内外500强知名企业落户入驻，强化产业集群的战略规划、指导政策及配套服务的协同合作，避免产业规划布局的同构化竞争，加强与互联网、云计算、大数据等新技术的融合，实现示范区产业协同发展和制造业智能化高端化转型。通过高度的产业集聚、分工合作和高端引领，将示范区打造成为长三角乃至全国的产业合作引领示范区。

体制机制创新区。产业发展离不开完善的政策、体制保障，长三角一体化发展示范区应加强区域系统性顶层设计和产业统筹规划，设立更高层级的战略协同发展机构，尽快建立和完善一体化的市场机制，建立多领域、多层次的协调发展机制，破除一系列现实与隐形的壁垒及体制机制障碍，让示范区所属各地在差异化行动的同时，有效促进示范区产业向统一化的共识性目标良性发展。示范区要大胆创新，在政府职能转变、投资管理制度创新、金融制度创新、人才引进和信息共享机制、法制和政策保障等方面探索示范区发展新模式、新路径、新理念，充分发挥市场对资源配置的决定性作用，避免恶性竞争，减少政府的过度干预，将示范区打造成长三角乃至全国产业发展体制机制创新示范区。

高质量发展新引擎。作为深化改革和高质量发展的前沿地带，示范区应设立建设引导资金，签署一系列先进制造业、工业互联网、教育医疗、高端人才等一体化发展战略框架协议，大力发展战略性新兴产业，推进产业转型优化升级。做大做强优势企业，集聚发展关联配套产业，增强辐射带动能力，鼓励区内企业开展跨区域深度合作，实现技术、资本、人才、服务等创新资源的深度融合、优化配置及共享转化，将示范区打造成为长三角地区经济发展的新增长极和高质量发展的新引擎，比如优先发展量子通信、北斗导航、集成电路、航空航天等国家重大战略性产业，以及5G 通信、人工智能、基因工程等国际领先的前沿产业，引进高端产业发展所需的高端、国际化人才，完善高水平公共服务等。

2. 发展原则

(1) 绿色环保可持续发展。

可持续发展、绿色经济已成为世界各国经济发展的共识，也是我国的一项基本国策，而且“绿色”也是我国社会经济新发展理念之一。想要大力推进长三角一体化发展示范区建设，必须要坚持绿色环保原则。由于长三角一体化发展示范区位于江苏、上海和浙江三省交界处，地处长三角，对内面向长江流域，具有地势低洼、水网密布的自然地理特征，所以示范区产业发展必须与当地的经济、资源和环境条件相符合，摒弃先污染后治理的发展老路，走生态绿色发展道路。长三角一体化发展示范区产业优化空间布局，必须加强水资源管理和生态环境保护，在基于三地区不断深化合作的基础上，合理开发配置资源要素，改善生态环境，促进经济、社会的全面进步，实现示范区的高质量发展。

(2) 统筹区域协调发展。

长三角一体化发展示范区包含江苏的苏州吴江地区、浙江的嘉兴嘉善地区和上海的青浦地区，三个区域间经济活动来往频繁，历史文化联系密切，要素资源互补性强。因而，进行产业发展和空间布局时要全面贯彻区域协调发展原则，统筹规划、合理分工，构建区域经济一体化的产业布局框架，以长三角一体化发展为契机，在这一经济范围内最大程度的实现各类要素的合理流动，优化资源配置，形成区域一体化发展合力，实现示范区经济协调、稳健、快速增长。

(3) 市场导向与政府调控相结合。

产业优化布局是以市场为导向的稀缺生产要素的空间再配置,必须在市场选择的前提下进行,要遵守市场竞争原则,充分发挥市场的调节作用。对于一些污染排放过大、产能过剩的产业而言,则需要发挥政府的宏观调控来干涉,积极引导,把资源效率、环境保护放在首位,在市场不能自主调节的领域利用"有形之手"推动产业实现优化布局,推进示范区经济的高质量发展。另外,示范区的产业发展和优化布局还要实事求是,尊重历史,并与实际相结合。由于政府主要起到创造和提供良好制度与政策环境的角色,因而对不合理布局的调整要充分利用市场机制的力量,消除或减轻制约产业发展和转移的体制、制度和行政区域性的障碍,实现市场导向与政府调控的有机配合。

(4) 充分发挥区域优势。

充分发挥区域优势,就要做到突出重点和区别对待相结合。由于江浙沪三省市在改革开放后结合实际采取了非均衡的区域发展战略,而长三角一体化发展示范区虽位于江苏、上海、浙江的交汇处,但整个示范区内部发展条件不尽相同,尤其是上海作为我国改革开放的前沿阵地之一,其发展相对更快。历史问题和区位条件的差异决定了长三角一体化示范区内产业发展布局应当突出重点和区别对待,遵循发挥区域优势的原则,让国家人力、财力、物力等资源得到高效使用,逐步解决不同时期产业发展和布局的相应问题,促进示范区一体化高质量发展。

(5) 强化区域与企业间的分工合作。

竞争力是区域经济长期增长和繁荣的重要源泉,而企业间的分工协作更是适应多样化市场需求和现代化产业发展的必然要求。长三角一体化发展示范区产业发展要鼓励专业化的企业在生产和技术上的合作,在地域上相对集中布局技术和市场联系的企业,共同利用公共和辅助生产设施,从而节约运输成本和库存成本。示范区内不同层次的科技园、高新区等产业园区应该扬长避短、发挥优势、合理分工,形成具有引领示范性的产业集群。

2.2.2 产业生态化发展基础

1. 青浦产业生态基础

一直以来,青浦地区作为上海向西开放的西大门,是同江苏、浙江同时接壤的唯一行政区。青浦地区背靠虹桥交通枢纽,西向江浙腹地,是长三角对内开放的桥头堡。作为中国进口博览会的永久举办地,青浦已从"上海西大门"跃升为"上海之门”，在上海进一步扩大对外开放过程中发挥重要作用。青浦区新一轮产业发展战略为“三大两高一特色”，“三大”包含大物流、大会展、大商贸；“两高”即为高端信息技术和高端智能制造；“一特色”即是发展文旅健康产业。

从商贸物流的角度看，青浦是上海唯一和江、浙两省都接壤的行政区，辐射长三角便利性最强。在交通方面，青浦将建设一条直通虹桥枢纽的崧泽高架，与正在规划的轨交17号线、13号线以及已经通行的S26、嘉闵高速合力运作，便捷的交通条件将使得整个青浦的商业贸易发展变得更为高效。在商贸物流方面，物流企业“三通一达”总部均设在青浦，为青浦的商贸物流发展提供了极为便利的运输支撑。2018年青浦区积极创建全国快递行业转型发展示范区，成功举办了2018中国快递论坛。随着德邦物流成功上市，将总部设在上海青浦的上市民营快递物流企业数量已达5家。会展方面，青浦区得益于拥有上海国家会展中心的硬件设施优势，2018年全年累计举办展览45个，展出面积556.5万平方米，比2017年增长18.3%。展出接待人次达676.1万次，同比增长34.8%。2018年首届中国国际进口博览会胜利举办，青浦举全区之力胜利完成服务保障工作，同时抢抓展会溢出效应，加快建设运营“1+4”平台①。无论交通地缘优势，还是完善的物流会展服务，完善的硬件设施都为青浦建设成为示范区的商贸物流中心提供了强有力的竞争优势。

从科创研发的角度看，2018年青浦区软件和信息服务业保持持续增长，全年实现软件和信息服务业增加值49亿元，同比增长33.7%，实现销售额309.9亿元，比2017年增长18.1%。为建设科创研发中心，2018年青浦全面推动市西软件信息园规划建设，推进产业政策制定和宣传、推广等工作，促进软件信息服务业持续快速发展。2019年5月，“长三角一体化示范区招商推介会”在青浦举行，吸引了诸如恒大、碧桂园、万科、顺丰等各领域龙头企业的签约与入驻，总投资额大约534.8亿元，未来人才将持续不断流入，为青浦地区发展注入人才力量。此外，长三角一体化发展示范区的建立，也为青浦带来更多高新产业的导入，如华为研发中心、启迪国际人工智能科技城等高新项目都将落地于此，为示范区产业发展积蓄新动能。

从文化建设的角度看，长三角地区江南文化底蕴丰厚，青浦地区在发展自身产业硬实力的同时，应加强文化产业的建设与部署，切实提升青浦区的文化软实力。长三角一体化示范区是江南文化的典型代表和重要承载区，青浦区要紧扣自身地

① 注：“1+4”平台，“1”即与国家会展中心合作建立海外贸易组织办公平台。“4”即4个常年展示交易平台，包括东浩兰生“一带一路”进口商品展销中心、绿地全球商品贸易港、西郊国际农产品交易中心、青浦跨境电商保税展示贸易物流中心。

缘区位优势,在传承保护和弘扬江南文化底蕴,充分彰显江南文化特色,着力打造江南文化资源集聚、展示传播和产业发展高地,建设人文与自然、历史与现代和谐共生的江南文化标杆区,让江南文化创造性转化和创新性发展成为示范区文化产业高质量发展的重要力量。比如建立学术中心,青浦区可成立市级江南文化研究中心的上海江南文化书院,规划、组织和统筹全市的江南文化研究工作。成立文创中心,一方面可以将江南文化的实体形态原汁原味的得以保留,另一方面可以产业化开发基于江南文化形成的知识产权(IP)。建设国际江南文化中心,青浦区可借助示范区的引领效应助力上海发展成为江南文化的国际展示地、传播地和体验地,努力使江南文化成为中国的一张"世界名片"。

从生态旅游的角度看,青浦区有 21 个自然湖泊,拥有上海最大的淡水湖泊淀山湖。此外,朱家角、金泽和练塘三个国家历史文化古镇均坐落于此。得天独厚的自然、旅游资源以及无与伦比的区位优势,使得青浦可以将自身打造成现代生态旅游示范区,建设生态宜居的现代化新青浦。从 2018 年开始,青浦加强了青西地区现状排查、空间资源管控和腾退力度,推进青西三镇建设用地减量化,目前二级水源保护区涉及的 194 家工业企业已全部关闭。2019 年 5 月,在安徽芜湖召开的长三角地区主要领导座谈会上,青浦、吴江、嘉善三地签订了一体化生态环境综合治理框架协议,进一步推进一系列产业结构调整,推动一批生态基础设施的项目建设,尤其生态廊道的建设,从根本上改善了整个区域的生态环境。

专栏 2.2　　青浦市西软件信息园建设项目

2017 年 12 月,上海市西软件信息园授牌仪式在青浦区举行,上海市政府副秘书长金兴明出席仪式并将"市西软件信息园"铜牌正式授予青浦区政府。仪式上,青浦区还与华为公司签署了开发云项目合作协议。

上海市西软件信息园最终选址在生态较好的青浦金泽镇,是继张江的浦东软件园、静安区的市北高新园后,上海又一个千亿级高新信息产业基地。

市西软件信息园总体规划为"一轴一核",多点联动。其中"一轴"指的是上海轨交 17 号线,被称为青浦新一轮产城融合发展的"生命线"。"一核"指的是地处青浦区赵巷镇,总规划用地面积约 1.5 平方公里的核心区。市西软件信息园还包含拓展区以及渗透区。拓展区包括现有产业园区、合作开发园区、规划在建产业园区、华为(上海)研发基地以及轨道交通 17 号线站点上盖综合体等产业空间载体。渗透区包括吉盛伟邦等靠近核心区的企业或园区。

市西软件信息园计划通过“十三五”“十四五”时期的建设，聚焦物联网产业、工业软件产业、位置服务产业、智慧健康产业、智慧物流产业、人工智能产业；着力推动“互联网十”、云计算、大数据企业在园区内的集中集聚，目标是园区经营收入到2020年达到600亿元，到2025年产智能突破1 000亿元，2025年总建筑面积达到400万平方米，提供就业岗位15万个。

软件产业园区是软件和信息服务业发展的基础载体和核心资源。市西软件信息园将打造成为上海未来开发水平更高、成熟度更高、产业等级更高、产业规模更大的具有全球影响力的科创中心示范基地，成为软件和信息服务产业核心要素集聚区、行业应用先导区、创新创业实践区、产城融合示范区。

资料来源：作者根据相关资料整理而得。

2. 吴江产业生态基础

吴江地区总面积达1 176平方公里，常住人口131.98万。在推进长三角一体化示范区建设过程中，吴江积极参与一体化示范区谋划，已签署《青浦、吴江、嘉善2019年一体化发展工作方案》，形成《吴江区长三角一体化发展2019年工作要点》。在推动生态保护一体化、交通一体化、产业一体化、公共服务一体化、区域治理一体化等方面，均有积极探索和努力。

节能减排促进绿色发展。吴江的地理环境特点之一是河湖多，从太湖流经吴江通往上海的太浦河，是各地共同保护的清水走廊，经过治理，现在太浦河达到三类水质标准。多年来，吴江积极参与东太湖治理，对部分存在污染的纺织业进行了调整，对太浦河流域产业调整，提出太浦河—沪湖蓝带计划战略规划，大力整治区域小乱污企业，对工业和农业污染严防严治。水环境质量已取得明显成效，如今太浦河达到三类水质。但是，从整个太湖流域水环境质量提升来看，未来还需要多方全面治理，包括对太湖水系的综合治理和恢复。2018年吴江地区实施重点节能与循环经济项目78个，累计投资7.5亿元，审定节能量5.8万吨，新增国家级绿色工厂6家，淘汰落后产能企业180家。另外，2018年吴江还淘汰低端低效产能企业242家，其中关停化工企业22家。在绿色吴江建设方面，生态治理卓有成效。

智慧农业迈上新台阶。2018年吴江农业园区建设取得新成果，国家现代农业示范区建设水平位居全国281个示范区中第二名，并且以高分通过全国第二批农产品质量安全县(市、区)创建验收。在智慧农业建设方面，全区农业信息化覆盖率达63.8%，规模设施物联网技术应用率达到25.5%。在智慧农业示范区建设上，吴江拥有6家省级农业信息化示范基地和8家市级智慧农业示范基地。可以说吴江智慧农业建设方面现代农业建设迈上新台阶。

产业发展向高端迈进。吴江地区产业基础相对扎实，民企总数超 7 万家，注册总额 3 935 亿元。作为国内最大的纺织业重地，其纺织产业已成为世界纺织业的一个典型，这里拥有世界各地最先进的纺织设备，将持续推动纺织业走向高端化，未来可依托长三角一体化示范区建设，在进出口方面借助上海口岸的优势，进一步走向世界。近年来，得益于吴江大力实施“555 计划”，在吴江地区四大主导产业中，电子信息、丝绸纺织达千亿规模，光电通信、装备制造为五百亿规模，并且 5 大平台中新型半导体产业园、智能装备产业园和物流科技园发展迅速。

交通旅游协力发展。目前苏州南站站城一体化新枢纽规划深化设计，太浦河—沪湖蓝带计划战略规划初步方案形成。吴江对接上海东航路的汾湖康力大道东延开工建设，沪苏湖高铁完成方案审查。在文化旅游建设上，吴江的 7 个乡镇中有 3 个乡镇是中国历史文化名镇，黎里古镇成功创建为国家 4A 级旅游景区，震泽镇荣膺“2018 年江苏省十佳生态旅游小镇”，桃源凯灵箱包文旅创意园等 3 家获评省级工业旅游区。推进示范区文化旅游产业建设，吴江可把更多古镇和古建筑加以开发修缮，主动参与文化旅游领域的生态建设。

专栏 2.3　　吴江“555 计划”

吴江在“十三五”时期紧扣“两聚一高”总目标，在产业提升、民生改善和环境优化等方面，实施总投资高达 2 737.2 亿元的“555 计划”，包括建设 5 大平台、实施 5 项工程、打造 5 大高地。以先进制造业立区和现代服务业兴区，以提高发展质效为中心，以增强群众获得感为落脚点，通过一批重点项目的落地，努力建设“实力提升、产业提档、城市提级、幸福提标”的新吴江。

(一) 五大平台:提升产业承载力

在产业提升方面，吴江以“经济强”为目标，在着力做强电子资讯、丝绸纺织、光电缆、装备制造等传统优势产业，大力发展新兴产业，完善提升各级各类载体的基础上，重点建设总投资达 1 350.4 亿元的苏州湾科技城、新型半导体产业园、纺织循环经济产业园、智能装备产业园、物流科技园 5 大平台。

苏州湾科技城。苏州湾科技城由太湖新城(松陵镇)与吴江开发区(同里镇)联合打造，总投资 688.4 亿元，规划总面积约 7.7 平方公里。涵盖大数据特色产业园、总部经济和金融产业园、苏州湾文化创意产业园、吴江科创园、清华汽车研究院等 5 个载体，重点发展大数据、文化创意、金融、新材料等产业，建成国内一流创业园区，打造省级乃至国家级创新平台。

新型半导体产业园。由汾湖高新区(黎里镇)结合国家级高新区创建而打造的新型半导体产业园,以华功半导体"一院两中心"、英诺赛科、江苏产业技术研究院有机光电技术研究所等为牵头项目,加快招引优质项目,打通产业链关键节点,打造集研发、生产、科技服务和孵化于一体的新型半导体产业化基地,加快形成千亿级产业集群。充分发挥汾湖高新区首期20亿元的产业基金功能,更好支持新型半导体产业园发展,带动新型半导体产业加速集聚。

纺织循环经济产业园。由吴江高新区(盛泽镇)重点打造的纺织循环经济产业园,以促进资源节约集约利用、改善生态环境为目标,高标准编制园区总体规划,按照"五个集中"的要求,统一标准、统一政策,加快推进印染企业集中入园,实现主要污染物排放量降低15%,能源消费总量下降10%目标。

高要求落实智能装备产业园。发挥现有欧美企业的集群优势和智能工业的先发优势,加快引进培育2—3家龙头企业,持续壮大"专、精、特、新"专业化企业队伍,加速形成工业机器人、高端精密机械、智能控制系统和汽车智能装备等四个功能特色,全力打造年产值超过500亿元的高端智能装备产业核心区。在电子信息、丝绸纺织、光电缆、电梯等传统优势产业上,努力攻克共性智能制造关键技术,形成智能工业发展标准和智能制造标杆企业,全力把吴江打造成智能制造先行示范区。

高层次规划中鲈现代物流科技园。大力发展现代物流、国际商贸、先进制造等产业,加快培育高效物流、供应链金融等新业态,着力引进一批具有国际知名物流服务品牌的区域总部、区域运营及结算中心和分拨分销中心。以创建省级孵化器和物流科技小镇为契机,加快完善信息交易平台等配套设施,不断提升园区建设水平,全力打造具有区域影响力的现代物流科技园。

(二) 五项工程:提升群众向心力

围绕民生改善方面,吴江以"百姓富"为目标,总投资584亿元建设富民增收、公共服务、美丽镇村、重大交通、平安法治5项工程,来提升民众向心力。其中,富民增收工程总投资25.5亿元,将以社保接轨苏州为牵头项目,着力促进城乡居民充分就业,完善社会救助政策机制,实施点对点精准扶贫,统筹村级经济全面发展,实现城乡居民人均可支配收入年均增长7.5%左右。公共服务工程总投资76亿元,将以文化、教育、体育、卫生、养老服务设施建设为牵头项目,不断扩大政府购买服务范围、提升公共服务水平。

(三) 五大高地:提升核心竞争力

围绕环境优化方面,吴江以"环境美、社会文明程度高"为目标,打造总投资802.8亿元的生态文明、智慧城市、创新创业、人文休闲、政务服务5大高地。其中,生态文明高地工程总投资194.4亿元，将以工业污水、农业面源污水和生活污水"三水同治"为牵头项目，统筹推进水体、大气、土壤治理，着力加快海绵城市以及城市地下综合管廊建设，不断改善生态环境、提升文明水平。

资料来源：作者根据相关资料整理而得。

3. 嘉善产业生态基础

嘉善县地处杭嘉湖平原，毗邻上海，处于沪、杭、苏、甬四大城市交会点，位于长三角城市群核心区域。全县总面积507.68平方千米，其中水域面积占14.29%，境内水网交织，物产丰饶。民风淳朴，素以鱼米之乡、丝绸之府、文化之邦名扬天下。

绿色生态。作为县域科学发展示范点，对于嘉善地区而言，如何把绿色生态优势转化为发展优势是值得思考的问题。2017年嘉善县入选国家重大市政工程领域PPP创新工作重点城市，嘉善县成为浙江省唯一入选城市。产业生态发展涉及很多治理方面的问题，虽然长三角对绿色生态这一机制也有多年探索，但嘉善县作为一体化示范区的重要组成部分，对嘉善地区来说应是一次难得的发展机遇，比如在嘉善地区考虑试行生态补偿机制，对在示范区运行绿色金融的机制进行探索。

产业发展。嘉善形成接轨上海的半小时经济圈、工作圈和生活圈。依托上海的辐射效应，先后建立嘉善国际创新中心、上海自贸试验区嘉善协作区、中荷（嘉善）产业合作园、中德生态产业园、归谷智造小镇等特色园区。工业方面，嘉善当好"上海协作区"，聚焦长三角一体化发展示范区建设，全面对接上海各类产业园区、海外驻沪办事机构和中介机构，持续开展驻点招商、中介招商、以商引商，已集聚形成以富通电子、格科微电子为龙头的电子信息产业，以荷兰绿色智能新能源项目、爱德曼氢能源为龙头的新能源产业，以蓝怡医药为龙头的生物医药产业。近五年来，嘉善通过上海累计引进超400亿元县外内资、超20亿美元合同外资，其中包括12个世界500强项目。

旅游服务。嘉善当好"上海后花园"，以古镇西塘5A级景区、云澜湾温泉等3个4A级景区为依托，全力创建国家全域旅游示范区，成功引进西塘宋城演艺谷、梦幻嘉善等一批重大旅游产业项目，已实现上海都市旅游卡向嘉善消费延伸，近三年来，接待国内外游客人数均超千万人次，其中70%的游客来自上海。

现代农业，嘉善当好"上海菜篮子"，加快推进嘉佑农业、尚品农业、易久农业等现代农业综合体项目建设，成功引进总投资7 000万欧元的荷兰韦斯特兰绿港全产业链项目，农业产业化步伐不断加快，不断完善供沪农产品展销和物流平台。目前供沪农产品认证面积达到5万亩，供沪农产品27万吨/年，年销售额25亿元。

科学研究。目前，嘉善设立了上海杉达大学光彪学院，共建上海杉达学院嘉善职业技术学院，引进上海师范大学附属嘉善实验学校。18 所学校先后与华师大二附中、上海工业技术学校、松江实验小学等学校开展合作。

医疗服务。县里主要医院与上海中山医院、仁济医院、新华医院等医院都有长期合作关系，嘉善市民卡在上海中山医院等各大主要医院也已实现实时刷卡结算。

专栏 2.4　　嘉善"113"高能级产业平台

"113"高能级产业平台由嘉善集中资源力量建设并推出。其中：

第一个"1"为中新嘉善现代产业园项目，该产业园面积达 16.5 平方公里，项目以长三角智能传感谷为产业定位，该项目入围全省首批"万亩千亿"新产业平台，还专门设立总规模 100 亿元、首期 20 亿元的产业专项基金，加快培育千亿级智能传感产业集群。此项目的建设跑出了"长三角速度"：2018 年 12 月嘉善与中新集团签约合作；2019 年 3 月发布产业规划，目前园区路网、标准厂房等基础设施建设正在不断推进中。

第二个"1"是嘉善科技新城，规划范围 42 平方公里，主要包括县科创中心、归谷智造小镇、高铁新城（上海人才创业园）、中德生态产业园、惠民组团等 5 个板块，2019 年将推进上海人才创业园扩容建设，努力建成 G60 科创走廊第一站。

"3"则是指扩容、提升现有的嘉善经济技术开发区、嘉兴综合保税区 B 区、浙江姚庄经济开发区三个工业主平台。除此之外，嘉善还先后建立多个产业园，全面推进长三角区域合作和以上海为窗口的国际合作，强化科技人才协同驱动，主动承接长三角科技集聚区的"溢出效应"，发挥嘉善区位的"磁吸效应"，探索城市发展新动力。

资料来源：作者根据相关资料整理而得。

2.2.3　产业生态化建设内容

生态环境优美、产业可持续发展、资源有效利用是长三角一体化发展示范区产业发展的初心，也是根本目的。产业生态化发展是人们在经济长期发展过程基于经验教训所总结出的发展道路，优化产业升级是提升区域高质量发展的必经途径，也是新时代生态文明对产业发展的要求，对当下建立环境友好型、资源集约型产业发展体系，促进产业与生态环境协调发展具有重要的促进作用，产业生态化发展不仅涉及产业发展本身，还包括生态保护、资源消耗以及科技创新等内容。

产业生态化加强环境保护。即示范区内落户工业企业要实行清洁生产，积极采用节能环保生产工艺，减少污染排放。这些企业可以通过采取引进或者自主研发等方式实施低碳环保“绿色”技术，改进生产工艺和流程，进而提升企业生产过程中的节能减排能力，达到减少污染物排放并降低环境负外部性的目的。

产业生态化促进经济发展。即产业生态化以经济高质量发展为目标，经济高质量发展为产业生态化提供原动力。一方面在当前经济发展形势下发展绿色产业、提升绿色产业对示范区经济的贡献，提高示范区绿色生态产业在长三角乃至全国的地位；另一方面，产业生态化发展可以加快调整产业结构、推进传统产业绿色化改造、积极发展高新技术产业，推动长三角生态绿色一体化发展示范区的建设和经济效应。

产业生态化促进资源利用。即在产业生态化发展过程中，不断地建立和完善能源消费、污染排放统计核算制度，逐步强制执行各类绿色、低碳、环保技术标准和制度，加强对企业的监管力度，同时合理开发利用资源，提高资源的使用效率。产业生态化发展涉及的资源要素有很多，例如：产业发展用地、日常生产所需要的电力及水资源、煤炭资源等。所以，发展生态化产业，以绿色为主导的产业发展对资源长久开发利用极为重要。

产业生态化促进科技创新。即产业生态化发展是一个循序渐进的复杂过程，产业生态化程度的提升需要科技来支撑，通过科学技术创新，不断提升技术工艺，提高资源循环利用效率和生产效率、减少污染物排放，从而实现产业与资源、环境、社会的协调发展。

产业生态化促进政策制度完善。即产业生态化发展需要相应的法律法规提供保障，需要示范区内各级政府单位协力合作提供政策及资金支持。一方面，法律法规可以有效规范、约束企业的生产行为，使企业自觉做到保护环境、清洁生产，将生态绿色纳入企业文化建设中，使产业生态化发展在政策、制度、法律法规上获得坚实的执行基础和保障。另一方面，在法律法规及各种规章制度大范围普及的基础上，示范区内的企业也会积极主动执行相关制度规范，社会公众也会增强绿色生态意识，营造良好社会氛围，进而推动产业生态化建设，加快示范区产业高质量发展的步伐。

2.2.4 产业合作模式

1. 产业合作壁垒

建设长三角一体化发展示范区，发挥产业引领示范标杆效应，不仅要加强区域内部的产业合作，还要加强区域内部与外部的产业合作。目前，示范区的产业集聚水平距离高质量一体化发展的目标还存在差距，其产业发展在迈进高质量阶段的进程中还有很大的提升空间，产业合作方面仍面临诸多亟待解决的壁垒。

(1) 政策标准方面。

产业转移政策壁垒。示范区内如何推进青浦、吴江、嘉善三方利益共享以及有序引导地区产业梯次转移，还存在一定的制度盲区，尚未形成有效的对接机制，一定程度上阻碍了示范区重点产业的集群发展。例如，近年来上海市进行了大规模的产业结构优化调整，青浦区陆续有 5 000 多家企业调整或向外迁移，然而这些产业外迁呈现出分散和自发状态，由于地区间缺乏有效的配套政策引导和跨区域对接，一些优质产业资源相继迁出长三角落户到国内其他地区或者东南亚地区，有些甚至是世界 500 强企业。

资质标准互认机制壁垒。近年来，随着产业布局不断深入和产业发展愈发集聚，示范区内青浦、吴江和嘉善三区县所属省市在产业协同合作方面的资质和标准互认机制尚未建立和完善，不同地区间的部分指标相对存在较大差距。例如在高新技术企业资质认定方面，研发费用占比等关键指标划分标准不一，上海市划分层次 3%至 6%不等，最低为 5 000 万元销售收入，而江苏和浙江划分层次则为 3%至 5%，最低为 3 000 万元销售收入。

产业准入标准壁垒。由于示范区涉及江浙沪三地，不同省市发展阶段存在差距，发展重点各有侧重，在土地出让基准价格和亩均税收要求方面存在较大差异。例如，在同等容积率的工业用地出让价格方面，上海市青浦区的标准远远高于江苏吴江和浙江嘉善两地区；产出要求亩产税收方面，青浦区的标准同样要远远高于吴江和嘉善。示范区青浦、吴江和嘉善地区间存在不同准入标准，以及三地区内部又存在差异化的划分标准，相互竞争且缺乏协同合作的产业准入标准一定程度上制约了产业分工和集群发展，弱化了示范区三地产业合作竞争优势。

(2) 管理体制方面。

财政管理体制壁垒。目前，示范区内三地区间产业合作在跨省与政策扶持方面还存在一定的壁垒，在顶层设计以及制度授权尚未完善的情况下还存在政策性障碍。比较明显的是在推动科技创新券通用通兑和大型科学仪器开放共享方面，财政补贴存在明显的地域限制和保护，各方外拓的积极性不高。在财税分成体制方面，不同地区由于财政转移支付机制不尽相同，地区间的财税分享体制差异大，整体协调性存在难度。

产业规划协同壁垒。示范区内青浦、吴江和嘉善三地区由于行政区划不同，隶属关系不同，导致对毗邻区域的发展定位、战略以及规划都有显著差异。对青浦区而言，青西地区由于受到水源地制约，一直被视为生态敏感区，主要以保护和限制开发为主。而吴江汾湖和嘉善地区则将邻接上海区域定位为对接上海龙头的前沿和重要经济承载区，建立了规模相对较大的经济开发区。因而，在一定程度上，青浦、吴江和嘉善三个地区在产业发展规划协同层面存在明显的协同规划瓶颈。

行政审批权限壁垒。青浦、吴江和嘉善三地区在产业发展涉及的规划、土地审批方面，虽然2019年以来青嘉吴三地在积极探索"市场主体准入一体化"上取得实质进展，各地均已设立"长三角一体化"服务专窗，形成"跨区域通办"模式，而且首张住所冠名为"长三角生态绿色一体化发展示范区"的青浦企业经营证照在嘉善下发。但由于不同行政管理层级下的管理范围和行政授权各不相同，在总体上，示范区内不同行政体间协调成本高、审批效率相对较低等问题仍需进一步改善。

(3) 资源要素流动方面。

金融资本服务壁垒。由于示范区一体化功能尚未完全实现，跨区域的授信机制仍然受到地域制约，跨区域的分支机构设置以及业务全面开展尚未实现，导致产业资金融通方面还存在一定的约束性。另外，要加快实现示范区内区域产权、股权以及技术等交易市场一体化，完善区域金融市场，进一步破除金融市场的跨地区管制。

人力资源流动壁垒。由于人才流动、户籍管理和基本公共服务三者之间存在明显的制度关联和地域差异特征，并且教育、养老和医疗等公共服务以及社会保障政策方面也存在一定的区域对接和转移障碍，造成示范区人力资源流动方面存在一定障碍，亟需建立并完善统一的养老、医疗等社会基本保障统筹标准，以及跟随个人流动的接续制度。另外，还要加快消除青浦、吴江和嘉善地区的基本公共服务体系建设管理标准差异，逐步推动示范区的基本公共服务体系向标准化和均等化迈进。

2. 产业合作模式

区域的经济活动总是倾向于集中在特定的"点"或"轴"之上。不同规模等级的城市，这些城市之间发展的不平衡性决定了产业的布局不可能均衡散落，必须选择若干经济基础较好，投资环境相对优越的地区，发挥在布局中的中心载体和辐射源作用，进而重点开发、优先发展，实现点—线—面的发展路径，以此带动整个长三角地区的产业发展。对于不同级别中心城市周围形成的小范围经济区，则通过交通基础设施(如交通干线等)进行连接，轴线上集中的社会资源则通过产品流通、人员流动、信息传播、技术扩散等形式实现对中心区周围区域辐射和带动作用。因此，在进行产业发展和布局时要充分依托“点”和“轴”特征进行规划和发展。

就长三角一体化示范区产业发展而言，示范区要打造长三角区域世界级产业集群的“标杆”，创新的发展理念和产业合作模式至关重要。示范区开展产业合作，一定要结合青浦、嘉善、吴江三地区的生产要素禀赋情况和现有条件，以及各地区政府政策情况和支持力度、市场情况和环境要素等，这些因素将影响示范区产业合作的发展方向和发展速度。青、嘉、吴地区要突破区域行政壁垒，聚焦若干个发展基础雄厚、创新资源丰富的重点产业领域，以市场为导向，以企业为主体，以政府为引导，以合作模式创新为动力，建立起“基地＋基金＋机制”的创新模式，以合作机制创新为保障，建立起多元合作机制，共同打造立足区域、服务长三角、辐射去全国乃至全球的世界级先进制造业集群，以世界级的产业集群支撑长三角一体化发展。

(1) 基地建设。

2019 年《青浦、吴江、嘉善 2019 年一体化发展工作方案》重点推进的 51 项工作提出，在产业发展方面，推进上海股交长三角中心建设，共同推动科技创新券通用通兑及大型科学仪器开放共享，推动华为青浦基地和人才公寓基地年内开工，促进亨通光电、京东方等华为核心供应企业共同打造万亿级信息产业集群。建设长三角生态绿色一体化发展示范区，要打造创新经济新高地，发展新一代信息技术、生命健康、高端服务、文旅休闲、绿色生态农业等主导产业，形成具有高显示度和核心竞争力的产业集群。

对于青浦区来说：

2018 年 4 月 22 日，上海市委、市政府印发了《全力打响“上海制造”品牌加快迈向全球卓越制造基地三年行动计划(2018—2020 年)》，上海将创建世界级先进制造业集群，实现联动发展。全力打造汽车、电子信息 2 个世界级产业集群，积极培育民用航空、生物医药、高端装备、绿色化工 4 个世界级产业集群。结合青浦区经济优势和产业发展特征，青浦可依托市西软件信息园项目重点打造汽车制造产业集群、电子信息产业集群，大力发展现代农业创新孵化和全球商品会展贸易。

汽车产业集群:示范区作为长三角一体化发展的核心区域，青浦区要积极打造具有全球话语权的汽车产业集群，大力拓展新能源和智能网联汽车产业链，加快新能源汽车重大产业项目落地和推广应用，加大智能网联汽车开放道路测试力度，加快智能网联汽车创新平台建设、示范应用和商业化推广，建立以龙头企业为核心、全球化布局的研发制造体系。

电子信息产业集群:青浦可借助市西软件信息园优势，积极打造迈向全球价值链高端的电子信息产业集群，做大做强集成电路、新型显示、智能传感器、高端软件、智能硬件等产业链，突破材料、装备、工艺等短板领域，推进长三角区域电子信息集群创新网络建设，建立以“硬件＋软件＋内容＋服务”为架构的产业链生态。

民用航空产业集群：青浦可依托民用航空产业园集聚优势，以大型客机和民用航空发动机为中心，逐步形成主制造商引领、优势供应商集聚、核心配套企业支撑、专业化平台服务的航空产业体系，提高面向产业链协同配套水平，打造长三角地区的民用航空产业集群。

生物医药产业集群：2019年7月，上海青浦工业园区上升为国家生态工业示范园区。青浦可借助园区制造优势，以生物医药产业为主导，带动生物信息技术、精细化工业发展，不断提升自主创新能力，建设全球领先的生物医药创新研发中心。建设转化医学研究中心等科技基础大设施，实施国际人类表型组等重大科学计划，推进上海生物医药产业技术和临床研究功能型平台建设。另外，聚焦优势重点领域，建设国际知名的高端生物医药产品制造中心。包括重点发展生物工程技术生产的新型药物、新型抗癌药物及心脑血管药物等。青浦还要不断培育新兴产业业态，借助生态环境优势，建设生物医药研发外包和健康服务示范中心。打造医药链供应高地，建立具有配置全球资源能力的现代药品流通体系，包括开展建立国际医药交易中心可行性研究，支持建立智慧医药供应链示范企业和创新示范基地，完善全程可追溯医药供应链追溯体系等。

现代农业科技创新孵化基地：2018年以来，青浦区在现代农业发展商不断取得新进展。比如青浦区现代生态农业检测实验室获得CMA认证。地区特色蛙稻种养面积达到13 587.1亩，种植区域通过国家绿色产品认证。又创建“青浦区现代农业创业孵化基地”，挂牌成立“青浦现代农业园区综治中心”。青浦区要继续加强农业信息服务网络建设，强化与科研院校的合作，并不断建立健全农业社会服务体系，将科学研究、科欧教育、技术推广与生产营销等融为一体，把青浦打造成为现代农业科技创新孵化基地。

全球商品贸易港：2018年，首届中国国际进口博览会在青浦顺利举办，吸引了来自58个“一带一路”沿线国家的超过1 000多家企业参展，为共建“一带一路”提供了重要支撑。为打造青浦“永不落幕的进口博览会”，建设了中国进口博览会常年交易平台，成为全球商品交易的便捷贸易港。青浦可依托背靠虹桥商务区的地理位置以及坐拥上海国家会展中心的优势，大力发展会展贸易，进一步提升青浦“全球的商品贸易港”的吸引力和竞争力。

对于吴江区来说：

先进制造业立区和现代服务业强区是吴江近年来已定的发展战略。2018年以来，吴江围绕“555 计划”，在做大做强电子信息、丝绸纺织、光电通信以及装备制造四大优势产业的同时，不断促使传统产业转型升级，加强产业集约集聚，提高龙头企业的引领能力。尤其是半导体产业发展方面，《吴江区促进半导体产业发展的意见(试行)》，明确提出要将吴江打造成国内乃至全球具有重要影响力的新型半导体特色产业基地，对符合条件的从事半导体设计、制造以及装备、材料等配套支撑的半导体企业和研发机构给予政策扶持。

新型半导体产业基地：吴江可以利用自身优势积极抢占具有广阔应用空间和巨大市场潜力的新型半导体产业制高点，以华功半导体“一院两中心”、英诺赛科、江苏省产业技术研究院有机光电技术研究所等为牵头项目，打通产业链关键节点，打造集研发、生产、科技服务和孵化于一体的新型半导体产业化基地，加快形成千亿级产业集群。加大优质项目招引力度，加快欧普照明、大峡谷光电、新朋汽车等落地项目建设进度；加快技美半导体、光速充电桩等一批洽谈项目签约落户。充分发挥汾湖高新区首期 20 亿元的产业基金功能，更好支持新型半导体产业园发展，带动新型半导体产业加速集聚。

智能装备制造产业基地：吴江应发挥现有欧美企业的集群优势和智能工业的先发优势，加快引进培育 2—3 家龙头企业，持续壮大“专、精、特、新”专业化企业队伍，加速形成工业机器人、高端精密机械、智能控制系统和汽车智能装备等四个功能特色，全力打造年产值超过 500 亿元的高端智能装备产业核心区。以智能装备产业园为引领，研究推进苏州湾智能制造创新协同中心建设，实现资源优化配置。鼓励引导工业大数据推广应用，推动智能制造从“机器换人”到“数据换人”的加快升级。重点在电子信息、丝绸纺织、光电缆、电梯等传统优势产业上，攻克一批共性智能制造关键技术，形成一批智能工业发展标准，树立一批智能制造标杆企业，全力打造吴江智能工业升级版，把吴江打造成智能制造先行示范区。

丝绸纺织产业基地：吴江要以促进资源节约集约利用、改善生态环境为目标，高标准编制园区总体规划，积极稳妥做好各项工作和配套基础设施建设。加快推动印染企业集中入园，促进纺织产业的高度集聚。另外，在“互联网＋”和创新金融思维的合力下，积极探索纺织全产业链的资源整合和优化升级。通过开展化纤原料、聚酯切片、化纤丝、坯布、面料等标准及非标准纺织品的电子交易结算，打造具有独立支付结算功能的纺织产业集群电子商务运营平台。借助示范区建设优势，将吴江打造成一个千亿级交易规模的网上东方丝绸市场。

对于嘉善县来说：

2018 年，中新嘉善现代产业园项目落户嘉善，重点聚焦发展智能传感产业为主导的战略性新兴产业。2019年,《中新嘉善现代产业园产业规划》发布,并且又出台了《关于加快智能传感器产业发展的若干政策意见》促进嘉善产业集群发展。

智能传感器产业集聚:为打造智能传感器产业集聚区,嘉善从产业发展资金扶持、提供产业发展空间、支持产业研发创新以及完善产业发展配套服等多方面着手,不断引进优质传感器制造企业,整合优质资源,通过引进智能传感器方向高端人才,不断提升产业创新能力,构建"政产学研金服用"的融合创新生态,促进先进传感技术与物联网应用技术的研发创新及产业发展、嘉善智能传感器产业的培育,着力打造长三角、全国乃至全球具有影响力、竞争力的智能传感基地助力嘉善智能传感器产业发展。比如,测迅汽车技术有限公司嘉善项目为封闭测试场与开放测试道路的安全、高效运作,提供专业化的设计与运营,可为智能网联汽车的整车及传感器的研发提供全生命周期技术服务,加速上下游产业的集聚。

此外,嘉善地区在健康医疗、影视传媒领域也拥有较大的产业集群的发展优势。比如,健康医疗方面,浙江药苑生物科技有限公司相关项目落地嘉善,在嘉善设立临床前试剂研发平台,细胞毒理病理、临床前药代动力学DME研究平台,进行新药的研发及产业化。艾吉泰康生物科技(嘉兴)有限公司将在嘉善成立新公司,打造基因捕获试剂生产及基因测序服务平台。影视传媒方面,国内综艺节目制作龙头企业——灿星文化,在嘉善落地《中国好声音》《蒙面唱将猜猜猜》《这就是街舞》三档节目,在嘉善影视综艺产业园,同华夏幸福一道将嘉善打造为"中国最大的综艺节目录制基地"。

(2) 基金建设。

目前,青浦、吴江和嘉善三地针对各自产业发展在相关领域内都提供了相应配套措施、设立了相关产业发展基金。但对于示范区产业一体化协同发展而言,产业扶持基金缺乏有效整合,对示范区产业合作还存在一定的制约性。

长三角一体化发展示范区应尽快成立统一的示范区产业共同发展基金,以及相应的平台公司。不断强化示范区管理机构对于一体化工作的资金配置能力,通过市场化手段强化对青、嘉、吴三地区基础设施和关键产业项目的投资引导作用。另一方面,通过建立示范区"以奖代拨"资金和平台公司的探索,将青浦、吴江和嘉善三地区之间的共同投入机制建立起来,在区域开发、项目落地等方面发挥资金引导作用。结合强化示范区管理机构对青、嘉、吴三地一体化服务保障工作的考核,逐步深化利益分享、财税共享机制改革。

(3) 机制建设。

第一,强化顶层设计。示范区应强化顶层规划成果的权威性、代表性以及规划调整的严肃性，建立统一编制、联合征询、联合报批、共同实施的规划管理机制和国家层面发布后的贯彻落实机制，坚持“一张蓝图”绘到底。

加强示范区产业协同合作，打造世界级先进产业集群，是一项系统性、持续性的工程，需要江浙沪三省市统筹谋划，协同推进，深化长三角一体化发展背景下产业的规划协同、政策协同、服务协同、市场协同，发挥好政府、企业、第三方组织等多元主体作用，形成区域产业一体化发展合力。具体而言，青浦、吴江和嘉善三地可结合《青浦、吴江、嘉善 2019 年一体化发展工作方案》，共同制定产业协同发展专项规划，研究制定示范区先进重点发展指导目录，明确打造生物医药、民用航空、智能制造、新能源和智能网联汽车、工业互联网等重点产业发展目标以及空间布局等。

第二，建立示范区产业合作机制。结合已建立的长三角产业合作机制，可联合编制示范区产业集群地图，协商建立有利于重大产业项目跨省市迁移的利益共享机制，促进产业布局优化和要素资源跨区域流动。通过已经建立的区域间常态化和制度化的对话协商机制，协调各方利益，以解决由于政治晋升博弈和地方政府绩效考核模式所带来的区域间竞争，乃至市场分割和地方保护。按照“资源共享、利益分享”的合作原则，建立健全政府推动与市场驱动相结合的共建机制。建立信息共享平台，以信息共享促进资源共享，提升区域整理经济效益，进而有效形成“一张蓝图”管全域、“一个平台”管实施的产业合作机制。

第三，落实好长三角生态绿色一体化发展示范区总体方案。2018 年 6 月 1 日，2018 年度长三角地区主要领导座谈会在上海举行。由长三角联合办公室编制的《长三角地区一体化发展三年行动计划（2018—2020 年）》在会议期间通过了审议，进一步明确了长三角一体化发展的任务书、时间表和路线图。2019 年出台的《长三角生态绿色一体化发展示范区总体方案》为示范区产业发展和协同合作提供了指南和方向。《青浦、吴江、嘉善 2019 年一体化发展工作方案》覆盖七个方面 51 项重点工作，产业方面将重点推进上海股交长三角中心建设，加强科技创新券通用通兑和大型科学仪器开放共享，加快长三角地区院士专家企业工作站共建，推动亨通光电、京东方等华为核心供应企业共同打造万亿级信息产业集群。

第四，强化龙头企业跨地域布局。大力优化示范区营商环境，培育、引进更多具有全球竞争力的本土龙头企业、行业隐形冠军和高成长性企业。鼓励长三角地区电子信息研发（如华为、京东方、亨通光电）、生物医药（如扬子江药业、药明康德、恒瑞）、集成电路（如中芯国际、华虹）、新能源汽车和智能网联汽车（如上汽、蔚来、吉利、威马）、智能制造（如上海电气）等行业龙头企业落户示范区，通过建立总部—生产基地等方式，完善产业发展链条，实施一批区域产业合作重大工程和重点项目，实现科研、生产、营销资源利用的最大化，并加强国际合作，以实体机构、市场化运作的方式优化跨地域的生产力布局和配套服务，实现产业链整合，助推产业集群化发展。

第五，创新产业合作机制。长三角一体化发展示范区要不断创新产业合作模式和机制。为共同推动经济绿色发展和改善示范区环境质量，青浦区、吴江区、嘉善县三地区应不断完善生态综合治理工作机制，加强三地一体化生态文明建设示范区发展，共同编制区域水质、大气保护规划，进一步明确区域内污染控制技术规范，标准融合统一，逐步形成科学合理、管理严格、指导有力的三地一体化生态环境管理模式，深化区域内污染减排共治，推动在线监测数据共享平台，在区域内开展联合执法、联合监督、联合巡查，强化区域内联合执法能力。

在产业园区合作方面，不断探索园区合作方式，通过飞地建设（如江苏大丰飞地）、跨区域园区共建（如中新苏滁现代产业园、中新嘉善现代产业园）和园区品牌输出（如上海张江高科技园区和上海漕河泾新兴技术开发区"走出去"布局）等方式，实现跨地域的产业合作。

2.3 示范区产业发展现状

2.3.1 示范区产业发展概况

长三角一体化发展示范区主要涵盖青浦、嘉善和吴江三地，区域面积约为2 400平方公里，区内常住人口约为310万人，该区域区位地理状况良好、基础设施较为完善、产业基础较为雄厚，为示范区高质量发展提供了良好条件。

1. 经济规模不断扩大

2018年青浦、嘉善和吴江地区主要产业经济概况如图2.1。就示范区内青、嘉、吴三地区而言，2010年以来，三地区的地区生产总值呈现稳定增长趋势，经济规模不断壮大。具体而言，2018年青浦区全年实现地区生产总值1 074.3亿元。嘉善县2018年实现地区生产总值582.60亿元（不含经开、港区），比上年增长8.5%，增速列嘉兴市第一。而吴江2018年实现地区生产总值约1 925.03亿元，是苏州除下辖市县以及苏州工业园区以外的GDP总量最强区。从经济增长趋势来看，青、嘉、吴三地区都保持着良好的增长趋势，发展潜力和提升空间巨大。2018年以来，示范区内青、嘉、吴地区经济总规模达到3 581.93亿元，保持平稳增长。

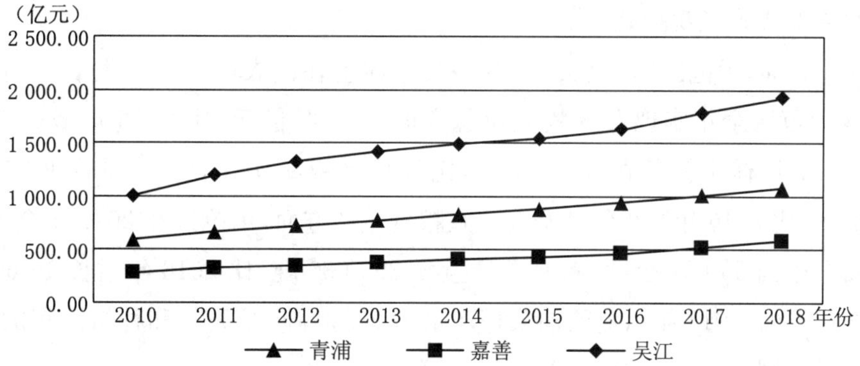

图 2.1　2010 年以来示范区地区生产总值情况

资料来源：根据《青浦统计年鉴》《嘉兴统计年鉴》《苏州统计年鉴》以及 2018 年相应地区国民经济和社会发展统计公报整理所得。

2. 产业结构不断优化

产业结构方面，截至 2018 年末，三次产业结构比已由 2010 年的 3∶60∶37 变化为 2∶50∶48，2010 年以来示范区的产业结构总体不断优化(如图 2.2)，呈现出由"二三一"向"三二一"不断转变的良性发展状态，其特征比价符合示范区产业高质量发展的时代要求。具体而言，示范区第一产业基本保持平稳发展，随着产业结构的优化升级，第一产业的比例有所降低。第二产业增长呈现先慢后快的态势，2015 年后工业发展有所强化。示范区第三产业则持续平稳发展，由 2010 年的 684.82 亿元增加到 2018 年的 1 732.29 亿元，2018 年示范区第三产业增加值在三次产业中占比达到 48%。可以看出，2010 年以来示范区第二产业和第三产业 GDP 之和三次产业中的比重越来越高，是带动青、嘉、吴地区产业增长的强力引擎。

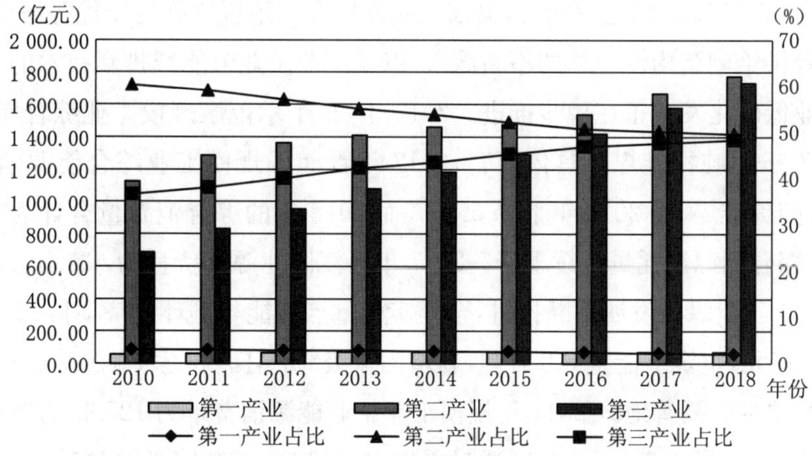

图 2.2　2010—2018 年示范区三次产业增加值对比图

资料来源：根据《青浦统计年鉴》《嘉兴统计年鉴》《苏州统计年鉴》以及 2018 年相应地区国民经济和社会发展统计公报整理所得。

3. 农业生产提质增效

农业方面，示范区“青嘉吴”两区一县总体上在向农业高质量发展方向迈进。2017年示范区全年实现农林牧渔业总产值143.87亿元，比2016年增长1.5%。其中，2017年林业总产值为3.4亿元，比2016年缩减0.27亿元。畜牧业总产值为9.72亿元，比2016年减少约4亿元。在粮食生产方面，示范区在2017年全年粮食播种面积达到55 637公顷，粮食总产量为395 680吨，比2016年增长16 690吨。经济作物方面，2017年示范区油菜籽产量为2 780吨，受天气和种植面积的影响，比2016年降低14.75%。①

近年来，示范区农业发展正在向现代化和智能化发展。如2018年为建立蔬菜质量可进行追溯制度，青浦区纳入“上海市蔬菜生产管理系统”的合作社（企业）达到33家，蔬菜面积合计1.4万亩。吴江地区农业园区建设在2018年也不断取得新成果，其国家现代农业示范区在全国281个示范区中排名第二，区域农业信息化覆盖率达63.8%，拥有省级信息化示范基地6家，市级智慧农业示范基地8家。在农业项目推广方面，嘉善在2018年建成的“物联网＋智能化＋可视化”示范基地，在全嘉兴市首创水稻叠盘暗出苗“1＋N”育供秧模式，处浙江省领先地位。

4. 工业企业增长平稳

示范区2016—2017年规模以上工业企业发展情况如表2.2所示。2017年示范区规模以上工业企业实现总产值6 093.26亿元，比2016年增长约33.88亿元。2017年实现主营业务收入达到6 110.81亿元，比2016年高出约476.18亿元，提升幅度为8.45%。截至2017年底，示范区规模以上工业企业数量为2 906家，比2016年增加83家。相比较而言，吴江工业发展在三地区之间处于优势地位。

随着供给侧结构性改革的不断深入，以及工业企业节能减排新技术的实施，示范区工业低碳化发展正在稳步推进。2017年，整个示范区规模工业综合能源消费量为847.95万吨标准煤。具体而言，2017年青浦区规模工业综合能源消费量为86.93万吨标准煤，比2016年下降5.5%，而2018年的综合消费量合计为80万吨标准煤，综合能源消耗量持续下降。2017年吴江区能源消费量为633.10万吨标准煤，2018年工业绿色发展不断推进，全年实施重点节能与循环经济项目78个，累计投资7.5亿元，审定节能量5.8万吨，新增国家级绿色工厂6家，淘汰落后产能企业达180家之多。嘉善地区2017年规模工业企业能源消费量为127.92万吨标准煤，相对2016年下降0.1%。示范区通过采取多种措施，不断降低高消耗高污染工业

① 根据2017年、2018年青浦、嘉兴和苏州统计年鉴公布的农产品产量计算得出。

企业比例，改善企业工艺，让工业企业得以可持续发展，走生态发展之路，适应新时代工业企业高质量发展要求。

表 2.2　2016—2017 年示范区规模以上工业企业相关发展指标

年份	地　区	规模工业总产值（亿元）	主营业务收入（亿元）	规模以上工业企业数（家）	综合能源销量（万吨标准煤）
2016	青　浦	1 544.60	1 635.80	802.00	94.40
	吴　江	3 116.80	3 016.10	1 304.00	614.78
	嘉　善	1 093.98	982.73	717.00	128.45
	示范区	5 755.38	5 634.63	2 823.00	837.63
2017	青　浦	1 584.40	1 700.40	753.00	86.93
	吴　江	3 383.10	3 366.50	1 376.00	633.10
	嘉　善	1 125.76	1 043.91	777.00	127.92
	示范区	6 093.26	6 110.81	2 906.00	847.95

资料来源：依据 2018 年《青浦统计年鉴》《嘉兴统计年鉴》《苏州统计年鉴》以及江浙沪统计局官网整理得到。

5. 第三产业增长强劲

2017 年示范区第三产业增加值高达 1 577.54 亿元，2018 年比 2017 年增长 10%，达到 1 732.34 亿元。分地区而言，青浦、吴江、嘉善 2018 年第三产业增加值分别为 597.5 亿元、895.14 亿元、239.70 亿元，增长幅度分别达到 11.9%、8.5%、10.2%，增长势头相对强劲（见图 2.3）。

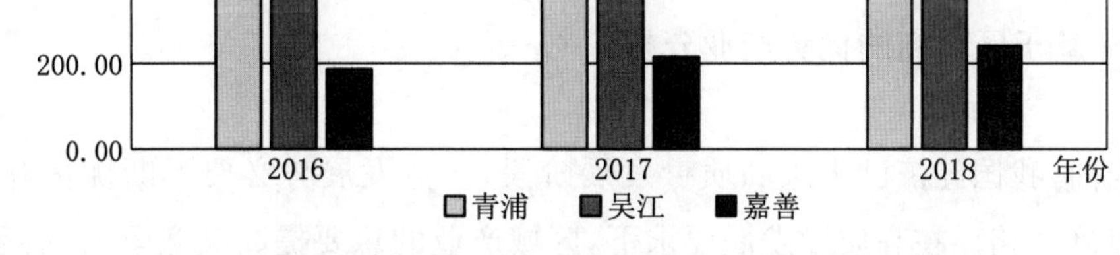

图 2.3　2016—2018 年示范区青嘉吴地区第三产业增加值情况

资料来源：根据《青浦统计年鉴》《嘉兴统计年鉴》《苏州统计年鉴》以及 2018 年相应地区国民经济和社会发展统计公报整理所得。

2017年示范区第三产业主要行业发展情况如表2.3所示。2017年，示范区交通运输货运量达到5 745万吨，比2016年增长8.95%，保持高速增长。2017年示范区实现国内外旅游业总收入463.75亿元。贸易方面，国内贸易上示范区2017年社会消费品零售总额为1 275.07亿元，2018年达到1 333.31亿元；国外贸易上示范区2017年进出口总额为364.54亿美元，受中美贸易摩擦影响2018年进出口贸易总额为383.68亿美元，增长了19.14亿美元。金融方面，2017年示范区金融机构年末存、贷款余额分别为5 009.78亿元、3 996.14亿元，为区域产业发展提供了充足的资金保障。人民生活和医疗服务方面，2017年青浦、吴江和嘉善地区实现城镇居民人均可支配收入分别为4.82万元、5.88万元和5.41万元，示范区全年医院、卫生院床位数10 330张，同比增加219张，较好地保障了居民就医服务。科技研发方面，2017年示范区获得专利授权11 352件。整体上，2017年以来，示范区在第三产业发展方面保持了强劲增长势头，随着产业结构不断优化调整，可以预见，第三产业发展将向着经济增长主导地位不断迈进。

表2.3　2017年示范区第三产业主要行业发展概况

经济指标	示范区
货运量(万吨)	5 745.00
国内外旅游业总收入(亿元)	463.75
社会消费品零售总额(亿元)	1 275.07
进出口总额(亿美元)	364.54
金融机构存款余额(亿元)	5 009.78
金融机构贷款余额(亿元)	3 996.14
医院、卫生院床位数(张)	10 330.00
专利授权量(件)	11 352.00

资料来源：根据2018年《青浦区统计年鉴》《嘉兴统计年鉴》《苏州市统计年鉴》以及江浙沪相应地区统计局官网整理所得。

2.3.2　基于区位商的优势产业分析

当前，我国经济已步入高质量发展阶段，产业发展势必要不断优化升级，走绿色发展之路。在高质量发展要求下，区域产业的想要提高其竞争力，必须结合实际集中力量发展优势产业，强化一般产业，弥补短板产业。在确定区域优势产业时，通常用区位商来衡量，区位商越大，表示产业发展比较优势越明显，反之则

表 2.4　2017 年示范区青嘉吴地区制造行业的区位商

行　　业	青　浦	吴　江	嘉　善
农副食品加工业	0.13	0.13	0.13
食品制造业	1.00	0.35	0.06
酒、饮料和精制茶制造业	0.03	0.45	0.12
烟草制品业	—	—	—
纺织业	0.09	1.65	0.22
纺织服装、服饰业	0.15	0.22	0.10
皮革、毛皮、羽毛及其制品和制鞋业	0.32	0.19	0.35
木材加工和木、竹、藤、棕、草制品业	0.36	0.30	1.33
家具制造业	0.61	0.58	2.32
造纸和纸制品业	1.11	0.14	0.41
印刷和记录媒介复制业	0.76	0.74	0.26
文教、工美、体育和娱乐用品制造业	0.17	0.13	0.10
石油加工、炼焦和核燃料加工业	0.01	0.06	0.02
化学原料和化学制品制造业	0.20	0.14	0.27
医药制造业	0.21	0.09	0.01
化学纤维制造业	0.18	4.07	0.02
橡胶和塑料制品业	1.16	0.42	0.28
非金属矿物制品业	0.33	0.34	0.35
黑色金属冶炼和压延加工业	0.01	0.07	0.17
有色金属冶炼和压延加工业	0.07	0.61	0.07
金属制品业	0.35	0.45	0.23
通用设备制造业	0.57	0.62	0.24
专用设备制造业	0.37	0.38	0.13
汽车制造业	0.47	0.12	0.07
铁路、船舶、航空航天和其他运输设备制造业	0.49	0.02	0.03
电气机械和器材制造业	0.19	0.66	0.12
计算机、通信和其他电子设备制造业	0.11	1.28	0.13
仪器仪表制造业	0.14	0.07	0.04
其他制造业	0.37	—	0.32
废弃资源综合利用业	0.64	—	0.18
金属制品、机械和设备修理业	4.49	—	—

注：由于数据可获得性，本研究利用青、嘉、吴三地区主营业务收入计算区位商，因嘉善县数据难以获取，以分行业规模以上工业企业总产值进行替代。

资料来源：根据 2018 年沪苏浙皖统计年鉴数据计算。

竞争力不足①。在长三角三省一市范围内基于主营业务收入测算的青浦、吴江和嘉善区位商情况如表2.4所示。

通过表2.4可知,青浦地区产业发展在青嘉吴地区处于领先地位,拥有较多的比较优势的产业。其中金属制品、机械和设备修理业比较优势较为明显,远远领先于吴江和嘉善地区。此外,造纸和纸制品业、橡胶和塑料制品业以及食品制造业的专业化程度也相对较高,产业集聚性和竞争优势较强。另外,印刷和记录媒介复制业、废弃资源综合利用业以及技术和资本密集型的汽车制造业、铁路、船舶、航空航天和其他运输设备制造业都具有潜在的发展优势。

江苏吴江地区的优势产业数量仅次于青浦,主要为化学纤维制造业、纺织业和计算机、通信和其他电子设备制造业。其中,化学纤维制造业具有显著的比较竞争优势。由于吴江拥有较为一流的纺织设备和雄厚的纺织业发展基础,其化学纤维制造业和纺织业在长三角一体化发展示范区内绝对的领先地位,这与江苏制造业第一大省的特征相符。然而,高能耗的行业特征也决定着吴江地区制造业的生态之路任重道远。就计算机、通信和其他电子设备制造业而言,虽然青浦位于信息化更为发达的上海,但吴江具有比青浦更具竞争力的产业发展优势。此外,在资本和技术密集型的电气机械和器材制造业、有色金属冶炼和压延加工业以及劳动密集型的酒、饮料和精制茶制造业方面,吴江也具备潜在的竞争优势,产业专业化程度有较大提升空间。

与青浦和吴江地区相比,嘉善地区具有显著竞争优势的产业主要为家具制造业,木材加工和木、竹、藤、棕、草制品业也具有相对比较优势,这在当地已经形成了较为独特的产业优势。此外,嘉善在农副食品加工业上还具有和青浦、吴江地区相同的专业化竞争优势,在非金属矿物制品业上具有与示范区其余两个地区几乎相当的专业水平。皮革、毛皮、羽毛及其制品和制鞋业在嘉善地区也具有潜在的专业化优势。

综合而言,青浦、吴江和嘉善地区除区位商值大于1的制造业产业以及具有潜在专业化优势外,还有一部分产业处于相对劣势、发展水平不高的状态。比如一些

① 区位商是评价区域优势产业基本的分析方法,还被称为专门化率,由哈盖特(P.Haggett)首先提出并运用于区位分析中。在衡量某一区域要素的空间分布情况,反映某一产业部门的优劣势,以及某一区域在高层次区域的地位和作用等方面,一般可以用来反映某一种产业在区域内的发展水平。通过测算产业的区位商,可以找出该区域在高层次区域具有优势地位的产业,并根据区位商值的大小来衡量其专门化率,区位商大于1,认为该产业是地区的专业化部门;如果区位商小于或等于1,则认为该产业是自给性部门。区位商越大,专业化水平越高。

战略性新兴产业(如医药制造)专业化程度偏低,而这些产业正是长三角一体化发展示范区产业生态化建设需要重点发展和培育的。另外,青、嘉、吴三地区在相当一部分产业发展上产业结构整体偏重,在产业结构、产业层次和发展水平上还有很大的提升空间。

依据上文测算的区位商数据,整理的青浦、吴江和嘉善地区各自的需要优先发展的相对具有比较优势产业见表2.5。

表2.5　示范区各地区相对优势产业

地　区	相对优势产业
青　浦	金属制品、机械和设备修理业,橡胶和塑料制品业,造纸和纸制品业,食品制造业,印刷和记录媒介复制业,废弃资源综合利用业,铁路、船舶、航空航天和其他运输设备制造业,汽车制造业、医药制造业、文教、工美、体育和娱乐用品制造业以及其他制造业
吴　江	化学纤维制造业,纺织业,计算机、通信和其他电子设备制造业,电气机械和器材制造业,有色金属冶炼和压延加工业,通用设备制造业,专用设备制造业,金属制品业,酒、饮料和精制茶制造业以及纺织服装、服饰业
嘉善	家具制造业,木材加工和木、竹、藤、棕、草制品业,皮革、毛皮、羽毛及其制品和制鞋业,化学原料和化学制品制造业,非金属矿物制品业,黑色金属冶炼和压延加工业

通过对长三角一体化发展示范区制造业现状的区位商分析发现:总体上尽管示范区内青浦、吴江和嘉善各自都拥有相对专业化的优势产业存在,具备一定的竞争力,但地区之间产业结构极其相似,相互之间的互补协同性较低。

现阶段,青、嘉、吴地区的产业发展跟各自所属省内产业发展政策导向无不相关。自经济新常态提出以来,随着供给侧结构性改革的不断深入,上海地区产业不断优化,向着区域综合服务和高端制造方面逐渐转型。2018年青浦第三产业占比达到55.6%,基本形成了以制造业为支撑,以服务业为主导的产业发展格局。吴江地区借助江苏"长三角制造业第一大省"资源优势的便利,其化纤、纺织业优势明显,但其产业结构仍以制造业为主导。嘉善地区2018年第二产业占比为55.01%,受资源能源约束的影响,其制造业在向苏皖地区转移,服务业性产业比重正在逐步提升,属于制造业和服务业双轮驱动状态。事实上,产业结构优化和调整应结合本地比较优势产业动态进行。长三角一体化发展示范区建设给青浦、吴江和嘉善地区的产业优化和结构调整带来了重要机遇,为其产业生态化发展提供了战略平台。因而,结合《中国制造2025》规划,依据比较优势的产业发展战略,强化示范区内各地区优势产业的分工协作,通过专业化分工,提升产业的集聚共赢,从而提升示范区的产业国际化水平和竞争力。

2.3.3 示范区产业发展存在的问题

在充分认识示范区内青、嘉、吴地区产业发展所具备优势产业的同时，也应该看到各地区产业发展的短板，示范区内也存在许多不利于示范区产业发展和优化布局的因素。有些是先天不足，有些则为实际发展过程中所出现的短板。建设长三角一体化发展示范区，优化示范区的产业布局，首要目的是解决当前发展存在的问题。主要如下：

生态化发展有待加强。良好的自然环境是一切产业可持续发展的前提，高端、高附加值优势绿色生态产业过少一定程度上将阻碍地区的高质量发展。在国家去产能、防治大气污染等多重因素的影响下，高能耗高污染行业势必要面临转型升级压力，经历改革阵痛。工业企业要逐渐弱化靠资源能源为原材料支撑的传统产业比例，以产业生态化发展为导向，通过技术创新、商业模式创新，加快区域内产业数字化、网络化、智能化、服务化和绿色化转型，促进示范区产业发展与环境保护的生态融合以及产业间的生态合作。

产业协同发展有待提升。江浙沪地区的产业同构现象明显，不同城市的产业结构、体量占比、空间布局、关联方式高度相似。青、嘉、吴地区不同程度地分别将医药制造、电子设备等作为布局产业，产业同质性竞争激烈。如何破解产业同质化的难题，推进重点产业在整个示范区合理布局，是长期以来各地区需要努力解决的。比如，青浦加快产业结构调整，每年淘汰多项劣势产能，推动优势产业跨区域布局，与邻近地区一同建立产业合作园区，发展"飞地经济"等①。最近几年崛起的G60科创走廊，也是各方在尝试通过跨地区的产业合作推进产业集聚布局、协同发展。示范区的设立，将首次从跨省域的角度，来整体思考产业在青、嘉、吴地区的优化布局。在示范区内，要发展的重点产业，布局在何处，将服从于产业发展整体需要，从而实现更深层次的产业协同，构建起示范区内新的产业生态体系。当然，良性竞争依然是必须的，这也是持续激发青、嘉、吴地区发展活力和产业效率的需要。

联合治理有待强化。我国的行政区划设置，使政府治理的边界和权力责任变得清晰。但在区域发展一体化越来越深入的今天，跨越边界的协同治理越来越重

① 飞地经济是指两个相互独立、经济发展存在落差的行政地区打破原有行政区划限制，通过跨空间的行政管理和经济开发，实现两地资源互补、经济协调发展的一种区域经济合作模式。

要。虽然江浙沪地区已经建立了主要领导座谈会、各类交流会、咨询会等合作机制，但示范区在协同治理方面仍然面临诸多短板，如公共服务资源的优化配置、科技创新的联合攻关、跨区域污染的联合治理等，这些因素都直接或间接地影响着示范区产业布局和发展。因此，如何通过示范区的一体化管理，更好地实现跨区域协同治理，促进青、嘉、吴地区逐步实现公共服务均等化、资源配置最优化、区域治理一体化，是实现示范区产业高质量发展的关键之举。

要素流动障碍亟待破除。行政壁垒的分割，以及各地区对自身发展的追求，往往导致要素资源自由流动的困难。比如，人才的流动往往受到户籍、社保等方面的制约；技术的流动往往受到人才、资金、市场的制约。长三角一体化发展示范区的目标，是要建立统一的大市场，需要不断打破阻碍要素资源流动的体制机制壁垒。设立一体化发展示范区，在统一的管理体制下，有助于进一步消除资源要素顺畅流动的障碍，为长三角地区统一大市场的建设作出示范。

2.4　世界级产业群产业优化布局经验借鉴

2.4.1　世界级产业群产业优化布局实践

1. 东京都市圈产业群

东京都市圈以东京市区为核心，半径100公里左右的区域组成，其城市化率达到80%以上。经过5次区域规划后的东京都市圈主要分为三层，分别为第一层东京都、第二层东京圈以及第三层首都圈。主要概况如表2.6所示。

表2.6　东京都市圈区域构成

简　称	层　级	区域构成
东京都	第一层	东京都
东京圈	第二层	主要指1都3县，即东京都、神奈川县、埼玉县、千叶县
首都圈	第三层	主要指1都7县，即东京都、神奈川县、埼玉县、千叶县，以及山梨县、群马县、栃木县和茨城县

现阶段，东京都市圈产业布局体系明确，呈现“八爪鱼”式分布。其郊区新城以制造、新兴服务业以及居住为主；在近郊新城则以物流运输、轻工业以及研发产业

为主;远郊新城则主导发展工业和休闲产业。具体而言,第一层东京都汇聚了大部分的政府行政及教育机构、金融保险、批发零售和住宿餐饮服务业,在政治、金融、信息及科教文化、生产服务等方面发挥着总部中枢职能。第二层东京圈内,重工业和贸易中心则都集聚在神奈川县,并且电子研发、国际交流等方面不断强化。埼玉县则承载了日本副都职能,千叶县为重工业集聚地、物流商业中心。

以优惠政策为主导的产业转移和集聚,是当今世界大多区域调整产业空间布局的普遍做法,东京也不例外,如初期日本多摩新城,自政府相应优惠政策出台后,相继迁入了电子、医药、生物等新兴产业,并且陆续建造了大量低租金写字楼和住宅,吸引了大量高端技术工作人员流入。

2. 纽约都市圈产业群

纽约都市圈是由波士顿、纽约、费城和华盛顿四大城市群和巴尔的摩等一些中等城市及其附近的一些卫星城镇构成的大都市带。包含了大约40个城市,其城镇化率达到90%以上。

纽约都市圈通常被认为是世界上产业分工最完善、最有序的都市圈。由于地处大西洋沿海,港口发展一直是这一区域的基础,其井然有序的产业布局体系可以从港口间的合理分工上反映出来。纽约都市圈拥有波士顿港、费城港、纽约港和巴尔的摩港等,这些港口组成了一个以纽约港为中心枢纽,分工合理、运营灵活的港口群。其中,波士顿港主要用来转运地方产品,同时承载渔港功能,但波士顿地区集聚了高科技产业、金融、医疗服务、建筑、教育和运输服务业,其中教育和高科技产业为其最具竞争力产业;费城港主要以近海货运为主,但有非常发达的重化工业;纽约港则重点承载集装箱运输功能,是美国东部最大的商港,作为全美商贸和金融中心的纽约,拥有最发达的商业和生产服务业;巴尔的摩港则主要用来转运谷物、矿石和煤炭,有色金属和冶炼工业一直拥有重要发展地位。

作为美国首都和政治中心的华盛顿,在国际经济发展中扮演着十分重要的角色,全球性金融机构(如国际货币银行、世界银行和美洲发展银行)的总部均坐落于此。

3. 伦敦都市圈产业群

伦敦都市圈形成与20世纪70年代,其规划以伦敦—利物浦为轴线,涵盖伦敦、伯明翰、谢菲尔德、曼彻斯特、利物浦等大城市和众多中小城镇,其空间结构上可以划分为四个圈层,具体见表2.7:

表 2.7　伦敦都市圈区域构成

简　称	圈　层	区域构成
内伦敦	第一圈层	主要指伦敦金融城和内城区的 12 个区
伦敦市	第二圈层	主要指内伦敦和外伦敦的 20 个市辖区
伦敦大都市区	第三圈层	主要指伦敦市附近的 11 个郡，属于伦敦都市圈的内圈范围
伦敦都市圈	第四圈层	主要指邻接第一、二、三圈层在内的大都市圈，属于伦敦都市圈的外围范围

从工业革命开始，伦敦便经历多次产业革命浪潮，但由于其能够不断进行产业升级，是能活跃在世界经济舞台中心，比较具有代表性的是位于伦敦都市圈次级中心城市的伯明翰。近年来，伯明翰工业经济转型向现代服务业迅速推进，例如不断革新传统制造业技术，对产业格局进行重新调整布局，强化会展、物流、创意产业的研发和投入，转移传统加工工业，扩展完善产业链以及发展配套的现代生产服务业等。

2.4.2　世界级产业群产业优化布局特征

1. 政府顶层设计，推进都市圈循序发展

权威的规划和顶层设计能够保证国际先进都市圈依据自身经济发展情况进行统筹规划的有序进行。一般情况下，政府对产业发展的顶层规化布局为区域产业发展提供了有力指南。如伦敦大都市圈的“绿带法”，由英国议会在 20 世纪 40 年代制定，保障了伦敦都市圈的后续产业布局的循序推进。东京都市圈亦不例外，在其首次都市圈层规划时便借鉴伦敦模式，以东京都为核心在其外围设立的卫星城，为都市圈产业优化布局提供条件。

2. 产业结构逆序化

东京、纽约和伦敦都市圈在产业布局上存在较为相似的特征，其产业结构都市圈层间都表现出逆序化分布状态。具体而言，三个都市圈在核心地区主要布局第三产业，中间地带以第二产业布局为主，而外圈层则为第一产业。在城市区域发展历程中，较为成熟的都市圈中心地区基本上都经历了从工业中心向服务中心的转型，并且依靠都市圈产业的集聚—扩散效应带动整个都市圈层产业发展，进而不断推动圈层间产业结构的升级和空间布局的调整。

3. 以服务业为支撑，推动制造业发展高级化

以制造业为主导，带动区域产业蓬勃发展是全球大都市圈崛起的必经阶段。在产业发展过程中，国际上先进的都市圈都会根据自身实际情况，制定相应的服务

业发展战略，并在空间上进行规划。借助都市圈层核心城市服务业集聚发展，为周边制造业提供完善的金融服务，以此来推动制造业不断向高级化迈进。

4. 依靠中心城市创新功能，提高都市圈综合竞争力

世界发达都市圈在发展过程中通常会制定特殊的创新发展战略，以此来持续提升都市圈整体竞争力。例如，伦敦曾提出建设创新型城市，依靠创意产业进行创新发展；纽约则借助其活跃的服务创新和金融创新来建设数字化纽约。一系列实践表明，都市圈在其中心城市建立创新园区是实现区域创新发展战略的有效途径。如东京筑波科学园、美国斯坦福科学园、伦敦剑桥科学园以及巴黎的索菲亚科学园等创新园区，对各城市创新能力的提升都起到了巨大的推动作用。

2.4.3 对示范区产业优化布局的启示

通过对世界发达都市圈区域的产业优化布局实践案例分析发现，世界典型都市圈发展过程都存在很多共同的特征，给长三角一体化发展示范区产业优化布局提供了宝贵的经验和启示。具体为以下几个方面：

生态化发展有效保持经济活力。纵观国际先进都市圈发展历程，多数都出现了严重的环境污染问题。著名的环境库兹涅茨曲线表明：发达国家的环境治理历程，无一不是经济发展造成环境的工业污染，付出沉重的生态代价后才开始艰难的治理。例如，20世纪四五十年代，美国发生的多诺拉烟雾事件、洛杉矶光化学污染事件；20世纪五六十年代，日本发生了的水俣病、痛痛病等事件，震惊全球；20世纪初英国伦敦曾以“雾都”闻名世界。经历过环境污染的惨痛教训，发达国家开始推行严格的环境保护与污染治理措施，对生态环境进行修复，虽然取得成效，但付出了严重的生态代价。目前，我国已经进入经济高质量发展新阶段，虽然资源有限、环境约束显著，但示范区的产业发展决不能以牺牲环境、浪费资源为代价取得一时经济增长。只有积极探索环境保护和产业生态化发展新路，不断解放和发展绿色生产力，才能够永葆经济活力。

核心产业有效提升区域综合竞争力。都市圈的国际综合竞争力很大程度上决定于区域内是否存在具有引领作用的核心产业。区域产业发展有赖于一些存在较强优势的核心产业带动。长三角一体化发展示范区想要成为中国产业发展的“样板间”，还需要做大做强目前已有的优势产业，提升产业国际竞争力和参与度。

跨区域政府合作有效优化区域产业布局。政府从长远发展角度出发，制定产业发展规划并做好顶层设计，实施有力的跨区域合作，是都市圈产业优化布局的共

识性经验。如由青浦、吴江和嘉善组成的长三角一体化发展示范区，作为国家深入推进改革开放的先行区和试验区，江浙沪政府联合制定即将出台的《长三角生态绿色一体化发展示范区总体方案》，对示范区进行统筹规划。示范区第二、三产业布局优化要注重区域内的产业分工协调，统筹考虑服务整个长三角区域的产业链和价值链，强化青嘉吴区域间的职能分工和一体化发展。

依托产业链与高新区有力推进创新发展。世界范围内典型都市圈的发展历程表明，创新力决定了竞争力。都市圈的形成和发展应通过产业链来优化分工与合作，从而促进产业升级。圈内各城市应按照产业链不同环节进行专业化分工，并在此基础上加快城市群产业一体化进程，同时协调好高新技术产业与传统产业的关系，最终通过产业链和高新区两者协同创新推动都市圈的可持续发展。

便捷交通运输网有效促进区域协同合作。路不通则不达。交通运输网络是否完善和便捷，很大程度上决定了区域产业的优化程度和辐射范围。世界上比较成熟的都市圈基本上都是通过建立发达便捷的交通运输体系，来提升生产商品和资源要素的自由流动以及投资的便利化，进而推动协同合作，达到资源共性目的。尤其是城市化发展不均衡区域，城镇化加速发展，城镇密集区是经济最发达和城市化最快的地区，区域交通设施完善、协调将是产业优化布局的重要基础和条件。现阶段，长三角一体化发展示范区还尚未得到完全开发，区域交通网络有待进一步完善。

2.5　示范区的产业优化布局

通过前文的研究分析，示范区产业优化布局总体方向上可以以生态优先、绿色发展为导向，以示范区内高新区、经开区、工业园区为重点，依托交通干线带动周围区域产业调整与布局，逐步形成“总部”经济发展格局，在示范区中心地带打造总部经济引领区。借助上海综合服务功能齐全、江苏实体制造业实力强、浙江民营经济活跃优势，充分抓住“工业强基”“智能制造”“工业 4.0”等发展契机，促进区域内国家自主创新示范区及 G60 科创走廊等高端创新资源要素在示范区高度集聚，加强与互联网、云计算、大数据等新技术的融合，瞄准世界科技前沿和新兴产业领域，深化智能网联汽车、集成电路、工业互联网、5G 等产业链对接合作，全力将长三角一体化发展示范区建设成汽车制造、电子信息、高端装备等全球先进制造业产业群和世界级制造品牌汇聚地。具体产业优化布局建议如下：

2.5.1 建立产业生态补偿机制

示范区产业优化布局的重要原则之一是生态保护，处理好环境保护与产业发展之间的关系，是示范区可持续发展的重要保障，也是设立示范区的根本宗旨。青浦、吴江和嘉善应根据各自的环境承载能力，统筹考虑示范区内的产业布局与土地开发。发挥好政策干预作用影响企业选址行为，对于一些高污染产业，可利用产业政策进行引导迁移或者强制关闭。在城市周边以及环湖泊地带布局无污染、低能耗产业，坚决杜绝再走"先污染后治理"的发展旧路。在示范区城市群建立生态补偿机制，加强两区一县环保方面的合作，切实做好水资源环境的联合治理工作。不断通过技术创新，升级传统污染企业的生产工艺，做到排放物有效降解或利用，发展循环经济，同时，积极发展环保产业，继续优化示范区产业结构。

2.5.2 推进产业体制机制改革

一体化的产业发展体制机制是示范区实现产业优化布局的重要保障。示范区为一个有机整体，其建设开发需要从全局出发，按照"市场主导、政府推动、协同发展、互利共赢"的原则打破行政区域壁垒限制，做好顶层规划和发展方案，加强示范区产业布局的完备性、统一性、科学性和协调性，改善区域内产业规划各自治理状况。继续强化领导联席会议制度，建立良好沟通合作机制，实现青、嘉、吴三地信息沟通无阻有效，并积极推动示范区内产业、交通、人才、投资等方面的合作。另外，加快制定一体化发展的法律法规，为示范区产业升级、转移、布局及区域合作提供强有力的法律保障，同时积极调节各方利益，明确责任与权利的共存关系。进一步加强督促检查，实现示范区产业优化布局政策措施的动态化调整。

2.5.3 优先发展现代服务业

示范区生态敏感以及水环境问题突出的特点决定了其产业发展必须走绿色生态模式，在生态经济框架下发展现代服务业势在必行。将自然生态优势转化为发展优势，形成生产力是贯彻新发展理念有效途径。在服务业方面，示范区可以立足本土自然生态优势、借用外部先进思想和理念，可重点发展科创产业、文旅休闲、生命医疗健康以及金融服务、管理咨询、物流服务、设计开发服务、创意产业等。比如,在生命医疗健康产业方面,青浦与江浙相邻接,地处饮用水水源保护区,可以围绕淀山湖优先发展生命健康产业。吴江汾湖区域内湖泊星罗棋布,水域面积接近40%,为高端医疗及教育产业提供了先天条件。在旅游方面,青浦、吴江和嘉善拥有众多历史古镇和文化名城,可大力建设全国旅游综合改革示范区,建成国际上具有重要影响力的国际旅游目的地和游客集散地。在金融方面,青浦可承接建设上海股交长三角中心,进而建设区域金融中心,构建示范区多层次的资本市场体系和多样化、比较完善的金融综合服务体系。大力培育具有国际竞争力的金融控股集团,建设涵盖长三角地区的现代金融产业后援支持服务基地。在现代物流建设方面,青浦区拥有多家物流龙头企业,大力推进青浦现代物流园区建设,完善与现代物流业相匹配的基础设施,把青浦建设为长三角一流的物流服务中心,可为示范区产业发展提供便利的物流服务。示范区还要加快发展人力资源服务业,扶持一批立足长三角、涵盖全国、具有国际竞争力的人力资源服务机构,有力地促进示范区内人力资源的合理流动和有效配置。此外,依托生态环境优势示范区大力发展总部经济,鼓励国内外大型企业以及有影响力的中介服务机构在示范区内设立总部或分支机构。培育一批创意产业集群,将“互联网+”“AI+”与实体经济结合,加快促进示范区数字经济以及软件和信息产业发展。

2.5.4　加快发展先进制造业

制造业作为长三角地区发展的基础产业,一直有着非常稳固的基础和有利的发展条件。结合示范区内青浦、吴江和嘉善的产业基础和便利的交通条件,可以重点发展带动性强、关联度高的现代装备制造业、汽车制造以及民用航空产业等。示范区发展先进的装备制造业,需要在电力能源、电力输送、数控机床及系统控制等关键技术领域进行资源整合,不断实现重大突破,积极提高自主创新能力。作为全国制造业最发达的地区,虽然青浦、吴江和嘉善三地在近些年淘汰高污染、高能耗低端制造业方面取得了一定的成效,但由于三地生产的产品作为我国产品在世界上的形象和竞争力的代表,三地在继续保持制造业的优势同时,还应不断加强技术研发和产品创新,促使从中低端产品的生产转移到附加值高的产品的制造,不断向智能制造方向迈进。比如,吴江和嘉善积极依托青浦背靠上海及引领港口的便利优势,大力发展机器人智能制造、智能电梯等现代制造业,协同青浦发展汽车制造、民用航空制造等产业优势,将示范区打造成长三角现代先进制造业的“标杆区”。

2.5.5 大力发展高技术产业

利用技术和资本密集型产业替代过去的劳动密集型产业,改善以往的粗放发展模式是当今产业优化升级的重要方向。如今,随着供给侧结构性改革逐步深入,高质量发展不断向前推进,高技术产业发展是必然趋势。结合示范区青、嘉、吴三地区实际生态特征和经济产业生态基础,按照未来科技发展的总体方向,示范区可以重点发展电子信息、生物医疗、新能源、环保科技等产业。比如,电子信息产业方面,青浦、吴江和嘉善均拥有专业化的产业发展园区,青浦电子信息产业研发、吴江半导体制造基地以及嘉善智能传感器产业集群可以形成良好的产业协同,在电子信息制造领域打造出有特色的高端产业链。目前,智能家居系统在我国市场上尚未得到大面积推广,电子信息产业在物联网应用方面还存在广阔的发展前景和巨大的潜在市场。在新能源产业方面,随着石油、煤炭等常规能源消耗以及环境问题频发,开发新能源进行替代是必然趋势,也是当前能源发展面临的紧迫任务。因此,示范区在新能源产业发展方面可以有所侧重,在新能源汽车制造产业链上进行外围拓展。生物医疗方面,示范区发展现代生命健康服务产业必须有先进的生物医疗技术相支撑。为适应示范区生命健康服务及社会发展需要,可以引进龙头医药企业以及跟医疗科研机构形成产学研合作机制,重点发展转基因技术、造血肝细胞技术、抗癌药物研究、生物医学等。环保科技方面,示范区内生态环境敏感、水环境相对脆弱,亟须发展先进环保科技来改善示范区生态环境,促进青、嘉、吴地区生态的联合治理,这方面可以大力发展环保技术与装备、环境服务等产业。

2.5.6 积极发展现代化农业

随着长三角地区城市化水平不断提升以及城市产业规模化发展,农业用地越来越多地被城市和工业发展占用,种植用地减少导致农产品供给不能满足越来越多的城市集群对食品的需求。因此,发展现代化农业,提高农产品产量也是当前面临的紧迫任务。依据农业优质、高产、绿色、生态的发展要求,示范区应积极优化升级农业产业结构,建立外向型现代农业体系。根据青、嘉、吴三地区的地理位置、土地标准等,进行深度的农业发展规划,结合当地水利、气候条件来规划农产品种植类型。另外,药品不断加强农田保护,在合理施肥、水利灌溉等方面对农业种植户进行技术辅导,优化改进农业设施设备,健全农业社会化服务体系,推进省时高效工作机制。在农业现代化发展方面，青浦、吴江和嘉善已取得巨大成效。比如，2018年青浦建立蔬菜质量可追溯制度，开发“上海市蔬菜生产管理系统”。吴江区国家现代农业示范区在全国281个示范区中排名第二，区域农业信息化覆盖率达63.8%。嘉善县2018年建成的“物联网+智能化+可视化”示范基地，在全嘉兴市首创水稻叠盘暗出苗“1+N”育供秧模式，处浙江省领先地位。

2.5.7　提升企业整体竞争力

目前，青浦、吴江和嘉善三地区的产业发展存在互补性不强、同质化严重的问题。示范区的设立对三地区的产业发展定位提出了更高的要求，这就要求示范区现有产业必须进行升级改造，以提升现企业的整体综合竞争力。由于小、散、乱的现象存在，导致示范区企业的竞争力整体不高。不同地区企业之间因为产品、服务等相似而互相竞争，从而达不到产业优势互补效果，产业发展不能有效形成合力。想要提升示范区企业的整体竞争力，首先示范区产业布局要考量产业链分工合作，对于同质化严重的企业进行兼并重组，淘汰区域内没有发展前景的产业，减少相同领域的企业数量，这样既能防止恶性竞争，又能达到在市场中相互促进提升的目的。另外，示范区内企业发展相配套的产业可以进行外包，做好生产要素资源整合，对示范区产业发展而言，可以从整体上提升发展效率，增强企业间的协同合作，从而有效提升示范区企业整体竞争力，也有利于示范区培育一批具有国际竞争力的世界级企业。

第3章
长三角一体化示范区建设与上海二元经济结构消除

长三角一体化发展示范区建设①,迎合了长三角一体化发展国家战略的需要。示范区主要包括上海市青浦区的西部三镇(朱家角镇、金泽镇、练塘镇)、江苏省苏州市吴江区的黎里镇、浙江省嘉兴市嘉善县的姚庄镇、西塘镇。一体化是长三角地区②合作发展的高级形态,一体化的本质和核心在于资源要素的无障碍自由流动和地区间的全方位开放合作,尤其是在城乡要素一体化中提供强大推手。

上海在建设长三角一体化发展示范区的进程中,有条件在长三角城市群、现代化都市圈③中率先改变城郊二元经济结构,主要得益于上海郊区增加值、工业产值、财政收入等各项指标占全市的比重逐年提升,郊区成为上海经济发展的主战场,郊区城市化为新一轮经济增长提供动力,城乡收入差距也逐步缩小。因此,上海务必要抓住一体化战略机遇,巧用城郊动力拉力,充分发挥在长三角区域的比较优势,在协同中求发展,在差异中立建树。

要破除上海城郊二元经济结构,在全局的空间、人口、经济布局层面上,就必须发展经济高地、缩短城市距离、破除城乡二元分割,在"高密度、短距离和低分割"的原则下,致力于发展均衡的、一体化优势的多中心空间结构体系。2014年《国家新型城镇规划(2014—2020年)》④发布了"5+9+6"城市群的空间

---

① 《2019年上海市政府工作报告》[EB/OL]. http://sh.people.com.cn/n2/2019/0202/c138654-32608355.html, 2019-02-02。

② 《国家发展改革委关于印发长江三角洲地区区域规划的通知》(发改地区〔2010〕1243号)[EB/OL], http://www.ndrc.gov.cn/zcfb/zcfbghwb/201006/t20100622_585472.html, 2010-06-22。

③ 《国家发展改革委关于培育发展现代化都市圈的指导意见》(发改规划〔2019〕328号)[EB/OL], http://www.ndrc.gov.cn/gzdt/201902/t20190221_928319.html, 2019-02-21。

④ 《国家新型城镇化规划(2014—2020年)》(中发〔2014〕4号)[EB/OL], http://www.ndrc.gov.cn/fzgggz/fzgh/ghwb/gjjh/201404/t20140411_606659.html, 2014-04-11。

结构新格局规划，强调发展集聚效率高、辐射作用大、城镇体系优、功能互补强的城市群。

3.1　上海城郊的空间布局和人口分布

上海发展进入大都市区时代，郊区作为城乡联结处进入发展的高阶段，称作大都市郊区。城市由“单中心”向分散化发展，中心城区外围的郊区成为重点发展对象。结合郊区发展的历史规律、空间演变、动力机制，只有廓清“郊区”概念的界定标准、所处的阶段特征、未来的发展趋势，方能动态的、发展的、科学的认识上海城郊二元经济结构的现状，进一步对长三角一体化的动力、途径和渠道展开讨论。

3.1.1　上海城郊空间布局

1949 年至今，上海市土地面积从 654 平方公里扩展至 6 340.5 平方公里，郊区面积从 514 平方公里拓展至 6 051.06 平方公里。①从区域上，一般将上海划分为中心城区（核心市区、边缘市区）和郊区（近郊区、远郊区）。上海中心城区包括核心市区（黄浦区、静安区）、边缘市区（徐汇区、长宁区、普陀区、虹口区、杨浦区）。上海郊区在历史沿革下逐渐形成目前的 9 个区的格局，近郊区（浦东新区、闵行区、宝山区、嘉定区）和远郊区（松江区、金山区、青浦区、奉贤区、崇明区）。市区 289.42 平方公里占全市总面积 6 340.5 平方公里的 4.56%。郊区 6 051.06 平方公里占全市总面积 6 340.5 平方公里的 95.44%。根据上海市城市总体规划（2017—2035 年）②，根据市域内不同地区功能定位和资源环境条件，提升主城区功能等级，完善新城综合功能，促进新市镇协调发展，实施乡村振兴战略，逐步形成“一主、两轴、四翼，多廊、多核、多圈”的空间结构和“主城区—新城—新市镇—乡村”的城乡体系。直到 2020 年上海城市规划构筑了新城镇体系，改变以往上海城市同心圆向外发展方式，加快

① 数据来源：《上海统计年鉴（2018）》，http://www.stats-sh.gov.cn/html/sjfb/201901/1003014.html。

② 《上海市城市总体规划（2017—2035 年）》，http://www.shanghai.gov.cn/newshanghai/xxgkfj/2035001.pdf。

组团式城镇体系建设和郊区网格化的现代基础设施建设，在上海城乡空间一体化跨入新阶段。2016年底，上海郊区城镇化水平已达到79%，城镇建成区面积约1 988平方公里，上海郊区按照“人口向城镇集中、产业向园区集中、土地向规模经营集中”的要求，积极构建“1个中心城、9个新城、60个左右的新市镇和600个左右的中心村”。

表3.1 上海市郊区空间演变

时　间	郊区范围	面　　积
1949年	高桥、洋泾、杨思、龙华、新泾、真如、大场、吴淞、江湾、新市	全市面积约617.95平方公里
1956年	东昌区划为市区，原10个郊区归并为东郊、西郊、北郊3大郊区	全市面积654平方公里，市区116平方公里，郊区514平方公里，水域面积24平方公里。
1958年	从江苏划入10个县(上海、宝山、嘉定、川沙、南汇、奉贤、金山、松江、青浦、崇明)，另设浦东县	上海市辖区面积5 910平方公里，郊县5 718.09平方公里。
1959—1986年	从上海县、宝山县，划分部分为闵行区、吴淞区，撤消浦东县	全市面积调整为6 340平方公里，郊区5 965平方公里。
1988—2001年	撤县建区，南汇县、奉贤县改为南汇区、奉贤区，设立宝山区、浦东新区、闵行区、嘉定区、金山区、松江区、青浦区、南汇区、奉贤区	全市面积调整为6 340.50平方公里，其中郊区6 051.06平方公里。
2001年至今	闵行、宝山、嘉定、青浦、松江、金山、奉贤、浦东新区、崇明	

由表3.2可知，上海市的人口、土地要素在城郊的空间分布不均。在行政区划面积中，核心市区和边缘市区的行政面积占全市面积的比例都不超过1%，其中作为核心市区的黄浦区，仅占0.32%，市面积最小的区。浦东新区在全市面积比例最高，占19.09%，同时浦东新区的常住人口、外来人口占全市的比例也最高，分别到达22.86%、24.17%。总体来看，核心市区和边缘市区的人口密度远远高于郊区的人口密度，虹口区人口密度为34 058人/平方公里，上海崇明人口密度仅仅为586人/平方公里。从经济密度来说，核心市区，黄浦区的经济密度为102.86亿元/平方公里，位列第一，静安区的经济密度为46.2亿元/平方公里，居第二位，远远高于近郊区、远郊区。近郊区的经济密度区间范围在4—8亿元/平方公里，远郊区中除崇明的经济密度仅0.28亿元/平方公里，其他区的经济密度范围均在1—2亿元/平方公里，崇明与黄浦区的经济密度相差数百倍。

表 3.2　2017 年上海市各区土地面积、人口及经济密度

划分	地区	行政区划面积（平方公里）		年末常住人口（万人）		外来人口（万人）		人口密度（人/平方公里）	经济密度（亿元/平方公里）
总计	全　市	6 340.50	100%	2 418.33	100%	972.68	100%	3 814	4.75
核心市区	黄浦区	20.46	0.32%	65.48	2.71%	16.63	1.71%	32 004	102.86
	静安区	36.88	0.58%	106.62	4.41%	26.68	2.74%	28 910	46.20
边缘市区	徐汇区	54.76	0.86%	108.83	4.50%	26.98	2.77%	19 874	28.74
	长宁区	38.30	0.60%	69.37	2.87%	17.48	1.80%	18 112	34.40
	普陀区	54.83	0.86%	128.47	5.31%	33.80	3.47%	23 431	17.02
	虹口区	23.46	0.37%	79.90	3.30%	15.37	1.58%	34 058	33.27
	杨浦区	60.73	0.96%	131.34	5.43%	26.86	2.76%	21 627	28.05
近郊区	浦东新区	1 210.41	19.09%	552.84	22.86%	235.09	24.17%	4 567	7.97
	闵行区	370.75	5.85%	253.43	10.48%	124.59	12.81%	6 836	6.03
	宝山区	270.99	4.27%	203.08	8.40%	83.47	8.58%	7 494	4.23
	嘉定区	464.20	7.32%	158.18	6.54%	89.90	9.24%	3 408	4.64
远郊区	金山区	586.05	9.24%	80.14	3.31%	27.00	2.78%	1 367	1.67
	松江区	605.64	9.55%	175.13	7.24%	105.95	10.89%	2 892	1.85
	青浦区	670.14	10.57%	120.53	4.98%	70.75	7.27%	1 799	1.51
	奉贤区	687.39	10.84%	115.53	4.78%	57.94	5.96%	1 681	1.13
	崇明区	1 185.49	18.70%	69.46	2.87%	14.19	1.46%	586	0.28

注:经济密度＝地区生产总值/行政区划面积。
资料来源:《上海统计年鉴(2018)》。

3.1.2　上海郊区“人口导入”的功能定位

随着中心城区人口的疏散以及外来人口的涌入,上海郊区成为巨大的人口导入区。“六普”数据显示①,全市 7 个常住人口总量增幅超过 50%的区(县)都在郊区。由表 3.3 中可知,随着郊区距离市区的远近,常住人口逐渐减少,近郊区闵行、宝山人口密度是嘉定的 2—3 倍,是远郊区崇明的 8 倍。近郊区闵行、宝山、嘉定的城镇人口比例分别为 98.18%、94.23%、82.47%,而远郊区人口城镇化基本在 70%—80%之间上下浮动,崇明的城镇人口最少,仅 41.16%。各区县的外来人口

① 国家统计局,《上海市 2010 年第六次全国人口普查主要数据公报》,[EB/OL]. http://www.stats.gov.cn/tjsj/tjgb/rkpcgb/dfrkpcgb/201202/t20120228_30403.html, 2012-02-28。

比例接近1/2。除金山、崇明的外来人口只有34.22%和21.13%，宝山41.6%，其余区县都超过了50%。

表3.3　2016年上海市各区县人口总量、人口结构

指　　标	闵行	宝山	嘉定	松江	奉贤	青浦	金山	崇明
总人口(常住人口)	253.98	203.05	157.96	176.48	116.74	121.49	80.51	69.89
其中:城镇人口	107.09	90.88	50.48	48.58	36.12	34.96	36.42	27.61
其中外来常住人口	127.04	84.46	90.68	108.11	60.09	72.22	27.55	14.77
城镇人口比例(%)	98.18	94.23	82.47	77.83	67.89	73.18	69.98	41.16
外来人口比例(%)	50.02	41.60	57.41	61.26	51.47	59.45	34.22	21.13
人口密度(人/平方公里)	2 942	3 284	1 322	1 033	738	715	851	476

资料来源:《上海郊区统计年鉴(2017)》。

一是人口导入要求更高的郊区公共服务。郊区在导入更多人口后，面临基本公共服务和教育资源、医疗资源的配套投入问题，避免郊区的承载力不足以应对人口增长。尽管2009年上海市委启动"5+3+1"工程均衡配置医疗资源①，"5"即在浦东新区、闵行、原南汇、宝山、嘉定5个区，分别引入长征、仁济、六院、华山、瑞金等三级医院优质医疗资源，床位规模600张；"3"是对崇明、青浦、奉贤3个区的中心医院；"1"即迁建金山医院。按人口导入速度，嘉定缺少幼儿园、小学、初中分别为22所、17所、12所，上海市每千人床位数5.26张，嘉定仅2.06张，不到全市的1/2，现有医疗资源总量不足以匹配人口导入速度。

二是人口导入需要部署城郊一体化。《上海市城市总体规划(1999—2020年)》②中提出，到2020年上海要基本形成于国际中心相匹配的城市功能布局、符合现代化国际大都市特点的城乡一体、协调发展的城镇体系，并与长三角共同构筑经济发达、布局合理的城市群；初步建设成国际经济、金融、贸易中心之一。还将"坚持区域协调发展，促进城郊一体化和长三角区域联动发展"列为基本原则，提出要积极推进长三角城市群的联动发展，统筹上海的交通网络、产业布局、能源建设和环境保护。这标志着，规划意义上的长三角区域一体化，已被纳入中长期上海城市发展的范畴，作为上海谋求进一步发展的前提条件。

① 上海调整医疗资源布局的"5+3+1"郊区三级医院建设，http://news.hexun.com/2012-12-10/148846865.html。

② 上海市人民政府印发，《上海市城市总体规划(1999—2020年)》，[EB/OL]. http://www.shanghai.gov.cn/nw2/nw2314/nw2319/nw10800/nw11407/nw12941/u26aw1100.html，2003-12-04。

3.2　上海城郊二元经济结构的实证分析

上海发展进入大都市区时代，郊区作为城乡联结处进入发展的高阶段，称作大都市郊区。城市由“单中心”向分散化发展，中心城区外围的郊区成为重点发展对象。结合上海郊区发展的历史规律、空间演变、动力机制，廓清“郊区”所处的阶段特征，如经济发展水平、产业结构、城郊居民收入、消费状况，方能科学的认识上海城郊二元经济结构，对推动长三角一体化示范区起关键作用。

3.2.1　上海城郊的经济发展水平

《长江三角洲区域一体化发展规划纲要》①明确定位“一极三区一高地”，要把长三角建设成为全国经济发展的“强劲活跃增长极、高质量发展样板区、率先基本实现现代化引领区、区域一体化发展示范区、新时代改革开放新高地”。长三角国土面积仅占全国 3.74%，但经济总量突破 30 000 亿美元，占到全国的接近 1/4，是中国实体经济的引领区。长三角区域是中国城市化最密集的地区，包括 45 个城市，人口约占全国的 1/6，常住人口城镇化率已达到 66.66%。长三角一体化示范区建设，目标是成为具有全球竞争力的世界级城市群，发展最新理念的引领示范区。

表 3.4　2016—2017 年长三角地区经济发展水平情况

地　区	面　　积		常住人口		城市数（个）	GDP（亿元）	GDP 占全国百分比
	平方公里	占全国百分比	万人	占全国百分比			
京津冀	217 158	2.25%	11 270	8.07%	13	85 140	9.46%
长三角	359 181	3.74%	22 535	16.15%	45	211 479	23.49%
珠三角	54 943	0.57%	8 638	6.19%	9	77 747	8.64%

资料来源：根据《上海统计年鉴(2018)》《江苏统计年鉴(2018)》《浙江统计年鉴(2018)》计算得到。

从表 3.5 中可知，从经济发展水平看来，2017 年上海全市生产总值完成 30 133.86 亿元，首次突破 3 000 亿元大关，是中国首个经济总量超过 30 000 亿元

① 经济参考报，《长江三角洲区域一体化发展规划纲要》，http://www.jjckb.cn/2019-07/03/c_138193772.htm。

的城市。上海市人均 GDP 在长三角地区中处于第一位，2017 年达到 126 334 元，GDP 接近长三角整体经济总量的 1/5，增长率仅 6.94%，远落后于江苏省 12.90%、浙江省 9.56%的 GDP 增速。2016—2017 年长三角地区中江苏省的经济总量接近长三角整体经济总量的一半，2017 年江苏地区生产总值达到 85 900.94 亿元，要继续发挥县域经济优势，打造走廊经济、都市圈经济、新型飞地经济，在一体化中发挥作用。

2017 年，上海经济延续了 2016 年的回升势头，螺旋式上行态势明显，经济运动总体平稳、稳中求进，GDP 增速实现预定目标。上海经济虽然增速放缓、从高速增长转变到中高速增长，逐步形成了增长更稳、结构更优、效益更好的局面。

表 3.5　2016—2017 年长三角地区经济发展水平情况

划　分	地　区	地区生产总值(亿元)		增长率	人均 GDP(元)		增长率
		2016 年	2017 年	(%)	2016 年	2017 年	(%)
长三角	上海市	28 178.65	30 133.86	6.94	116 582	126 634	8.62
	江苏省	76 086.17	85 900.94	12.90	95 257	107 189	12.53
	浙江省	47 251.36	51 768.26	9.56	84 916	92 057	8.41
示范区	苏州市	15 748.58	17 319.51	9.98	145 556	162 388	11.56
	吴江区	1 628.33	1 788.98	9.87	125 420	137 419	9.57
	嘉兴市	3 862.11	4 380.52	13.42	83 968	94 510	12.55
	嘉善市	461.65	518.12	12.23	80 771	90 195	11.67
核心市区	黄浦区	2 019.16	2 104.44	4.22	307 705	320 701	4.22
	静安区	1 649.72	1 703.68	3.27	154 500	159 550	3.27
边缘市区	徐汇区	1 513.39	1 573.94	4.00	139 406	144 983	4.00
	长宁区	1 195.53	1 317.52	10.20	173 592	191 305	10.20
	普陀区	926.14	933.46	0.79	72 225	72 796	0.79
	虹口区	730.79	780.49	6.80	90 781	96 955	6.80
	杨浦区	1 629.54	1 703.19	4.52	124 449	130 074	4.52
近郊区	浦东新区	8 731.84	9 651.39	10.53	158 732	175 448	10.53
	闵行区	2 101.26	2 237.29	6.47	82 733	88 089	6.47
	宝山区	1 153.14	1 147.36	−0.50	56 791	56 506	−0.50
	嘉定区	1 875.9	2 151.69	14.70	118 758	136 218	14.70
远郊区	金山区	922.92	978.32	6.0	126 351	135 456	7.21
	松江区	1 040.45	1 120.97	7.74	58 956	64 008	8.57
	青浦区	939.726	1 009.23	7.40	77 350	83 733	8.25
	奉贤区	729.346 7	779.33	6.85	62 476	66 758	6.85
	崇明区	311.68	332.84	6.79	46 415	49 434	6.50

资料来源：《上海统计年鉴(2018)》《江苏统计年鉴(2018)》《浙江统计年鉴(2018)》。

根据表 3.5 和图 3.1 可知，从地区生产总值来看，2017 年浦东新区地区生产总值达到 9 651.39 亿元，位居第一位。2018 年浦东新区地区生产总值突破万亿元，增速达 8%，领跑其他各区；黄浦、静安等中心城区和徐汇基本实现 4%左右的增速，长宁、嘉定、闵行等制造业大区，长宁、嘉定增速达到 10%以上，闵行基本实现 6.5%的增速；松江、青浦、金山、奉贤发展势头良好，增速达 6%—8%。中心城区增速慢于郊区，主要是受国际形势和市场因素影响，当然也和郊区经济增长点多、产业结构更加多元、抗风险能力更强相关。浦东新区远高于其他地区，一个重要的原因是浦东新区的制造业、金融业、商贸业等重点行业对 GDP 贡献很大。

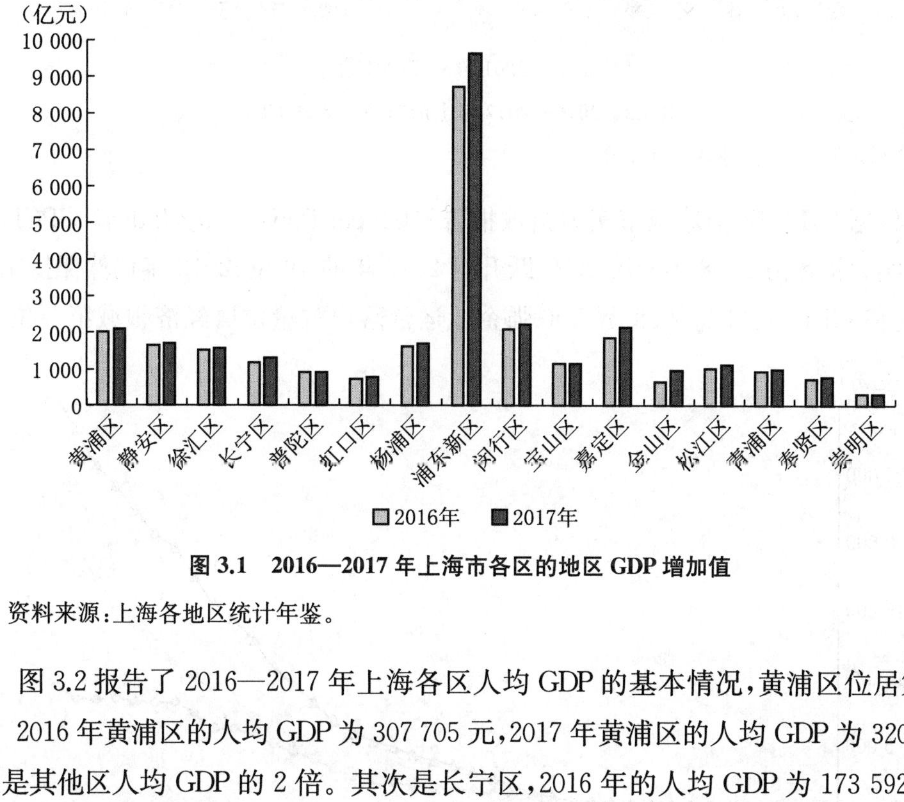

图 3.1　2016—2017 年上海市各区的地区 GDP 增加值

资料来源：上海各地区统计年鉴。

图 3.2 报告了 2016—2017 年上海各区人均 GDP 的基本情况，黄浦区位居第一位。2016 年黄浦区的人均 GDP 为 307 705 元，2017 年黄浦区的人均 GDP 为 320 701 元，是其他区人均 GDP 的 2 倍。其次是长宁区，2016 年的人均 GDP 为 173 592 元，2017 年人均 GDP 为 191 305 元。2017 年浦东新区人均 GDP 达到 175 448 元，2016 年浦东新区人均 GDP 为 158 732 元。长宁、浦东、静安、徐汇、嘉定这一类市区、近郊区的人均 GDP 均超过 10 万元。只有崇明的人均 GDP 低于 50 000 元，在上海各区中最低，2016 年和 2017 年的人均 GDP 分别为 46 415 元、49 434 元。

由图 3.3 可知，从上海市 1978—2017 年生产总值和产业增加值的趋势判断，上海一直保持较高的增长速度，2017 年全市生产总值从 5 年前的 20 000 亿元上升至 30 000 亿元，年均增长 7.1%。人均生产总值超过 12 万元，处于高收入地区行列。

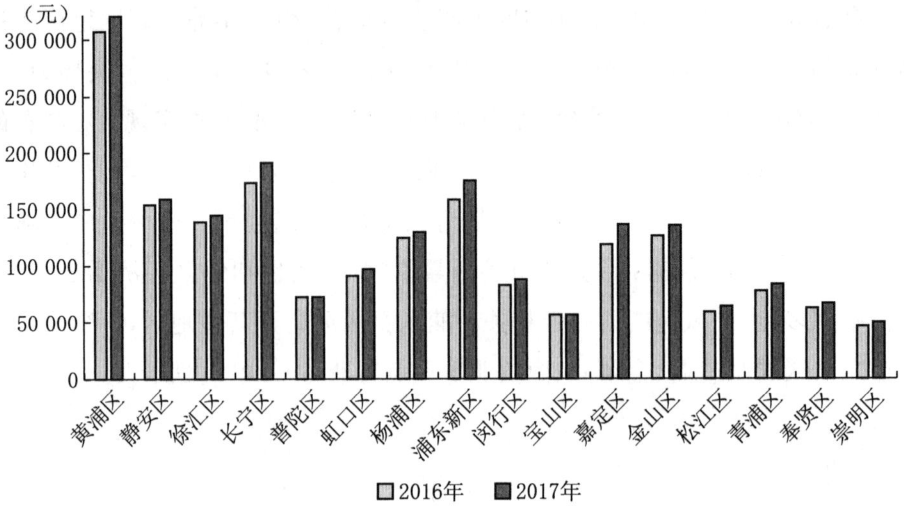

图 3.2　2016—2017 年上海市各区人均 GDP

资料来源：上海各地区统计年鉴。

根据 2017 年《全球城市实力指数报告》(Global Power City Index，GPCI)①，上海实力指数由 2008 年的第 25 位跃升至 2017 年的 19 位，2018 年仍然保持第 19 名，凭借 GDP、人口规模、世界 500 强企业运营落户数量位居经济领域第 5 位②。

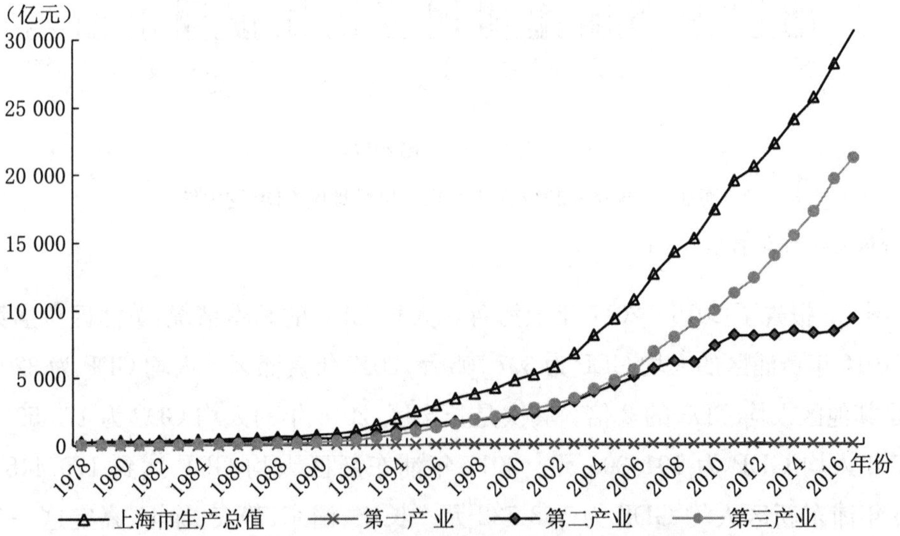

图 3.3　上海市生产总值和产业增加值(1978—2017 年)

资料来源：《上海统计年鉴(2018)》。

---

① 2017 年《全球城市实力指数报告》，http://www.360doc.com/content/17/1221/22/48630206_715218901.shtml。

② 2018 年《全球城市实力指数报告》，http://www.sohu.com/a/273913819_263856。

2008—2013年，上海经济进入中速增长，平均增速8.6%，当前正处于中速稳定阶段，增速6.9%。第一产业增加值保持平稳，第二产业增加值从1998年开始追赶上第三产业增加值，从2004年开始超过第三产业增加值，目前工业增速高于服务业增速，工业增加值占GDP比重在2010年以来首次回升，实体经济基础更加稳固。

3.2.2　上海城郊的产业结构研究

1. 长三角地区"产业同构"现象突出

长三角地区自然资源稀缺，区位条件、自然禀赋条件相似，受"行政区经济"的影响，导致产业发展各自为政，长三角区域内产业发展缺乏有效分工与整合，致使长三角各城市之间的产业结构相似系数较高，产业布局的"梯次差异"和互补性不强，产业结构趋同现象较为严重。长三角产业分工与合作虽然已经提出多年，但实际上并未取得明显成效。各城市的主导产业布局中，11个城市发展汽车零配件制造业、8个城市发展石化业、12个城市发展通信产业。首批国家级经济技术开发区自1984年设立以来，各类开发区成为驱动中国工业化、城镇化和对外开放的重要平台。长三角三省一市是中国国家级经济技术开发区最为密集的地区，2018年区域内共53个国家级开发区，上海市6个、江苏省26个、浙江省21个。根据《中国开发区审核公告目录(2018)》①，国家级开发区有552家，其中经济技术开发区219家，数量最多；高新技术产业开发区和海关特殊监管区，数量为156家和135家；边境/跨境经济合作区与其他类型数量较少，分别为19家和23家。2018年国家级经济开发区30强中江浙沪3省入选的分别为：苏州工业园区(第1强)、昆山经济技术开发区(第5强)、江宁经济技术开发区(第8强)、杭州经济技术开发区(第9强)、上海漕河泾新兴技术开发区(第10强)、南京经济技术开发区(第11强)、嘉兴经济技术开发区(第13强)、宁波经济技术开发区(第21强)、镇江经济技术开发区(第22强)、连云港经济技术开发区(第23强)、淮安经济技术开发区(第29强)、上海金桥经济技术开发区(第30强)。

根据《2018年上海国民经济和社会发展统计公报》②，2018年上海市实现生产

---

① 《中国开发区审核公告目录(2018年版)》，http://www.ndrc.gov.cn/gzdt/201803/t20180302_878800.html。

② 上海统计局，《2018年上海市国民经济和社会发展统计公报》，[EB/OL]. http://www.stats-sh.gov.cn/html/sjfb/201903/1003219.html，2019-03-01。

总值 32 679.87 亿元，增速达 6.6%。其中，第一产业增加值 104.37 亿元，下降 6.9%；第二产业增加值 9 732.54 亿元，增长 1.8%；第三产业增加值 22 842.96 亿元，增长 8.7%，占比为 69.9%，比上年占比增加 0.7%，人均生产总值为 13.50 万元。由表 3.6 可知，2017 年实现上海市生产总值(GDP)30 133.86 亿元，比上年增长 6.9%，增速与上年持平。其中，第一产业增加值 110.78 亿元，占比 0.3%；第二产业增加值 9 330.67 亿元，占比 30.5%；第三产业增加值 21 191.54 亿元，第三产业增加值占上海市生产总值的比重为 69.2%。江苏省、浙江省的第一产业增加值占比分别是 4.7%、3.7%，第二产业增加值占比分别为 45%、43%，第三产业增加值占比分别为 50.3%、53.3%，江苏省与浙江省的产业结构更为接近。上海市核心市区和边缘市区的第一产业增加值已经为 0，近郊区的第一产业增加值占比仅为 0.1%—0.2%，主要是由第二产业、第三产业构成，依靠工业和服务业发展经济，经济发展朝实体经济倾斜。随着重点项目的推进，郊区工业投资实现两位数增长。在自贸试验区、长三角一体化等政策下，阿里、腾讯、百度、小米等行业领军企业纷纷布局上海。闵行区的莘庄工业园等重点园区新增跨国公司地区总部和国内企业总部共 4 家。黄浦区通过政府招商和专业公司招商，引进大健康、新消费等领域优质企业入驻。虹口区通过制度供给，吸引宝马研发中心等优质企业。静安区引进税收千万级以上项目 19 个。2017 年只有苏州市的第三产业增加值占比 51.2%超过了第二产业增加值占比 47.6%，吴江区、嘉兴市、嘉善市第二产业增加值占比分别是 51.2%、52.9%、54.5%，均高于这三个区域的第三产业占比，分别是 46.4%、44%、41.3%。

表 3.6　2017 年各地区产业结构

地区		第一产业增加值(亿元)	占比(%)	第二产业增加值(亿元)	占比(%)	第三产业增加值(亿元)	占比(%)
长三角	上海市	110.78	0.3	9 330.67	30.5	21 191.54	69.2
	江苏省	4 076.65	4.7	38 654.85	45	43 169.44	50.3
	浙江省	1 933.92	3.7	22 232.08	43	27 602.26	53.3
示范区	苏州市	221.98	1.2	8 235.88	47.6	8 861.65	51.2
	吴江区	43.83	2.4	915.06	51.2	830.09	46.4
	嘉兴市	135.55	3.1	2 317.92	52.9	1 927.05	44
	嘉善市	22	4.2	282.38	54.5	213.75	41.3
核心市区	黄浦区	0	0	62.55	3	2 041.89	97
	静安区	0	0	99.97	5.9	1 603.71	94.1

（续表）

地　区		第一产业增加值(亿元)	占比(%)	第二产业增加值(亿元)	占比(%)	第三产业增加值(亿元)	占比(%)
边缘市区	徐汇区	0	0	164.59	10.5	1 409.35	89.5
	长宁区	0	0	87.6	6.6	1 229.92	93.4
	普陀区	0	0	104.36	11.18	829.1	88.82
	虹口区	0	0	72.17	9.2	708.32	90.8
	杨浦区	6.84	0.4	946.42	55.57	749.93	44.03
近郊区	浦东新区	21.7	0.2	2 423.56	25.1	7 206.13	74.7
	闵行区	1.12	0.1	1 098.95	49.1	1 137.22	50.8
	宝山区	1.18	0.1	358.87	31.3	787.3	68.6
	嘉定区	3.75	0.2	1 465.05	68.1	682.89	31.7
远郊区	金山区	10.65	1.1	654.95	66.9	312.72	32
	松江区	6.75	0.6	595.5	53.1	518.72	46.3
	青浦区	7.87	0.8	467.62	46.3	533.73	52.9
	奉贤区	12.33	1.6	419.94	53.9	347.05	44.5
	崇明区	22.15	6.6	138.41	41.6	172.27	51.8

注：2018 年上海市根据第三次全国农业普查结果对 GDP 历史数据进行了修订。
资料来源：《上海统计年鉴(2018)》《江苏统计年鉴(2018)》《浙江统计年鉴(2018)》。

由表 3.7 可知，2016 年实现上海市第一产业增加值 114.34 亿元，占比 0.4%；第二产业增加值 8 406.28 亿元，占比 29.8%；第三产业增加值 19 662.89 亿元，第三产业增加值占上海市生产总值的比重为 69.8%。江苏省、浙江省的第一产业增加值占比分别是 5.4%、4.2%，第二产业增加值占比分别为 44.1%、44.8%，第三产业增加值占比分别为 50.5%、51%，江苏省与浙江省的产业结构更为接近。苏州市、吴江区、嘉兴市、嘉善市的第一产业增加值占比分别为 1.4%、2.6%、3.5%、4.85%，从二、三产业构成看，只有苏州市的第三产业增加值占比 51.2%超过了第二产业增加值占比 47.4%，吴江区、嘉兴市、嘉善市还是以第二产业为主的产业结构。

表 3.7　2016 年各地区产业结构

地　区		第一产业增加值(亿元)	占比(%)	第二产业增加值(亿元)	占比(%)	第三产业增加值(亿元)	占比(%)
长三角	上海市	114.34	0.4	8 406.28	29.8	19 662.89	69.8
	江苏省	4 077.18	5.4	33 550.54	44.1	38 458.45	50.5
	浙江省	1 965.18	4.2	21 194.61	44.8	24 091.57	51
示范区	苏州市	221.812 1	1.4	7 462.55	47.4	8 064.22	51.2
	吴江区	42.81	2.6	834.85	51.3	750.67	48.1
	嘉兴市	136.91	3.5	2 010.5	52.1	1 714.7	44.4
	嘉善市	22.41	4.85	252.54	54.70	186.7	40.44

（续表）

地区		第一产业增加值（亿元）	占比（%）	第二产业增加值（亿元）	占比（%）	第三产业增加值（亿元）	占比（%）
核心市区	黄浦区	0	0	57.3	2.8	1 961.86	97.2
	静安区	0	0	110.86	6.7	1 538.86	93.3
边缘市区	徐汇区	0	0	152	10	1 361.39	90
	长宁区	0	0	80.89	6.8	1 114.64	93.2
	普陀区	0	0	107.86	11.65	818.28	88.35
	虹口区	0	0	77.85	10.65	654.04	89.50
	杨浦区	6.43	0.39	938	57.56	685.11	42.04
近郊区	浦东新区	24.39	0.3	2 167.31	24.8	6 540.14	74.9
	闵行区	1.47	0.07	1 031.37	49.08	1 068.43	50.8
	宝山区	1.39	0.13	322.29	30.73	725.11	69.1
	嘉定区	4.19	0.22	1 235.47	65.86	636.25	33.9
远郊区	金山区	11.73	1.27	631.71	68.45	279.45	30.3
	松江区	7.89	0.76	540.71	51.97	491.85	47.3
	青浦区	8.3	0.88	449.3	47.81	482.13	51.3
	奉贤区	16.26	2.23	396.64	54.38	316.45	43.4
	崇明区	22.66	7.27	136.36	43.75	152.67	49

资料来源：《上海统计年鉴（2017）》《江苏统计年鉴（2017）》《浙江统计年鉴（2017）》。

由表3.8可知，2017年上海全年战略性新兴产业增加值4 943.51亿元，比上年增长8.7%。其中，制造业增加值2 262.64亿元，增长8.1%；服务业增加值2 680.87亿元，增长9.2%。战略性新兴产业增加值占上海市生产总值的比重为16.4%，比上年提高1.2%。按常住人口计算的上海市人均生产总值为12.46万元。在第三产业内部，行业结构也在发生变化：金融业增加值从2015年的4 162.70亿元上升至2016年的4 765.83亿元，再上升至2017年的5 330.54亿元，在第三产业中创收最多，占行业比例为17.4%；批发和零售业占第三产业增加值比重为14.34%，信息传输、软件和信息技术服务业以及交通运输、仓储和邮政业占第三产业比重分别为6.08%和4.39%。房地产业增加值为1 873.05亿元，下降11.88%，占第三产业的比重为6.11%。目前，上海一般性加工制造和服务业比重仍然较高，原因在于部分产业占地面积大、劳动力密集、能源消耗多、服务层次低，应该依托各地区和城市的比较优势，有序引导向长三角其他城市疏解产能，积极推动上海与长三角腹地城市合作发展“飞地经济”，形成上海以创新研发与总部经济为主导、其他城市研发成果转化或规模化生产为支撑的产业协同发展体系。通过上海与长三角其他城市的产业转移对接和联动发展，培育壮大一批跨城际的超大型产业集群，提升长三角区域的产业协同。

表3.8 2015—2017年上海市生产总值(按三次产业分、按行业分)

单位:亿元/%

指　　标	2015年	增长率	2016年	增长率	2017年	增长率	占比
上海市生产总值	**25 659.18**	**6.64**	**28 183.51**	**9.84**	**30 632.99**	**8.69**	100
按产业分							
第一产业	125.53	**1.02**	114.34	**−8.91**	110.78	**−3.11**	0.36
第二产业	8 259.03	**−2.09**	8 406.28	**1.78**	9 330.67	**11.00**	30.46
第三产业	17 274.62	**11.44**	19 662.89	**13.83**	21 191.54	**7.77**	69.18
按行业分							
农、林、牧、渔业	129.70	**0.84**	118.33	**−8.77**	115.10	**−2.73**	0.38
工业	7 431.36	**−2.47**	7 555.34	**1.67**	8 392.84	**11.08**	27.40
建筑业	855.22	**1.45**	879.81	**2.88**	970.79	**10.34**	3.17
批发和零售业	3 824.22	**4.85**	4 119.59	**7.72**	4 393.36	**6.65**	14.34
交通运输、仓储和邮政业	1 133.73	**8.49**	1 237.32	**9.14**	1 344.54	**8.67**	4.39
住宿和餐饮业	374.63	**4.27**	388.98	**3.83**	412.33	**6.00**	1.35
信息传输、软件和信息技术服务业	1 398.59	**13.35**	1 647.66	**17.81**	1 862.27	**13.03**	6.08
金融业	4 162.70	**22.42**	4 765.83	**14.49**	5 330.54	**11.85**	17.40
房地产业	1 699.78	**11.03**	2 125.62	**25.05**	1 873.05	**−11.88**	6.11
租赁和商务服务业	1 481.27	**9.29**	1 628.09	**9.91**	1 787.90	**9.82**	5.84
科学研究和技术服务业	884.84	**6.86**	1 004.94	**13.57**	1 124.40	**11.89**	3.67
水利、环境和公共设施管理业	103.62	**17.43**	114.99	**10.97**	140.69	**22.35**	0.46
居民服务、修理和其他服务业	279.56	**2.46**	315.22	**12.76**	347.05	**10.10**	1.13
教育	733.79	**12.53**	875.94	**19.37**	963.10	**9.95**	3.14
卫生和社会工作	480.71	**8.87**	574.24	**19.46**	681.56	**18.69**	2.22
文化、体育和娱乐业	179.85	**14.13**	208.80	**16.10**	241.19	**15.51**	0.79
公共管理、社会保障和社会组织	505.61	**10.69**	622.81	**23.18**	652.28	**4.73**	2.13

资料来源:《上海统计年鉴(2018)》。

2. 上海郊区"产业布局"的历史变迁

1978—2018年的40年间，上海郊区经济改革处于全国前列，积累了丰富的经验。特别是在20世纪90年代后期，上海郊区实施的"工业向园区集中、农业向规模集中、农民住宅向城镇集中"的"三个集中"战略方针，实现"农村工业化、农业现代化、农村城市化、城乡一体化”的“四化”建设,使得郊区经济由单一农副产品基地发展为制造业扩散基地,产业结构和经济增长点进行重大调整。

(1) 第一阶段:单一农副产品基地(1949—1990年)。

1949年新中国成立以来,中国借鉴苏联模式在大城市周边划定若干县为郊区的做法,保障城市居民鲜活农产品供应。在20世纪80年代至90年代,城郊经济从单一农副产品基地逐步发展为先进制造业基地。1978年以前,郊区农业发展滞后、郊区农民收入缓慢,1966年上海郊区农民收入仅129元,1978年为230元,12年间仅增长78%。在二元经济结构和城乡割裂下,上海郊区经济活力、潜力受到制约。

(2) 第二阶段:制造业的扩散基地(1990年以后)。

改革开放40年以来,上海郊区的工业化、城市化和农业现代化进程不断加快,农民收入水平逐步提高,特别是20世纪90年代浦东开发以来,在上海产业结构和空间布局过程中,郊区成为制造业的承接地,为中心城区产业升级提供条件,为疏散中心城区过密人口提供空间。上海郊区经济成为上海新的经济增长极,最具活力的地区。

(3) 第三阶段:农业与二三产业融合(21世纪以来)。

上海郊区农业与二三产业融合经过了3个阶段:第一阶段是起步于20世纪80年代的农业产业化经营,改革开放以来,重点推进农工商一体化经营、产加销一条龙的农业产业化经营,由此延长农业产业链,拓宽农业产业范围,提高农业附加值,增加农民收入。第二阶段是20世纪90年代农业向加工业、市场化的延伸。第三阶段是21世纪以来,拓展国际大都市农业经济、生态、文化、旅游等功能为切入点,推进农村一二三产业深度融合发展。

3. 上海郊区“产业融合”的发展趋势

上海的城市规划是追求卓越的全球城市,上海城市核心功能基于自身功能演进和战略目标的“五个中心”,即国际经济中心、国际金融中心、国际贸易中心、国际航运中心和具有国际影响力的科技创新中心。上海“十三五”规划①明确上海必须守住“四条底线”:常住人口规模底线、建设用地总量底线、生态环境底线和安全底线。提出要更好运用市场化、法治化手段,以产业升级调整人口存量,以功能疏解调控人口增量,有序疏解部分城市功能,促进人口合理分布。上海城市功能疏解构

① 《上海市国民经济和社会发展第十三个五年规划纲要》,http://www.shanghai.gov.cn/nw2/nw2314/nw39309/nw39385/。

建一个“功能—产业—人口—空间—公共服务”五维一体的分析框架，以功能定产业、以产业引人口、以人口落空间、以交通为通道、做好公共服务配套。

(1) 郊区工业为经济发展支柱。

上海正处在制造业基地向三产融合的阶段，也是工业化发展的中级阶段，其发展潜力和增值空间仍然很大。如图 3.4 所示，浦东新区规模以上工业总产值超过 1 万亿元，位居第一，特别是第三产业增加值远远超过其他区。市区中的黄浦区、静安区、长宁区、普陀区、虹口区基本都由第三产业构成，第一、二产业占比非常小。从图 3.5 来看，2017 年第二产业的增加值占据很大的比例，其中嘉定区第二产业增加值占比最高，为 68.1%，金山区工业增加值占比为 66.9%，位居第二。杨浦、嘉定、闵行、松江、青浦、奉贤的第二产业占比依旧很大，是工业重镇。而 2016 年金山的工业增加值占比为 68.45%，位居第一，嘉定、奉贤、松江、闵行、青浦、崇明分别为 65.9%、54.4%、52%、49.1%、47.8%、43.7%，宝山区触底仅占 30.7%。很显然，上海市工业集聚地区经历了从中心城区向边缘区、近郊区、远郊区转移的发展过程，中心城核心区和边缘区工业企业数量迅速减少，近郊区工业企业数量增加，远郊区虽然有所减少，但工业增加值却有大幅度提高。面对复杂多变的外部环境，各区工业经济仍保持一定增长。浦东新区规模以上工业总产值超过 1 万亿元，嘉定、闵行、松江、宝山等工业大区在中美贸易摩擦加剧和汽车行业市场低迷等内外双重压力下仍完成了年度目标，发挥了工业对实体经济的支撑作用。

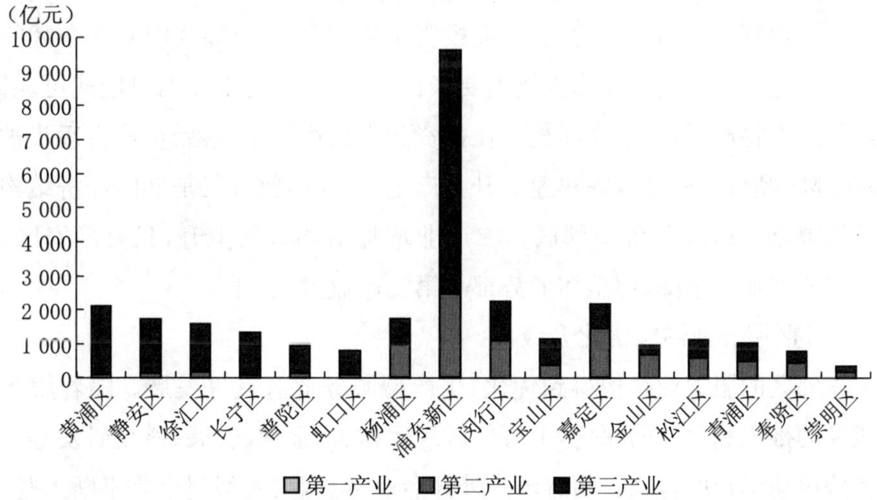

图 3.4　2017 年上海市各区三产增加值

资料来源：《上海统计年鉴(2018)》。

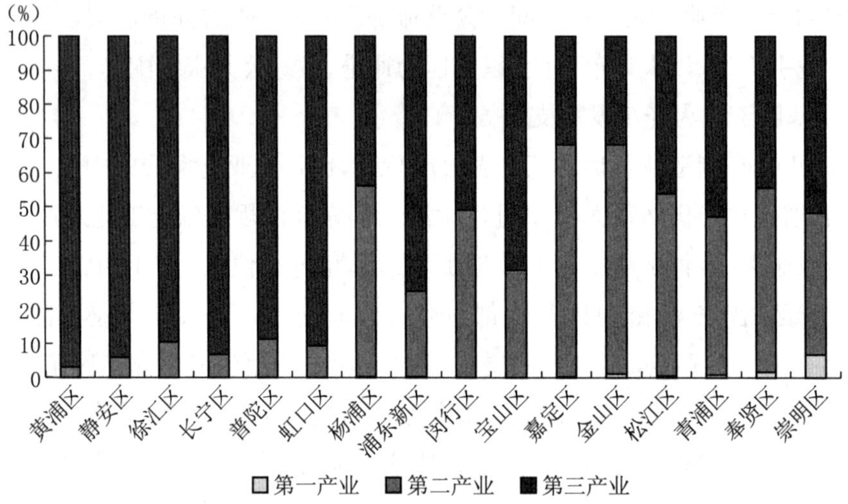

图 3.5　2017 年上海市各区产业结构

资料来源:《上海统计年鉴(2018)》。

上海处于工业化发展中级阶段,工业发展潜力和增值空间依然很大,郊区工业仍然将是郊区发展的经济支柱。制造业下滑态势仍未扭转,2015 年仅浦东、崇明规模以上工业总产值同比实现正增长,嘉定、金山、闵行等工业行业结构出现积极变化,铁路、船舶、航空航天等行业产值增加较多,工业行业结构转型升级加快。宝山区主要聚焦于汽车制造业和专用设备制造业,闵行区发展七大战略性新兴产业,青浦区发展节能环保和新材料产业,嘉定区、松江区、闵行区、奉贤区等在 2016 年实现工业企业利润总额同比增长,工业投资企稳回升,8 个郊区中有 6 个区的工业投资增速超过上年同期。面临挑战主要来自:一是郊区的工业出口增速可能回落,企业盈利能力将放缓;二是高能耗企业投资和产出将放慢,落后企业将逐步被市场淘汰,对郊区经济发展总量的快速上升会产生一定的制约;三是郊区经济结构调整任务较为艰巨。2017 年各个郊区第二产业增加值均有所上升,只有静安区、普陀区第二产业增加值下降,但整体形势都是第二产业占比下降。

(2) 郊区服务业继续优化升级。

上海郊区的服务业结构得到优化,生产型服务业有良好发展。随着服务业集聚区建设的推进和分工的深化,上海郊区现代物流、金融、会展、科技研发等现代服务业保持快速增长的势头。随着国内外知名商贸企业、大型超市等不断入驻郊区,将带动郊区商贸业层级、水平和质量的提升,商贸业仍然保持繁荣。随着郊区旅游业的加速发展,部分区域住宿餐饮业发展速度将继续加快。房地产业受宏观调控影响可能出现短期波动现象,但总体情况将比较稳定。服务业专业化和细分化是发展趋势，服务业内部结构将继续优化升级；商贸业仍将繁荣活跃，成为郊区服务经济的主体；先进制造业和现代服务业结构升级优化将稳步推进，两者的依存度和相互促进逐渐加深，产业间融合联动发展态势将渐趋明显。

各郊区产业服务能力逐步升级，现代服务业发展加速。第三产业的增加值呈现较大潜力和增长空间，2017 年浦东新区第三产业增加值为 7 206.13 亿元，是上海城郊中第三产业规模最大的地区，占 GDP 比重为 74.7%，虽然高于其他郊区，但仍没有市区的三产比重高。2017 年，中心城区黄浦区、静安区的三产比重分别是 97%、94.1%；边缘市区中，徐汇区、长宁区、普陀区、虹口区的比重分别为 89.5%、93.4%、88.82%、90.8%。郊区中，宝山区第三产业增加值所占的比重仅次于浦东新区，2016 年高达 69.1%，处于产业结构发展的高级阶段。青浦、闵行、崇明、松江、奉贤各区的第三产业增加值占比分别为 51.3%、50.8%、49%、47.3%、43.4%。而嘉定、金山两大重工业区的服务业增加值占比仅为 33.9%、30.3%。其中浦东的金融服务业持续高增长，带动区级现代服务业税收增长 12.8 个百分点。

在新型产业驱动下，上海市城郊二元经济结构逐渐消除，市区和郊区的产业态势呈现百花齐放的局面，"互联网＋"产业呈现异军突起的态势。静安区在南京西路发展后街经济①，落地 1 800 多个商业品牌。黄浦区聚集"6＋5＋X"的"金融＋产业"跨界融合。②杨浦区借助人才集聚优势，集中攻克"互联网＋""大数据""云计算"等人工智能企业，发展智力密集型现代服务业。徐汇区重磅引进微软亚洲研究院（上海）、腾讯华东总部、商汤超算中心。围绕上海"全球影响力科技创新中心"的目标，各郊区以科技服务业为重点。徐汇区、长宁区提供科技服务台，如"小马创业村"和"天使投资＋孵化"服务。金山、奉贤、崇明围绕智造产业、智创平台、智能农业打造创新型经济体系。2018 年奉贤区③有高新技术企业 150 家，新增市级科技小巨人企业 6 家，累计 98 家，位列全市第七。闵行区"零号湾"国家双创示范基地累计引入项目 550 余个，培育科技创新企业 350 余家。④嘉定区高新技术企业和市科技小巨人企业分别突破 1 000 家和 200 家。浦东新区入驻支付宝、百度、咪咕、网之易、天翼等新老互联网企业。嘉定区打造盒马鲜生、京东无人超市等零售项目的

① 静安区《南京西路后街经济战略规划》，http://shuzibao.jingan.gov.cn/html/2018-04/17/content_338361.htm。

② 《黄浦区金融服务业发展"十三五"规划》，https://www.shhuangpu.gov.cn。

③ 2018 年上海奉贤国民经济情况，http://www.fengxian.gov.cn/shfx/subzjfx/。

④ 《闵行区科委 2018 年工作总结》，http://xxgk.shmh.gov.cn/mhxxgkweb/html/mh_xxgk/xxgk_kw_ghjh_gl/2019-02-14/Detail_60515.htm。

商业模式。

(3) 适宜国际大都市现代农业。

农业始终是上海经济发展的基本内容之一。由于历史的原因,上海在环境保护方面滞后于经济的发展,环境污染相当严重,城市环境质量与国际知名城市相比差距还很大。森林覆盖率低于全国大城市平均水平,改善和保持良好的生态环境需要全社会的努力。上海现代都市农业在维护食品安全和生态平衡方面做出了重大贡献。改革开放40年来,上海郊区自觉按照城郊农业生产目的、结构、功能及市场发展变化的趋势,确立上海农业生产的重点和生产组织形式,依托上海科技力量的雄厚优势,重视科技成果的转化和引进,把农业发展建立在依靠科技进步基础之上。

上海定位于国际大都市现代农业,提升三产融合发展水平。崇明县以发展高效生态农业为定位,加强农产品产销一体化建设,2016年累计建成市区农产品营销网点506家,销售额突破10亿元。①崇明、嘉定、金山等区推进城乡统一规划,出台乡村振兴战略实施政策,形成"1+1+X"制度框架体系。崇明探索美丽乡村规划编制土地审批配套政策,开展"点状供地"产业融合发展示范项目试点。金山区编制全域旅游发展规划,打造"一带一园五区"休闲旅游集聚区,发展"六次产业"。松江区推进乡村振兴"示范村"和"宅基地"改革"双试点"村庄黄桥村规划建设工作,探索"云间吾舍"田园综合体项目试点建设规划。

远郊纯农区还特别注重功能布局的优化:青浦区扎实推进国家现代农业示范区;奉贤区持续深化农村改革和金融创新,加快上海农村要素交易所功能建设;宝山区村级集体经济组织产权制度改革稳步推进、现代农业示范区、农林水联动等试点工作取得初步成效。各区不断提高核心功能,崇明着力推进生态岛建设,制定"崇明世界级生态岛发展十三五规划",贯彻实施"生态+"发展战略,以生态岛建设纲要和创建全国生态文明示范区为抓手,积极厚植生态优势,促进经济转型升级。

(4) 中国制造向中国创造转型。

围绕《中国制造2025》,依托交通大通道建设,长三角"G60科创走廊"在2016年从松江发起,经过4年发展,已经从"高速公路时代的2.0版"迈向"高铁时代的3.0版"②,包括:上海、嘉兴、杭州、金华、苏州、湖州、宣城、芜湖、合肥9个城市,覆

---

① 《2015/2016年上海区县经济形势分析报告》。

② 《G60科创走廊3.0版:从城市战略上升为长三角区域战略》,http://g60.songjiang.gov.cn/WebSite/ArtDetail.aspx?id=10617&cid=5。

盖面积约 7.62 万平方公里。“G60 科创走廊”目前常住人口约有 4 900 万人，年 GDP 近 5 万亿元，是长三角 GDP 总量的 1/4，全国占比已接近 1/16，研发投入达到 1 598 亿元，发明专利授权 3.8 万项，高新技术企业 15 816 家。通过“科创驱动”，打造“中国制造”迈向“中国创造”的示范走廊，这是 G60 的重要角色。依托 G60 高速公路和正在建设的沪苏湖高铁两大交通要道，形成“一廊一核多城”的空间布局规划。上海松江区把原来规划成房产性质的 1 000 多亩地用于制造业，房产税税收从 2016 年的 46%降低至 2018 年的 28%，下降了 18%。

目前，“G60 科创走廊”已吸引一大批百亿级项目落户，率先在人工智能、集成电路、生物医药、高端装备、新能源汽车、新材料、新能源等 7 个方面实现一体化布局。区域一体化发展，关键是保障要素的自由流动。按照经验来说，产业集群跨省市流动，往往因为行政壁垒而大幅提高了交易成本。而“一网通办”由“G60 科创走廊”首创，正有望成为打破这种“行政区划”的一种创新。具体做法就是以跨城的营业执照和工业产品生产许可证办理为切入点和突破口，通过在九城市设置“一网通办”线上统一入口，覆盖了证照办理等首批 30 个事项。从产业集聚集群，再到业态升级，有效引导市场要素与社会资源向新型空间加速集聚，打破创新要素分割的行政壁垒，从构筑区域创新平台的角度，促进城市间的合作，提高创新的效率。

3.2.3　长三角城郊居民的收入差异

中国共产党第十九次全国代表大会提出要解决人民日益增长的美好生活需要和不平衡不充分发展之间的矛盾①。乡村振兴战略的核心要义是破解城乡要素不平等、促进城乡融合并拓宽增收渠道。长三角一体化示范区的建设，要破除城郊二元经济结构，就必须为民出发，解决城乡居民收入不平等的问题，缩小城镇居民与郊区居民的收入差距。2020 年上海市城乡居民收入要达成倍增目标，受区域性、群体性减收约束，结构性矛盾大于总量矛盾。区域上，城乡居民收入绝对值逐年拉大，近、远郊区居民增收乏力；群体上，纯农户、低收入户群体增收困难成为难啃的“硬骨头”。

1. 现实状况：城乡居民对比

2020 年上海城乡居民收入要达成倍增目标，即“十三五”期间增速达 7.3%，考虑物价因素名义增速达 10%以上。实现这一目标难度大，不可掉以轻心。2017 年

① 《中国共产党第十九次全国代表大会报告》，http://cpc.people.com.cn/n1/2017/1028/c64094-29613660.html。

上半年,上海市居民人均可支配收入达到 29 901.63 元,比上年同期增长 8.6%,为全国最高水平。同期,郊区居民收入增速快于城镇居民,其人均工资、经营、财产性收入等分项也快于城镇居民。尽管如此,郊区居民收入增长的总体格局并未发生根本性逆转,仍然存在若干难点和问题,增收瓶颈需要引起重视。

(1) 城郊居民收入增速放缓,收入差距步入缩小轨道。

2006—2017 年上海居民收入处于稳定上升趋势,2016 年农村居民人均可支配收入为 25 520 元,增幅达 9.98%, 2017 年农村居民人均可支配收入为 27 825 元,增幅达 9.03%(见图 3.6)。虽然 2006—2017 年,居民收入保持上升趋势,总体而言,居民收入增长放缓趋势比较鲜明。上海市农村居民收入增速连续八年快于城镇居民,2012—2017 年农村居民人均可支配收入名义增速分别较城镇居民高 0.31%、1.27%、1.53%、1.51%、1.05%和 0.53%。稳妥推进农村土地制度和集体经济组织产权制度改革,推进农村综合帮扶,完善"造血"机制,多渠道实现农民增收,缩小城乡居民收入差距。

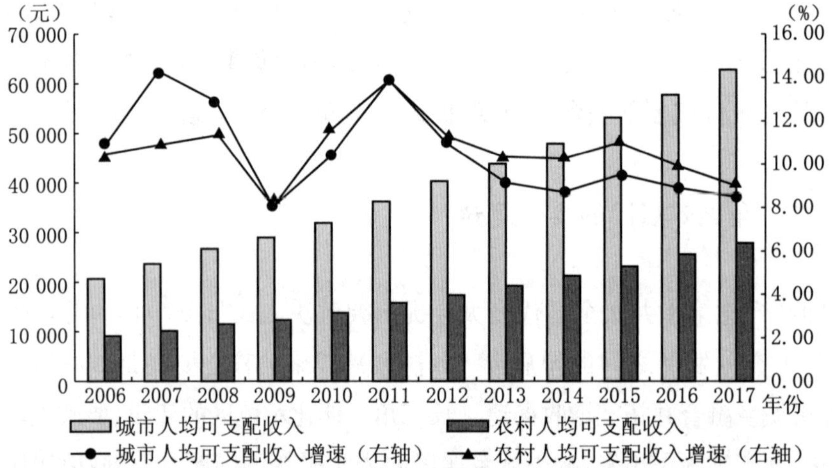

图 3.6　2006—2017 年上海市城郊居民人均可支配收入增长情况

资料来源:《上海统计年鉴(2018)》。

根据表 3.9 可知,2015—2017 年,上海市城郊居民收入比由 2.28∶1 缩至 2.26∶1,再到 2.25∶1,城乡居民的收入差距步入缩小轨道。2016 年,上海市居民人均可支配收入为 57 692 元,比上年增长 8.93%,农村常住居民人均可支配收入为 25 520 元,增长 9.98%。2017 年,上海市人均可支配收入为 62 596 元,比上年增长 8.5%,农村居民人均可支配收入为 27 825 元,比上年增长 9.03%。尽管城郊收入增速和趋势缩小,但城郊居民人均可支配收入的绝对数量在进一步拉大,收入区域不平衡值得重视。

表 3.9　2006—2017 年上海市城乡居民人均可支配收入增长情况

年　份	城市居民人均可支配收入		农村居民人均可支配收入		城郊居民收入比
	收入(元)	增速(%)	收入(元)	增速(%)	
2006	20 668	10.85	9 213	10.44	2.24
2007	23 623	14.30	10 222	10.95	2.31
2008	26 675	12.92	11 385	11.38	2.34
2009	28 838	8.11	12 324	8.25	2.34
2010	31 838	10.40	13 746	11.54	2.32
2011	36 230	13.79	15 644	13.81	2.32
2012	40 188	10.92	17 401	11.23	2.31
2013	43 851	9.11	19 208	10.38	2.28
2014	47 710	8.80	21 192	10.33	2.25
2015	52 962	9.50	23 205	11.01	2.28
2016	57 692	8.93	25 520	9.98	2.26
2017	62 596	8.50	27 825	9.03	2.25

资料来源:《上海统计年鉴(2018)》。

(2) 农村居民增收群体分化,中等收入陷阱亟待破解。

无论是上海市、城镇,还是农村居民可支配收入的变化情况看(表 3.10),低收入组比去年增长 9.7%,农村民的收入增长贡献大于城镇居民。5 等份分组相比,城乡居民的收入增长率随收入增加而趋于收敛。尽管如此,高收入组的城乡居民收入差距远远大于低收入组,这说明农村居民的收入增长空间狭窄、有待进一步升级。

表 3.10　上海市、城镇、农村居民 5 等份分组的人均可支配收入及增长率

居民类型	全市居民		城镇居民		农村居民	
	收入(元/人)	增长率(%)	收入(元/人)	增长率(%)	收入(元/人)	增长率(%)
低收入户	21 086	9.7	24 841	9.5	11 766	12.1
中低收入户	34 370	9.1	38 060	9.4	18 015	9.8
中等收入户	45 454	8.8	48 710	9.0	22 848	8.4
中高收入户	59 403	9.3	62 423	9.3	27 905	4.9
高收入户	97 276	8.2	100 688	8.1	39 005	8.0

注:本表数据均按当年价格计算,未扣除价格变化的影响。
资料来源:《上海统计年鉴》。

农村居民不同层次可支配收入的情况看,低收入组比上年增长 9.7%(见图 3.7)。5 等份分组相比,农村居民的收入增长率随收入增加而趋于收敛。尽管如此,高收入组的收入远远大于低收入组,这说明农村居民的收入增长空间狭窄、有待进一步升级。透过各组别农村居民收入比较可知，一方面收入差距的状况可能被低估，主要原因在于高收入人群样本较小，财产差距扩大风险需要被关注。另一方面，农村居民需要跨越“中等收入陷阱”这道坎，中等收入家庭增收停滞不前。长期内，收入流动会改善收入差距，即使在收入差距扩大的情况下，允许各个收入阶层之间保持正常的收入流动渠道，各收入阶层保持较高收入流动性，才会缓解收入差距带来的社会效应和冲突。

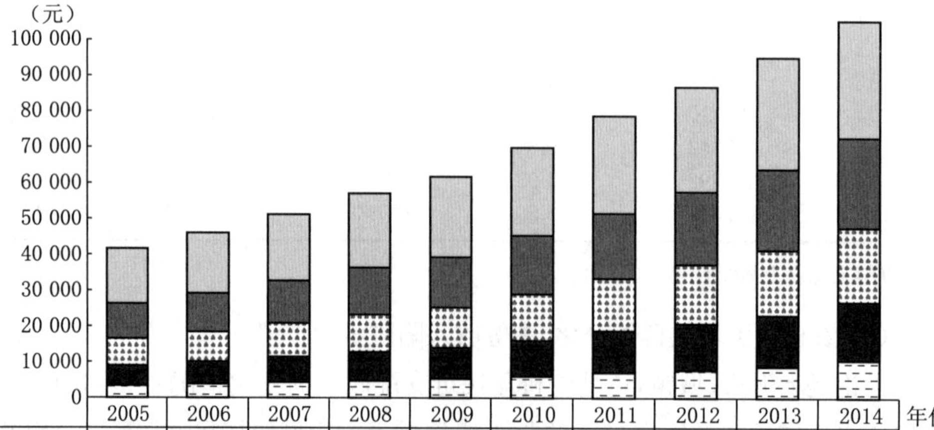

	2005	2006	2007	2008	2009	2010	2011	2012	2013	2014
高收入户	15 309	16 843	18 443	20 748	22 465	24 536	27 227	29 180	31 196	32 631
中高收入户	9 755	10 714	11 807	13 094	14 039	16 327	18 145	20 340	22 618	25 129
中等收入户	7 612	8 412	9 442	10 487	11 184	12 929	14 568	16 490	18 152	20 693
中低收入户	5 594	6 194	7 098	8 065	8 785	10 107	11 772	13 071	14 415	16 375
低收入户	3 347	3 830	4 321	4 690	5 279	5 968	7 018	7 707	8 708	10 476

图 3.7　2006—2014 年上海市农村居民人均可支配收入增长情况

资料来源：《上海统计年鉴》。

(3) 工资性和经营性收入低迷，结构转型迫在眉睫。

2014—2017 年上海郊区居民收入处于稳定上升趋势，其中上海居民收入增速分别为 9.3%、8.5%、8.9%、8.6%，城镇居民收入增速分别为 8.8%、8.4%、8.9%、8.5%，农村居民收入较上年实际增长 10.3%、9.5%、10.0%、9%(见表 3.11)，城乡居民收入实际增速出现回暖迹象，但总体而言收入增长放缓趋势比较鲜明。财产性收入和转移性收入的增长率贡献较多，而工资性收入和经营性收入长期徘徊低迷。尤其是农民经营性收入逐年递减，甚至在 2016 年增长率为－5.1%，2017 年增长率为－1.1%。远郊区与近郊区相比出现“逆降”的情况，郊区部分区域主导产业发展形势恶化，再加上人口持续导入使得郊区出现区域性、群体性减收问题。对比 2016—2017 年城镇居民与农村居民的收入结构，主要在工资性收入和转移性收入上拉开较大差距。

表 3.11　上海市、城镇、农村居民按收入结构的人均可支配收入增长率

单位：%

收入增长率	全市居民				城镇居民				农村居民			
	2014 年	2015 年	2016 年	2017 年	2014 年	2015 年	2016 年	2017 年	2014 年	2015 年	2016 年	2017 年
人均可支配	9.3	8.5	8.9	8.6	8.8	8.4	8.9	8.5	10.3	9.5	10.0	9.0
工资性收入	7.7	6.1	7.3	5.0	7.4	6.0	7.3	4.8	8.5	8.1	8.4	7.1
经营性收入	4.4	−4.2	6.0	9.6	1.2	−4.9	7.5	10.8	12.5	1.5	−5.1	−1.1
财产性收入	13.1	10.3	7.1	17.5	7.4	10.3	7.2	17.5	13.8	13.0	10.9	0.3
转移性收入	13.6	16.5	15.0	12.4	13.6	16.4	14.8	11.9	15.8	20.7	24.1	22.6

资料来源：《上海统计年鉴》。

从各国居民家庭收入构成来看(表 3.12)，中国居民家庭收入结构与“金砖五国”的南非、俄罗斯相似。而上海居民家庭的收入结构更接近欧美发达国家的结构，如美国、德国居民家庭收入构成中工资性收入占比较低，而财产性收入较高。东亚地区韩国经营性收入较高，而财产性收入偏低。结合经济体的发展规律、平均工资和劳动生产率增长的变化趋势，不难判断出，随着高收入国家平均工资水平与产业部门劳动生产率差距不断加大，居民家庭收入结构将逐步完成以工资性收入为主导的结构，过渡为非工资性收入为主导的结构形态。就上海的居民家庭构成来看，提升经营性收入占比具有重要的现实意义。一方面，居民非工资性收入中财产性收入虽有一定提升空间，但中短期内居民家庭财产性收入难以大幅提升，并达到欧美高水平，这从韩国为代表的后发国家居民家庭收入结构演化轨迹中可发现这一规律。从美国、德国这类欧美发达国家来看，财产性收入比经营性收入具有更强烈的波动性。由此，上海现阶段在政策和制度层面应保证财产性收入的稳定性，同时增加经营性收入在居民非工资性收入的占比。

表 3.12　世界部分国家、地区居民家庭收入构成

单位：%

国家/地区	年份	工资性收入	经营性收入	财产性收入	转移性收入
中　国	2015	56.7	18.0	7.9	17.4
美　国	2010	59.7	7.8	15.5	17.1
德　国	2008	55.5	6.4	10.4	27.7
韩　国	2011	67.4	22.7	0.4	9.5
南　非	2005	71.3	10.8	3.1	14.8
俄罗斯	2010	66.4	9.2	4.3	20.1
中国上海	2015	61.2	2.6	14.4	21.8

资料来源：国际劳工组织数据库，各国统计年鉴。

郊区居民收入结构转型面临以下困境：

一是各收入层次郊区居民增收渠道不一，经营性收入徘徊低迷。2016—2017年上海居民家庭经营性收入仅占居民收入构成的2.6%，长期处于徘徊低迷状态。农村居民经营性收入从2016年的1 388元下降至2017年的1 373元，占比从5.4%下降至4.9%。不论是上海全市居民，还是城镇居民、农村居民的经营收入，都在1 500元左右。尽管经济运行回升甚至稳中向好的态势，但郊区创新创业平台层次低、功能弱、辐射能力差，甚至功能雷同、核心竞争力不足。农民经营性收入持续下降，因为农业用地随城市化空间扩张不增反减、农产品价格周期性下降、农药化肥、农机等生产成本上升。

二是面临泡沫冲击风险和财富贬值压力，财产性收入软肋显现。党的十九大报告提出"拓宽居民财产性收入渠道"，这成为继十七大报告首次确定"创造条件让更多群众拥有财产性收入"之后的又一大政策两点。受益于"十二五"，上海房价大幅攀升与金融市场活跃，2015年，城镇常住居民人均财产净收入为7 915元，年均增长12.8%，但农村居民才775元，居民财产性收入软肋显现、后劲不足。"十三五"时期，上海居民财产性收入增长收到多方面的制约：一是渠道来自房屋出租收入和承包地流转经营收入，农民拥有的土地、宅基地的价值难以体现，财产权益不能完全落实；二是高低收入居民存在较大的财产差距，资本具有乘数扩张效应。城镇居民财产性收入从2016年的8 487元上升至2017年的9 976元，占比从14.7%上升至15.9%。农村居民财产性收入从2016年的859元上升至2017年的862元，占比从3.4%下降至3.1%。城镇居民的财产性收入是农村居民财产性收入的将近10倍。农村居民的财产性收入在收入结构中占比最低，也是与城镇居民收入差距最大的一项。

表3.13　上海全市、城镇、农村居民按收入结构及比重

单位：元/%

收入结构	全市居民				城镇居民				农村居民			
	2016年	比重	2017年	比重	2016年	比重	2017年	比重	2016年	比重	2017年	比重
人均可支配	54 305	100	58 988	100	57 692	100	62 596	100	25 520	100	27 825	100
工资性收入	32 718	60.3	34 365	58.3	34 339	59.5	35 995	57.5	18 948	74.3	20 289	72.9
经营性收入	1 399	2.6	1 533	2.6	1 400	2.4	1 551	2.5	1 388	5.4	1 373	4.9
财产性收入	7 684	14.2	9 030	15.3	8 487	14.7	9 976	15.9	859	3.4	862	3.1
转移性收入	12 504	23.0	14 060	23.8	13 466	23.3	15 074	24.1	4 325	16.9	5 301	19.1

资料来源：《上海统计年鉴(2017)》。

三是财政投入负担重支出压力大，转移性收入需调结构改效果。2017 年，全市、城镇、农村转移性收入分别占比 23.8%、24.1%、19.1%。2016 年，上海全市、城镇、农村转移性收入分别占比 23%、23.3%、16.9%。但 2017 年农村居民转移性收入 5 301 元，远低于城镇居民的 15 074 元，并且绝大部分来自养老金和离退休金。从长远战略来看，单纯补贴性质的转移支付并不能带来农民收入的可持续增长，财政增收困难、支出压力大在短期内难以根本缓解，需要在财政投入力度上调结构、转方式、改效果。

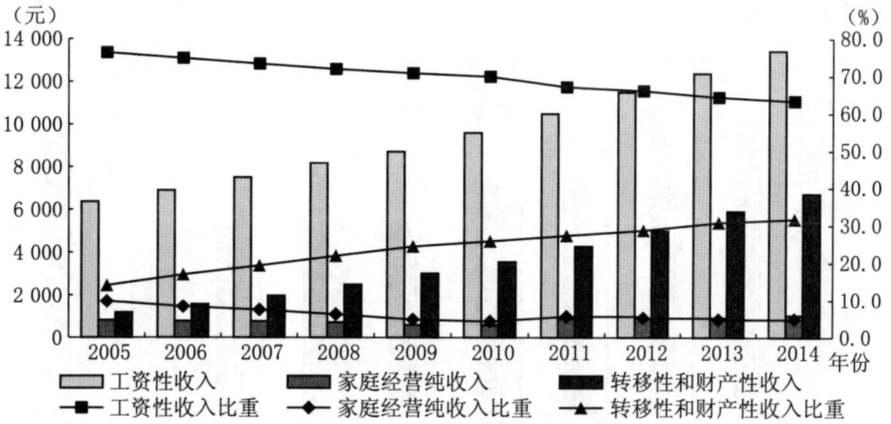

图 3.8　郊区居民收入结构及其比重

资料来源：《上海统计年鉴》。

2. 收入结构：郊区居民分化

(1) 近远郊居民收入差距“不等式”扩大。

从表 3.14 中可见，各郊区人均可支配收入随着郊区的区位条件、距离中心城区远近呈现递减规律，距离市中心越远，人均可支配收入越低。其中，在 2016 年，闵行、浦东、宝山三个近郊区人均可支配收入都超过了 5 万元，几乎是远郊区崇明的人均可支配收入的 2 倍。从增长率来说，远郊区的增长率略高于近郊区，增长空间较大。

表 3.14　上海市各郊区人均可支配收入增长率

单位：元/%

年份	闵行	浦东	宝山	嘉定	松江	青浦	奉贤	金山	崇明
2015	50 912	50 726	48 499	40 833	39 529	36 188	33 062	32 365	27 382
2016	55 851	55 776	53 371	44 876	43 517	39 614	36 680	35 602	30 503
增长率	9.7	10	10	9.9	10.1	9.5	10.9	10	11.4
位　序	1	2	3	4	5	6	7	8	9

资料来源：上海各区统计年鉴。

上海郊区居民2016年人均可支配收入达到25 520元，年增幅达10.0%，城乡居民收入比缩至2.26∶1，但绝对收入差距从2006年的11 455元扩大到2016年的32 172元。同时，2016年远郊居民收入与近郊差距日益扩大，近郊区闵行以55 851元位列第一，远郊区崇明为30 503元居末位，近远郊高低由1993年2 791元相差至2016年25 348元，扩大了近10倍。高于全市平均水平的有闵行、宝山等5个区，低于全市平均水平的有奉贤、青浦、金山和崇明4个区县。郊区居民高收入户与低收入户收入差由2005年的11 962元扩大至2014年的22 155元，低收入户增收仍是难点问题。

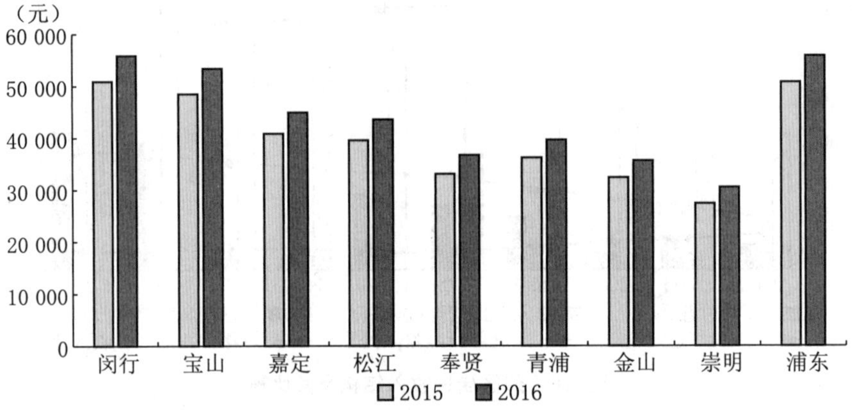

图3.9　上海市各郊区人均可支配收入(2015—2016年)

(2) 郊区居民经营性收入“压仓石”弱化。

2015—2017年郊区居民经营性收入趋势基本稳定，2017年崇明的经营性收入达到3 350元，一直处于第一位。闵行、嘉定最低，分别为1 336元、1 380元，其他郊区都在2 000元左右。崇明一直是定位于生态岛，农业比例较高。一方面，远郊纯农的地区定位生态涵养发展区，保障城市农副产品供应，在“一产只能种、二产不能动、三产空对空”①的产业结构下区域发展单一，经济实力薄弱。另一方面，受价格、补贴的“天花板”下降和生产成本“地板”上升双重挤压，农业经营效益受损。

(3) 郊区居民工资性收入“拦路虎”频现。

远郊区与近郊区出现“逆降”的情况，2016年，闵行、浦东、宝山、嘉定、松江的居民工资性收入均超过3万元，而远郊区中奉贤、青浦、金山低于3万元，最高的近郊区浦东的居民工资性收入为35 263元，与最低的远郊区金山的24 367元相差悬

① 《以一二三产业融合发展引领上海乡村振兴的建议》,http://www.liutong.org.cn/liutongsuigan/lijuanjuan/2018-09-05/29141.html。

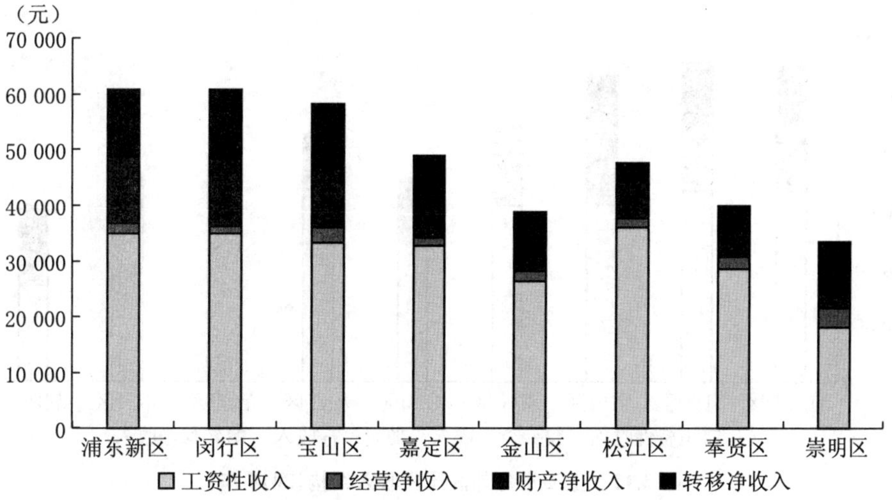

图 3.10　上海市各郊区居民收入结构(2017 年)

资料来源:上海各区统计年鉴。

殊。受产业布局、就业机会、生活成本的影响,远郊工资性收入较低。随着产业结构调整和高端制造业发展需要,原本农民充分就业的低端制造业向周边地区转移,大大影响本地农民就业的机会。在人口持续导入下,受到高素质、高技能型人才在劳动力市场的挤压,本地居民处于劣势的竞争地位。

(4) 郊区居民财产性收入差距悬殊。

郊区居民财产收益受郊区城市化进程影响,2017 年上海城镇和农村居民财产性收入分别为 9 976 元、862 元;2016 年上海城镇和农村居民财产性收入分别为 8 487 元、859 元。城乡差距明显,近远郊区域差异更为悬殊。2016 年近郊区闵行、浦东、宝山的财产性收入分别为 9 983 元、8 566 元、9 337 元,而远郊区金山、奉贤、崇明农民仅为 880 元、609 元、816 元。当前郊区城镇化水平已达到 79%,城镇建成区面积约 1 988 平方公里,外来人口导入下近郊住房租金价格保持较快上涨态势,受区位影响远郊居民的财产性收入软肋显现、后劲不足。

(5) 郊区居民转移性收入“保障网”触底。

区县财政支配不同,近远郊居民得到的各类财政补贴标准不一样。2017 年金山、奉贤、崇明的城镇居民转移性收入分别为 10 024 元、5 199 元、16 001 元,而金山、奉贤、崇明的农村居民转移性收入分别为 5 315 元、4 550 元、5 590 元。2016 年,全市、城镇、农村转移性收入占比分别为 21.8%、22.2%、15.1%,但郊区居民为 3 485 元远低于城镇居民 11 734 元,最低水平是远郊区松江的 2 402 元。随着城乡低保、养老、医疗的并轨实施,在“十三五”期间,转移性收入很难出现“十二五”期间

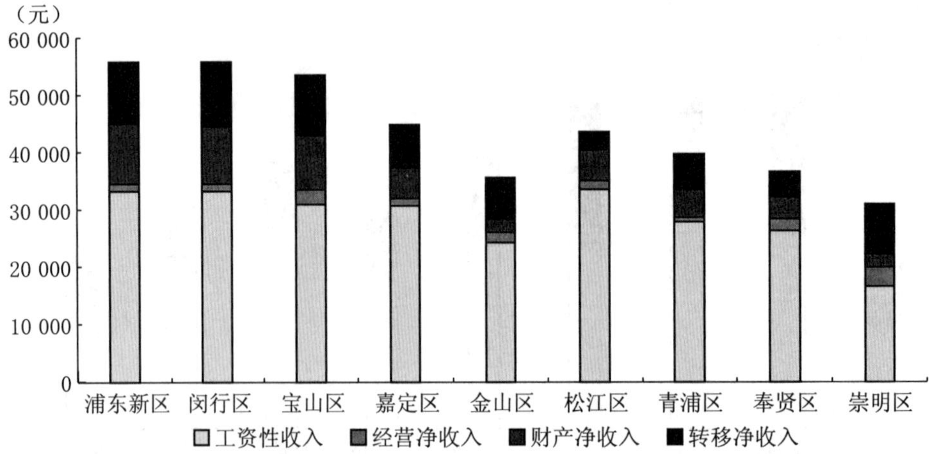

图 3.11　上海市各郊区居民收入结构(2016 年)

资料来源:上海各区统计年鉴。

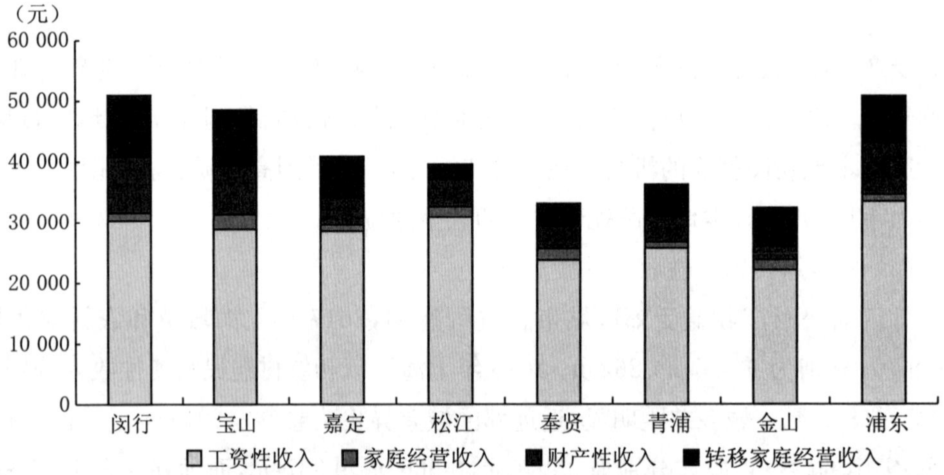

图 3.12　上海市各郊区居民收入结构(2015 年)

资料来源:上海各区统计年鉴。

的快速增长。从长远战略来看,财政增收困难、支出压力大短期内难以根本缓解,需要在财政投入力度上调结构、转方式、改效果。

3. 江浙沪各地区对比

(1) 城乡收入差距系数有待缩小。

要发挥上海在长三角一体化示范区的龙头作用,率先消除二元经济,那么可以将上海、江苏、浙江一市二省的收入作对比分析。同时,将其余两个示范区加入作对照,如苏州的吴江区、嘉兴的嘉善县。由图 3.13 和图 3.14 可知,2017 年和 2016 年城镇居民和农村居民人均可支配的收入的排名,均为上海第一位、浙江第二位、江苏第三位。苏州市、吴江区的城乡居民收入又高于嘉兴市、嘉善县的收入水平。

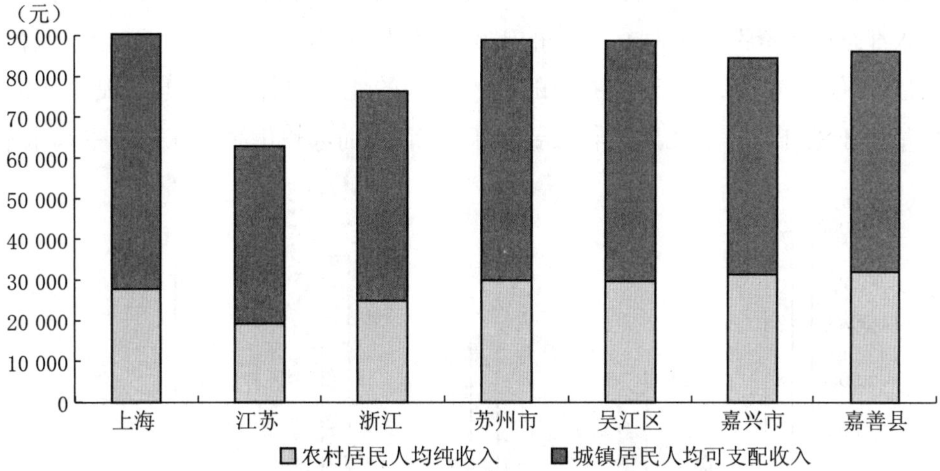

图 3.13 2017 年江浙沪城乡居民收入对比

资料来源:《上海统计年鉴(2018)》《江苏统计年鉴(2018)》《浙江统计年鉴(2018)》。

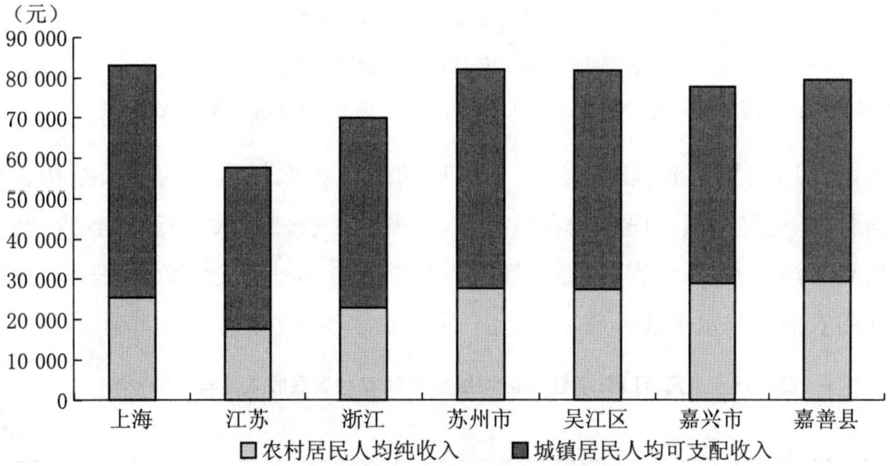

图 3.14 2016 年江浙沪城乡居民收入对比

资料来源:《上海统计年鉴(2018)》《江苏统计年鉴(2018)》《浙江统计年鉴(2018)》。

将城镇居民收入与农村居民收入对比,得到城乡居民收入差异系数,可以直观反映城乡二元结构。经测算,得到 2017 年江苏的城乡收入差异系数最高,达到 2.27∶1。随后排序为上海(2.25)、浙江(2.05)、吴江区(1.97)、苏州区(1.96)、嘉善县(1.69)、嘉兴市(1.68)。2016 年,上海市、江苏省、浙江省、苏州市、吴江区、嘉兴市、嘉善县的城乡收入差异分别为:2.26、2.28、2.06、1.96、1.97、1.68、1.69。整体而言,2017 年城乡收入差异小于 2016 年的城乡收入差异。

(2) 城乡居民的收入结构差异。

根据图 3.15 对上海、江苏、浙江居民的收入结构做分解,得出上海与江苏、浙江的收入都是以工资性收入为主,上海的工资性收入最高,达到 34 365 元,但是经营性收入最低,仅 1 533 元。江苏与浙江的收入结构的比重相似,但江苏居民收入的绝对数量小于浙江省。吴江区的收入要高于苏州市,而苏州市高于江苏省平均水平。

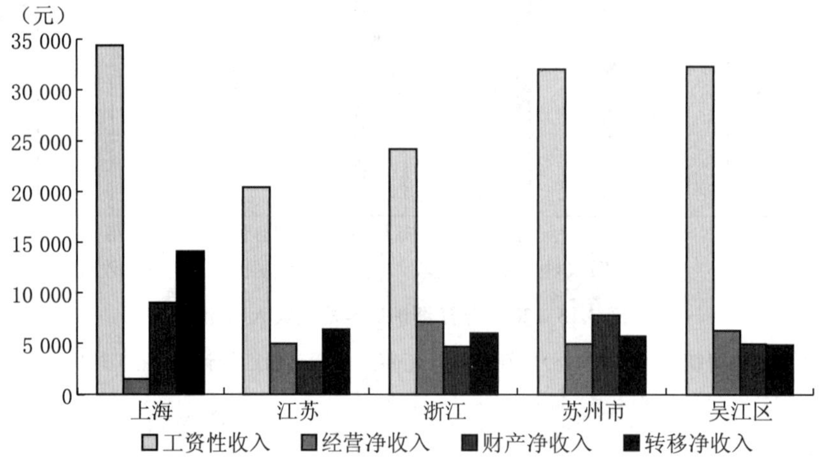

图 3.15　2017 年江浙沪居民收入结构

资料来源:《上海统计年鉴(2018)》《江苏统计年鉴(2018)》《浙江统计年鉴(2018)》。

由表 3.15 可知上海、江苏、浙江各区城镇居民和农村居民的收入结构。从省级层面看,不论是城镇居民还是农村居民,上海的工资性收入、财产性收入、转移性收入均高于江苏省、浙江省,但经营性收入是浙江省第一位,上海市第三位,原因在于浙江的农业创收水平江苏省、上海市,而上海的第一次产业比例非常小。

表 3.15　上海、江苏、浙江各区城镇居民和农村居民收入结构(2017 年)

单位:元

	收入结构	上海	江苏	浙江	金山	奉贤	崇明	苏州	吴江	嘉兴	嘉善
城镇居民	工资性收入	35 995	26 298	28 818	32 043	34 529	22 938	37 777	40 758	33 476	32 497
	经营净收入	1 551	4 656	7 669	1 519	1 276	2 686	4 741	5 052	6 185	8 481
	财产净收入	9 976	4 625	6 911	3 759	6 869	4 045	9 647	6 317	4 756	5 791
	转移净收入	15 074	8 043	7 863	10 024	5 199	16 001	6 642	6 702	8 640	7 369
农村居民	工资性收入	20 289	9 513	15 457	18 464	19 725	12 726	17 721	17 121	19 991	19 843
	经营净收入	1 373	5 620	6 112	1 409	3 019	3 817	5 650	8 598	8 106	7 979
	财产净收入	862	680	718	911	598	1 044	3 220	2 535	1 189	1 980
	转移净收入	5 301	3 345	2 669	5 315	4 550	5 590	3 386	1 501	2 150	2 174

资料来源:《上海统计年鉴(2018)》《江苏统计年鉴(2018)》《浙江统计年鉴(2018)》。

由图 3.16 可知，城镇居民中，吴江区的工资性收入水平最高，达到 40 758 元，苏州市的工资性水平达到 37 777 元，均高于上海市城镇居民的平均工资性收入。在经营性收入中，嘉善县收入最高，经营收入有 8 481 元，处于长三角地区较高的水平。就财产性收入来说，苏州高达 9 647 元，但还是仅次于上海市的 9 976 元。就转移性收入来说，崇明区的转移收入高达 16 001 元，金山区的转移性收入高达 10 024 元，所以这就抬升了上海市转移性收入的平均水平。上海城镇居民转移性收入达到 15 074 元，接近江苏、浙江转移性收入之和。

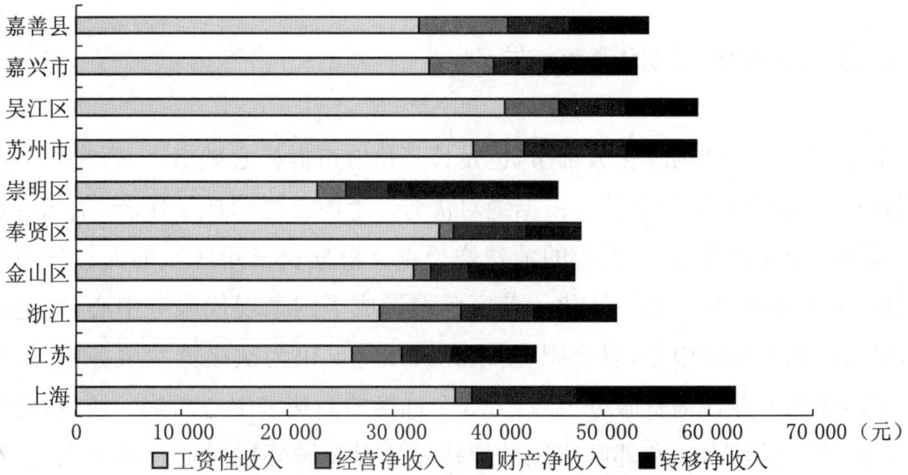

图 3.16　2017 年江浙沪城镇居民收入结构对比

资料来源：《上海统计年鉴(2018)》《江苏统计年鉴(2018)》《浙江统计年鉴(2018)》。

由图 3.17 可知，农村居民中，嘉兴的工资性收入水平最高，达到 19 991 元，居

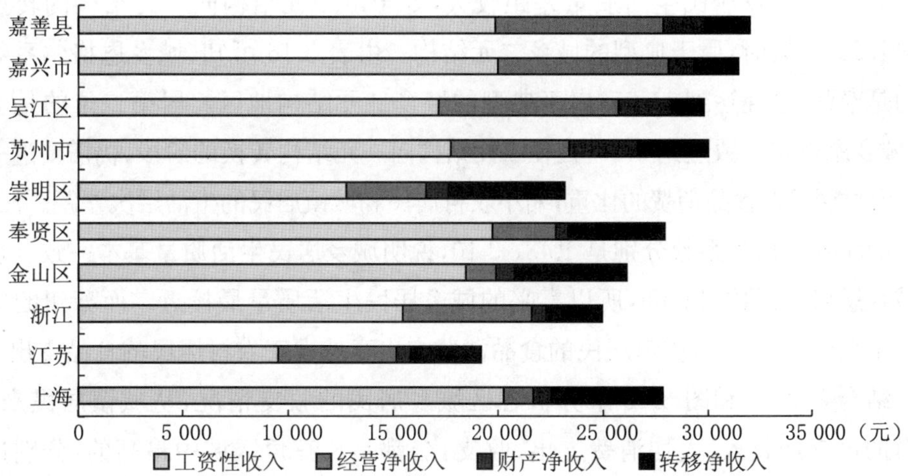

图 3.17　2017 年江浙沪农村居民收入结构对比

资料来源：《上海统计年鉴(2018)》《江苏统计年鉴(2018)》《浙江统计年鉴(2018)》。

第一位;嘉善的工资性水平达到19 843元,居第二位;上海的奉贤区工资性收入达到19 725元,居第三位,金山区工资性收入18 464元,居第四位。在经营性收入中,吴江区收入最高,经营收入有8 598元,处于长三角地区较高的水平。就财产性收入来说,苏州高达3 220元,苏州、吴江的财产性收入远高于浙江、上海的其他区域。就转移性收入来说,崇明区的转移收入高达5 590元,金山区的转移性收入高达5 315元,所以这就抬升了上海市转移性收入的平均水平,530元的转移性收入,接近江苏、浙江转移性收入之和。

3.2.4 长三角城郊居民的消费差异

上海不仅是全球国际化大都市,也是长三角城市群核心城市,一直在长三角新消费热点、新服务业态的引领上占据绝对优势。上海已经形成了服务、信息、绿色、时尚、品质、个性、健康这7大类的消费增长点。根据长三角区域的人口分布和收入层次、消费市场,长三角一体化示范区已经形成了国家现代服务中心,以上海为综合性现代消费服务中心,以合肥、南京和杭州等城市为次级消费服务中心,以其他重点城镇为专业性消费服务节点,分3个梯度的消费多中心布局。所以,研究上海、江苏、浙江城镇居民和郊区居民的消费差异以及城郊居民的恩格尔系数,对于破除城郊二元经济结构有重要作用。

城乡恩格尔系数差距(Engel's Coefficient,用E表示),定义为城镇居民恩格尔系数与农村居民恩格尔系数之差。当$E<5\%$时,城乡居民生活质量基本一致;$5\%<E<10\%$时,城乡居民生活质量差距较大,处于由二元结构向一元结构的转换时期;当$E>10\%$时,属于典型的城乡二元结构。由表3.16可知,城乡恩格尔系数最高的是奉贤,已经达到11.55,属于典型的城乡二元结构地区。居第二位的是上海市,城乡恩格尔系数达到9.08,处在二元结构向一元结构转换的阶段,仍需要进一步降低农村居民对食品消费的比重,缩小农村居民和城镇居民的生活层次差距。江苏、浙江的城乡恩格尔系数分别是1.43、3.10,说明城乡居民生活质量基本一致。嘉兴的城乡恩格尔系数仅0.66,所以嘉兴的城乡居民生活质量最接近。而苏州的城乡恩格尔系数为−0.88,城镇居民的食品消费支出竟然大于农村居民的食品支出。

结合表3.16和图3.18来分析各区城乡居民的收支情况,从城镇居民来看,上海的可支配收入、人均消费支出、收支比,都是长三角区域中最高的,分别达到62 596元、42 304元、67.58%,说明上海的经济活力最强,居民的消费倾向很高。嘉善的收入、支出不是最低的,但收支比最低,仅54%。从食品支出来看,上海的食品支出最高，达到 10 456 元，而江苏、奉贤、崇明的食品支出均低于 8 000 元，分别是 7 616 元、7 116 元、7 653 元。再从农村居民来看，上海比江苏、浙江的农村居民收入高，达到 27 825 元，而江苏的收入最低，仅为 19 158 元。从各个区来看，嘉善的农村居民收入最高，达到 31 976 元。苏州的人均消费支出位居第一，高达 20 298 元，而江苏的人均消费支出仍然是最低位的，仅 15 612 元。各区县收支比中崇明最高为 81.7%，嘉善最低为 55.24%。农村居民的食品支出中，江苏的最低，仅 4 511 元；金山的最高，达 6 448 元。

表 3.16　上海、江苏、浙江各区城乡居民收支情况(2017 年)

城乡	2017 年	上海	江苏	浙江	金山	奉贤	崇明	苏州	吴江	嘉兴	嘉善
城镇居民	可支配收入(元)	62 596	43 622	51 261	47 345	47 873	45 670	58 806	58 830	53 057	54 138
	人均消费支出(元)	42 304	27 726	31 924	31 025	29 124	26 554	35 104	37 396	29 875	29 232
	收支比(%)	67.58	63.56	62.28	65.53	60.84	58.14	59.69	63.57	56.31	54.00
	食品支出(元)	10 456	7 616	8 906	8 917	7 116	7 653	9 289	10 266	8 440	8 324
	恩格尔系数(%)	24.72	27.47	27.90	28.74	24.43	28.82	26.46	27.45	28.25	28.48
农村居民	可支配收入(元)	27 825	19 158	24 956	26 099	27 892	23 177	29 977	29 754	31 436	31 976
	人均消费支出(元)	18 090	15 612	18 093	19 117	17 715	18 935	20 298	19 163	20 240	17 663
	收支比(%)	65.01	81.49	72.50	73.25	63.51	81.70	67.71	64.40	64.38	55.24
	食品支出(元)	6 114	4 511	5 608	6 448	6 375	5 967	5 193	5 675	5 851	5 374
	恩格尔系数(%)	33.80	28.89	31.00	33.73	35.99	31.51	25.58	29.61	28.91	30.43
城乡恩格尔系数差距(%)		9.08	1.43	3.10	4.99	11.55	2.69	−0.88	2.16	0.66	1.95

资料来源：《上海统计年鉴(2018)》《江苏统计年鉴(2018)》《浙江统计年鉴(2018)》。

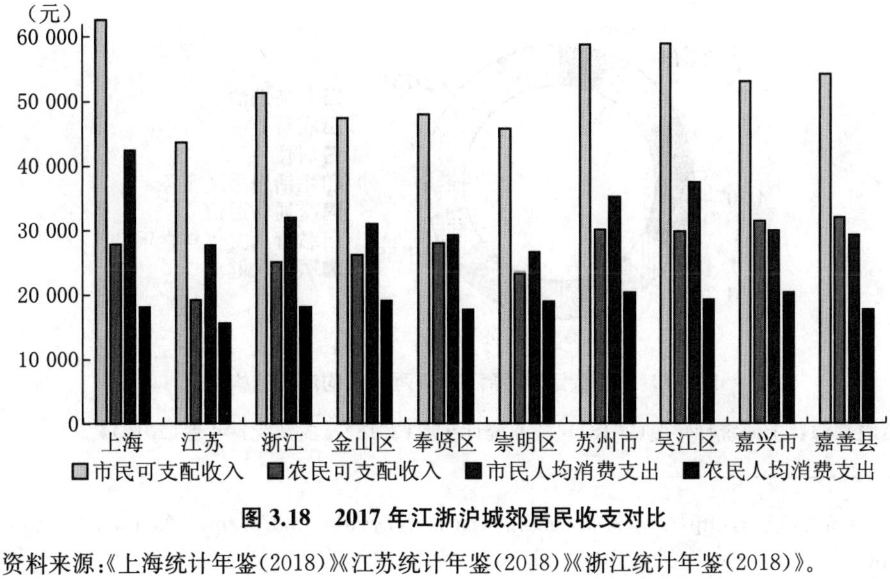

图 3.18　2017 年江浙沪城郊居民收支对比

资料来源：《上海统计年鉴(2018)》《江苏统计年鉴(2018)》《浙江统计年鉴(2018)》。

从各区域城郊居民的消费差异来看二元经济结构，是符合经济运行的规律和事实的。上海四大品牌建设①包括上海服务、上海制造、上海购物、上海文化，本质上是将上海发展与提升人民的福利结合在一起，体现了上海经济增长的内涵是以人民福利的提升为目的。“上海服务”重在提高辐射度，重点是强化资源集聚配置

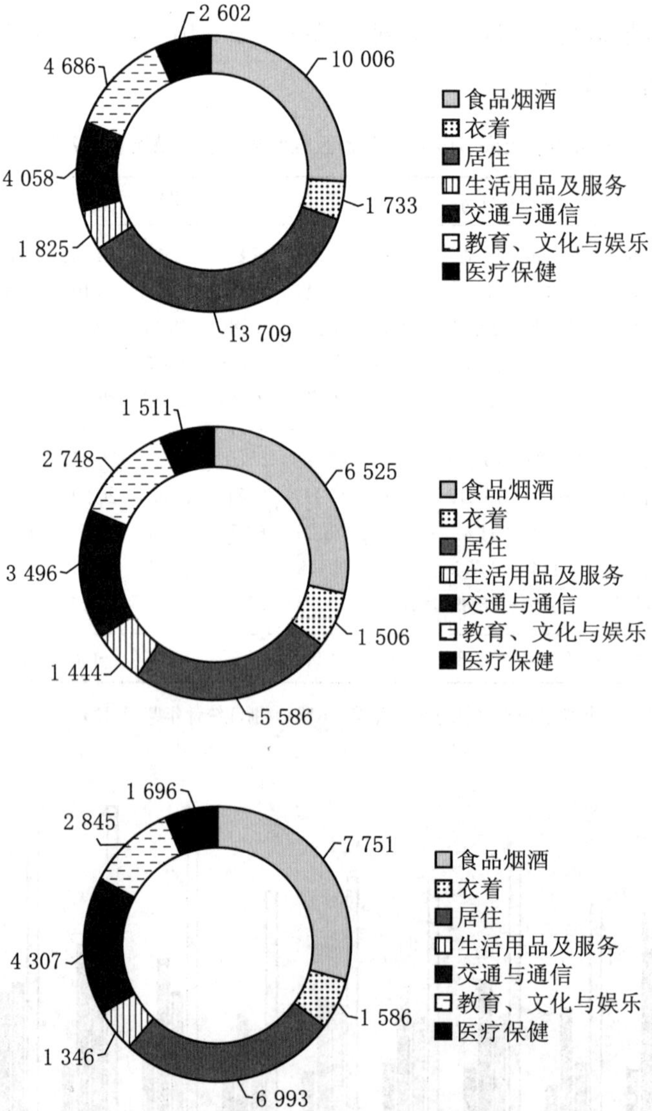

图 3.19　上海、江苏、浙江一市两省人均消费结构对比

资料来源：《上海统计年鉴(2018)》《江苏统计年鉴(2018)》《浙江统计年鉴(2018)》。

① 《上海品牌建设》，http://www.shanghai.gov.cn/nw2/nw2314/nw3766/nw3895/nw43960/u1aw617.html。

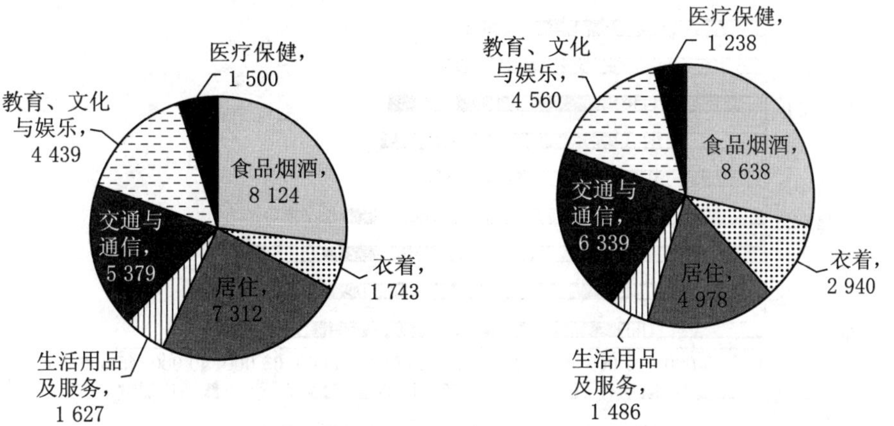

图 3.20　苏州市、吴江区人均消费结构对比

资料来源：《江苏统计年鉴(2018)》。

功能，持续扩大服务范围，抓好各类平台载体，提升世界中心城市的集聚辐射能力和服务能级水平。“上海制造”重在彰显美誉度，重点是抓牢关键核心技术、高端产业集群、过硬的质量品质这三个环节，努力把上海建设成为新兴产业发展的策源地、先进制造业的产业集群高地、全球卓越的制造基地。“上海购物”重在增强体验度，强调新认知和互动体验，以新零售为牵引、高购物体验环境为载体，加快建设国际消费城市。“上海文化”超越物质属性，国际都市文明、创新、开放等都依赖于城市文化的展现和标识。改善上海人力资本的积累，特别是提高上海广义人力资本消费的比重，让更多的人具有创新能力，推动本地的消费升级。深度城市化的本质是人的聚集，核心是形成以人民为中心的“知识消费、资本深化和高劳动生产率”的良性循环。知识消费是指科教文卫体等消费比重持续提高的消费结构升级，以此促进人力资本结构升级。基于“知识消费”的深度城市化要义，根据图 3.19 和图 3.20，上海、江苏、浙江的“教育、文化与娱乐”支出分别为 4 686 元、2 748 元、2 845 元，上海是其他两省的 2 倍。苏州市、吴江区的文教娱乐消费与上海接近，都在 4 000 以上。

根据图 3.21 和图 3.22，对比 2016—2017 年上海各个郊区居民的消费结构可以发现，各个区整体的消费结构在 2016—2017 年之间没有很大的变化。2017 年食品消费支出最多的是宝山区，高达 10 559 元，最低的是崇明，仅 6 670 元。居住支出中超过 10 000 元的地区有浦东、闵行、宝山、嘉定，分别为 16 618 元(第二位)、17 131 元(第一位)、15 471 元(第三位)、12 227 元(第四位)，最低是崇明，仅 6 487 元。

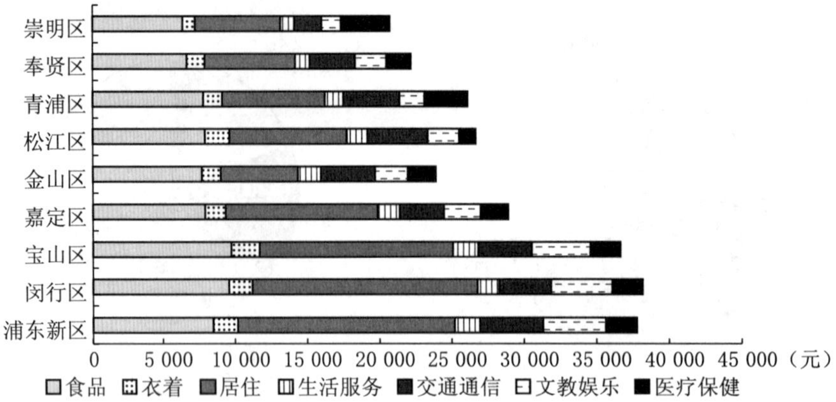

图3.21　2016年上海市郊区居民消费结构

资料来源:《上海统计年鉴(2018)》。

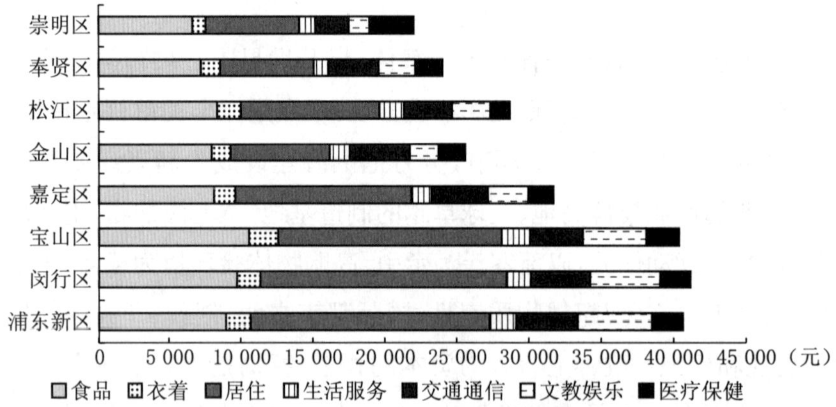

图3.22　2017年上海市郊区居民消费结构

资料来源:《上海统计年鉴(2018)》。

在人力资本提升的要求下,消费的性质已发生质的变化,成为广义人力资本再生产的关键环节。提升制造业的国际竞争力已在《中国制造2025》①中有所体现,中国制造业需要在自主创新能力、资源利用效率、产业结构水平、信息化程度、质量效益等方面实现经济转型升级。持续提升科教文卫体等知识消费比重,更多地让人民分享发展成果,提高居民初次分配比重,政府提供更多高质量的公共服务。改变消费习惯,尊重知识产权。国内客户历来重视应用和人力服务,不认可通用和基础软件的价值,但基础软件通常又需要巨大研发投入,回报周期长。有必要让企业客户了解基础软件的巨大研发投入以及增大对核心技术和知识产权的认可。

① 《中国制造2025》(国发〔2015〕28号),http://www.gov.cn/zhengce/content/2015-05/19/content_9784.htm。

根据表 3.17 和图 3.23，对比 2017 年上海、江苏、浙江各区的城乡居民消费结构可以发现，城镇居民的消费水平要远远高于农村居民，并且食品支出所占的比例低于农村居民。以城镇居民为例，吴江区的衣着支出最高，达到 3 776 元。上海城镇居民的居住支出和生活服务都是各区中最高的，分别是 14 749 元、1 928 元，文教娱乐、医疗保健占第二位，分别为 5 087 元、2 735 元。吴江区的交通通信、文教娱乐支出最高，分别是 7 606 元、5 495 元。在医疗保健支出方面，崇明最高，达到 3 628 元。

表 3.17　上海、江苏、浙江各区城镇居民消费结构（2017 年）

2017 年城镇居民	上海	江苏	浙江	金山	奉贤	崇明	苏州	吴江	嘉兴	嘉善
食　品	10 456	7 616	8 906	8 917	7 116	7 653	9 289	10 266	8 440	8 324
衣　着	1 827	1 838	1 926	1 563	1 463	1 255	1 998	3 776	1 719	1 743
居　住	14 749	6 773	8 413	9 414	8 723	6 540	8 301	6 125	6 062	6 928
生活服务	1 928	1 709	1 617	1 610	1 140	1 209	1 802	1 774	1 784	1 532
交通通信	4 253	3 972	4 956	4 772	3 373	3 453	6 025	7 606	5 952	4 606
文教娱乐	5 087	3 450	3 521	2 570	2 743	2 234	5 251	5 495	3 195	4 167
医疗保健	2 735	1 574	1 872	1 544	1 729	3 628	1 564	1 424	1 795	1 289

资料来源：《上海统计年鉴（2018）》《江苏统计年鉴（2018）》《浙江统计年鉴（2018）》。

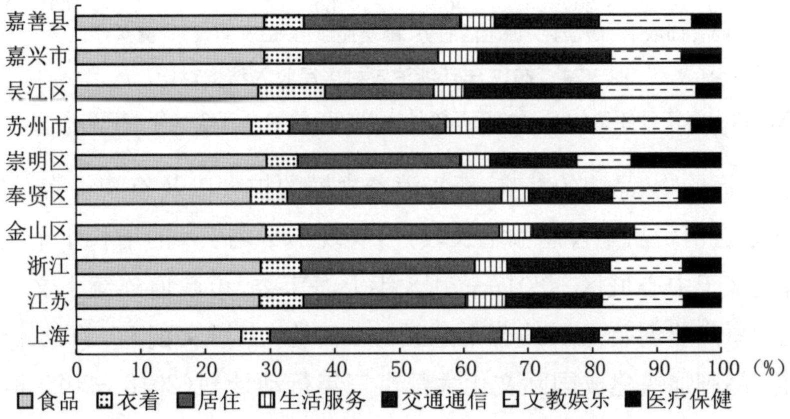

图 3.23　2017 年江浙沪城镇居民收入结构对比

资料来源：《上海统计年鉴（2018）》《江苏统计年鉴（2018）》《浙江统计年鉴（2018）》。

根据表 3.18 和图 3.24，以农村居民为例，吴江区的衣着支出最高，达到 3 776 元。上海农村居民的食品支出、居住支出都是各区中最高的，分别是 6 114 元、4 723 元，文教娱乐、医疗保健占第二位，分别为 5 087 元、2 735 元。嘉兴的生活服务、交通通信支出最高，达到 1 188 元、4 464 元，吴江区的衣着、文教娱乐支出最高，分别达 1 420 元、2 861 元，医疗保健支出方面依旧是崇明最高，达到 3 004 元。

表 3.18 上海、江苏、浙江各区农村居民消费结构(2017 年)

2017 年农村居民	上海	江苏	浙江	金山	奉贤	崇明	苏州	吴江	嘉兴	嘉善
食　品	6 114	4 511	5 608	6 448	6 375	5 967	5 193	5 675	5 851	5 374
衣　着	925	892	956	985	980	621	1 102	1 420	1 039	993
居　住	4 723	3 395	4 358	3 027	3 101	5 812	4 825	2 892	4 417	3 071
生活服务	935	954	842	998	879	1 112	1 186	962	1 188	975
交通通信	2 366	2 620	3 102	3 536	2 677	1 496	3 756	4 034	4 464	3 743
文教娱乐	1 220	1 450	1 591	1 195	1 667	741	2 397	2 861	1 452	2 086
医疗保健	1 457	1 395	1 370	2 507	1 709	3 004	1 338	900	1 499	1 100

资料来源:《上海统计年鉴(2018)》《江苏统计年鉴(2018)》《浙江统计年鉴(2018)》。

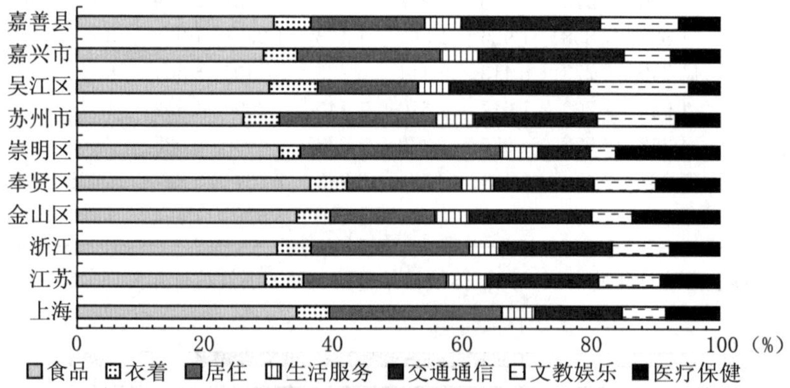

图 3.24 2017 年江浙沪农村居民收入结构对比

资料来源:《上海统计年鉴(2018)》《江苏统计年鉴(2018)》《浙江统计年鉴(2018)》。

随着“上海购物”品牌的打响、新兴消费规模的扩大以及新零售格局的进一步演进,各区社会消费品零售总额增长较好,实现了平均 7%的增长水平,且郊区消费亮点普遍多于中心城区。2017—2018 年上海市委、市政府连续下文《关于加快本市文化创意产业创新发展的若干意见》①(简称“上海文创 50 条”)、《全力打响“上海文化”品牌加快建成国际文化大都市三年行动计划(2018—2020 年)》②。浦东新区③传统商业借助业态转型再次焕发活力,业态丰富的商圈增长达 14%,其中佛罗伦萨小镇、国金中心等以名品消费为主的购物中心业绩高速增长,分别达 26%和 16%,远高于整体增幅。浦东新区聚焦国际消费和新零售,提升国际品牌聚

① 上海印发《关于加快本市文化创意产业创新发展的若干意见》,http://shzw.eastday.com/shzw/G/20171214/u1ai11069790.html。

② 上海市人民政府新闻办公室,《全力打响“上海文化”品牌 加快建成国际文化大都市三年行动计划(2018—2020 年)》,http://www.shio.gov.cn/sh/xwb/n790/n792/n1038/n1051/u1ai17092.html。

③ 《浦东新区文化创意产业发展白皮书(2018)》,http://www.sohu.com/a/279107126_179557。

集度，引进一批国际品牌首入店和旗舰店，区内的首入店、旗舰店数量已达 130 多家，新零售领域阿里盒马鲜生的新零售标杆地位受到市场认可，线下线上零售额实现翻番，京东无界零售的首个项目京东汇已签约落地外高桥森兰。静安区率先推行线下实体店“7 天无理由退货”，首批 80 家品牌企业积极响应参与承诺，进一步细化落实南京西路后街经济战略规划，全面提升吴江路、陕西北路等商圈的业态创新度、品牌集聚度、时尚引领度和消费便利度。黄浦区积极推进“国际消费城市示范区”建设，如世贸广场、一百商业中心等一批重点项目集中开业，入驻各类首入店、体验店和旗舰店共 79 家，成功承办上海购物节主会场开幕式、上海时装周等活动，率先发布区级商业服务质量标准，上线全市首个消费纠纷在线调解平台。嘉定区汇集电商消费品牌，京东、美的、海尔等电商平台开启运营，跨境电子商务一站式服务平台入选进博会常年展示交易平台。

近年来，消费对经济增长贡献率稳步提升，成为上海乃至我国经济增长的第一动力。在居民消费处于升级换挡时期，特别对上海而言，在人均可支配收入全国领先的情况下，必须增强消费对经济发展的基础性作用，将消费作为上海经济增长的“稳定器”和“压舱石”。从国际看，纽约、伦敦、东京等全球城市无一不是消费型城市。上海必须加快国际消费城市建设，进一步提高消费对经济增长的贡献度。建议以消费供给不充分不均衡为突破口，推进消费领域的供给侧结构性改革，不断满足消费升级需求。·方面，要促进消费提质扩容。从区别于国内二、三线城市出发，大力发展高端产品和高端服务消费，引进培育高品质产品和文化、医疗等高端服务，形成知名品牌群落，吸引上海市外消费及国外消费回流。另一方面，要促进消费环境加快创新转型。加快推进传统商圈、商街、商店创新转型，开展消费环境建设创新试点，推进静安区、黄浦区建设国际消费城市示范区；促进“互联网＋消费”，鼓励服务模式创新；进一步汇聚国内外知名消费品牌，不断挖掘潜在消费需求。

上海 2018 年实现社会消费品零售总额 12 668.69 亿元，比上年增长 7.9%，超过北京成为国内最大消费城市，人均消费支出 3.98 万元，位居全国首位。①消费成为经济增长的主要驱动力，最终消费率对经济增长贡献高于资本形成。商品市场日趋发达，正从传统市场向功能拓展、服务深化的现代市场功能建设转型，从非规范化向规范化、制度化方向转变，从线下市场向线上、线下协同发展转变，市场影响力和辐射力从区域市场、全国市场向国际市场拓展。上海率先进入消费结构升级

① 数据来源：《2018 年上海市国民经济和社会发展统计公报》，http://www.shanghai.gov.cn/nw2/nw2314/nw2318/nw26434/u21aw1388491.html。

阶段，呈现商品消费品牌化、品质化、智能化，服务消费深度化、个性化、情感化的趋势，商品和服务供给体系的变革加速，无人店、体验店、买手店等新业态竞相登场，场景式、体验式消费等消费新业态、新模式在上海得到快速发展，增强了高质量发展的市场推动力。

3.2.5 长三角城郊居民的福利差异

长三角在江苏苏州吴江地区、浙江嘉兴嘉善地区和上海青浦地区共同建设长三角一体化发展示范区，就必须要加强政策协同，实行不受行政区划和户籍身份限制的公共服务政策。一是配套建立区内公共服务便捷共享制度，推进实施统一的基本医疗保险政策，逐步实现药品目录、诊疗项目和医疗服务设施目录的统一。二是组建跨区域医疗联合体，建立区内居民在医疗联合体范围内就医的绿色通道。

表3.19 上海、苏州、嘉兴公共服务质量现状

地 区	指 标	2014年	2015年	2016年	2017年
人均日生活用水量(升)	上 海	186.4	190.19	200.85	200.32
	苏 州	288.54	302.79	297.72	284.7
	嘉 兴	159.86	170.81	164.18	179.72
人均道路面积(平方米)	上 海	4.11	4.27	4.37	4.51
	苏 州	28.13	28.47	34.21	32.83
	嘉 兴	17.12	18.32	17.01	18.6
污水处理率(%)	上 海	89.72	92.85	94.29	94.5
	苏 州	95.74	95.96	95.16	94.84
	嘉 兴	90.48	88.9	88.32	89.44
人均公园绿地面积(平方米)	上 海	7.33	7.62	7.83	8.19
	苏 州	15.2	15.14	14.71	13.85
	嘉 兴	13.34	14.05	13.36	14.33
建成区绿化覆盖率(%)	上 海	38.43	38.5	38.6	39.1
	苏 州	42.18	42.37	41.99	41.34
	嘉 兴	42.94	43.33	44.43	38.2
生活垃圾处理率(%)	上 海	81.92	100	100	100
	苏 州	100	100	100	100
	嘉 兴	100	100	100	100

资料来源：《上海统计年鉴(2017)》《江苏统计年鉴(2017)》《浙江统计年鉴(2017)》。

完善异地结算机制，逐步实现异地住院、急诊、门诊直接结算。三是鼓励老人异地养老，实现市民卡及老人卡互认互用。四是建立跨区域养老服务补贴制度。2019 年长三角一体化发展已在交通、医保、民生、税收、公共服务等多个领域取得成果。

长三角地区重大基础设施的共建共享目前还难以完全实现。由于基础设施的建设和运营牵涉到成本和收益问题，在目前行政区划的分割下，基础设施的共建共享还有难度。对比上海、苏州、嘉兴的基础设施情况(表 3.19)，以人均道路面积来说，上海、苏州、嘉兴总体保持上升的增长趋势，但是上海增速较小。截至 2017 年，苏州的人均道路面积达到 32.83 平方米，远远高于上海、嘉兴。污水处理率、人均日生活用水量、建成区绿化覆盖率都是苏州最高。生活垃圾处理率各地区均达到 100%。

从长三角地区来看，港口、机场、铁路、能源等重大基础设施的规划布局还有待进一步合理布局，配套和衔接水平需要提高。

目前长三角的交通一体化程度仍然不高，交通基础设施尚无法满足长三角地区合作发展的需要，主要表现在：轨道交通发展不足，航空运输市场空间不平衡，缺乏高质量的国际空港和机场群等，特别是港口结构性矛盾突出。长三角地区港口资源丰富，港口众多，港口腹地经济发展迅速，港口之间的竞争十分激烈，主要表现在：一是各港口相互独立，各自为战，由于不同的行政体制、管理政策，导致港口建设无法协调，缺乏沟通，甚至影响港口间货物流通效率；二是各港口距离较近，层次格局较混乱，定位不明确，港口功能相互重复，货物种类结构趋于相同；三是长三角港口与腹地城市货物流通效率较低。长三角地区需要统筹重大基础设施建设，构建互联互通的基础设施体系，强化上海及南京、杭州等中心城市的辐射功能，促进要素跨地区自由流动，实现人口和产业有序转移。

以建设高度发达的现代交通和信息网络体系为重点，以先进的能源、水利等基础设施为配套，在交通基础设施建设方面，重点打造以上海为中心向外辐射的快速通勤圈和物流圈，同时加快完善上海与全球联系的海陆空运输网络，打造国际化交通运输枢纽，确保组织大规模、快速的人流、物流。在信息基础设施建设方面，要以建设上海国际信息枢纽为重点任务，以智慧城市、智慧工厂等为必要内容，夯实信息基础设施及其服务能力建设，并积极推动建设长三角智慧城市群。

根据《上海市城乡发展一体化“十三五”规划》①的主要指标，已经实现镇村规划覆盖了 100%，目前“十二五”期间，已经实现水功能区达标率 53%，农村居民人

① 上海市人民政府印发《上海市城乡发展一体化“十三五”规划》，http://www.shanghai.gov.cn/nw2/nw2314/nw2319/nw12344/u26aw50207.html。

均可支配收入23 000元,郊区人均文化配送额度比中心城区提高比例5%,标准化老年活动室覆盖率。但是要在“十三五”期间实现农村居民收入增速高于城镇居民,比2010年翻一番,任务依旧艰巨。另外,要实现全面消除河道黑臭的基础上,水功能区的达标率达到78%。低效现状工业用地减量面积累计完成40平方公里,全面统一城乡基本社会保障制度、城乡义务教育五项标准,提高有就业意愿的离土农民就业服务覆盖率95%以上。实现国家现代农业示范区建设目标达标率基本达标,这些都需要上海在未来的城乡一体化建设中进行公共服务均等化、基础设施一体化(见表3.20)。

表3.20　上海市城乡发展一体化主要指标

指　　标	单　位	“十二五”现状值	“十三五”目标值
镇村规划覆盖率	%	—	100
水功能区的达标率	%	53	在全面消除河道黑臭的基础上,达到78%
低效现状工业用地减量面积	平方公里	—	累计完成40
城乡基本社会保障制度统一	—	—	全面实现
有就业意愿的离土农业就业服务覆盖率	%	—	95以上
城乡义务教育五项标准统一	—	—	基本实现
区域卫生中心覆盖率	%	—	95
郊区人均文化配送额度比中心城区提高比例	%	5	10
标准化老年活动室覆盖率	%	85	100
国家现代农业示范区建设目标达标率	—		基本达标
农村家庭人均可支配收入	—	23 000元	增速高于城镇居民,比2010年翻一番

资料来源:《上海市城乡发展一体化“十三五”规划》。

加快建立长三角基本公共服务一体化发展机制,以教育、医疗卫生、文化体育、健康养老、人力资源、公共安全等社会事业发展为重点,加强长三角区域公共服务资源共建共享,逐步改变公共资源过度向上海中心城区集聚的局面,着力推动上海中心城区的优质社会事业资源向上海近郊区、长三角其他城市覆盖。由表3.21可知上海市各个区域的教育状况、医疗卫生、绿地面积等公共服务状况,整体而言,市区的教育资源、医疗服务供给要优于郊区。

表3.21 上海市2017年城郊居民公共服务差异情况

地　区	学校（所）	在校学生（人）	专任教师（人）	卫生机构（个）	床位数（张）	卫生技术人员（人）	绿地面积（公顷）
总　计	741	784 896	54 697	5 144	134 607	187 987	136 327.18
浦东新区	161	199 211	12 608	945	19 389	26 753	28 360.47
黄浦区	29	20 417	1 756	260	11 467	19 691	278.37
徐汇区	43	42 470	2 644	354	15 680	22 488	1 378.84
长宁区	23	21 971	1 633	231	5 187	9 329	1 087.21
静安区	44	34 808	2 527	278	13 810	20 030	780.66
普陀区	24	38 824	2 778	186	6 956	9 232	1 391.35
虹口区	33	22 486	1 934	164	7 282	10 448	423.33
杨浦区	43	35 482	2 659	224	9 616	11 508	1 420.75
闵行区	65	91 523	5 885	435	10 077	12 901	7 554.73
宝山区	69	65 601	4 909	283	8 797	9 858	6 976.27
嘉定区	43	47 024	2 829	312	5 012	7 560	8 972.95
金山区	25	24 320	1 913	260	4 374	5 901	9 935.39
松江区	38	59 961	3 791	263	4 937	6 896	11 657.16
青浦区	42	30 903	2 598	334	3 778	5 302	12 073.30
奉贤区	30	34 096	2 477	264	5 079	5 716	11 467.04
崇明区	29	15 799	1 756	351	3 166	4 374	32 569.37

资料来源：《上海统计年鉴(2018)》。

3.3 长三角一体化示范区建设与上海城郊二元结构消除潜力

长三角一体化发展示范区，在上海青浦、江苏吴江、浙江嘉善三省市交界的区域落地，面积占地2 300平方公里。长三角一体化发展示范区，作为传统长三角三省一市的交界地，行政上，示范区将江浙沪三省紧密连接起来；经济上，省区范围内易于边缘化，一旦这三地形成结合带，这一示范区就从边缘变成中心，迅速变成热点地区。三地经济悬差不大，大体发展水平相当，发展潜力很大；生态上，与经济的结合、城市与乡村的协调等多个范围内先试先行。通过长三角一体化示范区的建设，有利于打破上海城郊二元结构。上海郊区占全市总面积的95.4%，发挥着中心城区导入功能，承载着上海70%的常住人口、82%的外来人口。流动人口分布在核心城区、中心城区、近郊区、远郊区的比例分别为4.2%、12.5%、53.4%、29.9%，近郊区人口集聚态势明显，远郊新城成为新的人口导入区，劳动力流动带动要素聚集郊区，为城郊二元结构消除提供潜力和空间。

3.3.1 乡村振兴和都市农业，缓解郊区二元经济分割

上海中远郊区是城郊二元经济结构分割、郊区发展不平衡、农业现代化滞后、国际大都市战略的破解点。上海发展六位一体现代都市农业、美丽乡村示范村、特色小镇功能区，为顺应乡村振兴战略、遵循生态融合发展，实现逆城市化下高端人群的集聚地，释放郊区居民可持续增收的红利，为郊区居民创造经营性收入提供增长空间。十九大报告中明确提出“乡村振兴战略”，涵盖“产业兴旺、生态宜居、乡风文明、治理有效、生活富裕”这五句话20字的总要求①。这“五位一体”的总体布局体现的是单方面生产效率的提高，更是农业现代化中如何保证产业兴旺、乡村治理有效的关键所在。构建现代农业的产业体系、生产体系、经营体系这三大体系；调整农业结构，促进农村一、二、三产业融合发展；发展多种形式适度规模经营，实现小农户和现代农业发展有机衔接。

“十三五”期间，上海农业面临土地资源减少、生产成本高等不利因素，只有充分利用上海农业的生态环境和绿色资源，大力发展农业旅游产业，提高农家乐水平，形成现代都市农业旅游新格局，才能挖掘现代都市农业的新增长点。上海农村将拓展都市农业休闲旅游作为现代都市农业及一、二、三产业融合的战略要点。在借鉴世界大都市巴黎、纽约、东京等地农业的发展模式，在中心城区周围和新城区周围，大力发展供市民休闲体验的“市民农园”；在远郊地区，鼓励发展开心农场和民宿经济，把“空心村”变为市民度假村。不断鼓励家庭农场和农业合作社，以现代农业为主导，努力发展成为融生产、生态、文化、旅游为一体的生态休闲特色农庄，提升农家乐、乡村旅游水平。通过经营农业资源、生态环境，实现农业价值的叠加效应。学习浙江特色小镇的经验，充分发掘上海郊区农村特色，结合新型城镇化建设，加快推进上海特色小镇、特色村庄、美丽乡村建设，使之成为农村一、二、三产业融合发展的集聚区、新产业、新亮点。奉贤深化推进农业供给侧结构性改革，划定粮食功能区8万亩、蔬菜保护区8.5万亩和1个特色农产品优势区。金山促进一、二、三产业融合发展，出台民宿管理办法，首批15家民宿获合法经营牌照。松江稳定提升家庭农场发展，推行全国首个耕地质量保护险。

---

① 中共中央 国务院印发《乡村振兴战略规划(2018—2022年)》，http://www.gov.cn/zhengce/2018-09/26/content_5325534.htm。

3.3.2　产业结构多元化发展，示范区引领长三角合作

上海三次产业的结构比例由 1978 年的 4∶77.4∶18.6 调整为 2015 年的 0.3∶30.5∶69.2,形成服务经济为主的产业结构。上海城市功能、市场主体、产业结构由改革开放初期的单一化逐步趋于多元化,改善了 80 年代传统的、国有企业占绝对主导的工业中心,导致上海经济区制度服务能力、服务渠道、服务宽度受到制约的局面。在农村工业化中崛起的乡镇企业和民营企业是主要的需求者,技术短缺和缺乏规模经济是工业化向服务业转型的主要困难。2015 年,郊区三产业的增加值分别为 109.78 亿元、27 539.44 亿元、15 834.66 亿元,居民就业向服务业倾斜的趋势。在上海郊区产业结构调整和区域产业布局优化下,郊区产业转型升级构建三次产业连接紧密、协调发展的现代产业体系,形成主导功能明显、产业特色彰显、新业态的发展新格局,为工资性收入转型提供增长源泉。

郊区第三产业增加值的 15 834.66 亿元中,包含了 6 075.89 亿元的社会消费品零售额,各个大型超市在郊区各区县发挥了“农超对接”的有效功能。截至 2015 年底,上海休闲农业共接待游客 1 765.86 万人次,其中年接待规模万人以上的休闲农业旅游景点 98 个,涉农旅游总收入 14.37 亿元,其中农副产品销售收入 3.86 亿元,解决当地农民就业 30 677 人(其中节日期间新增就业 4 845 人)。初步形成六大类发展模式:一是农家乐型;二是休闲农庄型;三是观光农园型;四是农业园区型;五是生态园林型;六是民俗文化型。在农业部、国家旅游局关于开展全国休闲农业与乡村旅游示范县、中国最美休闲乡村、中国美丽田园、全国休闲农业示范点创建活动中,金山区吕巷水果公园、崇明县西来农庄、光明食品集团瑞华果园等 3 家景点被认定为全国休闲农业与乡村旅游示范点;上海市崇明县瀛东村、青浦区张马村、奉贤区海湾村、杨王村被认定为中国最美休闲乡村。上海的消费重点区域逐步从中心城区向郊区拓展,浦东新区及郊区零售业增长总体快于中心城区,并表现为远郊快于近郊的特点。2017 年,郊区零售商业经历了连续多年的两位数高增长阶段后,增幅有所回落,全市各区社会消费零售总额增长基本形成中心城区 3%—6%、近郊 7%—8%、远郊 9%—10%三个增长梯次。①

---

① 上海市人民政府《2017/2018 年上海各区经济形势分析报告》,http://www.shanghai.gov.cn/nw2/nw2314/nw2315/nw4411/u21aw1288907.html。

2018年上海市商品房销售面积1 767.01万平方米，增长4.5%。其中，住宅销售面积1 333.29万平方米，下降0.6%。全年商品房销售额4 751.5亿元，增长18.0%。其中，住宅销售额3 864.03亿元，增长15.8%。①2018年各区增速略有下降，中心城区下降幅度大于郊区，房地产业税持续下降，松江区的房产税比重降至20%，浦东新区2018年房产税收占比为12.5%。闵行、虹口区房地产业税收占比较上年分别下降2.0%、2.1%。以市区为例，2018年黄浦区商品房销售金额68.67亿元，比上年下降24.4%；商品房销售面积14.53万平方米，比上年下降20.0%。②2018年宝山实现商品房销售面积104.84万平方米；商品房销售额305.33亿元。③可见虽然在增势和潜力上存在差别，但中心城区和郊区的房地产差距依旧很大。以郊区为例，2017年浦东新区的现房销售面积和期房销售面积分别为129.15万平方米、265.88万平方米。2018年青浦区房屋销售面积151.1万平方米，比上年下降3.7%，其中住宅销售108.3万平方米，比上年下降17%。青浦区商品房销售额440.3亿元，比上年增长5.8%，其中住宅销售310.6亿元，比上年下降12.6%。

自长三角区域一体化发轫于20世纪90年代浦东开发开放后，长三角区域一体化的市场主导进程加快，企业跨区域发展和政府间协作加强。国际市场的开放、要素自由的流动、借助上海这一对外开放的交易平台、沿用示范区的模范效应、发挥区域合作的模式差异化和路径依赖等特征，上海在联结江苏、浙江两省的经济中形成了既竞争又合作的三足鼎立局面。比如，江苏南部的苏锡常地区占据独特的地理优势，在国企改革的体制负担更少的情况下，苏南地区更为彻底地发展外向型经济。而浙江经济与上海经济的连接处，具备民间、个体、非正式关系的特点。因此，通过长三角一体化示范区建设，通过政策和制度等确立的区位优势，集聚外部生产要素，扩大区域生产规模，构建跨地区的企业分工体系，提高资本积累的市场效率。所以，示范区在破解地区之间、所有制之间的不平衡，互补性越强的领域，区域合作越具有示范效应。

---

① 中国统计信息网，《上海市2018年国民经济和社会发展统计公报》，http://www.tjcn.org/tjgb/09sh/35767_4.html。

② 上海市黄浦区人民政府，《2018年上海市黄浦区国民经济和社会发展统计公报》，https://www.shhuangpu.gov.cn/zw/009001/009001007/009001007001/20190419/0cb36521-42b9-4593-92ea-36b41f33cbf8.html。

③ 《2018年宝山区国民经济和社会发展统计公报》，https://www.shbsq.gov.cn/shbs/jjsj/20190528/170089.html。

3.3.3　农地产权制度改革，打破城郊建设用地的分割

到 2016 年底，上海郊区农户承包地面积 176.6 万亩，其中已流转面积 132.6 万亩，流转比例达 75.1%，激活农村土地要素内生动力。个别郊区开展对农村集体资产股份的占有、收益、有偿退出及抵押、担保、继承等六项权能改革试点，11.68 万人年度人均分红 3 764 元，户均 15 056 元，包括股份收入在内的财产性收入占到农村居民家庭收入的 18.3%，成为全国城乡差距最小的地区之一。宝山深化农村承包地"三权分置"改革，承包地流转的比例达到 92.73%，年内完成村级产权制度改革总数达 101 家。松江推进农村土地制度改革，8 幅农村集体经营性建设土地成功入市。奉贤推进农村土地股份合作制改革，在新叶村等 5 个试点村完成合作社的股权确认、变更工商登记工作，村民入股率达到 90%。青浦全面完成镇级产权制度改革和农村集体资产清产核资工作，区村集体经济"造血"平合项目规范有序运行。

集体所有制土地产权换股权的过程可以打破城乡建设用地"二元分割"的所有制界限，改变建设用地流转"一次性补偿"的操作模式，推进集体所有的土地自主自愿进入市场流转，完善建设用地开发补偿机制。同时，相对集中的经营模式可以有效降低农民独立经营的风险，为郊区城市化过程中扩大产业经营、持续性增加农民财产性收入建立基础。其中以广东佛山南海集体土地股份经济合作模式，无锡、苏州的集体土地股份经济合作模式以及上海七宝镇九星村的混合集体经济和股份经济模式最具代表性、典型性。上海郊区居民财产性收入的主要构成包括：房屋租金、流转承包土地经营权、征地补偿及股息利息收入，大致占财产性收入份额的 55%、15%、20%左右。但是这些财产性收入渠道较为单一，后续增长空间有限，不能全面盘活土地资源。并且，农村集体经济水平总体不高、不均衡，表现为不同地区、不同村镇、不同群体的贫富差别扩大，远郊区、纯农区、贫困农民财产存量少，财产创收能力弱。收入渠道单一、政策和体制瓶颈障碍使得农村居民的财产性收入增加难以持续。

3.3.4　郊区生产要素高度集聚，市郊化均衡人口密度

长三角一体化包括四个阶段：贸易一体化、要素一体化、政策一体化和完全一体化。时间上要消除由政策差异造成的要素流动障碍，空间上要消除依附于行政壁垒之上的制度性交易成本，减小政府干预，深化市场开放，提高政府服务能力。

中国城市化发展已经摆脱了城乡之间简单的单向要素交换，体现了双向流动的趋势，特别是在一些发达地区，比如北京、上海、广州等一线城市，大量要素有从城里向郊区迁移的趋势，市郊化阶段显现。市郊化阶段，建设用地逐步由建成区转移到远郊区县，土地开发利用逐步趋向合理、规范，农业用地、工业与建筑用地等各类土地转换趋向缓和，土地利用效率较高，集约开发使用程度高，农用地转为建设用地的步伐缓慢下来，耕地区域的农业生产走向产业化、规模化经营。市郊化阶段土地利用的首要问题是加强开发的可持续性、发展空间性。上海郊区呈现三大趋势：一是郊区城镇化，2016年底，上海郊区城镇化水平已达到79%，城镇建成区面积约1 988平方公里。二是商业郊区化，2015年上海开业的148家购物中心中，近郊区55家，占37.2%；远郊区20家，占13.5%。三是郊区住宅化，郊区新城建设、郊区住宅基地和大型居住社区建设均能引导人口向郊区迁移，缓解中心城区人口密度。为郊区提供经济增长新引擎，加快生产要素向郊区均衡配置，从长远战略规划增加郊区财政收入，从而缓解财政支出压力。

国务院批复原则同意《上海市城市总体规划(2017—2035年)》①，对优化城市空间布局、严格控制城市规模、加强生态环境保护、创造优良人居环境、塑造城市特色风貌、保障城市安全运行、健全城市管理体制等提出了明确要求。逐步形成“一主、两轴、四翼，多廊、多核、多圈”的空间结构和“主城区—新城—新市镇—乡村”的城乡体系。到2035年，上海市常住人口控制在2 500万人左右，建设用地总规模不超过3 200平方公里。在《总体规划》的指导下，努力把上海建设成为创新之城、人文之城、生态之城，卓越的全球城市和社会主义现代化国际大都市。未来，上海中心城市作用要更加注重长三角的整体协调发展，并构建上海大都市圈，打造具有全球影响力的世界级城市群。这为上海城区和郊区的要素平衡和优化配置提供了更为良好的条件，并加快城市和郊区要素的双向流动，为收入增长提供新引擎。

3.3.5 示范区打破行政壁垒，实施公共服务的均等化

行政层面简政放权，提升政府服务能效。长三角示范区在一体化推进过程中，跨地区投资、企业迁移、生态链共建等必然涉及利益机制的重构。从税务征收管理的角度上看，信息互认将极大降低区域内的行政成本。黄浦区开展“减证便民”行

① 《上海市城市总体规划(2017—2035年)》，http://www.shanghai.gov.cn/newshanghai/xxgkfj/2035001.pdf。

动，推广使用施工许可证电子证照，推进行政审批机关职能归并和审批服务集中办理。普陀区全面取消区级自设“行政审批”，落实社会投资项目审批改革、工程建设项目审批改革试点和不动产登记“全网通”。宝山区实现4类“单窗口”（即部门、综合业务、统一出件、主题类“单一窗口”），涉企事项“一窗式”办结，审批事项“只跑一次，一次办成”比例达100%。嘉定区建设高水平的行政服务中心，以新建行政服务中心大楼为契机，实施功能优化“六个集成”。徐汇区建设国家“互联网+政务服务”示范区，打造五大政务服务新空间，做优“一窗综办”服务体验。崇明全面推进窗口服务标准化管理和常态长效管理，办税大厅实现“一窗通办”。

交通层面，都市圈一体化，交通需先行。为深入实施推动长江经济带发展战略，支持长三角一体化，国家发展和改革委员会于2018年12月19日分别批复了《上海市城市轨道交通第三期规划（2018—2023年）》①和《杭州市城市轨道交通第三期的调整规划（2017—2022年）》②，2019年1月2日批复同意《江苏省沿江城市群城际铁路建设规划（2019—2025年）》。在教育层面，在2018年12月13—14日召开的第十届长三角教育一体化发展会议上，三省一市共同签署《长三角地区教育更高质量一体化发展战略协作框架协议》和《长三角地区教育一体化发展三年行动计划》，就教育一体化达成一揽子战略协作③。2019年3月，两条跨省公交专线——往返于吴江黎里至青浦的7618路，以及吴江黎里至嘉善西塘的7619路宣布开通，意味着三个交界县区的城市公交已经率先实现互通。2018年12月1日，上海、杭州、宁波三市地铁“二维码”互联互通，在上海可刷杭州、宁波地铁APP中的“二维码”乘坐地铁，在杭州、宁波乘地铁，刷上海地铁APP的“二维码”也能畅行。④

制度层面创新，深化“放管服”改革。三省一市通过各自省份的《关于支持和保障长三角地区更高质量一体化发展的决定》于2019年1月1日起正式施行。⑤黄浦

---

① 国家发展改革委《上海市城市轨道交通第三期建设规划（2018—2023年）》（发改基础〔2018〕1831号），http://bgt.ndrc.gov.cn/zcfb/201812/t20181219_922984.html。

② 国家发展改革委《杭州市城市轨道交通第三期的调整规划（2017—2022年）》（发改基础〔2016〕2639号），http://www.ndrc.gov.cn/zcfb/zcfbtz/201612/t20161222_832261.html。

③ 上海市人民政府新闻办公室《长三角地区教育更高质量一体化发展战略协作框架协议》，http://www.shio.gov.cn/sh/xwb/n782/n783/u1ai19707.html。

④ 杭州市人民政府《12月1日起沪杭、沪甬地铁二维码正式实现互联互通》，http://www.hangzhou.gov.cn/art/2018/12/6/art_1256345_26440575.html。

⑤ 《推进长三角更高质量一体化发展》，http://theory.people.com.cn/n1/2019/0215/c40531-30676849.html。

区积极探索对新业态、新模式的包容审慎监管,与海关、国检、市工商等部门联手,设立出口食品备案企业综合服务、马德里国际注册受理等特色政务服务专窗,开设共享餐厅、机器人主题咖啡店和24小时智慧便利店经营证照,以“网购”理念打造“店小二”主题式政务服务,推动线上线下互动融合,实现网上申请24小时内响应,开办申请72小时内办结。①浦东新区在贸易自由化、便利化等方面加大探索力度,持续放宽市场准入,深化金融创新。杨浦区出台全国首个“政银通”服务标准,形成1个行政服务中心、8个科技园区工作站和124个“政银通”服务点的“1+8+N”服务格局。②宝山区推进建设项目联审服务改革,在全市首创建筑师负责制,同日核发建设工程规划许可证和施工许可。长宁区率先探索“一证多址”“一照多址”试点备案监督办法,实现“一张营业执照、多个经营地址、一次行政许可”。③青浦区落实减税降费政策,推行全程免费代办服务,全面取消经济小区代办费、管理费等各类服务费用。杨浦区提供“一窗通”“市民云”“创城e点通”等多点在线服务,推出90个主题套餐“点餐式”服务。虹口区依托在线政务服务平台身份认证等技术,推动证照、数据等资源共享认证。闵行区完成区行政服务中心及分中心全部服务事项的实体大厅与网上预约办事一体化联动。松江区推进“G60科创走廊”9城市同步开通“一网通办”,实现全国首批异地办理营业执照和工业产品生产许可证。奉贤区开通全市首个“政银互动”工商注册登记点,推进跨部门协同审批和建设工程施工“先证后核”。

3.4 全球郊区经济结构优化：国际经验借鉴

强化上海在长三角一体化示范区的带头作用,就得调动上海在全球资源配置的能力,关键是要对标纽约、伦敦、巴黎和东京等全球城市。从国际化来看,发达国家在郊区发展和经济结构优化的经验上提供了有益借鉴。本节沿着国际大都市郊区的演变路径,对美国纽约、法国巴黎、澳大利亚墨尔本、日本东京中可借鉴的典型

① 上海市黄浦区人民政府《政府工作报告(2019)》,https://www.shhuangpu.gov.cn/index.html。

② 《杨浦时报》:《结构更优　效益更好　更趋协调　更可持续》,http://www.yptimes.cn/html/2019-01/17/content_2_1.htm。

③ 《解放日报》:《长宁“一照多址”试点范围扩容》,http://www.shcn.gov.cn/art/2017/10/27/art_3991_428907.html。

案例,进一步探讨并挖掘如何消除上海城郊二元经济。

3.4.1　美国"消费导向"经济模式

奥兰治县被称为富裕社区,居民年均收入在20个都市区中排名第一,是美国最重要的零售贸易中心之一。是多中心、功能蔓延的、文化分割的以层次方式组织的人居空间。郊区从农业经济、制造业经济足部进入消费经济的重要表现,居民具备消费和被消费双重角色。网络的普及和信用制度的构建,加速了居民的日常消费。信用制度在技术导向型郊区中扮演个人消费组织的角色。在郊区规划上,通过主要交通走廊,将轻轨、铁路和公路与都市核心区连接起来。土地使用分配实现从"卧室型"郊区向综合性郊区的转变。土地使用布局从蔓延式向组团式,从跳跃式布置居民点、沿道路布置工商业带向混合的新城镇转变。郊区地方政府财政收入从50%以上来自"房地产税"转变为地方政府"销售税"收入可以满足40%的地方财政支出的巨大调整。

3.4.2　法国巴黎"集中规划"模式

法国巴黎的"集中规划"模式,维持农业生产,保证郊区三产并存。保留了占都市面积75%以上的远郊区,其中包括70%以上的农业用地。巴黎都市区产值的99%来自第二、第三产业,仅1%产值来自第一产业。并且巴黎郊区的土地面积占巴黎都市区土地面积的99%,其中近郊区占5%,远郊区占95%。即6.3%的土地承载了巴黎56%的人口,而剩余44%的人口分布在巴黎93.7%的土地上。70%的巴黎人在郊区工作,只有30%的人在城区工作。而99%的巴黎人居住在城市地区。可见法国的职住分离问题堪忧。巴黎市现代城市规划的发祥地,"增长极"理论就是从区域经济发展的角度,实现经济发展和居民增收。通过坚持全面城镇化的均衡发展,制定国土和区域空间发展规划。运用财政支出投入用于郊区发展新城,投资大型项目,发展地方的新"生长级",追求城镇化在全国范围内均衡推进。诱导居民向郊区边缘地区转移,追求乡村风格的居住环境。通过乡村城镇化和郊区"再中心"城镇化,从国家集中管理到公社分散管理,严格管理地方规划开发服从区域规划开发。从省、区域和中央控制,实现36 000个法国基层政府单元社会经济的可持续发展。

3.4.3 澳大利亚墨尔本“可持续发展”模式

澳大利亚墨尔本模式，是对不同规划分区进行可持续发展的策略。墨尔本从2005年开始实施“绿色边缘的管理计划”，与《墨尔本2030——可持续发展的规划》战略一致，通过界定都市绿边土地，专门解决“绿色边缘”规划分区的问题。在面积超过墨尔本总面积一半以上的12个“绿色边缘”规划分区，将80%的土地用于农业和自然开放空间，通过认定绿边地区的价值和特征，提出合理可持续的土地利用方式。保持高强度农业功能区，鼓励实现农业创新和多样性的场地，实现生物多样性的条件，实现旅游、娱乐和社区发展投资的环境，从而实现收入可持续发展。

3.4.4 日本东京“产城融合”模式

日本东京“现代都市农业”，作为近郊人口导入区完成基础设施建设，投入水平与城市化均衡。东京采取以蔬菜为主的农业生产结构，建设企业化现代农园，利用大棚等发展设施农业。配合城市绿化，绿化中心提供除农药新鲜蔬菜以外，提供苗木、花卉、盆栽、家庭园艺用材料。从东京郊区发展模式，有必要给郊区农民均等化的市民地位，构建衔接城郊、串联乡镇的郊区轨道交通网络，实现区域范围内人、财、物、环境等要素资源的最佳配置。在路网交通架构中，让市区优质的人力资源流向郊区，创造更多第三产业的就业机会，这是郊区居民增收的基础。构建财税制度及财政政策在内的制度设计，合理配置城乡资源。将公共服务向郊区倾斜，改善郊区基础教育设施和办学条件，推进城郊教育均衡发展。扩大郊区农村优质医疗服务的覆盖面发挥都市农业的特殊功能，实施乡村振兴战略，走“产城融合”之路，发展生态农业、设施农业、休闲农业。

3.4.5 启示与经验

基于已有案例的梳理以及郊区的演化，纽约、伦敦、巴黎和东京等全球城市无一例外，都有强劲的消费潜力，经济实力雄厚、产业结构优化。针对上海郊区的特色优势，以中外贸易为抓手，把上海郊区建成中外经济贸易、文化交流的窗口、门户、平台。整合上海在国际化中的大都市定位，凝练具有鲜明特色、具有系统性城郊符号和文化意象，加大具有标识性的节点、坐标在空间中的塑造、传播，增加郊区日常生活元素和文化元素在上海发展中的构成和比重。

上海市场消费人群主要由本地常住人口、外省市来沪旅游者、境外来沪旅游者三方面构成。本地常住人口规模，很大程度上决定了城市的消费容量。从本地人口规模看，上海常住人口为香港人口的3倍多、东京人口的近2倍、纽约市人口的近3倍。但近两年上海消费市场最终消费率为60%左右，低于纽约、伦敦等15个百分点以上。从零售规模看，2016年上海实现零售额1 487亿美元，低于纽约(2 583亿美元)、伦敦(1 862亿美元)、东京(1 598亿美元)、巴黎(1 524亿美元)的零售规模。从人均水平看，2016年上海人均零售额为6 143.55美元，约为大伦敦的1/3，纽约市、东京都和巴黎大区的1/2，上海消费市场潜力仍有待进一步挖掘。

《长江三角洲城市群发展规划》①指出，上海全球城市功能相对较弱，与纽约、东京、伦敦等全球城市相比，上海城市国际竞争力和国际化程度不够，落户上海的世界500强企业总部仅为纽约10%，外国人口占常住人口比重仅0.9%。因此，新时期应积极顺应世界经济结构调整新趋势和全球化新动向，以浦东新区为龙头，发挥"自贸试验区"和"自由港"等重要平台的支撑带动作用，以长三角区域作为上海的重要经济腹地，积极整合长三角区域的经济要素，以建设"四个中心"为重要内容，着力提升新时期上海全球城市的经济内涵和功能作用，增强国际核心竞争力和综合服务功能，有力汇聚全球人才、企业总部、投资资金、科技力量等。

3.5　上海二元经济结构消除：机制设计与政策建议

借鉴纽约、巴黎、东京国际化大都市的经验，顺应"人口导入"这一趋势，保证功能产业协同、要素配置协同、基础设施协同、公共服务协同，兼顾"做大蛋糕"和"分匀蛋糕"的公平与效率标尺，点燃产业融合、要素导入、郊县经济等创收点，激活市场、激活要素、激活主体，补齐居民增收短板，实现郊区居民可持续收入增长。上海收入分配格局的重构，必须破除城郊二元经济结构分割的制度壁垒、行政壁垒，重新设计差异化的资源配置制度，实现劳动力在城郊间的合理流动，合理规划产业的

① 国家发展改革委　住房城乡建设部印发《长江三角洲城市群发展规划》(发改规划〔2016〕1176号)，http://www.ndrc.gov.cn/zcfb/zcfbghwb/201606/t20160603_806390.html。

功能区布局。同步提高劳动生产率和劳动报酬，发挥制度的再分配调节作用，推进基本公共服务均等化，避免郊区人均占有资源份额下降，客观上影响市区和郊区经济发展以及居民收入的可持续增长。

3.5.1 机制设计

1. 转移人口市民化，城乡公共服务逐步均等化

郊区人口流动主要包含两大群体：一是郊区农民市民化，二是外来人口郊区化。覆盖城乡、区域均衡、全民共享的城乡公共服务均等化、基础设施一体化。社会保障上，全覆盖养老保险、医疗保险，提高被征地农民、低收入农民生活保障；公共事业上，减免低收入农户子女学费，完善农村卫生服务网络。以农民工子女随迁政策为例，根据《关于来沪人员随迁子女就读各级各类学校实施意见》，对来沪人员随迁子女在沪接受义务教育的条件与原来没有实质变化，即将《上海市居住证》且参加本市社会保险满6个月。但浙江省改革政策文件较少，外来务工人员子女进入公办学校仍需要“六证”，而且还收费。2011年底，浙江省接纳义务教育外来务工人员子女只有120.91万人，在公办学校就读的比例只占74.2%，比全国主要城市的平均水平要低。江苏省财政从2011年起，设立了“专项奖补”经费，用于支持各地解决进城务工人员随迁子女入园问题，并全面建立了学前教育资助制度。外来务工人员的随迁子女只要拥有暂住证、出生证等“五证”，便可就近登记上学；户籍管制上，加快农业转移人口市民化，放宽户口迁移政策，保障其平等享受城镇基本公共服务权利，全国改革上海城郊分割的户籍制度，有利于引导农民流向城镇，农民变为市民，这是改变城郊二元经济结构的突破口。改革的原则是，逐步实行居住地登记制，逐步取消与户籍挂钩的市民福利待遇，取消与户口有关的政策；基础设施上，同步提高郊区的人口承载力，构建郊区交通、能源、水利等基础设施和教育、医疗、卫生公共资源均等的配置机制。

2. 兼业农民专业化，郊区三产业融合走向纵深

人口流动加剧诱发村庄空心化、农户兼业化、农业边缘化，产业融合为农业增效、农民增收、农村发展提供生命力。引导职业农民专业化和培育新型经营主体，诱导产业链纵向延伸型、产业链横向拓展型、农业功能拓展型、技术渗透型的“产业融合模式”，经营性收入增加凝聚内生动力。精准郊区定位，科学分类指导，布局郊区产业：第一，远郊区纯农区发展现代都市农业和田园综合体，崇明的生态模式示范区、松江的家庭农场促进产业融合。第二，提升郊区的先进制造业能级、淘汰过

剩产能。以工业园区为重点，依托大型产业基地，延伸拓展特色产业链。第三，统筹兼顾“消费性＋生产性”服务业，形成与中心城区分工互补、郊区功能布局配套的现代服务业体系。

发展多功能农业，加快发展“四新”农业，深化农村改革，建立和完善农村产业融合发展的动力机制。首先，不断培育产业融合的主体，至 2018 年，上海累计建成设施粮田面积 8.65 万公顷，市级蔬菜标准园 177 家，农业产业化龙头企业 378 家，具有一定经营能力的农民专业合作社 2 865 家，经农业主管部门认定的家庭农场 4 434 户。全市有 1 701 家企业、6 396 个产品获得“三品一标”农产品认证。其中，无公害农产品证书使用企业 1 342 家，产品 5 824 个；绿色食品证书使用企业 350 家，产品 536 个；有机农产品生产企业 9 家，产品 22 个；农产品地理标志 14 个。①其次，借鉴荷兰的“农工商综合体”和浙江的“田园综合体”，促进一、二、三产业融合发展。依托一定面积的田园，以村庄或农庄群(家庭农场群)为载体，既让农民充分参与受益，又向社会各方开放，集现代农业、文化旅游、乡村社区于一体的农村综合发展平台。其次，借鉴荷兰的“农工商综合体”和浙江的“田园综合体”，促进一、二、三产业融合发展。依托一定面积的田园，以村庄或农庄群(家庭农场群)为载体，既让农民充分参与受益，又向社会各方开放，集现代农业、文化旅游、乡村社区于一体的农村综合发展平台。

3. 要素流动双向化，城镇与郊区发展规划并举

劳动力要素流动由“单向流动”转向城乡“双向流动”，上海郊区处在“城镇化”与“郊区化”并存的新阶段。要变郊区这一城乡联结处的“纠结体”为城乡一体化的“共生体”，则要变郊区在新型城镇化和乡村振兴战略中的“痒点”为“撬点”。一是发展特色小镇，依据独特的产业竞争优势，鼓励资本用市场化运作模式，增强城镇集聚人口和就业创业能力。二是打造美丽乡村，以“信息技术、改革创新、城乡一体、转型升级”的动力转换，打造新阶段 2.0、3.0、4.0 的美丽乡村升级版，使得城乡生产要素平等交换机制，融合城郊发展。上海的城市规划下，落实主体功能区战略，扩大生态空间、保障农业空间、优化城镇空间。根据市域内不同地区功能定位和资源环境条件，提升主城区功能等级，完善新城综合功能，促进新市镇协调发展，实施乡村振兴战略，逐步形成“一主、两轴、四翼，多廊、多核、多圈”的空间结构和“主城区—新城—新市镇—乡村”的城乡体系。

① 《2018 年上海市国民经济和社会发展统计公报(2019 年 6 月 17 日)》，http://www.shanghai.gov.cn/nw2/nw2314/nw2319/nw18462/nw44007/u21aw1388491.html。

4. 财产权利正常化，激活农村的集体产权制度

以农村集体土地产权制度改革为核心，赋予并强化郊区居民充分财产权利。在“赋权”上不仅要明晰产权，而且要释放活力。保障农民土地承包经营权、宅基地使用权、集体收益分配权，加快发展农村产权流转交易市场。探索建立宅基地有偿退出、有偿使用、跨社置换的机制，推进农民住房财产权抵押、担保、转让，激活“沉睡”的巨额资产。在“强能”上鼓励集体闲置房屋租赁、异地搬迁安置小区，发展集体物业经济。通过农家乐休闲旅游业等发展集体服务经济，对近郊区、远郊区进行分阶段、有步骤地开展资产清算，鼓励各村合作、联合投资，壮大和发展村级集体经济，多渠道增加郊区财产性收入。

要达到这一目标，主要通过两条路径：一是建立土地资源开发管理机制，构建上海城乡统一的建设用地市场，落实农民财产性收入增加的功能载体。按照产权明晰、用途管制、节约集约、严格管理和同地同价原则，打破城乡建设用地“二元分割”的所有制界限，逐步缩小农村地区征地范围，推进农村集体所有的建设用地有序规范进入市场流转；完善农村建设用地开发补偿机制，农村建设用地预期价值增值必须回馈农民。将农村集体建设用地流转收益留给农民、在宅基地置换试点工作中将集中居民区商业配套用房经营性收入留给农民。二是加快农村集体经济产权制度改革。在村级、镇级推进产权改革，将量化的村集体资产以股权形式量化给股民，村集体经济组织成立股份制公司和社区股份合作社。并建立与之配套的现代企业制度、市场经济运作机制。对集体资产的管理权、经营权、处置权和收益权进行界定，避免集体资产收益和权益主体不清。

5. 低收入群体脱贫，织密织牢收入倍增保障网

缩小收入再分配差距，构建合理的收入分配制度，实现各收入阶层的流动，特别是低收入群体。低收入农户收入倍增计划，如扶持计划、结对帮扶、异地搬迁，基本建立大扶贫格局。加强低收入户的劳动技能培训，引导低收入户参与来料加工、农家乐等就近就业，鼓励企业、城郊村、工业区吸纳低收入户就业，提供廉租民工公寓。重点支持薄弱村和扶贫重点村，增加远郊纯农区的村级集体经济收入，在利益机制上紧密联结居民。积累长期稳定收益的资产，为中远郊区提供“输血”“造血”项目建设。

远郊纯农区的社会保障机制不健全，导致低收入群体贫困、因病致贫、缺劳力、缺资金。有必要推动低收入户增收致富的机制：一是实施产业开发帮扶工程，提升特色种养业水平，培育一批农业主导产业和区域特色产业的科技示范基地。推进科技扶贫，评选科技示范户，带动各新型经营主体吸收低收入农户。推进来料加工业的服务水平，推动家庭工业发展，支持低收入户依托工业园区（功能区）、异地搬

迁安置小区、因地制宜创办家庭工业，引导企业将劳动密集型生产环节扩散至家庭。积极支持农家乐休闲旅游业发展，发展村级集体经济。低收入劳动力的技能培训和后备劳动力的职业培训，促进低收入群体充分就业。

3.5.2　政策建议

1. 调整郊区产业结构，优化区域功能布局

鉴于中心城区与郊区的不同特点，调整郊区产业布局。着力发展科技含量高、附加值高、生态持续型的现代都市型农业，推进规模化、产业化经营，促进一、二、三产业融合发展。以市场需求为导向，延伸产业链条。形成产业融合、有机互动、错位互补、协调持续的城郊发展格局和现代产业体系。推进郊区服务业发展，统筹兼顾消费性服务业和生产性服务业，形成与中心城区现代服务业分工互补，与郊区功能布局相配套的现代服务业体系。提升郊区的先进制造业能级、淘汰过剩产能。城郊统筹区域联动，从各区县优势出发，以工业园区为重点，依托大型产业基地，延伸特色产业链。

一是大力破解区际基础设施和公共服务发展不平衡，进一步完善郊区的轨道交通布局，探索城乡统一的建设资金分担机制，继续加大对郊区医疗、教育以及生态等设施建设的市级财力支持。二是支持涉农区域全面推进乡村振兴战略实施，大力发展品牌农业、休闲农业、生态农业，进一步提升“三品一标”认证率和郊区特色农产品品牌影响力，鼓励集体经济以股权方式参与园区开发，提升农村集体资产管理和收益水平。三是推动城乡建设管理和公共治理能力均衡提升，持续深入开展“美丽家园”“美丽街区”“美丽乡村”等建设，在城乡区域环境改善、居民文明习惯养成、生活垃圾分类体系建设等方面持续下功夫。

2. 激活郊区经济动力，打响国际消费品牌

要激活郊区经济动力，必须统筹城郊均等化发展，以“三化”为抓手：公共服务均衡化、发展成果共享化、发展权利平等化。以常住人口作为基本公共服务配置的依据，将覆盖面推广至全部常住人口及部分流动人口。实现城郊之间规划建设、产业布局、要素配置、公共服务、生态保护、民生保障的一体化发展。消除城乡分割的制度障碍，以土地管理制度和农村集体经济组织产权制度改革为核心，健全城郊统筹的要素配置市场。人口疏散和限制劳动力自由流动，会诱发福利损失。通过劳动力要素市场化改革、自由的人口流动、要素的优化配置，方能在“集聚中走向平衡”，实现区域平衡可持续发展。重点推进近郊区人口结构、产业结构、用地结构、空间结构的互动调整和优化。

要打造上海的国际消费品牌，建立全市层面统一的、打响“上海购物”品牌的评估体系，提炼上海购物品牌要素及评价指标，加强上海购物品牌的标准化建设，建立政府引导、行业自律、企业主导的标准实施机制，把推进打响过程的各个环节纳入规范化、制度化、程序化轨道。推动上海商业服务的品牌化建设。开启商业职工分级培训机制，开展星级服务企业挂牌，加强商业服务人员的职业素养培训，培育一批标准化、品牌化、规模化的服务型龙头企业，让商业服务品牌的打造成为打响“上海购物”品牌不可或缺的重要组成部分。鼓励跨境电商、进口直销中心、国别中心等新业态的发展，多渠道扩大中高端消费品进口，丰富国内消费市场的供给和促进国内消费品市场竞争，倒逼制造业转型升级，加快产品和服务创新，培育和发展自主品牌。适应消费阶段的变化，推广消费体验、个性化设计、柔性制造等方式，满足年轻时尚消费群体需求，培育和发展新兴消费品产业。

3. 引导资源流入郊区，开拓郊区增收渠道

加大财政转移支付，落实各项补偿机制、加大农业补贴力度，为郊区发展和居民创收提供资金保障。支持重大功能性项目落户郊区，将要素配置到郊区的交通枢纽点、居民集中点，打造区域内要素和服务集聚高地。鼓励中心城区优质教育医疗资源转移覆盖到郊区。加大郊区对各类人才的引进和培养力度。避免以管制人口规模来控制城市拥堵的问题，而是顺应劳动力流动的趋势使基础设施和公共服务投资与之相匹配。让郊区功能区具备有机疏解中心城区的功能，发挥集聚人口产业的重要平台作用，根据上海郊区的各区(县)功能定位、人口结构、配套服务的特点，给予差异化、针对性的资源支持和配套政策。

一是完善上海服务长三角的空间战略布局。重点加强上海与浙江、上海与江苏的跨行政区城镇圈协同规划以及上海周边区域合作，加快郊区承接中心城区功能疏解。二是扩大“上海服务”面向长三角的服务半径，强化资本市场相关服务的辐射力，延伸贸易中心与航运中心服务网络，加强社会民生等公共服务功能的对接和辐射。三是加强高端高新领域产业合作与区域引领，深化“G60科创走廊”产业联盟建设，支持嘉定探索G15先进制造业长廊发展战略，加快张江长三角科技城建设，鼓励张江、漕河泾等标杆性园区拓展布局，打造经济共同体。

4. 提高郊区经济密度，集聚投资建设密度

在郊区这一特定空间凑成高密度形态的人口、资源，通过集聚提升分工水平，而分工水平的提升提高了生产率，从而大大提升郊区居民的收入。2003年前后，上海郊区率先提出“三个集中”(工业向园区集中、农居向集镇集中、农田向务农能手集中)，这一模式已经在成都、长沙、江苏多地推广并取得较好成效。在已有空间

的区域规划中，将投资和建设的重点转向集聚和合理的密度提升。在“人口导入”的重要背景下，将高学历、高技能的人力资源由市区向郊区集中。注重推进郊区土地节约集约利用，遵循指标从紧原则，适度缩减郊区人均建设用地标准，促进项目设施用地“瘦身”。坚持规划土地管理融合、市政公共设施综合设置理念，积极倡导设施功能共享、场地共用，提高郊区公共服务设施效用。坚持土地混合利用理念，通过多功能混合使用方式，提高用地强度、容积率及土地使用效率。实施乡村振兴战略，培育新型经营主体带动经营收入增长，发展田园综合体等可持续增收平台。

提升经济密度是高质量发展的核心支撑。一是提高土地产出效率。对照产业发展需求，合理确定工业用地、研发用地容积率等规划参数，拓展土地经济承载容量。创新土地二次开放机制，利用闲置低效用地，开发已收储土地，完善低效用地的评估标准和退出机制。二是提高投资产出效率，加强制造业升级、基础设施升级、城乡环境和民生“补短板”的有效投资，进一步优化投资结构、提升投资质量。三是优化要素配置效率。完善技术市场体系建设，创新技术转移机制模式、知识产权交易模式，推动技术市场＋互联网深度加强“亩产论英雄”的政策支持。重点是拓展单位土地的经济承载容量，支持各区加快工业用地调整，精准盘活存量土地。四是支持各区提升优势产业发展能级。充分发挥产业地图对各区的产业引导作用，实现产业布局、规划用地、项目实际需求的精准对接，加强产业项目导入的统筹联动与区域平衡，加快重点地区产业开发与转型提升。五是鼓励各区“扬长补短”、提升创新能力。针对中心城区空间受限特点，借鉴纽约“硅巷”式发展模式，嵌入式集聚发展轻资产高科技企业。

5. 缩小收入分配差距，平衡阶层收入流动

收入分配差距在城乡间、行业间、地区间普遍存在，构建合理的收入分配制度，破除不平等的农地土地流转制度、行政性垄断、不合理税费、灰色收入与腐败的寻租的制度藩篱，才能实现城乡一体化。推进户籍改革，实现城乡公共服务均等化体系的差异，消除城乡差距。避免市场配置资源的效率损失，在机会平等、规则公平和权利公平的情况下，使得不同收入阶层和收入水平的人，随着时间推移，从低收入阶层进入高收入阶层。党的十九大报告中把提高人民收入水平作为实现全体人民共同富裕时代目标的重要内容，强调在“同时”和“同步”中提高人民收入，就是要防止收入增长跟不上经济增长，劳动报酬提高之后于劳动生产率提高的情形。做到郊区居民消费水平、劳动生产率同步发展。扩大由居民消费水平支撑的国内需求，寻求郊区经济从高速增长阶段向高质量发展阶段转变。把收入增长和报酬提高放在可持续基础上。

第4章
上海各行政区土地承载力及土地利用效率实证分析

土地资源是人类活动所需的最基本的自然要素之一，而由于土地资源的有限性、稀缺性、不可再生性等特点决定了土地资源对人类活动的承载能力是有限的。随着人口增长和城市化的发展，不断增长的空间需求和日益稀缺的土地资源之间的矛盾，是大都市发展中必然面对的问题。提高土地利用效率、强化土地承载力是实现经济高质量发展的重要途径和必然选择。上海市的土地利用现状如何？土地承载力以及土地利用效率处于怎样的水平？以及在上海土地资源日趋紧张，可新增建设用地面临"天花板"的情况下，如何有效优化土地资源开发利用，提升存量土地资源利用效率？这一系列问题值得深入探讨。

4.1　上海各行政区土地利用现状分析

4.1.1　上海市土地利用的现状特征

1. 上海市土地利用及经济发展概况

(1) 地理位置与行政区划。

上海地处太平洋西岸，亚洲大陆东沿，长江三角洲前缘，东濒东海，南临杭州湾，西接江苏、浙江两省，北界长江入海口，长江与东海在此交汇。上海境内除西南部有少数丘陵山脉外，整体地势为坦荡低平的平原，是长江三角洲冲积平原的一部分，平均海拔4米左右。上海陆地地势总体由东向西略微倾斜。大金山为上海境内最高点，海拔103.4米。2017年末，上海全市土地面积为6 340.5平方千米，占全国总面积的0.06%。境内辖有崇明、长兴、横沙三个岛屿，其中崇明岛是中国的第三大岛。属亚热带湿润季风气候，四季分明，日照充分，雨量充沛。

1949 年末，上海划分为 20 个市区和 10 个郊区。后经多次行政区划调整和撤县建区，至 2017 年末，上海有 16 个区，共 105 个街道、107 个镇、2 个乡、4 253 个居民委员会和 1 590 个村民委员会。

(2) 经济发展现状。

2018 年上海市 GDP 32 679.87 亿元，比上年增长 6.6%，处于合理经济发展区间。其中，第一产业增加值 104.37 亿元，下降 6.9%；第二产业增加值 9 732.54 亿元，增长 1.8%；第三产业增加值 22 842.96 亿元，增长 8.7%。第三产业增加值占上海市生产总值的比重为 69.9%，比上年提高 0.7 个百分点。按常住人口计算的上海市人均生产总值为 13.50 万元。在上海市生产总值中，公有制经济增加值 15 896.97 亿元，比上年增长 6.6%；非公有制经济增加值 16 782.90 亿元，增长 6.5%。非公有制经济增加值占上海市生产总值的比重为 51.4%。

以 2017 年 12 月价格为 100，新建商品住宅销售价格指数为 100.4，二手住宅价格指数为 97.3；以 2017 年价格为 100，全年新建商品住宅销售价格指数为 99.8，二手住宅销售价格指数为 98.2。2018 年全市农作物播种面积 28.53 万公顷，比上年减少 0.2%。其中，粮食播种面积 12.99 万公顷，减少 2.5%。粮食产量 103.74 万吨，比上年增长 4.0%；生牛奶产量 33.44 万吨，下降 8.1%；水产品产量 30.85 万吨，增长 4.4%。至 2018 年末，全市累计建成设施粮田面积 8.65 万公顷，市级蔬菜标准园 177 家，农业产业化龙头企业 378 家，具有一定经营能力的农民专业合作社 2 865 家，经农业主管部门认定的家庭农场 4 434 户。

2018 年全年实现工业增加值 8 694.95 亿元，比上年增长 1.9%。全年完成工业总产值 36 451.84 亿元，增长 1.3%。其中，规模以上工业总产值 34 841.84 亿元，增长 1.4%。在规模以上工业总产值中，国有控股企业总产值 13 588.42 亿元，增长 1.1%。全年实现建筑业总产值 7 072.21 亿元，比上年增长 10.0%；房屋建筑施工面积 47 577.35 万平方米，增长 15.5%；竣工面积 7 960.06 万平方米，下降 1.3%。至年末，全市公交专用道路达到 363.70 公里。完成黄浦江两岸 20 公里岸线、4 座跨江大桥景观灯光提升改造。完成 116 公里架空线入地及合杆整治，拆除有安全隐患、违法违规的广告招牌 3.9 万块。全年完成房地产开发投资额比上年增长 4.6%。其中，住宅投资增长 3.4%；办公楼投资增长 7.9%；商业营业用房投资下降 8.9%。商品房施工面积 14 672.37 万平方米，下降 4.5%；竣工面积 3 115.76 万平方米，下降 8.0%。商品房销售面积 1 767.01 万平方米，增长 4.5%。其中，住宅销售面积 1 333.29 万平方米，下降 0.6%。全年商品房销售额 4 751.5 亿元，增长 18.0%。其中，住宅销售额 3 864.03 亿元，增长 15.8%。全年存量房买卖登记面积

1 547.11 万平方米，下降 1.1%。据抽样调查，全年全市居民人均可支配收入 64 183 元，比上年增长 8.8%，扣除价格因素，实际增长 7.1%。其中，城镇常住居民人均可支配收入 68 034 元，增长 8.7%，扣除价格因素，实际增长 7.0%；农村常住居民人均可支配收入 30 375 元，增长 9.2%，扣除价格因素，实际增长 7.5%。全市居民人均消费支出 43 351 元，比上年增长 8.9%。其中，城镇常住居民人均消费支出 46 015 元，增长 8.8%；农村常住居民人均消费支出 19 965 元，增长 10.4%。按常住人口和当年汇率折算的上海人均生产总值，2004 年跃上 5 000 美元台阶，2009 年又跨越 10 000 美元台阶。2017 年，上海人均生产总值达到 18 450 美元，比上年增长 5.1%，相当于世界中等发达国家或地区的水平。至 2017 年年末，全市共有 1 573.37 万人（包括离退休人员）参加城镇职工基本养老保险，有 78.70 万人参加城乡居民基本养老保险。最低生活保障标准从上年的每人每月 970 元提高到 1 070 元，增长 10.3%。月最低工资标准从 2 300 元提高到 2 420 元，小时最低工资标准从 20 元提高到 21 元。

2. 上海市及各行政区土地利用现状

上海市现划分为 16 个区，其中，中心区包括黄浦区、静安区、虹口区、徐汇区、杨浦区、普陀区、长宁区七个行政区，近郊区包括浦东新区、嘉定区、闵行区和宝山区四个行政区，远郊区包括崇明区、奉贤区、青浦区、松江区和金山区五个行政区。中心区各行政区面积均较小，在 20—60 平方公里之间，共占上海市总面积 4.5%，近郊区四区面积占上海市总面积 36.5%，远郊区五区占上海市总面积 59%。

上海市的土地利用状况十分不均衡，各区经济产出差异较大，其中面积最大的两个区为浦东新区和崇明区，占地面积分别为 1 210.41 平方公里和 1 185.49 平方公里，共占上海总面积的 37.79%，然而国民经济产值却相差巨大，以 2017 年各区 GDP 总量为例，浦东新区 GDP 为 9 651.39 亿元，在 16 个行政区中排名第一，崇明区 GDP 为 332.83 亿元，排在末位，二者相差 28 倍。

人口承载方面，截至 2017 年底，上海市常住人口为 2 418.33 万人，比上年末减少 1.37 万人。其中上海外来常住人口 972.69 万人，比上年末减少 7.52 万人；上海户籍常住人口 1 445.65 万人，比上年末增加 6.15 万人。全年出生人口为 19.70 万人，人口出生率为 8.1‰；死亡人口为 12.90 万人，人口死亡率为 5.3‰；人口自然增长率为 2.8‰，比上年下降 1.2 个千分点。从性别结构看，男性人口为 1 232.38 万人，女性人口为 1 185.95 万人，性别比为 103.9（以女性为 100）。从城乡结构看，城镇常住人口 2 120.88 万人，乡村常住人口 297.45 万人。截至 2018 年末，上海全市常住人口总数为 2 423.78 万人，比上一年为 2 418.33 万人，增加了 5.45 万人，其中

2018 年全年常住人口出生 17.4 万人，死亡 13 万人，常住自然人口增长了 4.4 万人，2018 年末上海常住人口净流入 1.05 万人。2018 年上海全年户籍常住人口出生 9.6 万人，死亡 12.2 万人，户籍常住人口自然增长率为－1.8‰，同比下降了 2.6 万人。但是上海外来人口增长加快。2018 年末，上海外来常住人口 976.21 万人，比 2017 年末的 972.68 万人数字增加了 3.53 万人(见图 4.1)。

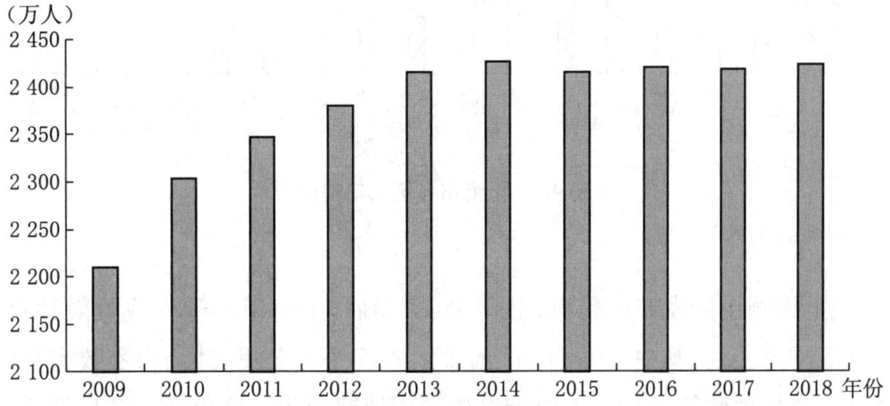

图 4.1　上海市常住人口

资料来源:《上海统计年鉴》。

数据显示，2015 年末，上海常住人口比上一年下降了 10.41 万人，这是 1978 年以来首次下降。2016 年末，上海常住人口再次回升，比上一年末增加了 4.43 万人。2017 年末比上一年末再次下降，下降人数为 1.37 万人，2018 年末再次上升，增加人数为 5.45 万人。《上海市城市总体规划(2017—2035 年)》明确指出，要严格控制人口规模，到 2020 年，常住人口控制在 2 500 万人以内。这意味着未来常住人口的增量空间十分有限，需做好人口调控工作，在总量调控的同时优化结构。地区上人口分布不均，虹口区人口密度达 34 058 人/平方公里，排名首位，其次为黄浦区、静安区、普陀区、杨浦区、徐汇区和长宁区，这七个中心城区共 289 平方公里的土地上聚集了 690 万常住人口，占上海市总常住人口的 28.5%(见图 4.2)。

在建设用地方面，上海市建设用地面积占比不断升高。2005 年上海市建设用地面积为 2 401 平方公里，约占全市陆域土地总面积的 37.8%，截止到 2017 年底，这一比值升高到 46.8%，这其中经历了“升高—平稳”的发展过程。2013 年，上海确定了总量锁定、增量递减、存量优化、流量增效、质量提高“五量调控”的土地利用基本策略，并在全国率先提出建设用地“减量化”的目标要求:对城市开发边界外的现状低效建设用地(违法工业用地和零散宅基地)，通过拆除复垦等土地整治工作，使之恢复为农用地或生态用地。2015—2017 年，上海开展了第一轮减量化 3 年行动。

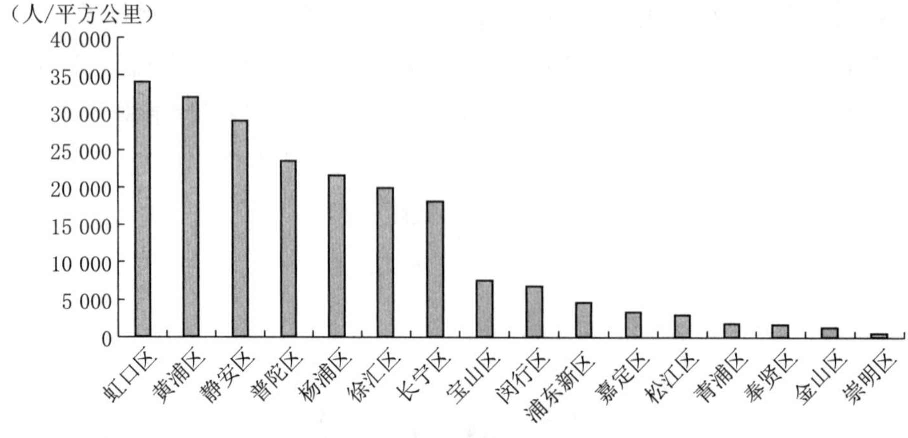

图 4.2 上海市各区人口密度

资料来源:上海统计年鉴。

按照上海规土局发布的信息,截至 2017 年底,上海市实际完成低效建设用地减量化 28 平方公里(其中"198 区域"减量化 22.7 平方公里,其余为零散宅基地)。

"高质量用地政策"指出,大力推进建设用地减量化。结合产业结构调整、环境综合治理、土地综合整治等工作,着力推进城市开发边界外建设用地减量化工作。

按照计划,2018—2020 年,上海全市每年减量化任务不低于 15 平方公里,其中工业用地减量不低于 12 平方公里。年度减量化任务依据各区剩余规划建设空间、年度新增建设需求以及减量潜力等情况分解下达。完善减量化支持政策,进一步提高市级资金补贴标准,加大国资企业用地腾退力度。

3. 上海土地利用的现状特征

(1) 建设用地规模占比高,新增建设用地总量偏低。

从总量来看,截至 2017 年底,上海建设用地总规模约 3 169 平方公里,约占全市陆域土地总面积的 46.8%,大大高于伦敦、巴黎、东京等国际大都市平均 30%左右的水平。但从增量来看,未来上海新增建设用地总量十分有限,到 2035 年,全市规划建设用地将控制在 3 200 平方公里以内,仅有 31 平方公里的可新增建设用地。在此背景下,上海经济社会发展既面临加快转型、促进重大项目落地的要求,同时又面临土地紧缺、存量用地规模较大的现实矛盾。

(2) 土地总体经济产出规模较高,地均产出水平偏低。

目前,上海已成为全国首个 GDP 突破 3 万亿的城市,但地均产出水平仍偏低,与领先的全球城市相差甚远。2017 年,全市地均产值为 7 000 万美元/平方公里,只相当于伦敦、东京、新加坡、香港等城市的 1/5—1/4。

从国内比较来看,上海建设用地地均产出水平也不高,为 9.51 亿元/平方公里，低于深圳和广州，略高于北京和苏州。面对城市建设用地“天花板”的硬约束，进一步提高土地利用效率是上海率先实现高质量发展的必然选择。

(3) 国家级、市级开发区用地效率较高，乡镇开发区用地效率偏低。

2017年，上海开发区工业用地地均产出率约为70亿元/平方公里，但各开发区间用地效率极不均衡，73.3%的开发区产出率低于平均数。其中国家级、市级开发区用地效率较高，如安亭汽车产业基地、松江出口加工区等单位工业用地产出率达580亿元/平方公里以上，而乡镇开发区地均产出率大多低于30亿元/平方公里。

(4) 重点地区高品质商办用地效率高，外围地区商办用地效率偏低。

近年来，上海商办楼宇已从2003年的3 000多万平方米增加到2016年的8 000多万平方米，年均增加约360万平方米。但商办楼宇的绩效极不均衡，一方面，重点地区高品质商务楼宇难以满足需求，企业和人口大量集聚，人口密度过高(2015年，中心城核心区范围人口密度为3.28万人/平方公里，超过曼哈顿2.8万人/平方公里)；另一方面，中低端商务楼宇的空间集聚度不够，特别是部分郊区商务楼宇空置率偏高，影响了上海商务楼宇整体用地效率的提升。

(5) 地上空间利用总量高，地下空间利用率较低。

目前，上海现有的地下空间开发主要集中0—15米的浅层，且70%左右为交通设施，公共服务设施、市政公用设施、仓储设施等所占比例较小，与巴黎、东京、大阪等国际大都市存在明显差距，故上海需要通过地下空间开发缓解城市用地紧缺、推动土地集约化利用的功能发挥不足。

(6) 农村集体建设用地规模总量高，功能偏弱、用地效率偏低。

当前，上海郊区集体建设用地总量约占全市建设用地的35%，农村人均建设用地面积564平方米，大大超过城市居民用地标准。其中，农村宅基地占上海住宅用地量的45%，而同期郊区农村户籍人口仅占全市户籍人口的10%，农村宅基地利用存在布局分散、户均占地大、空置住宅多等问题，宅基地规模与农村户籍人口规模明显不相匹配。同时，乡镇企业用地约400平方公里，普遍存在功能较弱、厂房闲置、单位工业增加值能耗高等问题。

4.1.2　上海市土地利用的短板

上海市目前建设用地总量和增量指标不能满足经济社会快速发展需要；建设用地分布上，中心城区向外蔓延扩展现象比较突出，城市生态空间结构亟需优化；建设用地中，农村集体建设用地和工业用地比重偏高，需要进一步优化整合；郊区土地利用粗放的现象仍然存在，土地利用效益有待提高；土地整理复垦开发潜力较小，耕地后备资源有限，市域范围内耕地占补平衡难度越来越大。上海市土地利用还存在诸多问题，主要体现在以下几个方面：

（1）城市密度整体偏低，容积率偏低。

从总体容积率来看，上海现状密度约为0.87，低于东京、纽约的0.99和1.23。从产业用地容积率来看，全市104个产业区块的现状综合容积率约只有0.6—0.8，大幅低于东京工业用地容积率平均为1.2的水平。产生这一现状的原因是由于在以规模扩张为主的粗放发展阶段，主要通过土地要素投入来追求经济总量快速增长，这样一来，不仅商务集聚区的综合容积率缺乏有效规划，轨道交通站点周边地区开发强度缺少统筹考虑，而且大量工业用地在低容积标准和要求的时期被快速推向市场。

大量土地资源被较低层次产业占据。前期以规模扩张为主的发展模式导致城市密度总体偏低，大量空间资源被低层次产业占据上海在一段时期内土地开发利用较为粗放，导致了城市密度整体偏低，土地资源利用不经济的现状。据统计，上海95%的工业总产值由用地不到40%的规模以上工业企业所贡献，而用地超过60%的规模以下工业企业仅贡献了5%的工业总产值。此外，囤地现象仍然存在，导致了土地资源的严重浪费。

（2）土地规划管控流程复杂僵化，市场主体积极性不高。

存量工业用地提升容积率成本较高，且调整流程繁杂。土地开发与产业发展难以适应快速变化的市场环境，土地开发供应的周期偏长、不确定性高，导致存量土地开发对社会资本的吸引力不足，市场主体提高土地利用效率的积极性不高。目前，上海工业用地提高容积率需经过“开展规划调整—签订土地合同—按市场评估价补缴地价”等数个审批环节，周期较长，成本较高。

由于用途管控过于严格，土地混合利用存在制度瓶颈。当前，土地混合利用和功能复合开发具有广泛的现实诉求，但由于土地用途管控过于严格，土地混合利用进展缓慢，土地利用绩效偏低。土地用途管控仍延续早期开发区土地管理所采取的单一功能规划思维，未能及时跟上产业融合、产城融合深度发展的大趋势，产业类工业用地配套服务设施比例结构偏低（上海规定配套服务设施的建筑面积占项目总建筑面积的比例不得超过15%，而深圳的比例为30%），致使一些园区产城融合度不高、公共服务薄弱、职住不平衡等现象突出，特别是交通优势不明显的乡镇工业园区、外围地区商务区。这在一定程度上制约了园区对高端企业、高端人才的吸引力，产业集聚与功能提升步伐缓慢，进而制约了土地利用效率的提升。

市场作用未能充分发挥，产业空间资源流转不顺畅。一方面，有效的容积率转移机制尚未建立，而这在美国等发达国家是一种较为成熟的规划调节手段；另一方面，结余厂房分割转让受到制约。根据现行政策，在土地出让合同规定厂房不得分割出让的条件下，土地使用权人需将结余厂房转为标准厂房后才可出租，租金与调整成本大体相抵，这使得土地使用权人盘活存量的积极性不高。

(3) 跨部门协同监管制度有待优化，政策体系和利益协调机制有待完善。

存在土地利用管理仍较粗放，事中事后监管手段不足的问题。提升土地利用效率是一项系统工程，涉及多个部门，需要协同推进与加强监管。从实践来看，上海协同推进和监管机制及相关政策仍待优化。目前，浙江省、江苏省均探索实行了以“亩均论英雄”为导向的土地产出效率评价体系和评估方法，建立了科技、财政、土地、环保等多部门分工明确、密切协作的工作机制，并建立与之配套的差别化要素供给机制。相比之下，上海土地管理各自为政的现象依然存在，管理较为分散，各部门的政策、数据信息等尚未实现共享，符合上海实际的、覆盖城乡和各类产(行)业的建设用地土地绩效评价体系尚未建立，事中事后监管多以传统的行政手段为主，差别化要素供给机制尚未形成，难以发挥市场调节作用。

政策体系尚不健全。一方面，部分领域存在政策空缺。如低效工业用地的认定和处置还没有十分清晰的政策标准；对过渡性开发项目在出让方式、定价、二次动迁费用等方面的政策指导仍待加强；“198”区域内大量行政划拨的国有土地，其盘活缺乏相应的政策安排。另一方面，部分政策的精准度有待提高。如城市更新、土地混合利用技术标准方面缺乏细则；减量化政策和项目转型方案缺乏联动；“198”区域政策存在“一刀切”的情况，对于“198”区域内高质量工业项目缺乏相应的政策支持。

有效的利益协调机制尚未形成，区镇政府、园区提升土地利用效率的积极性不高。一方面，工业用地收储地价(市场价)与出让地价(扶持价)倒挂严重。近年来，上海存量工业用地盘活基本以土地收储再出让为主，工业用地收储成本与出让价倒挂严重，区镇政府、园区面临较大资金缺口压力。另一方面，提升土地利用效率的奖惩机制不完善。相较其他省市，上海的土地增减挂钩奖惩机制仍较宽松，区镇盘活存量工业用地的约束力不强。

4.1.3　国内外其他城市土地利用的经验与借鉴

纽约、伦敦、新加坡、香港等城市在土地利用过程中，根据城市发展的需要适时调整土地利用方式,形成了一系列提升土地利用效率的有效措施,值得上海学习借鉴(彭颖、陈雪瑶,2018)。

1. 国内外其他先进地区土地利用经验

(1) 优化土地管理利用的理念与方式。

倡导“紧凑型城市”和“精明增长”理念。第二次世界大战后,随着经济复苏、汽车出现、城市人口大幅增加,包括伦敦、纽约在内的发达城市普遍开始了一轮郊区化发展,低密度成为现代化的象征。进入20世纪90年代后,随着郊区化带来的市区人口锐减、土地基础设施利用率不高、土地资源消耗达到空前规模等问题,发达国家和地区的城市逐步开始倡导“紧凑型城市”理念。1990年,欧共体委员会发布《城市环境绿皮书》,认为紧凑型城市是一种解决居住和环境问题的有效途径,能够大大增强城市经济、社会、环境的效益,增进竞争力,实现可持续发展。在良好设计的前提下,紧凑型城市环境更友好、更经济、更宜居、更公平,因此更有活力、更有竞争力。目前在英国和欧洲大陆,紧凑型城市已被当作国家可持续发展战略的组成部分来加以倡导。此外,2000年,美国规划协会联合60家公共团体组成“美国精明增长联盟”,提出要用足城市存量空间,减少盲目扩张;加强对现有社区的重建,重新开发废弃、被污染的工业用地,以节约基础设施和公共服务成本。

积极推进垂直空间开发和地下空间利用。随着工程技术的进步,国外大城市越来越倾向于将公共交通、公用设施、物资储备、物流运输甚至是科技研发等方面的城市功能转移到地下,并利用垂直开发方式打造立体的生态和公共空间功能。例如,东京六本木地区采用垂直花园城市的规划理念,主楼六本木森大厦开发到地下6层,许多建筑物如影剧院和低层公寓的屋顶上都建造了水田和菜地,绿化率由此前的14.2%上升为25%,通过定期举办插秧、收割、晾晒等农业活动,让城区的人能真正体验到大城市中的“小自然”。东京新宿的垃圾转运站具有综合功能,垃圾处理部分在地下一层,地面建筑用作办公和环境教育中心,顶层还有一个网球场,作为对周边居民的补偿,向公众免费开放。新加坡计划在肯特岗公园附近打造一座相当于30层楼的地下科学城,以创造空间容纳新增人口。东京的地下物流系统能有效分担城市货运总量,大大减轻地面货运量压力。瑞典、挪威、芬兰等国充分利用地下空间开发储存系统,建造地下石油库、天然气库、食品库,其中,瑞典斯德哥尔摩在地下岩洞中建立了8万平方米的国家档案馆和3.5万立方米的雨水储存库,用于保存从中世纪以来的历史资料,以及防止暴雨时的洪水泛滥和为城市提供用水。

(2) 优化土地资源配置,调动各方积极性。

根据土地用途实行密度分区管理。境外大都市普遍按照应用空间对容积率实施细化式管理,将其作为城市精细化规划的重要管控手段,通过容积率高低限差异,促进形成“疏密相致”的城市空间格局。中国香港将居住用地分为3大类11小类密度分区,最低密度分区的容积率上限为3.6,最高密度分区的上限为9.5,高低限差异为2.6倍;工业用地分为2大类7小类,允许最高容积率为1.6—9.5,高低限差异为6倍。纽约将居住用地分为10类,允许容积率上限为0.5—10,高低限差异为20倍;工业区分为3类,最高容积率限值为1.0—10,高低限差异为10倍。东京划定12种用途区域,规定每种用途区域的容积率和建筑密度,其中包含两种规则:规则一为城市规划可以指定的强度,规则二为由前面道路的宽度来确定的强度,并在两种规则中取较小值。

实施容积率激励机制。容积率激励机制是发达国家城市在传统区划基础上发展出的改良手段,即在政府公共资金、管理职能、法律权力有限的情况下,以容积率作为诱因对私人资本进行激励,借助市场力量完成城市公共空间建设的弹性规划。操作方式包括4种:一是容积率红利,即政府通过放宽开发地块法定容积率的最高上限值的方式,来吸引开发商提供某些特定的城市公共空间或设施。二是容积率转移,指在开发区内只要总容积率不变,开发商可根据自身的开发需求进行设计调控,转移容积率在空间位置上的改变,没有开发容量的变化,也没有产权交易的发生。三是容积率转让,指将某些需要保护、限制开发的资源用地上空的容积率转移到鼓励开发地区进行集中开发,在美国,容积率转让也被称为开发权转让。四是容积率储存,即将容积率作为一种特殊的不动产,以“虚拟货币”方式由政府建立“容积银行”或“开发权基金”进行储存,再视开发需求进行统一分配或转让,适用于市场需求低迷、没有开发商愿意接收容积率奖励的情形。在上述方式中,“容积率红利”应用得最为普遍,如纽约的“容积率红利”与东京的环境贡献评价制度均规定开发商如果能在高密度的商业区或居住区内提供一定比例的公共空间,可得到额外建筑面积的奖励,其中,纽约的奖励比例约为2∶1。在实际操作中,各城市结合4种方式的各自特点,调控手段逐步呈现综合化趋势,如在美国马里兰州的查尔斯郡制定的容积率激励计划中,对不同性质的用地,综合采用不同类型的容积率激励机制。

对重点区域实施特别容积率管理。除密度分区管理外,主要的国际大都市还针对各类有特殊需要的片区,实施特别容积率管理制度。纽约在规划中设立“特别意图区”,分为鼓励发展区、特色发展区、协调发展区、风貌保护区等四类,其中,前三类发展区的容积率通常可全部或部分比一般区域高，或比一般区域拥有更丰富的容积率奖励、转移或上浮政策，风貌保护区则强调保护城市肌理，对容积率、建筑高度有一定限制。东京对“都市再建特别区”实施特区式管理，区域内的建设项目可根据建设需要实施特殊容积率标准，如在特别区的项目因环境贡献而没有用足的容积率可在区域内部进行平衡，不足部分可通过区域内其他建筑提高容积率来补足。在日本的东京、近畿、中部三大都市圈由政府指定的“都市再建特别区”已有65个。其中，东京“大丸有”（大手町、丸之内、有乐町）地区依据此制度推进再建，综合容积率由原来的10提高至13，保证了区域土地的再开发，东京新厦、新丸大厦、丸之内公园大厦等设施相继建设，促进了该区域新一轮集聚与发展。

实施“法律＋社会监管”双重控制体系。国外大都市均将综合规划制定的主体内容转化为标准化的开发条例，作为开发商的实施依据，并规定容积率指标的激励必须符合一定的规则。例如，旧金山在城市中心区规划中规定历史保护的容积率激励计划，但这需要修改中心区划条例才能实现。此外，为免容积率奖励过度使用，国外部分城市建立了较为完善的公众参与、反映市民意见的机制，如西雅图的“市民选择计划”，能够及时了解广大公众对规划过程与结果的评价，有效平衡了市民需求与开发商利益之间的关系。

（3）鼓励土地混合利用，推进城市空间功能复合化。

明确土地混合利用的规划指引。伦敦在《大伦敦规划2004》中明确提出“国家政策强烈支持土地混合使用开发的发展”。纽约除了开放性娱乐公园和一般服务区用地（加油站、洗车房）以外，允许其他商业用地与住宅建筑兼容，许多地区的居住面积远高于商业面积；同时为适应市内工业轻型化、创意化的特点，允许在M1的工业用地内部兼容商业、服务业使用功能。新加坡划定了“白色用地”，允许商业、居住、旅馆业或其他无污染用途的项目在该地带内混合发展，并允许同一栋建筑内具有不同的用途。中国香港在保有“商业”和“工业”两类用地之外，新增“商贸”用地可容纳无污染工业、普通办公和商业功能。

实施鼓励土地混合利用政策。对于混合开发的项目，美国可视情况给予建筑密度、建筑高度或容积率等规划条件的奖励，并采取财政手段激励开发项目复合利用，如特殊用途减免税收、特定区域减少许可费用等。新加坡“白色用地”允许开发商在符合招标技术文件规定的用地面积、用途清单、建筑面积上限、容积率上限和建筑限高等规划条件下，按照市场环境需要自由调整功能用途及其结构比例，且无须缴纳土地溢价。中国香港通过正面清单列举了主要用途及其适建的配套用途，对于实际用途在清单范围内调整的，无须修改法定图则，此举简化了行政审批手续，提高开发效率。同时，对于配建综合交通、社区福利等公共设施的混合开发项目，还可视条件减免部分容积率。

(4) 强化全过程监管和税费调节。

严格土地开发利用的全过程监管。新加坡对国有土地利用采取的是从企业用地准入到退出的全程链条式监管。一是建立一套严格的审核制度和标准，慎重选择入驻企业，重点考察项目是否符合园区规划及企业间的关联情况。二是加强土地利用绩效评估，对入驻工业园区的企业满3年进行一次是否符合入园承诺指标的全面评估考核，综合评价土地容积率、投资、增加值、企业运营业绩。三是建立企业淘汰机制，对企业实行合同管理，根据土地利用绩效评估情况，达不到要求的就清退出园区。日本和中国香港均实施严格的闲置土地退出制度。日本规定土地所有者取得土地已满3年不利用的、土地利用程度低或未利用的、没有按照土地利用规划或其他相关规划合理有效利用的土地被认定为空闲地。政府有权要求空闲地的所有者在6周内提出该土地的利用处理规划，并对其利用方式是否符合规划用途进行监督，否则就在欲购买土地的"地方公共团体等"中选择购买者，强制对该土地进行交易。中国香港的土地使用者无论是以何种方式批出土地，都要与政府签订包含详细批地条款的土地租契。开发商如果没有按照批地条款使用土地，首先要承担违约责任，情节严重的政府可依法收回土地。

强化土地开发利用中的税费调节作用。日本主要通过空闲地税促进城市土地资源的合理利用，即对没有充分利用的土地进行罚款性征税。英国注重对土地持有环节征税，一方面促进土地合理流动，刺激土地供给，另一方面也迫使业主加大生产经营，尽快产生效益。美国地方政府经常对新的区域征收开发影响费，其目的既是为了筹措开发建设资金，同时也是为了对土地利用进行调控，即如果政府计划抑制该区域开发活动，则会提高征收开发影响费的数量，反之，会降低这一地区的开发影响费。新加坡对企业实行差别化的租金调整，对鼓励类产业项目收取较高的租金，通过调整租金、到期不再续租等手段，引导一些不符合当地产业政策的项目转移出去。

2. 对上海提高土地利用效率的启示与借鉴

(1) 积极调整城市建设和土地利用的理念和方式，促进城市高质量发展。

当前我国国土资源领域重开发轻保护、重数量轻质量等发展不平衡、不充分的问题仍较突出。上海可借鉴其他国际大都市的经验，创新城市建设理念和思路，尽快实现从松散型城市建设向紧凑型城市建设，从单用途、平面化土地利用模式向复合型、立体化土地利用模式转变,大力倡导城市精明增长理念,适时推进在土地利用的相关规划政策、技术标准、管控方法等方面的调整,率先在促进土地高效率利用和城市高质量发展上探索新路径。

(2) 实施更加细化的密度分区管控,提高土地配置效率。

与国际大都市相比,中国内地大城市的容积率高限显著偏低(以住宅用地为例,纽约 10.0、东京 5.0、香港 10.0、上海 2.5、深圳 3.2、武汉 2.7),同时低限显著高于境外(上海 1.2、深圳 1.5、武汉 1.5、纽约 0.5、东京 0.5、香港 0.4),这不利于体现城乡风貌,容易出现"扁平化"的城市空间形态。上海可按照不同性质、不同区位条件将城市用地进行更加细化的密度分区,拉大高低限差异,并在重点地区实施特别容积率制度,提高土地配置效率。

(3) 充分用好容积率激励的杠杆手段,发挥市场在配置资源中的决定性作用。

目前,我国大多数城市都制定了容积率奖励政策。但由于我国容积率奖励政策尚处于起步阶段,还没有形成完善的机制与系统,容积率奖励机制实际应用的实例比较少。上海可率先借鉴国际经验,根据自身实际条件进一步细化明确容积率奖励办法,在严格控制容积率指标违章调整的基础上,优化控规指标调整的决策机制和建立社会公众监督机制,在保障市民权益的基础上,通过合法合规的容积率激励提高市场主体参与土地利用效率提升的积极性。

(4) 大力推进土地混合复合利用,推动土地资源集约节约利用。

我国由于城市规划对于建设用途控制偏于严格和僵硬,在刚性的规划行政管理和快速变化的市场发展环境的双重压力下,直接导致了规划适应性不强的情况。上海可借鉴纽约、新加坡等城市,在可行的范围内增加规划管制的弹性,给予市场开发更多的灵活性,明确土地混合利用和建筑复合利用的规划指引,并研究出台相应的支持政策,促进土地利用最优化和利用价值最大化。

(5) 优化土地利用全生命周期监管,倒逼企业提高土地利用效率。

对土地利用实施全过程监管是保护土地资源、提高土地利用效率最直接有效的方式之一。近年来,我国各地区结合自身实际,逐步形成涵盖事前、事中、事后的全过程监管模式。如浙江实行"亩产论英雄"土地综合评价+"要素差别化配置"模式,促进企业提升土地利用效率。上海可综合借鉴国内外城市的经验,进一步优化土地利用全生命周期管理制度,特别是强化土地利用的事中、事后监管,建立多部门、各级政府共同监管机制,综合采用经济、行政、法律等手段,倒逼土地使用权利人提高土地利用效率。

4.2　上海各行政区土地承载力及土地利用效率的影响因素

4.2.1　上海市土地承载力分析

1. 城市土地承载力指标体系

土地承载力(land carrying capacity)是一个综合指标,包含了多个维度的测度,土地资源承载力是服务于人类的,主要有两种表达:一种是在一定区域空间内,土地资源能够持续供给人口数量的最大值;另一种为一定时空和一定社会、经济、生态环境条件下,土地资源能够持续承载的人类各种活动规模和强度的阈值。这里借鉴黄宇驰等(2017)选取土地承载强度(strength)、土地承载效率(efficiency)和土地承载潜力(potential)三个指标维度构建形成土地承载力综合评价模型框架,作为土地综合承载力评价体系的核心要素。

土地资源承载强度指人类活动对区域土地开发与利用的程度,反映的是土地资源被开发力度,一般以土地资源开发的规模、占比等指标代表;土地资源承载效率,指土地资源承载人类活动的社会经济产出效益贡献,常以单位面积土地的经济产出指标为代表;土地承载潜力,指未来还可继续承载人类活动的土地资源开发能力,反映的是可开发土地资源的储备潜力,通常以生态用地规模等指标为代表。

基于上述分析,构建多层次的上海土地资源承载力评价指数结构(表 4.1)。目标层对应的综合指数为土地资源承载力指数(LCC),综合反映土地资源承载力水平;系统层对应的一级指数(Ai)包括承载强度指数、承载效率指数和承载潜力指数,分别反映土地资源承载力在强度、效率和潜力这三方面的测度水平;指标层对应的二级指数(Bi),为各指标的归一化指数,反应的是具体每个指标的承载力水平。

表 4.1　土地承载力综合评价指数结构

目标层	系统层	指标层
一级指标	二级指标 Ai	三级指标 Bi
土地承载力指数(LCC)	承载强度指数(A1) 承载效率指数(A2) 承载潜力指数(A3)	B1、B2、B3……

资料来源:黄宇驰、苏敬华、吕峰(2017)。

基于上述评价指标体系框架和指标筛选方向,按照系统性、科学性、代表性、独立性和可操作性原则,结合上海土地资源开发现状特征,我们选取了 13 个具体评价指标,构成上海土地承载力综合评价指标体系(见表4.2)。

表4.2　土地承载力综合评价指标体系

目标层	系统层	指标层	指标计算方法
土地承载力(LCC)	承载强度	建设用地占比	建设用地面积/总面积
		工业用地占比	工业用地面积/总面积
		人口密度	常住人口/总面积
	承载效率	人均GDP	GDP/常住人口
		单位土地GDP产出率	GDP/总面积
		单位工业用地工业增加值产出	工业增加值/工业用地面积
		单位建设用地三产增加值产出率	第三产业增加值/建设用地面积
		单位农业用地产出率	第一产业增加值/农业用地面积
		单位土地污染物排放密度	污染物排放总量/总面积
	承载潜力	人均公园绿地面积	公园绿色面积/常住人口
		建成区绿化覆盖率	建成区绿化覆盖率
		地均专利数	专利申请数/总面积
		人均道路面积	人均道路面积

资料来源:《上海统计年鉴》《中国城市建设统计年鉴》《中国环境统计年鉴》《中国城市统计年鉴》。

对由于土地资源综合承载力评价涉及人口、经济、生态环境等多方面的因素,且各因素度量单位不一致,不能直接参与评价,为消除指标体系中各项评价指标由于计量单位和性质不一致引起的数据不可比性,需要对各项数据进行标准化处理,将原始数据的指标转化为无量纲指标,以便使所有的指标处于同一数量级别上,进一步进行指标综合评价,这里采用极差标准化法对三级指标原始数据进行了归一化处理。具体指标归一化指数计算方法如下:

$$B_i' = \frac{B_i - B_{min}}{B_{max} - B_{min}} \tag{4.1}$$

式(4.1)中,B_i、B_i'分别为原始数据、归一化后数据,B_{max}、B_{min}分别为相应指标数据的最大值和最小值。

对于指标权重的确定,这里使用均方差权值法。均方差权值法是指各指标相对权重的大小取决于在该指标中各样本数据值的相对离散程度。指标离散程度越大,指标的权重也会越大;反之指标权重越小。公式如下:

$$\sigma(B_i) = \sqrt{\frac{1}{n}\sum(B_{ij} - \bar{B}_i)^2} \tag{4.2}$$

$$W_i = \frac{\sigma(B_i)}{\sum \sigma(B_i)} \tag{4.3}$$

式(4.2)和式(4.3)中，$\sigma(B_i)$为指标 i 的标准差，n 为指标 i 的样本个数，$\bar{B}_i$ 为指标 i 的平均值，W_i 即为指标 i 的权重。

$$A_i = W_i B_i' \tag{4.4}$$

$$LCC = \sum A_i \tag{4.5}$$

即为指标的得分，为土地承载力综合得分。LCC 分值越高表明土地综合承载力水平越强，参考现有研究并结合上海发展现状，给出具体分级标准(表 4.3)。

表 4.3　土地承载力指数评价分级标准

评价分值	0<LCC≤0.2	0.2<LCC≤0.4	0.4<LCC≤0.6	0.6<LCC≤0.8	0.8<LCC
级　别	低承载力	较低承载力	中级承载力	较高承载力	高承载力

资料来源：作者整理得到。

对于各行政区的土地承载力指数，我们以上海市整体土地承载力指数为参照，以人均 GDP 占比为权重进行计算，具体地有：

$$lcc_{it} = pgdp_{it} / PGDP_t \times LCC_t \tag{4.6}$$

其中，lcc_{it}为行政区 i 在 t 年的土地综合承载力得分，gdp_{it} 为行政区 i 在 t 年的人均 GDP，GDP_t 为上海市 t 年人均 GDP，LCC_t 为上海市 t 年的土地综合承载力得分。

2. 上海市土地承载力指数分析

根据所构建的指标体系及计算方法，以上海市数据计算得到 2005—2017 年上海市整体土地承载力指数，见表 4.4。

表 4.4　上海市综合土地承载力得分

年份	LCC 得分	土地承载力分级	年份	LCC 得分	土地承载力分级
2005	0.375 4	较低承载力	2012	0.509 0	中级承载力
2006	0.395 3	较低承载力	2013	0.525 7	中级承载力
2007	0.424 9	中级承载力	2014	0.536 1	中级承载力
2008	0.434 9	中级承载力	2015	0.575 6	中级承载力
2009	0.465 9	中级承载力	2016	0.627 3	较高承载力
2010	0.478 7	中级承载力	2017	0.651 2	较高承载力
2011	0.500 2	中级承载力			

资料来源：作者整理得到。

从综合土地承载力得分评价结果看(图4.3),自2005年以来,上海市土地资源承载力综合指数呈波动提升态势,2006年之前指数均低于0.4,处于较低承载力水平,处在警戒状态;2007年之后突破警戒线提升到0.42,处于中级承载力水平,达到一般状态;在2016年突破0.6,达到较高承载力水平。上海市综合土地承载力水平在整体上不断提升。

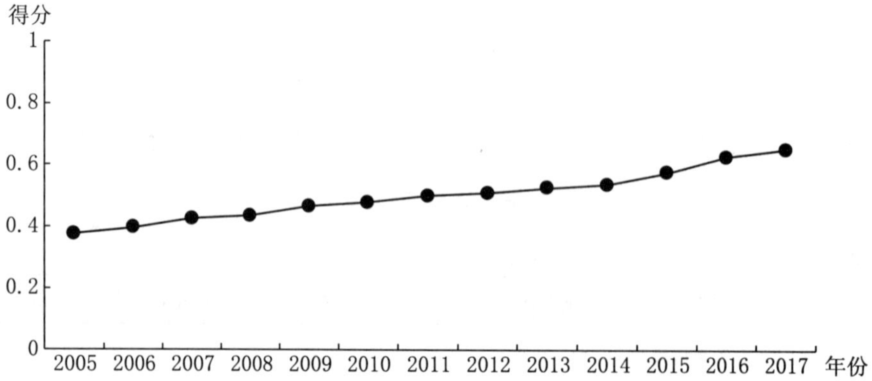

图4.3 上海市综合土地承载力得分评价结果

资料来源:作者根据计算结果整理得到。

对于各行政区的土地承载力,考虑人口和土地经济产出效率,我们以上海市整体土地承载力指数为参照,以人均GDP占比和地均GDP占比作为权重进行计算,具体地有:

$$lcc_{it}=\frac{pgdp_{it}}{PGDP_t}\times LCC_t+\frac{lgdp_{it}}{LGDP_t}\times LCC_t \tag{4.7}$$

其中,lcc_{it}为行政区i在t年的土地综合承载力得分,$pgdp_{it}$为行政区i在t年的人均GDP, $PGDP_t$为上海市t年人均GDP, $lgdp_{it}$为行政区i在t年的地均GDP, $LGDP_{it}$为上海市t年地均GDP, LCC_t为上海市t年的土地综合承载力得分。

由于上海市经历了多次行政区划变更,2015年下半年闸北区与静安区合并成立新的静安区,为保证数据可比性,我们使用2016年以后的数据进行分析。根据上海市各行政区数据,我们得到2016—2017年各行政区土地承载力,求其平均得到各行政区综合承载力(见表4.5)。

由图4.4可以看出,上海市各行政区综合土地承载力存在较大差异,黄浦区、静安区、长宁区以及虹口区土地承载力指数高于0.8,属于高土地承载力级别;徐汇区、杨浦区、普陀区以及浦东新区土地承载力指数在0.6—0.8之间,属于较高土地承载力级别;而嘉定区、闵行区和宝山区土地承载力指数在0.4—0.6之间,属于中

表4.5　上海市各行政区综合土地承载力得分

行政区	2016年 *lcc*	2017年 *lcc*	综合 *lcc*
浦东新区	0.616 9	0.638 1	0.627 5
黄浦区	0.993 4	0.990 0	0.991 7
徐汇区	0.754 6	0.756 0	0.755 3
长宁区	0.854 2	0.912 6	0.883 4
静安区	0.934 2	0.992 8	0.963 5
普陀区	0.669 7	0.677 9	0.673 8
虹口区	0.831 4	0.835 3	0.833 4
杨浦区	0.639 1	0.711 1	0.675 1
闵行区	0.445 2	0.461 5	0.453 3
宝山区	0.421 6	0.440 5	0.431 0
嘉定区	0.506 4	0.510 6	0.508 5
金山区	0.388 7	0.379 8	0.384 2
松江区	0.317 3	0.331 1	0.324 2
青浦区	0.336 2	0.352 6	0.344 4
奉贤区	0.278 0	0.295 3	0.286 6
崇明区	0.240 0	0.250 5	0.245 2

资料来源：作者根据相关计算结果整理得到。

级土地承载力级别；金山区、青浦区、松江区、奉贤区以及崇明区土地承载力指数在0.2—0.4之间，属于较低土地承载力级别。

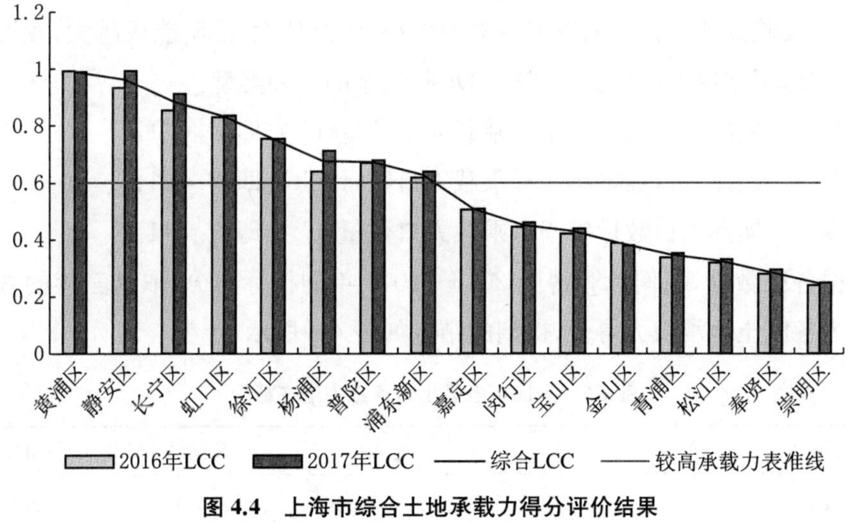

图4.4　上海市综合土地承载力得分评价结果

资料来源：作者根据相关计算结果整理得到。

为进一步分析各区县土地承载力的潜能，这里借鉴何敏和刘友兆(2003)提出的相对资源承载力概念，构造土地承载力潜在能级指标。

相对资源承载力是以参照区的平均物质生活水平以及保障这一生活水平的人

均资源拥有量为基础，统计出研究区的资源量所能供养的人口总数。与传统的资源承载力单纯注重食物绝对量的计算不同，它更注重经济方面的作用，即根据参照区的人均资源拥有量或消费量，统计出研究区的资源存量，计算出研究区的各类相对资源承载力。计算公式为(单位：万人)：

相对土地资源承载力：$C_{rl}=I_l\times Q_l$，其中 $I_l=Q_{po}/Q_{lo}$

相对经济资源承载力：$C_{re}=I_e\times Q_e$，其中 $I_e=Q_{po}/Q_{eo}$

综合承载力：$C_e=C_{rl}\times X+C_{re}\times Y$

说明：I_l——土地资源承载指数

Q_l——研究区土地面积

Q_{po}——参照区人口数量

Q_{lo}——参照区土地面积

I_e——经济资源承载指数

Q_e——研究区国内生产总值

Q_{po}——参照区人口数量

Q_{eo}——参照区国内生产总值

X、Y——权重系数($X=0.4$，$Y=0.6$)

土地承载力潜在能级 P_{ci} 是指某一地区的综合承载力与该地区的实际人口数的比值，它反映该地区在未来发展的潜力大小，比值越大，说明能级越大，发展潜力越大。同样，根据以上的计算公式得出承载状态的三种类型：

超载——实际人口数量大于可乘载人口数量(C_e)，即 $P_{ci}<1$；

富余——实际人口数量小于可乘载人口数量(C_e)，即 $P_{ci}>1$；

临界——实际人口数量等于可乘载人口数量(C_e)，即 $P_{ci}=1$。

根据各区数据，我们计算得到 2016—2018 年的指标得分，取这三年的数据平均值作为各区土地承载力得分，得到的结果如表 4.6 所示：

表 4.6　上海市各区土地承载力潜在能级

行政区	C_{rl}	C_{re}	C_e	实际人口	P_{ci}
浦东新区	462.013 5	766.235 7	644.546 8	551.926 7	1.167 8
黄浦区	7.809 6	170.110 5	105.190 2	65.526 7	1.605 3
徐汇区	20.901 9	126.816 0	84.450 4	108.740 0	0.776 6
长宁区	14.619 1	104.702 8	68.669 3	69.203 3	0.992 3
静安区	14.077 1	138.370 0	88.652 9	106.673 3	0.831 1
普陀区	20.928 6	76.198 0	54.090 2	128.390 0	0.421 3
虹口区	8.954 7	63.239 5	41.525 6	80.100 0	0.518 4

(续表)

行政区	C_{rl}	C_{re}	C_e	实际人口	P_{ci}
杨浦区	23.180 6	137.798 6	91.951 4	131.206 7	0.700 8
闵行区	147.187 1	169.676 2	160.680 6	253.613 3	0.633 6
宝山区	103.436 9	95.065 9	98.414 3	203.070 0	0.484 6
嘉定区	177.185 1	169.559 8	172.609 9	158.106 7	1.091 7
金山区	223.695 3	74.969 1	134.459 6	80.263 3	1.675 2
松江区	231.172 8	91.346 1	147.276 8	176.826 7	0.832 9
青浦区	255.792 4	80.403 3	150.558 9	120.853 3	1.245 8
奉贤区	262.376 8	62.488 7	142.443 9	115.933 3	1.228 7
崇明区	452.501 5	26.488 6	196.893 8	69.603 3	2.828 8

资料来源:作者根据计算结果整理得到。

由表4.6可以看出,上海市各行政区土地承载力潜在能级大致可分为三类:

第一类:承载潜力能级高。这一级中包含崇明区、金山区、黄浦区,这几个区的土地承载潜力能级最高,承载力潜在能级超过1.5,说明这一类地区在未来发展的潜力较大。其中,崇明区承载力潜在能级最高,达到2.83,崇明区可承载的人口数量远高于现有人口数量,未来存在较大的发展空间,这也说明虽然崇明区现阶段的综合土地承载力较低,但其未来的发展潜力是最大的。

同样,金山区承载力潜在能级为1.67,表明金山区也是上海市未来土地发展的潜力区,可适当促进中心城区的人口向金山区流动。金山区位于浙沪边界线上,是长三角一体化的重要推动地区,金山区交通委立足全区发展大局,深入开展沪浙联动发展研究,加快交通基础设施的互联互通,促进长三角一体化发展。目前,根据中国交通部、上海交通委员会的消息,长三角地区的一条跨省道路,连接上海市金山北站与浙江省的兴豪路已经开工,这也是长三角一体化过程中的一个典型的跨省连通的道路,未来金山区将成为连接长三角一体化的重要区域,因此,虽然金山区现阶段综合土地承载力尚未达到较高水平,但却有着可预见的发展潜力。

值得注意的是,这一类中包含的地区同样有综合土地承载力较高的黄浦区,说明黄浦区虽然现阶段的综合土地承载力已经达到很高水平,但其未来仍具有一定的发展潜力。从2012年起,黄浦区着力破解“二元结构”矛盾,城区环境面貌得到明显改善。注重规划引领,制定《关于加强城区规划建设管理重塑老城厢的实施意见》,旧区改造加快推进,毛地处置取得重大突破,实现旧改居民签约2.67万户,董家渡13B、15B等39个旧改项目收尾。历史风貌保护得到加强,组建历史文化风貌区和优秀历史建筑保护委员会,179、160、同福里等一批保护性开发项目加快推进,广播大楼、盐业大楼等一批历史建筑保护利用顺利完成。未来,黄浦区将切实保障和改善民生，增强群众共建共享的获得感。进一步加大民生投入，创新完善便民举措，着力在优化功能布局、完善运行机制等方面下功夫，构建10分钟24小时生活便利圈，切实提升群众的幸福感、认同感。黄浦区在保持高综合土地承载力的同时，不断优化土地利用结构，为未来的长期发展提供了更多发展空间。

第二类：承载潜力能级一般，这一级中包含青浦区、奉贤区、浦东新区以及嘉定区。其中青浦区承载力潜在能级达到1.25，在这一类区域中属于较高水平，仍具有较高的发展潜力。目前，青浦区积极融入长三角一体化战略，与江苏省苏州市吴江区、浙江省嘉兴市嘉善县一同建设长三角生态绿色一体化发展示范区。一直以来，青浦因其地理区位被称为“上海西大门”，是上海唯一和江浙两省同时接壤的行政区，背靠虹桥枢纽，面向江浙广阔腹地，是长三角的桥头堡。同时，作为中国国际进口博览会的永久举办地，青浦已从“上海西大门”跃升为“上海之门”，在上海进一步扩大对外开放过程中发挥重要作用。“生态绿色”是给一体化示范区定位和定调，作为贯彻新发展理念的“样板间”，意味着示范区的建设并不会走传统开发区的路线。示范区的建立，将为青浦带来更多高新产业，华为研发中心、启迪国际人工智能科技城等高新项目都将落子于此，为长三角区域发展积蓄新动能。

浦东新区近年来经济发展发生了巨大的飞跃，在“十三五”规划中，明确提出了“4+4”重点区域的开发建设。即在陆家嘴金融贸易区、保税区（含外高桥、空港、洋山）、张江高科技园区、金桥经济技术开发区等成熟开发区域，将进一步强化核心功能的辐射能力，强化主导功能、完善配套设施、增加公共空间、提升文化内涵。世博地区（含前滩、耀华地块）、临港地区、国际旅游度假区和航空城等，则将成为新的发展亮点。目前，浦东新区发布了《浦东新区总体规划暨土地利用总体规划（2017—2035）》，规划就人口规模、用地规模以及用地空间结构作出了明确规定。人口方面：严格控制人口总量，至2020年，规划常住人口控制在558万人以内，并作为2035年的动态调控目标。有序调节人口布局，以适宜的人口密度有序调节人口布局。严格控制中心城人口规模，将南汇新城作为承载新增人口的主要空间载体，提升郊区新市镇的人口密度，鼓励农村人口向城镇集中。用地规模方面：积极扩大生态空间，即锚固城市生态基底，积极调整生态用地结构，确保生态空间只增不减，至2035年，划定陆域生态空间面积共计533平方公里；持续保障农业空间，即稳定粮食和蔬菜等城市主要农产品的生产空间，至2020年，耕地保有量不少于40.94万亩，永久基本农田保护任务30.17万亩；严格锁定城镇空间，即至2035年，行政区划内建设用地总量控制在805平方公里以内。规划形成“一主、一新、一轴、三廊、四圈”的总体空间结构。“一主”即主城区，是上海建设全球城市的核心功能区，以中心城为主体，强化川沙主城片区的支撑。“一新”即南汇新城，是上海建设全球城市的战略新空间，沿海综合发展走廊上的综合性节点城市。“一轴”即东西城镇发展轴，是全市延安路—世纪大道发展轴的组成部分，联动陆家嘴金融城、张江科学城、国际旅游度假区、浦东枢纽、南汇新城，集中展现上海城市风貌和全球城市核心功能。“三廊”即滨江文化商务走廊、南北科技创新走廊和沿海综合发展走廊。滨江文化商务走廊聚焦全球城市发展能级的集中展示区建设，打造具有全球影响力的世界级滨水区；南北科技创新走廊落实上海自贸试验区和科创中心建设两大国家战略，南北区域联动，打造开放程度最高、创新能力最强的世界级科技创新走廊；沿海综合发展走廊立足长三角一体化发展新格局，推动重要战略地区转型，打造世界一流的国际海空门户和国家海洋生态文明示范区。“四圈”即南汇新城、祝桥—惠南两个综合发展型城镇圈，浦江—周浦—康桥—航头、唐镇—曹路—合庆两个整合提升型城镇圈。这一规划为未来浦东新区综合土地承载力提供了良好的提升空间，保证了浦东新区的土地承载潜力。

第三类：承载潜力能级较低，这一级中包含松江区、静安区、徐汇区、杨浦区、闵行区、虹口区、宝山区以及普陀区。这类地区土地承载力潜在能级均小于 1，现有实际人口数量在不同程度上大于可乘载人口数量，出现不同程度的超载现象。不难发现，这一等级中，多为综合土地承载力较高的中心城区，其中，宝山区和普陀区人口超载较为严重，普陀区 2017 年人口密度为 2.343 万人/平方公里，是上海市整体人口密度的 6 倍，在 16 个行政区内排名第 4，而其人均 GDP 为 7.26 万元/人，是上海市整体人均 GDP 的 0.56 倍，在 16 个行政区内排名仅为第 12，其土地经济产出难以支撑其高程度的人口集聚，人口呈现超载状态，未来的土地承载潜力也十分有限。

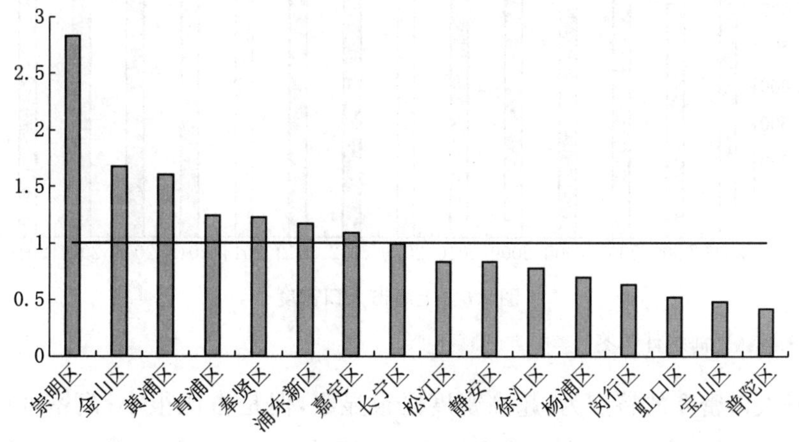

图 4.5　上海市各区土地承载力潜在能级

资料来源：《上海统计年鉴》。

3. 上海市土地利用效率分析

效率作为一个物理学概念，最初被用来衡量机械作用中的能量损耗程度。机械系统输出能量与输入能量的比值越大，说明系统内部能量损耗越小，因此其效率越高。进入经济学领域之后，效率被用来描述资源配置和经济活动的效果，它可以表示资源或劳动投入产生价值的程度。从这种意义上引申，土地利用效率可以作为土地利用水平的度量指标，土地利用效率越高，说明土地配置越合理、使用越充分，土地利用的水平也就越高。

这里从人口承载和土地产出两个方面来衡量城市土地利用效率。人口承载用人口密度来衡量，人口密度是指一定时间一定区域范围内(如国家、市镇等)单位土地面积上居住的人口数量，一般地，人口密度常用万人/平方公里表示。产出方面用土地产出率来衡量，土地产出率是指一定时间一定区域范围内(如国家、市镇等)，单位土地面积上生产的物品和服务的价值总量，一般地，土地产出率常用地均国内生产总值表示，即GDP/土地面积。通过该指标可以定量地表达出某一区域内单位土地上的经济密度。

(1) 人口密度。

上海市人口密度如图4.6所示，从2005—2018年的时间动态变化上来看，上海市人口密度整体由增长转为平稳，2005—2014年人口密度不断小幅度增长，到2015年首次出现下降趋势，2016—2018年保持在3 820人/平方公里上下浮动。

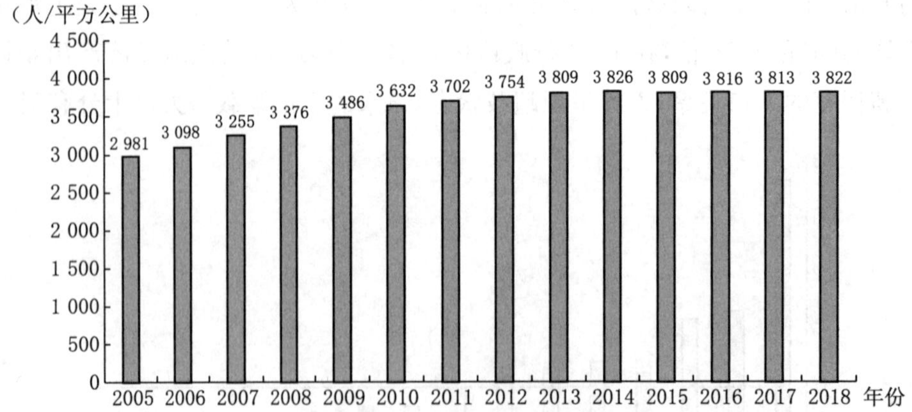

图4.6 上海市人口密度

资料来源：《上海统计年鉴》。

上海人口密度的特点为：超高密度区很显眼，但是占比很小；高密度区的占比小；中密度区摊子大，占比小。按照权重平均下来，上海就成为密度居中的城市。

从上海的人口密度来看，部分地区密度的确很大，但是密度大的地区占比不高。上海城市的摊子非常大，实际上，上海的建设用地面积已经达到了 3 200 平方公里。随着地铁的建设，上海的通勤圈变大，建成区面积迅速扩展，城市新区的密度往往是比较低的，这也拉低了上海整体的城市密度。

上海工业用地面积大，在一线城市中，上海的工业在经济总量中的占比最高。同时，上海也是一线城市中工业用地比重最大的城市。由于工业用地上面人口的密度远远小于住宅用地，实际上大大增加了上海低密度片区的比重。虽然随着工业的转型，一些工业用地转型为较高密度的园区，但统计率都有严格的限制，密度已然小于一般的商业和住宅混合区。

目前上海的人口密度并没有想象中那么高，相比国际大城市(如东京，其人口密度为 1.72 万/平方公里)还有很大差距。上海人口密度的主要问题是人口分布不均的问题。上海市各行政区人口密度差异较大，具体数据如表 4.7 所示：

表 4.7　上海各行政区人口密度

单位：人/平方公里

行政区	2016 年	2017 年	2018 年
浦东新区	4 545	4 567	4 626
黄浦区	32 072	32 004	31 955
徐汇区	19 825	19 874	19 803
长宁区	17 982	18 112	18 016
静安区	28 953	28 910	28 593
普陀区	23 387	23 431	23 380
虹口区	34 314	34 058	33 461
杨浦区	21 561	21 627	21 615
闵行区	6 850	6 836	6 125
宝山区	7 493	7 494	7 536
嘉定区	3 403	3 408	3 423
金山区	1 374	1 367	1 348
松江区	2 914	2 923	2 910
青浦区	1 813	1 799	1 819
奉贤区	1 698	1 681	1 676
崇明区	590	586	572

资料来源：《上海统计年鉴》。

可以看出，黄浦区和虹口区人口密度超过 3 万人/平方公里，静安区人口密度也接近 3 万人/平方公里，这三个区属于人口超高密度区；普陀区、杨浦区、徐汇区、长宁区四个区的人口密度均在 2 万人/平方公里左右，这四个区属于人口高密度区；而闵行区、宝山区以及浦东新区这三个区的人口密度在 0.5 万人/平方公里左右，属于人口中密度区；剩余的嘉定区、金山区、松江区、青浦区、奉贤区以及崇明区六个区人口密度不足 0.5 万人/平方，属于低密度区。

(2) 土地经济产出率。

土地产出率常用地均国内生产总值表示,这里将名义GDP以2005年为基期进行平减得到历年实际GDP,单位为亿元/平方公里。

由图4.7中实际单位土地产出率变化可以看出,上海市单位土地GDP产出率在逐年增长,2005—2009年增速较快,随后2009—2012年增速放缓,2012年之后增速再次提升,土地利用效率不断提高。

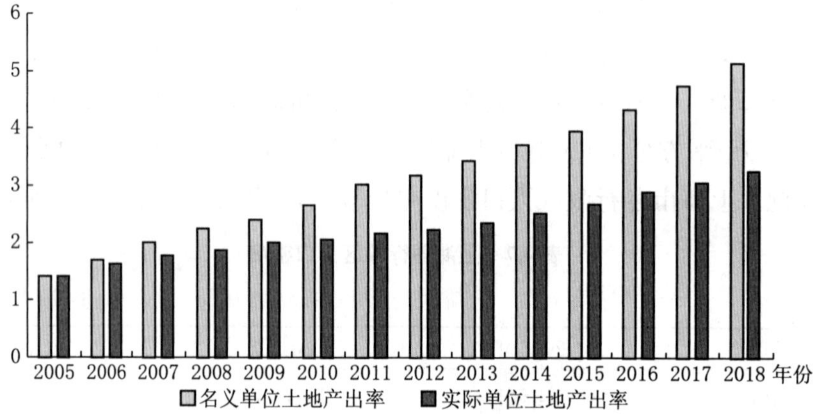

图4.7 上海市单位土地GDP产出率

资料来源:《上海统计年鉴》。

上海市各行政区单位土地产出率差异较大,具体数据如表4.8所示。

表4.8 上海市各行政区单位土地产出率

行政区	以名义GDP计算			以实际GDP计算		
	2016年	2017年	2018年	2016年	2017年	2018年
浦东新区	7.213 9	7.973 6	8.641 7	4.835 8	5.140 6	5.436 0
黄浦区	98.688 1	102.856 3	110.962 9	66.155 3	66.311 1	69.800 1
徐汇区	27.797 1	28.742 5	30.449 0	18.633 7	18.530 2	19.153 7
长宁区	31.214 8	34.400 0	37.284 6	20.924 8	22.177 6	23.453 5
静安区	44.732 1	46.195 2	50.081 3	29.986 0	29.781 9	31.503 2
普陀区	16.891 1	17.024 6	18.270 4	11.322 9	10.975 7	11.492 9
虹口区	32.290 2	33.268 9	35.720 8	21.645 7	21.448 4	22.469 8
杨浦区	26.832 5	28.045 2	30.425 8	17.987 1	18.080 7	19.139 1
闵行区	5.667 5	6.034 4	4.849 0	3.799 3	3.890 4	3.050 2
宝山区	3.870 2	4.233 9	5.136 9	2.594 4	2.729 6	3.231 3
嘉定区	4.041 1	4.635 2	5.089 8	2.709 0	2.988 3	3.201 7
金山区	1.574 7	1.669 3	1.547 8	1.055 6	1.076 2	0.973 7
松江区	1.717 9	1.850 8	2.112 9	1.151 6	1.193 3	1.329 1
青浦区	1.402 2	1.505 9	1.603 0	0.940 0	0.970 9	1.008 4
奉贤区	1.061 0	1.133 7	1.224 1	0.711 3	0.730 9	0.770 1
崇明区	0.262 9	0.280 7	0.296 1	0.176 2	0.181 0	0.186 3

资料来源:《上海统计年鉴》。

上海市各行政区单位土地产出率可分为四个等级。

第一等级，地均 GDP 大于 20 亿元/平方公里，这一等级中包含黄浦区、静安区、长宁区以及虹口区，并且从纵向来看，这一等级中四个区的土地产出率均呈现上升趋势，见图 4.8。

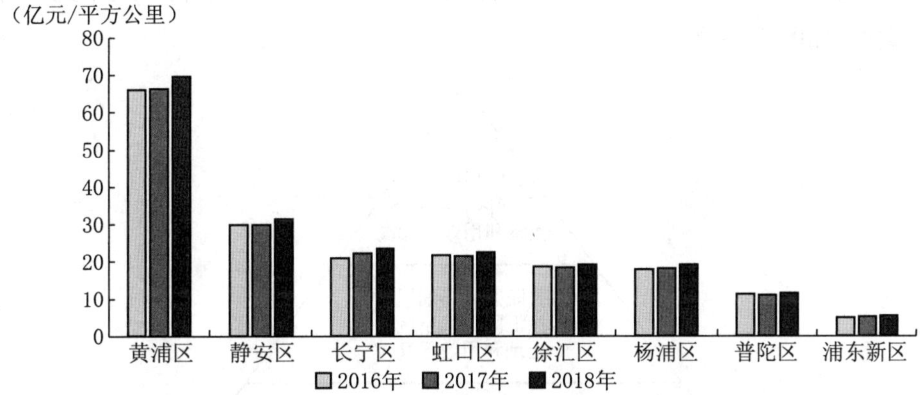

图 4.8　2016—2018 年上海市中心城区土地产出率比较

资料来源：《上海统计年鉴》。

第二等级，地均 GDP 大于 10 亿元/平方公里，同时小于 20 亿元/平方公里，这一等级中包含徐汇区、杨浦区和普陀区，同样从纵向来看，这一等级中三个区的土地产出率均呈现上升趋势。

第三等级，地均 GDP 大于 1 亿元/平方公里，同时小于 10 亿元/平方公里，这一等级中包含浦东新区、宝山区、嘉定区、闵行区、松江区以及青浦区，其中闵行区出现下降趋势，其余地区均存在不同程度的上升趋势，见图 4.9。

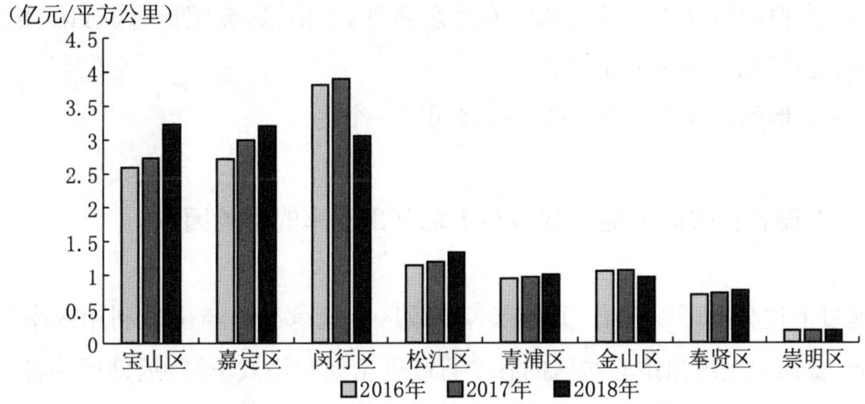

图 4.9　2016—2018 年上海市郊区土地产出率比较

资料来源：《上海统计年鉴》。

第四等级，地均 GDP 不足 1 亿元/平方公里，这一等级中包含金山区、奉贤区和崇明区，其中，金山区土地产出率在 2018 年出现下滑，奉贤区和崇明区土地产出率缓慢增长。

由上面的分析可以看出，上海市各行政区土地利用效率存在较大差异，综合人口承载和土地产出两个纬度分析，可以将上海市各行政区土地利用效率大致分为四个类型，如图 4.10 所示。

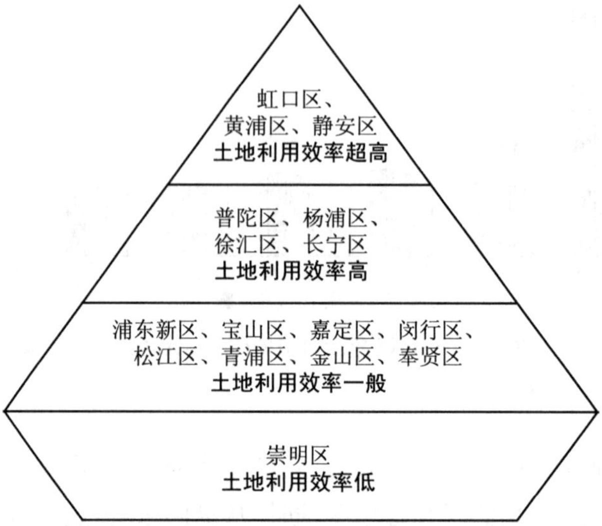

图 4.10　上海市各行政区土地利用效率分类图

资料来源：作者根据计算结果整理得到。

(1) 土地利用效率超高的行政区有虹口区、黄浦区、静安区 3 个区；

(2) 土地利用效率高的行政区有普陀区、杨浦区、徐汇区、长宁区 4 各区；

(3) 土地利用效率一般行政区有浦东新区、宝山区、嘉定区、闵行区、松江区、青浦区、金山区、奉贤区 8 个区；

(4) 土地利用效率低的行政区仅崇明区一个区。

4.2.2　上海各行政区土地承载力与土地利用效率的影响因素

通过上述分析可以看出，上海市各行政区土地承载力与土地利用效率存在一定差异，整体上呈现出中心城区的各个行政区土地利用效率高，远郊区的各个行政区土地利用效率低的特征。而造成这种差异的原因可能有多种，主要影响因素可分为经济水平差异，产业结构差异，城镇化水平差异。

经济水平的不同可能带来土地利用效率的不同，经济发展水平较为发达的地区，如黄浦区、静安区等中心城区，其集中和利用资源的能力都比较强，这对土地利用效率是一个正向推动作用。而经济发展较为落后的地区，如崇明区，集中和利用资源的能力相对较弱，因此，土地利用效率可能会受到一定影响。经济发展水平主要通过影响要素投入、城市土地价格以及技术创新等因素间接对城市土地利用效率产生影响，而城市经济水平决定了单位土地面积上对资金、劳动力、技术等各种要素的投入可能性，较高的土地价格会使得土地使用者少占用土地，加大对资本、技术等其他要素的投入，从而提高城市土地利用效率。技术创新推动城市产业结构的调整，促使土地及其他生产要素的优化配置。最终带来土地利用方式的调整、土地利用强度和效率的提升。

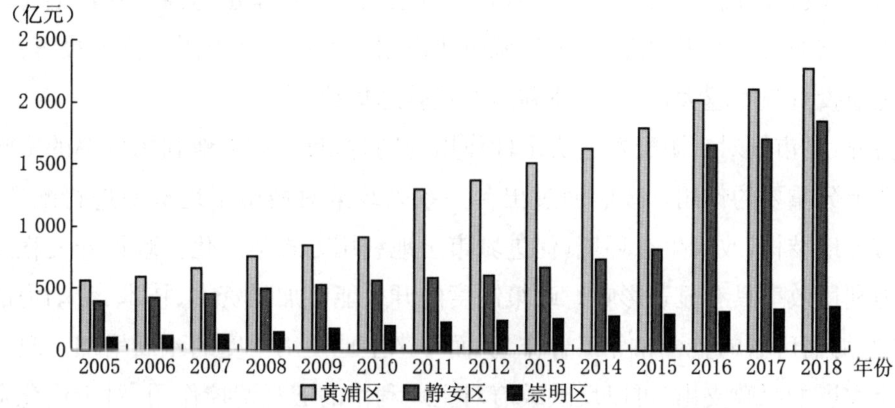

图4.11　黄浦区、静安区与崇明区GDP对比差异

资料来源：《上海统计年鉴》。

产业结构升级也是影响土地利用效率的一大因素。对于一个地区来说，非农产业占比较高，可能会产生较高的土地利用效率，这是因为较农业、种植业相比，二、三产业占地资源小，且附加值高，这样土地资源的效用就增大，但是若是考虑到生态因素，工业也可能给土地资源带来一定的减分作用。其实，不同因素对不同地区的影响是不一样的，有可能由于多种因素共同作用，使土地利用效率达到一个均衡的状态，应该视不同情况具体分析。随着上海市整体经济水平的日渐提高，产业结构不断升级，第三产业对经济增长的贡献率逐渐增加，促使劳动、资本等要素逐渐向第三产业部门转移，城市土地利用结构逐渐多样化以及城市土地利用方式逐渐集约化。但各个行政区产业结构占比仍有较大差异，虽然整体上而言，上海市各个行政区第一产业占比均十分有限，但第一产业主要集中在崇明、金山、奉贤等郊区，这些地区土地承载力普遍较低；而黄浦、静安、长宁、虹口等中心成区第三产业十分发达，各自的第三产业占该行政区GDP的比值均高达90%以上，其中，黄浦区第三产业占比高达97%，这也说明产业结构对土地利用效率有显著影响。

城镇化发展程度也是影响土地利用效率较为重要的因素，城镇化的过程离不开土地资源，并且依赖土地资源，城镇化的快速发展是土地高效利用的集中体现，因为，在这个过程中一方面释放了一部分土地资源，另一方面也在人口不断集聚的过程中将土地的作用发挥到最大。城市化水平的高低体现在城市人口、产业的聚集程度。通过梳理文献可以发现，城市化水平对城市土地利用效率的影响程度和方向主要有两面。一方面，城市化水平越高，城市规模越大，将直接导致城市建设用地大面积粗放扩张，造成土地利用低效化严重。另一方面，随着城市化水平的提高，各企业在有限的空间中从事高效的生产活动，必须对土地等生产要素进行集约化利用，使投入产出比例达到最优，因此城市土地利用效率也越高。并且随着经济发展水平与城市化水平的提高，单位城市建设用地面积的城市固定资产投资额，即城市土地投资强度越大，城市土地利用方式就越集约。

另外，在市场对资源配置起决定性作用的同时，政府对土地利用效率的影响也发挥着十分重要的作用。政府通过出台一系列政策对城市土地资源进行配置，优化城市土地结构，改善生态环境，促进城市土地利用方式集约化。政策开发程度对于土地利用效率具有显著影响。政策制度的开放能够加强资本、技术、劳动力的空间流动，加强区域的整合和分工合作，从而带来土地使用强度的不断增加。政府对于城市发展的财政支出，可以反映政府对土地利用的宏观调控作用，对于优化资源配置，提升土地利用强度具有积极效果。

4.2.3 上海各行政区土地承载力与土地利用效率的对比分析

1. 中心城区的土地承载力与土地利用效率

上海市中心城区包含黄浦区、徐汇区、长宁区、静安区、普陀区、虹口区以及杨浦区7个行政区，这7个行政区占地面积较小，其面积之和仅占上海市土地总面积的4.6%，但人口总和占上海市总人口的28.5%。

土地综合承载力方面，7个中心城区的综合土地承载力得分均在0.6以上，处于高土地承载力等级，且这7个中心城区在上海市16个行政区中综合土地承载力得分排名占据前七位置，分别为黄浦区排名第一位、徐汇区排名第五位、长宁区排名第三位、静安区排名第二位、普陀区排名第七位、虹口区排名第七位以及杨浦区排名第六位，表明中心城区综合土地承载力提高了上海市整体土地承载力水平(见图4.12)。

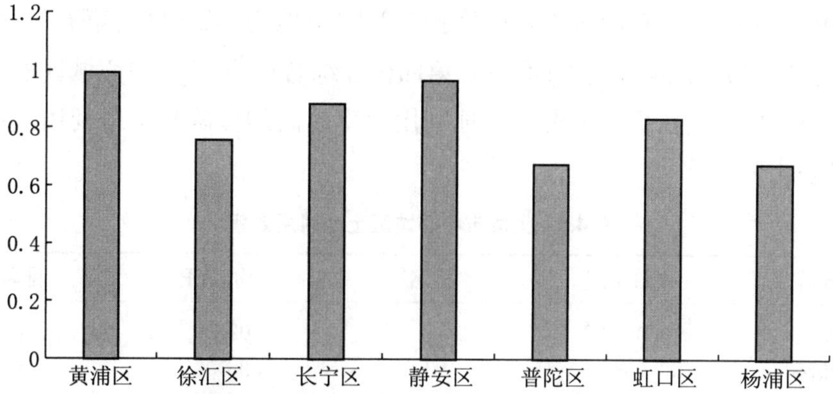

图 4.12　上海市中心城区综合土地承载力情况

资料来源:作者根据计算结果整理得到。

土地承载力潜在能级方面,与上述土地综合承载力情况不同,中心城区的土地承载力潜在能级整体不高,大部分低于 1,且这 7 个中心城区在上海市 16 个行政区中土地承载力潜在能级排名大多靠后,如徐汇区排名第 11 位、静安区排名第 2 位、普陀区排名第 7 位、虹口区排名第 14 位以及杨浦区排名第 12 位,而其中黄浦区土地承载力潜在能级较高,说明黄浦区土地承载方面仍具有较大发展潜能。中心城区土地承载力潜在能级普遍较低的现象说明中心城区虽然已经处于高土地承载力水平,但未来土地利用方面发展潜力较为有限,部分行政区已经出现人口超载现象,想要再提升土地综合承载力较为困难(见图 4.13)。

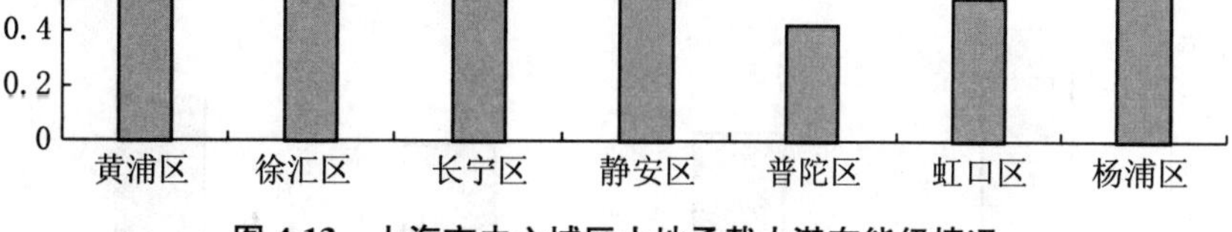

图 4.13　上海市中心城区土地承载力潜在能级情况

资料来源:作者根据计算结果整理得到。

土地利用效率方面,7 个中心城区的土地利用效率均较高,处于高土地利用率等级,这 7 个中心城区的人口密度和地均 GDP 两个指标在上海市 16 个行政区中排名均占据前七位置,但两个指标的具体排名有一定差异,比如黄浦区两指标排名均处于第一的位置，而黄浦区人口密度排名第二但地均GDP排名第五位；徐汇区人口密度排名第六位但地均GDP排名第四位。综合而言，7个中心城区的土地利用效率均较高，分别占据了上海市土地利用效率超高的梯队和土地利用效率高的梯队（见表4.9）。

表4.9 上海市中心城区土地利用效率

行政区	人口密度	排名	地均GDP	排名
虹口区	34 057.97	1	102.85	1
黄浦区	32 003.91	2	28.74	5
静安区	28 909.98	3	34.4	3
普陀区	23 430.6	4	46.19	2
杨浦区	21 626.87	5	17.02	7
徐汇区	19 874	6	33.26	4
长宁区	18 112.27	7	28.04	6

资料来源：《上海统计年鉴》。

综合以上分析，上海市中心城区现阶段综合土地承载力和土地利用效率较高，但土地承载潜在能级较低。

2. 近郊的土地承载力与土地利用效率

上海市近郊区包含浦东新区、闵行区、宝山区和嘉定区4个行政区，这4个行政区占地面积之和占上海市总面积的36.5%，人口总和占上海市总人口的48.28%。

土地综合承载力方面，4个近郊区的综合土地承载力得分均在0.4以上，处于中级土地承载力等级，其中浦东新区综合土地承载力得分为0.62，处于较高土地承载力等级。这4个行政区在上海市16个行政区中综合土地承载力得分排名占据第8到第11的位置，分别为浦东新区排名第8位、闵行区排名第10位、宝山区排名第11位、嘉定区排名第9位，表明近郊区总体综合土地承载力处于中等水平（见图4.14）。

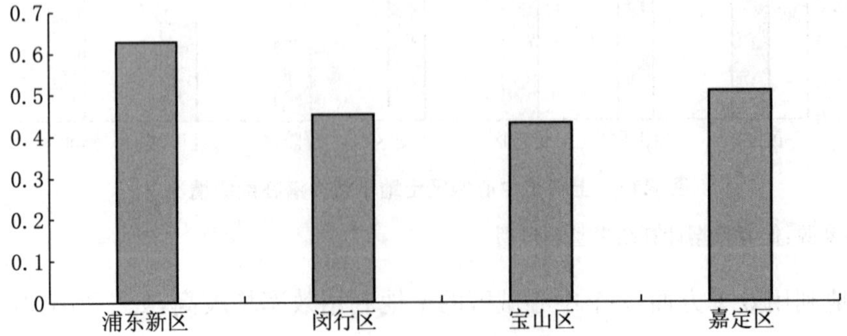

图4.14 上海市近郊区综合土地承载力情况

资料来源：作者根据计算结果得到。

土地承载力潜在能级方面，近郊区的土地承载力潜在能级有一定差异，浦东新区和嘉定区土地承载力潜在能级大于1，未来在土地承载方面仍具有一定的发展潜能；而闵行区和宝山区土地承载力潜在能级小于1，未来在土地承载方面的发展潜能较低，这两个行政区未来土地利用方面如果没有一定改变，较难有效提升土地综合承载力（见图4.15）。

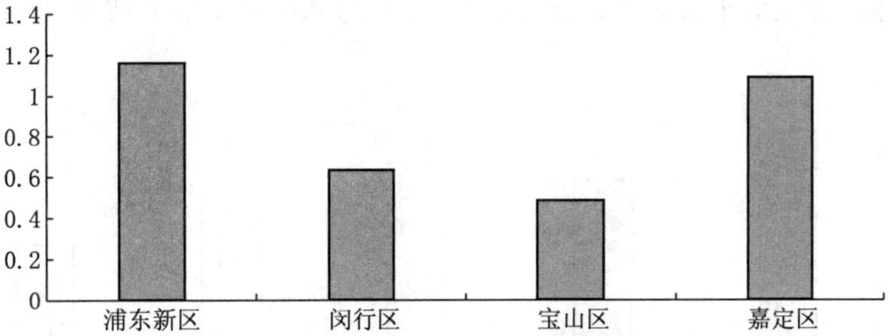

图4.15　上海市近郊区土地承载力潜在能级情况

资料来源：作者根据计算结果得到。

土地利用效率方面，近郊区4个行政区的土地利用效率处于中等土地利用率等级，与综合土地承载力相同，这4个行政区的人口密度和地均GDP两个指标在上海市16个行政区中排名均分别占据第8到第11的位置，同样两指标具体排名有一定差异，比如闵行区两指标排名均处于第9的位置，而浦东新区人口密度排名第10位，但地均GDP排名第8位；宝山区人口密度排名第8位，但地均GDP排名第11位，嘉定区人口密度排名第11位，但地均GDP排名第10位；但综合而言，近郊区4个行政区的土地利用效率均处于中等位置，4个行政区全部属于上海市土地利用效率一般的梯队（见表4.10）。

表4.10　上海市近郊区土地利用效率

行政区	人口密度	排名	地均GDP	排名
浦东新区	4 567.378	10	7.973	8
闵行区	6 835.604	9	6.034	9
宝山区	7 494.003	8	4.233	11
嘉定区	3 407.583	11	4.635	10

资料来源：《上海统计年鉴》。

综合以上分析，上海市近郊区现阶段综合土地承载力和土地利用效率均处于中等位置，但土地承载潜在能级有一定差异。

3. 远郊的土地承载力与土地利用效率

上海市远郊区包含金山区、松江区、青浦区、奉贤区和崇明区5个行政区，这4个行政区占地面积之和占上海市总面积的 58.9%，人口总和占上海市总人口的 23.2%。

土地综合承载力方面，5 个近郊区的综合土地承载力得分均在 0.4 以下，处于较低土地承载力等级，这 5 个行政区在上海市 16 个行政区中综合土地承载力得分排名占据第 12 到第 16 的位置，即排名后 5 位。其中，金山区排名第 12 位、松江区排名第 14 位、青浦区排名第 13 位、奉贤区排名第 15 位和崇明区排在最后一位。这表明远郊区总体综合土地承载力较低，需要重点提升远郊区的土地承载力(见图 4.16)。

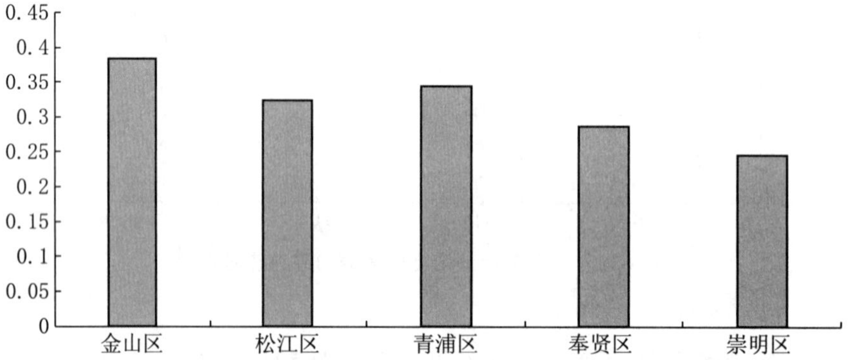

图 4.16 上海市远郊区综合土地承载力情况

资料来源：作者根据计算结果整理得到。

土地承载力潜在能级方面，令人振奋的是，远郊区的土地承载力潜在能级整体较高，5 个行政区中有 4 个行政区的土地承载力潜在能级大于 1，尤其是崇明区和金山区，分别在上海市 16 个行政区中土地承载力潜在能级排名中占据第 1 和第 2 的位置，青浦区和奉贤区分别占据第 4 和第 5 的位置，松江区排名第 9 位。远郊区各个行政区土地承载力潜在能级普遍较高的现象说明中心城区虽然目前的土地承载力水平较低，但未来土地利用方面发展潜力十分巨大，提升土地综合承载力(见图 4.17)。

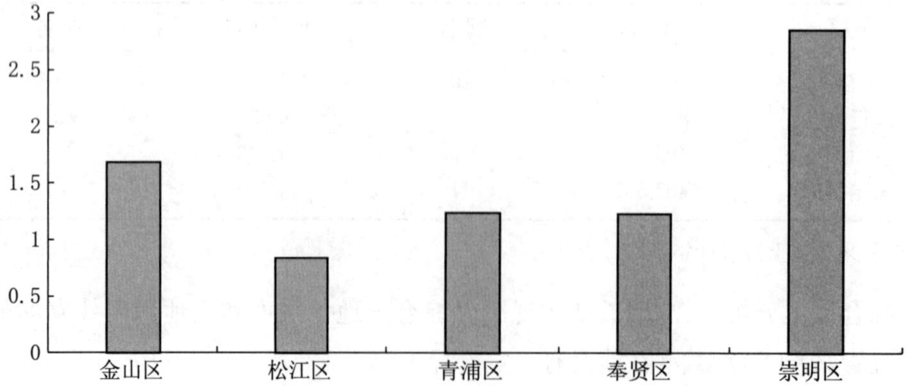

图 4.17 上海市远区土地承载力潜在能级情况

资料来源：作者根据计算结果整理得到。

较高的土地承载力潜在能级与未来的合理土地利用规划密切相关，崇明区作为世界上最大的河口冲积岛，“长江门户”“东海瀛洲”，因其地理位置离上海市中心较远，经济发展一直处于落后地位，而随着《上海市崇明区总体规划暨土地利用总体规划(2017—2035)》的发布，崇明区迎来发展新机遇。崇明区将基本建设成为具有全球引领示范作用的世界级生态岛，并且构建与世界级生态岛目标相匹配的空间格局、交通模式、基础设施与保障机制。崇明区将严格落实底线约束要求，严格管控崇明区常住人口规模，优化人口布局。到 2035 年，规划常住人口不超过 70 万人，其中城镇常住人口 56 万人左右。坚持最严格的节约用地制度和最严格的耕地保护制度。到 2035 年，规划建设用地规模不超过 265 平方公里，其中，开发边界内城镇建设用地 126 平方公里，开发边界外建设用地 139 平方公里。耕地保有量不低于 63.5 万亩。规划至 2035 年，森林覆盖率提升至 35%。在崇明区骨干道路周边、环崇明岛道路两侧、乡镇主干道和主要河道两侧及其他宜种植或补植的区域加强种植力度，整体形成“三环四轴五景、多廊多带、多园多点”的林地总体格局。构建城乡统筹的空间体系，立足全域，以城乡建设平衡与自然生态协调为导向，形成“三区两带两片”的总体空间结构。交通方面构建“外畅内优、高效集约、绿色生态”的综合交通体系。优化对外跨江通道布局，形成东、西对外双通道格局。其中，东线通道由 G40 沪陕高速和轨道交通崇明线组成；西线通道由 S7 沪崇高速和轨道交通沪崇线组成。产业发展方面构建形成以现代农业为基础、旅游服务为先导、创新经济为主体、绿色智造为支撑的生态型产业体系；在住房方面，构建科学合理的住房时序调控机制，提高保障性住房在住房供应总量中的比例。至 2035 年，全区开发边界内城镇住宅用地总规模约 32.0 平方公里。城镇住宅总套数为 25 万套左右，其中预留 10%左右的弹性规模，应对人口结构调整、提升人均居住水平。在公共服务方面，保障目前较为紧缺的公共性、公益性设施空间的建设，弥补现存公共服务短板，优化提升空间品质和生活质量；生态环境方面，规划至 2035 年，崇明区可再生能源使用率达到 30%，清洁能源使用率达到 80%以上。逐步降低高碳能源使用比例，实现能源结构低碳化；城镇污水处理率达到 100%，崇明区未来的综合土地承载力将得到巨大的提升。

土地利用效率方面，远郊区 5 个行政区的土地利用效率处于中等土地利用率等级，与综合土地承载力相同，这 4 个行政区的人口密度和地均 GDP 两个指标在上海市 16 个行政区中排名均分别占据后五位，金山区、松江区、青浦区、奉贤区四个行政区属于上海市土地利用效率一般的梯队，崇明区属于土地利用效率低的梯队。

表 4.11　上海市远郊区土地利用效率

行政区	人口密度	排名	地均 GDP	排名
金山区	1 367.46	15	1.669	13
松江区	2 922.528	12	1.850	12
青浦区	1 798.579	13	1.505	14
奉贤区	1 680.705	14	1.133	15
崇明区	585.918	16	0.280	16

资料来源:《上海统计年鉴》。

综合以上分析,上海市远郊区现阶段综合土地承载力和土地利用效率均处于较低水平,但土地承载潜在能级普遍较高,未来该地区土地承载和利用将会有长足的进步。

4.3　上海各行政区土地承载力与土地利用效率的影响效应

4.3.1　研究方法与数据

1. PVAR 模型

Holtz-Eakin 等(1988)首次提出面板向量自回归模型(panel vector autoregressive, PVAR),PVAR 模型通过面板脉冲响应函数分析误差项发生变化时对系统的动态影像,通过面板方差分解技术评价不同冲击的重要性。PVAR 模型的一般公式为:

$$Y_{it}=\alpha_0+\sum_{j=1}^{m}\alpha_j Y_{i,t-j}+\varphi_i+\varphi_{it}+\gamma_{it}$$

式中,Y_{it} 表示第 i 个行政区第 t 年的内生变量,即土地综合承载力(土地利用效率)。其中,i 表示行政区,j 表示滞后期数,t 表示年份。$Y_{i,t-j}$ 表示滞后 j 期的变量,α_0 为截距项,α_j 表示滞后期系数矩阵,φ_i 为固定效应向量;φ_{it} 为时间效应向量;γ_{it} 为随机误差项。

本研究构建土地承载力(土地利用效率)与区域经济发展系统的 PVAR 模型,采用广义矩估计 GMM 法进行估计,运用面板格兰杰(Granger)因果检验、面板脉冲响应函数和面板方差分解技术实证分析上海市各行政区土地承载力(土地利用效率)和区域经济发展之间的动态影响效应。

2. 耦合协调模型

(1) 耦合度模型。

耦合(coupling)是指两个(或两个以上)系统或运动形式通过相互作用而彼此影响的现象。城市土地利用效率与经济发展水平属于典型的耦合协调关系。一般而言，耦合过程可以划分为低水平耦合阶段、拮抗阶段、磨合阶段和高水平耦合阶段。计算公式如下：

$$CL_{it}=\sqrt{\frac{lue_{it}\cdot rgdp_{it}}{(lue_{it}+rgdp_{it})^2}}$$

式中，CL_{it}为第i个行政区第t年的土地承载力(土地利用效率)与经济发展的耦合程度；lue_{it}和$rgdp_{it}$分别代表第i个行政区第t年的土地承载力(土地利用效率)和经济发展水平。CL_{it}取值范围在0和1之间。若$CL_{it}=1$，表明土地承载力(土地利用效率)和经济发展水平向着有序方向发展；若$CL_{it}=0$，表明土地承载力(土地利用效率)和经济发展水平处于无序发展状态。

(2) 协调度模型。

耦合度可以有效评价土地承载力(土地利用效率)和经济发展水平的交互耦合强度，但在多个地域空间对比研究中，难以准确评价协调发展水平，故采用土地承载力(土地利用效率)和经济发展水平协调度模型，计算公式如下：

$$CD_{it}=\sqrt{CL_{it}\cdot CI_{it}}$$

CD_{it}为第i个行政区第t年的土地承载力(土地利用效率)与经济发展的协调程度；CI_{it}代表二者的综合协调指数，$CI_{it}=\alpha\ln lue_{it}+\beta\ln rgdp_{it}$，且$\alpha+\beta=1$，$\alpha$和$\beta$为待定权重。

3. 变量选取与数据来源

(1) 经济发展水平($rgdp$)采用人均GDP来衡量。经济发展水平反映了一个地区可持续发展的现状和潜力，这在一定程度上也体现在其土地利用的模式和效率上，土地承载的潜力越大，土地利用效率越高，往往可以降低交易成本、吸引劳动力流入、促进知识外溢和引导基础设施资源合理配置，从而带来持续稳定的经济增长。

(2) 产业结构(ind)采用第三产业比重与第二产业比重的比率来表示，城市土地不仅是城市经济的生产要素，也是产业的空间落实与物质支撑，各类产业最终都要落实在具体的土地上，土地利用结构也成为了产业结构布局与发展的基础。而土地资源又有着用途多样性这一经济特点，对于一定面积的土地，往往会有多种使用用途展开竞争，这种竞争具体到城市土地上就会产生产业结构的多种可能性。土地资源的稀缺性和土地区位的特殊性，又使得布置在不同土地上的产业产生的经济、社会和环境效益也呈现出极大的差异，这就导致城市土地资源的利用情况必然会对产业结构的调整和升级产生影响。

(3) 土地承载力(*lcc*)。采用全局主成分分析法与均方差权值法相结合的综合确权法获得，取值在0到1之间。是在一定时空和一定社会、经济、生态环境条件下，土地资源能够持续承载的人类各种活动规模和强度的阈值，反映了城市土地人口、资源环境、经济社会、科技文化的综合承载能力。

(4) 土地利用效率(*lue*)采用地均产值来衡量，即单位土地面积的国内生产总值，是衡量土地利用效率高低的直观指标。如果某一产业在某一时期内土地利用效益保持不变，则其土地占用区域土地总面积的比例与该产业产值占区域GDP总量之比应该维持在一个稳定的水平，不会随时间推移而波动；反之，则表明该产业在这一时期内的土地利用效益出现了波动。因此，可以构建一个土地产值系数，即产业用地占比和产值占比之比来测度土地利用效益，其值增大表明该产业单位比重产值消耗的土地比重会上升，用地效率的相对降低。

(5) 外资水平(*fdi*)采用外商直接投资合同总额来衡量，并对其值取对数。外商直接投资为上海的产业发展带来了一定的资金支持、先进的管理理念和技术革新，推动上海产业结构不断优化，提升了上海产业在全球价值链、产业链、创新链中的地位，丰富了上海的产业领域，提高了上海的技术水平和研发能力，对促进上海产业结构转型升级发挥了积极作用。

(6) 基础设施建设投入水平(*invest*)采用全社会固定资产投资额来衡量，并对其值取对数。固定资产投资对区域经济发展和产业结构调整起着重要的作用，经济发展取决于投入资金的数量和资金的利用效率。固定资产投资是经济增长的重要原动力，它对经济运行具有先导作用，并以其乘数效应拉动经济增长。投资结构调整是产业结构优化和升级的先导和杠杆。固定资产投资结构在向促进新型工业化的方向发展。高新技术产业投资快速增长，第三产业投资稳步发展。投资重点项目的实施，加强了经济社会的薄弱环节，缓解了煤电油运等基础设施和基础产业的瓶颈制约。

本章以2001—2018年上海17个行政区为研究对象，其中闸北区在2015年11月与静安区撤二建一，建设新“静安区”，因此，闸北区数据只到2015年。各变量指标所采用的数据来自历年《上海统计年鉴》、各行政区年鉴和统计年鉴及统计公报等统计数据资料。

表 4.12　变量描述性统计

变量	观测值	均值	最大值	最小值	方差
lcc	303	0.487 3	0.721 6	0.328 5	1.307 5
lue	303	5.866 2	9.314 3	1.609 4	1.840 4
rgdp	303	10.978 2	12.76	9.02	0.722 5
ind	303	0.047 9	0.597 2	0.001 3	0.087 2
fdi	303	10.877 8	15.3	6.06	1.303 5
invest	303	4.954 4	7.6	1.99	0.951 5

资料来源：作者根据计算结果整理得到。

4.3.2　土地承载力与土地利用效率对区域经济发展的动态效应和耦合协调

1. 作用机制与实现路径

土地承载力与土地利用效率影响区域经济发展的作用机制为：在可持续承载范围内，行政区土地承载力与土地利用效率的提升能够促进区域经济增长及区域经济空间结构的调整；行政区土地承载力与土地利用效率超负荷运行会抑制区域经济增长和区域经济空间结构的调整。区域经济总量的不断增长需要挖掘地区土地的潜在综合承载力，会增加超负荷运行的风险；区域经济空间结构的调整有利于地区土地的可持续承载，缓解超负荷运行的压力。区域经济空间结构的优化能够促进区域经济总量的不断增长；区域经济总量的不断增长为区域经济空间结构的优化提供保障。

土地承载力与土地利用效率影响区域经济发展的实现路径为：优化配置人口、资源环境、经济社会等要素，增强科技文化的推动，促进城市土地各个承载力的耦合协调，提高城市土地的综合承载能力。同时，诊断和补偿城市土地综合承载力的短板，构建城市土地综合承载力发展的预警机制，制定城市土地各个承载力的危机管理策略。此外，促进城市土地资源利用向集约型转变，增加城市生态环境投入，推动区域经济空间结构优化升级，提高区域经济总量水平，使土地承载力与土地利用效率与区域经济实现协调发展。

2. 动态影响效应分析

(1) 面板 ADF 检验。

本节对上海市各行政区土地承载力（土地利用效率）和经济发展水平变量的面板数据进行单位根检验，避免出现 PVAR 模型的“伪回归”现象。由检验结果可知：在 10%显著性水平下，除 Breitung 检验外，土地承载力、土地利用效率、经济发展水平、产业结构、外资水平和基础设施建设投入水平变量的一阶差分序列均通过平稳性检验(见表4.13)。总体来看,变量序列均为一阶单整序列I(1),故对其进行面板协整检验,从而分析系统变量之间是否存在面板协整关系。其中,LLC检验、Breitung检验、IPS检验、Fisher-ADF检验滞后阶数均根据AIC准则自动选取。

表4.13　变量的面板单位根检验结果

变量	LLC	Breitung	IPS	Fisher-ADF		Hadri	
				ADF	PP	Bartlett	quadraticspectral
Lcc	−0.835 4**	−1.285 7*	−0.530 7	8.530 3***	1.097 4	4.549 4***	4.092 0***
Lue	−2.656 5***	0.346 4	−1.243 6	6.823 6***	1.956 6**	6.267 3***	4.952 3***
Rgdp	−1.977 3**	0.204 8	−1.252 4	5.212 6***	3.091 6***	5.626 3***	4.354 0***
Ind	−3.621 4***	−0.019 6	−2.779 4***	6.505 5***	7.032 1***	6.467 4***	5.627 3***
fdi	−4.008 6***	1.267 5	−0.436 4	4.777 7***	0.037 3	6.077 2***	5.458 7***
invest	−3.981 6***	1.033 2	−3.324 7**	5.554 1***	0.891 2	5.221***	4.493 5***

注:***、**和*分别表示在1%、5%和10%显著性水平下显著。

(2) 面板协整检验。

为了剖析上海市各行政区土地承载力(土地利用效率)和经济发展水平变量序列之间是否存在长期均衡关系,需要对土地承载力、土地利用效率、经济发展水平变量数据进行面板协整检验。本书采用Kao检验法和Pedroni检验法对变量数据进行面板协整检验,其中:Kao检验统计量为ADF,Pedroni包括维度内检验统计量Panel v、Panel rho、Panel PP、Panel ADF和维度间检验统计量Group rho、Group PP、Group ADF。由检验结果可知:土地承载力和经济发展水平、土地利用效率和经济发展水平之间都存在着长期协整关系(见表4.14)。因此,对上海市各行政区土地承载力(土地利用效率)和经济发展水平进行PVAR模型估计是合理的。

表4.14　Kao检验和Pedroni检验结果(滞后阶数由SIC准则确定)

检验方法	统计量名	统计量值/p值	
		Lcc 和 *rgdp*	*Lue* 和 *rgp*
Kao检验	ADF	−1.428 5*	−2.033 4**
Pedroni检验	Panel *v*	1.083 1**	1.562 7***
	Panel *rho*	−1.152 7**	0.529 1
	Panel PP	−1.613 8***	−2.009 9**
	Panel ADF	−1.520 4***	−2.163 8***
	Group *rho*	−0.382 9	1.042 7
	Group PP	−1.102 8***	−3.162 3***
	Group ADF	−1.114 9***	2.873 1***

注:***、**和*分别表示在1%、5%和10%显著性水平下显著。

(3) PVAR 回归分析。

本节采用 Abrigo 和 Love(2015)提供的 PVAR 程序对土地承载力、土地利用效率和经济发展水平变量间进行面板向量自回归分析。根据 MBIC、MAIC 和 MQIC 最小化准则和系统内生变量面板数据的实际情况,综合考虑面板脉冲响应函数的收敛性,确定最优滞后阶数为二阶。然后,采用广义矩估计 GMM 法,充分考虑土地承载力、土地利用效率和经济发展水平变量先后顺序对面板脉冲响应函数和面板方差分解技术产生的可能影响,对上海市各行政区之间土地承载力(土地利用效率)和经济发展水平的 PVAR 模型进行参数估计,GMM 估计结果见表 4.15。

表 4.15　土地承载力(土地利用效率)和经济发展水平的 GMM 估计结果

变　量	*lcc*(*lue*)		*rgdp*	
	系数	*Z* 值	系数	*Z* 值
lcc(L1)	1.257 1	3.21***	−0.015 6	−0.07
lcc(L2)	−0.305 5	−0.85	−0.091 9	−0.53
rgdp(L1)	0.201 1	0.73	1.087 6	11.81***
rgdp(L2)	−0.187 8	−0.73	−0.095 6	−1.11
lue(L1)	1.157 8	4.48***	−0.087 5	−0.54
lue(L2)	−0.352 8	−1.44	−0.112 4	−0.84
rgdp(L1)	−0.018 1	−0.07	1.223 8	7.05***
rgdp(L2)	0.218 9	0.96	0.001 0	0.01

注:L1 和 L2 分别表示滞后 1 阶和滞后 2 阶。

(4) 面板脉冲响应函数分析。

面板脉冲响应函数是指上海市各行政区之间土地承载力(土地利用效率)和经济发展的系统 PVAR 模型受到某种冲击时的动态响应。因此,采用面板脉冲响应函数可以分析上海市各行政区之间土地承载力(土地利用效率)和经济发展的变量之间的动态影响效应。

图 4.18 中(a)和(b)两图(rgdp shock 与 lcc shock)表示人均 GDP 对自身新息冲击和土地承载力新息冲击的动态响应。其中,人均 GDP 新息冲击响应均为正向效应,呈逐渐下降趋势,逐渐收敛于 0 值;土地承载力新息冲击响应均为负向效应,呈下降趋势并逐渐平行稳定;据此,上海市各行政区经济发展对于土地承载力提升具有持续的抑制作用。(c)和(d)两图(rgdp shock 与 lcc shock)表示土地承载力对人均 GDP 新息冲击和自身新息冲击的动态响应。其中,人均 GDP 新息冲击响应均为负向效应,呈先下降后上升的趋势,逐渐收敛于 0 值;土地承载力新息冲击响应均为正向效应,呈逐渐下降的趋势,逐渐收敛于 0 值;据此,上海市各行政区土地承载力对经济发展具有一定程度的抑制作用,但这种抑制作用在逐渐改善。

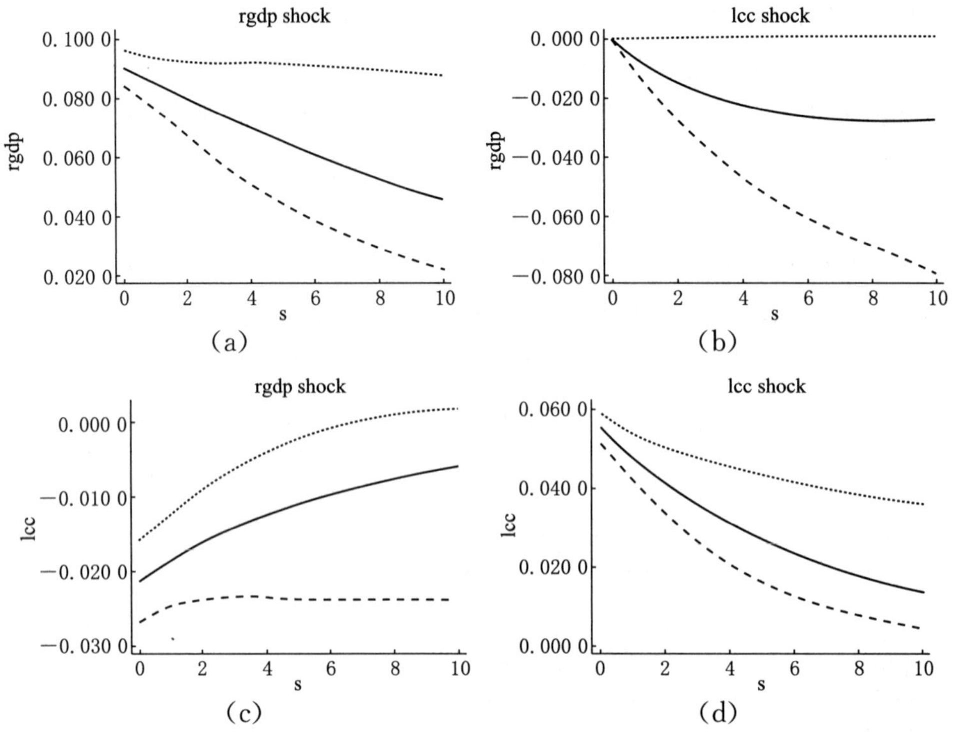

图 4.18　一个标准差新息冲击的面板脉冲响应函数(土地承载力)

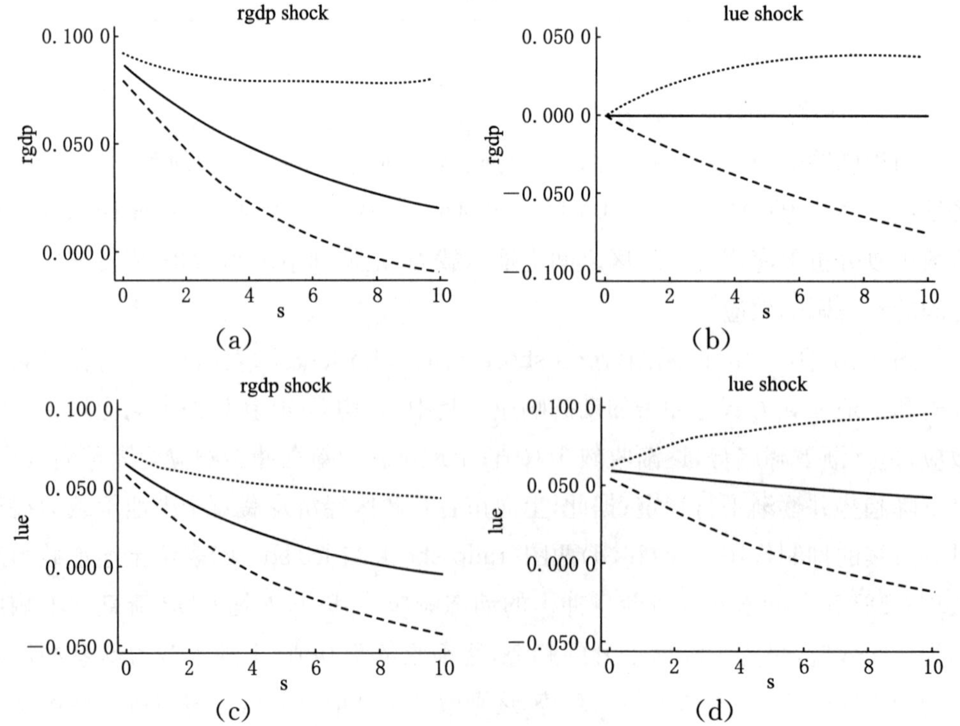

图 4.19　一个标准差新息冲击的面板脉冲响应函数(土地利用效率)

图 4.19 中(a)和(b)两图(rgdp shock 与 lcc shock)表示人均 GDP 对自身新息冲击和土地利用效率新息冲击的动态响应。其中,对人均 GDP 新息冲击响应均为正向效应,呈逐渐下降趋势,逐渐收敛于 0 值;对土地利用效率新息冲击响应均为正向效应,呈先上升后下降趋势,逐渐收敛于 0 值;据此,上海市各行政区经济发展对于土地利用效率的提升具有促进作用。(c)和(d)两图(rgdp shock 与 lcc shock)表示土地利用效率对人均 GDP 新息冲击和自身新息冲击的动态响应。其中,对人均 GDP 新息冲击响应先为正向效应,在第 6 期为 0 值,以后为负向效应,呈逐渐下降的趋势;土地利用效率新息冲击响应均为正向效应,呈逐渐下降的趋势;据此,上海市各行政区土地利用效率对经济发展的具有先促进后抑制的倒“U”形作用。

由此可见,上海市各行政区土地承载力和土地利用效率对经济发展都有一定程度的抑制作用,但在一定时期能够促进经济发展,上海市经济高质量发展很大程度上依靠挖掘潜在的土地承载力和提高土地利用效率。总体来看,上海市各行政区的土地承载力和土地利用效率与区域经济发展之间仍存在着互动不足、融合不够等问题,这就有必要对两者的协调发展程度进行综合评价。

城市土地集约利用有助于经济高质量发展。经济质量增长主要源于全要素生产力的提升,而城市土地作为经济发展的基础物质载体,土地集约利用过程中的制度变革、结构调整及要素配置等,都会改变城市土地利用系统与经济发展系统的交互程度及作用路径,并最终改变经济增长的质量(卢新海等,2018;赵可等,2014)。城市土地作为经济发展的重要载体,土地供给很大程度上影响了一体化进程中产业发展方向与结构布局,制约着经济质量的增长速度。通过城市土地利用集约化以增加土地经济供给,推动土地市场的不断完善,在市场机制和土地价值规律的双重约束下,产业结构得以优化,全产业链布局不断升级,进而提高经济增长效率(陈翠芳等,2019)。

上海城市发展处于经济动能转换的关键阶段,资源环境约束趋紧,可新增建设用地面临“天花板”,前期以规模扩张为主的发展模式导致城市密度总体偏低,大量空间资源被低层次产业占据,土地规划管控偏僵化,容积率调整流程复杂,市场主体提升土地利用效率的积极性不高,跨部门协同监管制度有待优化,政策体系和利益协调机制有待完善。近几年,相继出台了一系列政策,如《关于进一步提高本市土地节约集约利用水平的若干意见》《关于促进资源高效率配置推动产业高质量发展的若干意见》《关于我市全面推进土地资源高质量利用的若干意见》等,通过建立以创新发展提质增效为核心的资源高效率配置制度,盘活存量资源,加快腾笼换鸟,着力提高经济密度和投入产出效率,优化土地资源开发利用,提升存量土地资源利用效率。

3. 耦合协调分析

基于协同论从无序走向有序的内在机制,耦合协调发展成为上海市各行政区土地承载力(土地利用效率)和经济发展的系统动力。由于上海市各行政区之间土地承载力(土地利用效率)和经济发展水平存在较大差异,因此,在测算耦合协调程度时,将上海市各行政区分别进行考察。根据构建的耦合协调评价模型来测算各行政区土地承载力(土地利用效率)和经济发展水平的耦合协调发展度,并将上海市17个行政区划分为中心城区、近郊和远郊三类进行具体分析①。

为了更好地说明上海市各行政区之间的土地承载力(土地利用效率)和经济发展水平的耦合协调程度,须对其耦合协调度进行等级划分。耦合协调度数值在0到1之间,数值越大越协调,越小越不协调。借鉴李新刚等(2018)的研究方法,根据上海市各行政区特征,给出土地承载力(土地利用效率)和经济发展水平的耦合协调度评判标准,见表4.16。

表4.16　耦合协调度评判标准

协调阶段	耦合协调程度	耦合协调类型
失调发展时期	$0.0 < CD \leqslant 0.19$	严重失调
	$0.2 < CD \leqslant 0.29$	中度失调
	$0.3 < CD \leqslant 0.39$	轻度失调
	$0.4 < CD \leqslant 0.49$	濒临失调
协调发展时期	$0.5 < CD \leqslant 0.59$	勉强协调
	$0.6 < CD \leqslant 0.69$	初等协调
	$0.7 < CD \leqslant 0.79$	中等协调
	$0.8 < CD \leqslant 0.89$	良好协调
	$0.9 < CD \leqslant 1.00$	优质协调

在模型运用中,本节视土地承载力(土地利用效率)和经济发展同等重要,给待定权重赋值,并分别测算上海市各行政区土地承载力(土地利用效率)和经济发展的耦合度和协调发展度(见表4.17和表4.18)。

① 参考《上海统计年鉴》中上海各区的分类方法,中心城区包含黄浦区、徐汇区、长宁区、静安区、普陀区、闸北区、虹口区和杨浦区8个区,近郊区包含浦东新区、闵行区、宝山区和嘉定区4个区,远郊区包含金山区、松江区、青浦区、奉贤区和崇明区5个区。

表 4.17　土地承载力与区域经济发展的耦合协调评价

年份	耦合度				协调度			
	上海全市	中心城区	近郊	远郊	上海全市	中心城区	近郊	远郊
2001	0.044 1	0.027 1	0.061 6	0.070 7	0.566 0	0.439 0	0.669 4	0.709 8
2002	0.040 5	0.027 2	0.058 7	0.064 0	0.547 8	0.442 2	0.659 0	0.682 5
2003	0.041 0	0.025 0	0.053 9	0.058 6	0.549 9	0.424 2	0.634 2	0.657 7
2004	0.036 9	0.022 9	0.049 1	0.053 8	0.523 5	0.405 6	0.607 2	0.632 0
2005	0.041 1	0.025 7	0.054 1	0.060 5	0.559 8	0.435 6	0.644 2	0.681 0
2006	0.039 5	0.024 4	0.051 1	0.058 0	0.551 1	0.425 8	0.630 0	0.669 8
2007	0.037 5	0.022 9	0.048 9	0.054 8	0.539 4	0.413 4	0.619 7	0.654 5
2008	0.036 2	0.021 9	0.045 9	0.053 1	0.531 5	0.405 2	0.602 8	0.645 9
2009	0.038 7	0.021 3	0.054 4	0.053 0	0.553 5	0.401 9	0.666 2	0.646 1
2010	0.041 0	0.022 9	0.062 5	0.060 1	0.574 3	0.419 1	0.716 8	0.691 0
2011	0.040 1	0.022 5	0.059 8	0.058 0	0.570 1	0.419 1	0.704 2	0.681 0
2012	0.039 8	0.022 3	0.057 0	0.055 4	0.568 6	0.417 4	0.691 0	0.667 7
2013	0.039 1	0.021 5	0.056 1	0.054 5	0.565 7	0.412 3	0.687 0	0.663 9
2014	0.038 0	0.020 6	0.053 9	0.053 4	0.558 8	0.405 0	0.676 0	0.658 3
2015	0.036 9	0.019 6	0.052 2	0.051 1	0.552 0	0.396 3	0.666 5	0.645 6
2016	0.036 0	0.021 3	0.050 3	0.049 6	0.547 6	0.414 5	0.656 1	0.637 1
2017	0.034 6	0.020 3	0.047 9	0.047 8	0.538 3	0.405 3	0.642 3	0.626 3
2018	0.033 1	0.019 5	0.046 2	0.046 8	0.527 7	0.397 9	0.631 6	0.620 3

由表 4.17 可知，从耦合度来看，2001—2018 年上海市土地承载力与经济发展耦合度逐渐下降，呈倒“N”形发展趋势，其中，除 2004—2005 年和 2008—2009 年呈现上升趋势，其余时期均下降，说明上海市土地承载力对经济发展的支撑作用在逐渐下降。上海市远郊区的土地承载力与经济发展耦合度最高，远郊和近郊均高于全市平均水平，而中心城区的耦合度则低于全市水平，说明中心城区面临相对较大的土地利用压力。从协调度来看，2001—2018 年上海市土地承载力与经济发展协调度均处于勉强协调阶段，但呈逐渐下降趋势，主要经历了 2001—2004 年、2005—2008 年和 2010—2018 年三个下降阶段。上海中心城区低于全市水平，近郊和远郊均高于全市水平，且近郊在 2008 年之后超过远郊，但这之后都呈下降趋势。中心城区一直处于濒临失调阶段，近郊和远郊均处于初等协调阶段，说明中心城区的土地管控形式不容乐观，亟须深挖土地承载力潜力。上海的快速发展导致大量外来人口涌入，导致房价上涨，城市迅速扩张，土地供给和利用及其他资源承载力逼近“天花板”，亟须以提高城市功能、活力和品质为目标，积极探索渐进式、可持续的城市有机更新，主要以存量用地的更新利用来满足城市未来发展的空间需求，倒逼土地利用方式由外延粗放式扩张向内涵增长效益提升转变。强化土地利用综合功能

和绩效，将土地的经济、社会、环境等功能指标和要求纳入全生命周期管理。

由图4.20可知，从上海市中心城区的土地承载力与经济发展的协调度来看，总体上都在协调线以下处于失调阶段。其中，基本处于濒临失调阶段的行政区有杨浦区、普陀区、徐汇区、虹口区、闸北区和长宁区，且这六区变化趋势基本相似，经历2004—2005年与2009—2010年两个阶段上升的波动调整之后，在2010年之后一直呈下降趋势，逐渐逼近轻度失调阶段；黄浦区和静安区则基本处于轻度失调阶段，黄浦区在2009年之前大致缓慢下降，在经历2009—2011年的回升之后，自2012年起逐渐下降，而静安区在2015年之前缓慢下降，在2015年与闸北区合并之后有所回弹，但2017年之后开始降低。据2018年数据，上海市中心城区在4.6%的土地上以28.3%的人口贡献了全市33.4%的GDP，中心城区7个行政区面积(2015年静安区与闸北区合并)289.42平方公里，占比4.6%，常住人口686.23万，占比28.3%，人口密度为每平方公里23 711人；经济发展水平较高，GDP为10 900.23亿元，占比33.4%，人均GDP均值超过17万元，其中黄浦区最高达到34.7万元，普陀区最低为7.8万元。上海市中心城区汇聚了各种资源要素，空间集聚程度较高，带来的土地承载力压力较大，经历了几轮城市空间扩张之后，土地利用逼近"天花板"制约，与经济发展的协调度也逐渐下降，土地承载力对经济支持的潜力有待深挖。

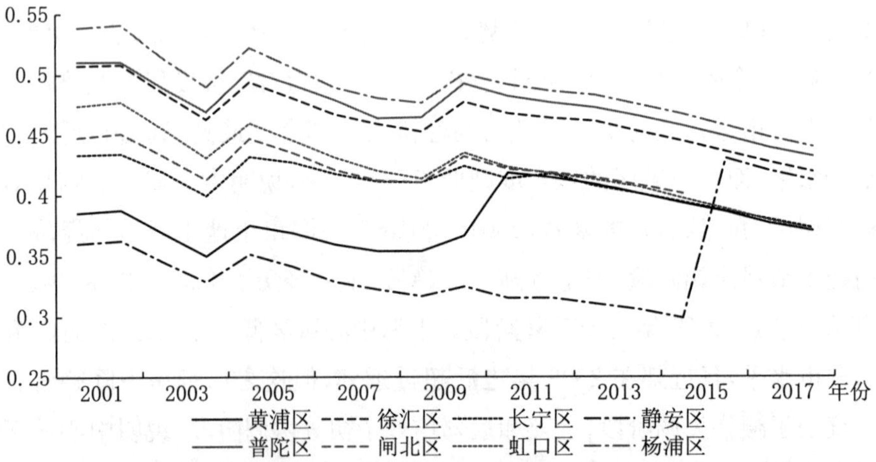

图4.20　2001—2018年上海中心城区土地承载力与经济发展的协调度

由图4.21可知，从上海市近郊区的土地承载力与经济发展的协调度来看，总体上都在协调线以上处于初等阶段。其中，浦东新区在2009年之前处于初等协调阶段，2009年之后处于中等协调阶段，且2011年之后逐渐下降；闵行区、宝山区和嘉定区经历的发展阶段基本相似，基本处于勉强协调阶段。据2018年数据，上海市近郊区在36.5%的土地上以48.6%的人口贡献了全市49%的GDP，近郊区4个行政区面积2 316.35平方公里，占比36.5%，2018年常住人口为1 177.43万人，占比48.6%，人口密度为每平方公里5 083人；经济发展水平相对较高，GDP为16 012.62亿元，占比49%，人均GDP均值达到12万元，其中浦东新区最高达到18.7万元，宝山区最低6.8万元。浦东新区属于“都市发展新区”，嘉定属于“新型城市化地区”，闵行与宝山是“中心城区拓展区”。

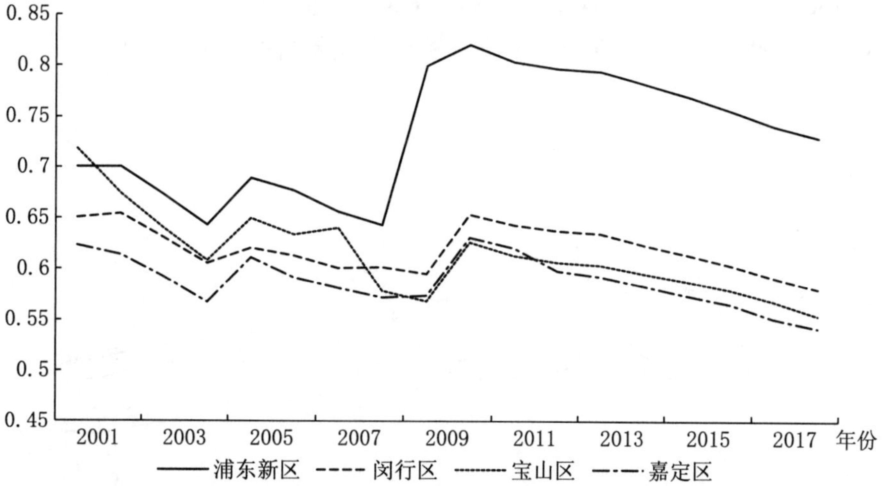

图4.21　2001—2018年上海近郊区土地承载力与经济发展的协调度

上海市近郊区是新时期外来人口集聚、土地利用功能混杂、各方利益博弈最复杂的地域，土地利用困境表现明显，转型升级的压力巨大。近郊区成为外来人口生活聚居的首选，外来人口贡献了上海的高城镇化率，并以近郊区为主要承载空间，但由于户籍制度的限制，他们虽然在城市工作，但却享受不到跟城市居民相同的教育和社保等福利，因此并不是真正意义上的城市居民。上海近郊的人口和产业特征，决定了其土地利用现状呈现出典型的半城市化地区的特征。一方面镇级工业区是低端制造业和服务业的主要空间载体，而该类工业园区早期往往缺乏规划，各镇之间也缺乏统筹，布局较为杂乱。另一方面，近郊农村住宅和城镇棚户区大量存在，为外来劳动力提供了低成本的居住空间。因此，近郊地区形成了一种外来人口“职住均衡”的现象，工业厂房与农村住宅混杂并且有固化的趋势，其发展表现出土地利用碎化、空间绩效不高、生态环境压力大、社会治理难度大等问题。

由图4.22可知，从上海市远郊区的土地承载力与经济发展的协调度来看，总体上都在协调线以上处于初等阶段。其中，崇明区处于中等协调和良好协调阶段，

2013 年之前均处于良好协调阶段，2014—2018 年处于中等协调阶段，基本呈下降趋势；金山区、松江区、青浦区和奉贤区发展阶段基本相似，处于初等协调阶段，主要经历 2001—2009 年和 2011—2018 年两大下降阶段。据 2018 年数据，上海市远郊区在 58.9%的土地上以 23.1%的人口贡献了全市 13.6%的 GDP，远郊区 5 个行政区面积 3 734.71 平方公里，占比 58.9%，2018 年常住人口 560.12 万，占比 23.1%，人口密度为每平方公里 1 500 人；经济发展水平不高，GDP 为 4 453.71 亿元，占比 13.6%，人均 GDP 均值为 8 万元，其中金山区最高达到 11.5 万元，崇明区最低为 5.2 万元。远郊区人口密度相对较小、土地利用浪费严重、土地挖掘潜力巨大。因此，远郊区的土地整治及规划，将会是解决上海市人地矛盾的重要突破口。

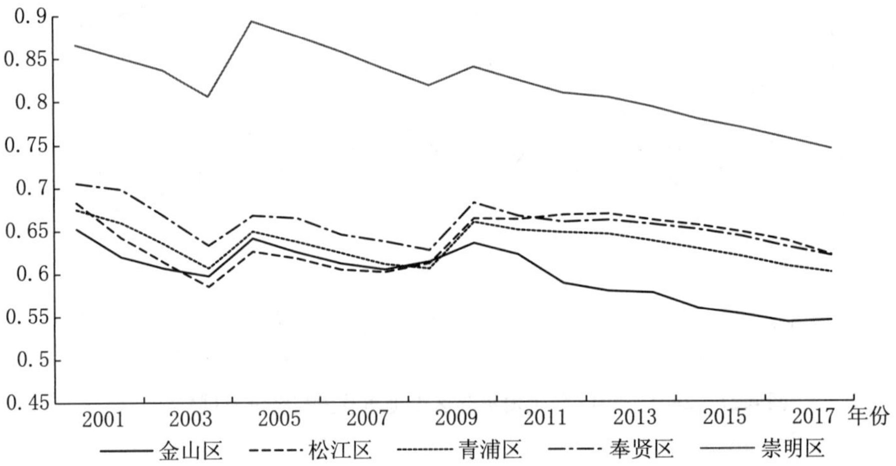

图 4.22　2001—2018 年上海远郊区土地承载力与经济发展的协调度

上海城市建设的重心将向郊区转移，将建设松江新城、青浦新城、奉贤南桥新城、金山新城和崇明城桥新城。上海郊区新城发展不平衡，强的距离市中心近，弱的距离市中心远。松江新城初步确立长三角地区综合性节点城市地位，青浦新城、奉贤南桥新城具备较高能级的城市综合集聚辐射功能，金山新城、崇明城桥新城对周边地区发展的服务带动作用明显增强。松江区北部显然已经完成了这一目标。工业区和居住区构成了松江区的城市建成区的主体，并且城市化区域与上海的主城区已经连为一体。南部郊区的整体情况是：城区很小、农村很大，经济不如北部发达，并且日后的发展规划，也比较平稳。从多中心、均衡化发展的角度，距离市中心近的郊区，不需要很强，因为有市中心辐射周边；距离市中心远的郊区，反而需要更强，因为需要支撑地区的整体发展。在未来的发展道路中，上海应该着力推进距离市中心较远的郊区的发展，拉动全市均衡发展。

表 4.18　土地利用效率与区域经济发展的耦合协调评价

年份	耦合度				协调度			
	上海全市	中心城区	近郊	远郊	上海全市	中心城区	近郊	远郊
2001	0.016 1	0.046 3	0.017 7	0.009 3	0.483 4	0.564 7	0.442 1	0.323 9
2002	0.014 5	0.047 0	0.017 7	0.009 5	0.492 2	0.571 9	0.457 7	0.335 3
2003	0.016 6	0.047 5	0.017 9	0.009 7	0.508 5	0.580 1	0.471 8	0.349 4
2004	0.016 8	0.048 1	0.018 2	0.009 9	0.518 9	0.588 7	0.481 6	0.359 5
2005	0.017 0	0.048 8	0.019 6	0.010 0	0.533 0	0.595 9	0.490 3	0.369 1
2006	0.017 4	0.049 0	0.019 9	0.010 3	0.558 8	0.603 5	0.503 5	0.379 8
2007	0.017 8	0.049 2	0.020 9	0.010 4	0.569 2	0.609 9	0.513 7	0.395 0
2008	0.018 2	0.049 3	0.020 0	0.010 6	0.577 7	0.616 5	0.521 8	0.408 2
2009	0.018 5	0.049 5	0.020 1	0.010 9	0.584 9	0.624 5	0.530 3	0.417 5
2010	0.018 7	0.051 2	0.022 6	0.012 1	0.591 2	0.639 7	0.563 0	0.433 4
2011	0.019 1	0.051 3	0.022 8	0.012 3	0.596 5	0.647 0	0.571 1	0.443 7
2012	0.019 3	0.051 7	0.023 0	0.012 4	0.610 5	0.653 1	0.578 3	0.450 2
2013	0.019 4	0.051 4	0.023 2	0.012 5	0.605 1	0.659 6	0.583 7	0.455 4
2014	0.019 5	0.051 3	0.023 3	0.012 6	0.607 1	0.663 2	0.587 2	0.464 2
2015	0.019 5	0.050 7	0.023 3	0.012 6	0.609 8	0.664 9	0.589 7	0.473 1
2016	0.019 3	0.050 0	0.023 3	0.012 6	0.613 9	0.671 3	0.592 5	0.480 9
2017	0.019 5	0.050 0	0.023 3	0.012 6	0.618 2	0.673 6	0.594 4	0.488 6
2018	0.019 5	0.049 8	0.023 0	0.012 5	0.620 3	0.675 9	0.596 0	0.501 8

由表 4.18 可知，从耦合度来看，2001—2018 年上海市土地利用效率与经济发展耦合度缓慢上升，说明上海市土地利用效率对经济发展的促进作用在逐渐改善。上海市中心城区的土地利用效率与经济发展耦合度最高，远高于全市平均水平，2001—2012 年为缓慢上升阶段，而 2012 年以后则开始缓慢下降，说明提升上海市中心城区土地利用效率对经济发展的促进作用在下降；近郊区的耦合度略高于全市水平，在 2010 年之后上升势头稍微减缓，而远郊则低于全市水平，但发展趋势基本相似，说明上海市郊区土地利用效率尚有较大提升空间，且对经济发展的促进作用有待深挖。从协调度来看，2001—2018 年上海市土地利用效率与经济发展协调度基本处于勉强协调阶段，并逐渐向初等协调过渡，总体呈缓慢上升趋势，但 2013 年之后这种趋势在减缓。上海中心城区土地利用效率与经济发展协调度高于全市水平，在 2005 年从勉强协调过渡到初等协调之后一直处于初等协调阶段，并呈缓慢上升趋势；近郊则略低于全市水平，2005 年之前处于濒临失调阶段，2006 年开始迈入勉强协调阶段，呈上升趋势；远郊则与全市水平相差较大，基本处于失调阶段，2001—2007 年处于轻度失调阶段，2008—2017 年处于濒临失调阶段，2018 年开始

过渡到面前协调阶段。总体来看，上海市各行政区土地利用效率与经济发展的协调度都呈上升趋势，中心城区由勉强协调向初等协调阶段跃升，近郊则由濒临失调向勉强协调阶段跃迁，远郊也由轻度失调逐渐向濒临失调乃至勉强协调阶段改善。

经过多年的经济高速增长和城市急剧扩张之后，上海目前正处于经济结构转型和城市建设转型的关键时期。土地资源紧缺，商务成本上升、传统产业竞争力下降、环境压力增大等制约性矛盾集中显现，城市发展进入转型阶段必须提高土地集约利用水平。因此，一方面要加速盘活存量用地，深挖土地潜在承载力；另一方面要鼓励和引导土地节约、集约利用，提升土地利用效率。在核心区域进入存量时代的背景下，城市更新成为必然，将存量土地，通过贡献一部分公共用地或空间，调整控规，实现更佳利用，通过存量补地价直接实现土地的转性。在经营性用地出让中，要一改过去单纯通过提高容积率来提升土地利用效率的做法，转而实施全生命周期管理，将项目建设、运行质量与综合效益等相关要素纳入土地出让合同管理中，通过土地核验、定期评估、诚信管理等，进行全过程监管。

由图4.23可知，从上海市中心城区的土地利用效率与经济发展的协调度来看，总体上都在协调线以上处于勉强协调向初等协调跃迁阶段。其中，黄浦区、徐汇区和静安区基本处于初等协调向中等协调过渡阶段，黄浦区在2007年之后一直处于中等协调阶段，徐汇区则一直处于中等协调阶段，静安区则经历了2001—2005年的勉强协调阶段和2006—2012年的初等协调阶段之后，迈入中等协调阶段。杨浦区、普陀区、长宁区、虹口区和闸北区基本处于勉强协调向初等协调转换阶段，变化趋势较为相似，除闸北区外，其余行政区协调度大小相差不大，且在2010年之后均呈缓慢上升趋势。据2018年数据，上海市中心城区的土地利用效率（地均GDP）为37.66亿元/平方公里，其中黄浦区最高达到111亿元/平方公里，最低的是普陀区18.3亿元/平方公里，这与其经济发展水平（人均GDP）相一致，也说明了上海市中心城区土地利用效率与经济发展的协调度较高，提高土地利用效率有助于促进经济可持续发展。2010年与2018年上海市三次产业结构比分别为0.7∶42.3∶57与0.3∶29.8∶69.9，中心城区三次产业结构比分别为0.08∶20.95∶78.97与0.1∶15∶84.9，现代服务业占比较高，接近85%。现代服务业尤其是生产性服务业行业科技含量高，附加值较高，有利于提高单位面积建设用地的利用效率，加之中心城区汇集了几大超级商圈，土地价值相对较高。因此，通过盘活中心城区的存量土地，调整区域工业布局和利用率低下的各类用地，进一步提高土地利用效率，对于挖掘区域经济发展潜能具有带动作用。

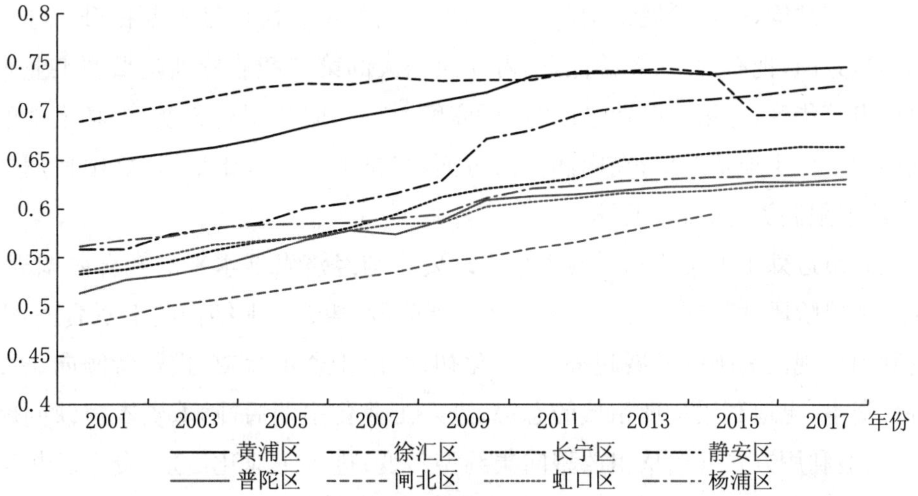

图 4.23　2001—2018 年上海中心城区土地利用效率与经济发展的协调度

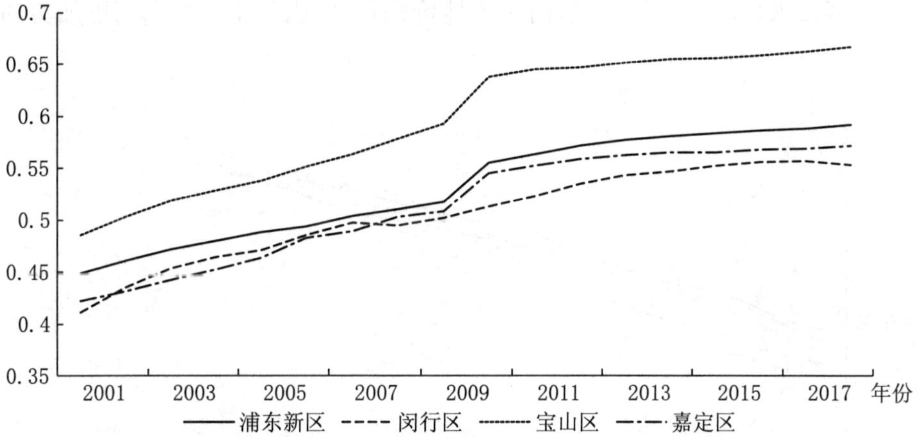

图 4.24　2001—2018 年上海近郊区土地利用效率与经济发展的协调度

由图 4.24 可知，从上海市近郊区的土地利用效率与经济发展的协调度来看，基本处于勉强协调阶段。其中，浦东、闵行和嘉定在 2008 年之前处于濒临失调阶段，经过一段时间上升调整之后，在 2010 年之后变化较为平缓，一直处于勉强协调阶段；宝山区在 2002 年过渡到勉强协调阶段之后，2009 年之后处于初等协调阶段，并呈缓慢上升趋势。据 2018 年数据，上海市近郊区的土地利用效率(地均 GDP)为 6.9 亿元/平方公里，略高于全市水平(5.15)，其中浦东新区最高为 8.64 亿元/平方公里，最低的是闵行区 4.85 亿元/平方公里；2010 年与 2018 年上海市近郊区三次产业结构分别为 0.52∶49.66∶49.82 与 0.15∶34.24∶65.61，现代服务业占比有了较大提高。上海近郊由以二产为主导的“二、三、一”产业结构转向以三产为主导的

"三、二、一"结构,产业发展结构与土地利用结构的耦合协调度不断提升。在产业结构调整方面,把有污染、效益低下、占地面积大的第二产业特别是重型工业企业迁出城市繁华区,与第三产业中的金融、商贸、会展、服务用地置换,提高土地的集约利用和单位土地贡献率;在内涵挖潜方面,严格清查闲置土地,把好项目用地预审关,严控限制类、淘汰类项目。

上海市近郊土地集约利用的各个表现要素与经济发展水平的耦合协调规律,同时表现出阶段性特征。在不同的经济发展阶段,随着产业结构的不断演进,土地集约利用呈现出清晰的发展趋势:在工化初期,由于资本短缺,投资者倾向于以土地替代资本,土地利用呈现粗放的态势;进入工业化中期后,随着资本短缺问题的缓解,土地利用方式开始从粗放型向集约型转变;进入工业化后期,资本已相当充裕,然而土地稀缺问题加剧,投资者倾向于以资本替代土地,所以土地呈现集约利用的态势;进入经济发展初期,第三产业得到较快发展,而第三产业的特点决定了企业选址多在人口较为密集区域,由于土地价格较高,因而土地的利用更加集约。

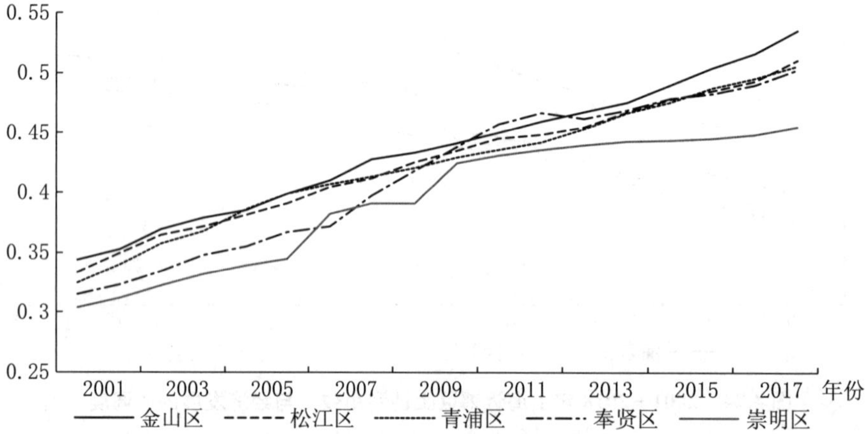

图 4.25　2001—2018 年上海远郊区土地利用效率与经济发展的协调度

由图 4.25 可知,从上海市远郊区的土地利用效率与经济发展的协调度来看,基本处于协调线以下轻度失调和濒临失调阶段。远郊五个行政区的协调度变化趋势基本相似,在 2001—2007 年间均处于轻度失调阶段,经济发展较为滞后,土地利用效率低下,土地利用对经济发展的支撑作用较低;金山区在 2007—2015 年间处于濒临失调阶段,2016 年之后迈入勉强协调阶段,松江、青浦和奉贤在 2009 年左右先后过渡到濒临失调阶段,并于 2018 年开始转向勉强协调阶段,而崇明区在 2010—2018 年间一直处于濒临失调阶段,说明随着上海中心城区和近郊的土地扩张之后,远郊的土地经过科学合理的规划和开发利用后,后发优势显现,土地利用效率逐步提高，对经济发展的促进作用也在不断提升。据 2018 年数据，上海市远郊区的土地利用效率（地均 GDP）为 1.2 亿元/平方公里，低于全市水平（5.15 亿元/平方公里），更是远低于中心城区，其中松江区最高为 2.11 亿元/平方公里，最低的崇明区为 0.3 亿元/平方公里；2010 年与 2018 年上海市近郊区三次产业结构比分别为 2.92∶60.27∶36.81 与 1.23∶53.4∶45.37，第二产业依然占用较高比重。上海远郊以二产为主导的"二、三、一"产业结构，其第二产业的增加值占 GDP 比重均高于全市平均，更远高于中心城区。远郊居高不下的第二产业的产值份额与远郊零散工业园区布局直接相关。此外，批发零售业、交通运输仓储邮政业等低端服务业也逐渐转向远郊街镇分布。以松江区东北四镇的各类工业园区为例，除漕河泾松江园区和松江工业区新桥分区外，其余工业园区主导产业都是以低端制造为主。

上海市远郊工业用地总量少，布局分散，利用效率较低。这些工业企业分布零散，并且处于"低产出率、低科技含量"的外延式发展阶段，综合效益好的项目较少，土地集约化程度不高。在土地资源瓶颈的"倒逼"之下，上海郊区产业用地的"二次开发"正在提速。产业用地的二次开发，是对已办理过相关用地手续，但利用效率不高、产业能级低的土地，通过对其重新开发利用，以提高土地经济效益和社会效益。产业用地的二次开发是一项难度较高的工作，单靠企业自觉性无法完成，而需要政府进行强有力的引导和推动。

4.3.3 土地承载力与土地利用效率对产业升级的影响效应

1. 土地利用与产业结构的关系和作用机制

土地对于我国的经济腾飞发挥了重要的作用，在当前我国经济由高速增长转向高质量发展的关键阶段也将发挥重要作用（闫昊生和孙久文等，2019）。土地利用是一个动态变化的过程，随着工业化的发展和产业结构的不断演进升级，在不同的经济发展阶段和不同的产业结构下，资本市场、土地市场存在动态发展变化的过程，从而导致土地集约利用程度不同。一般而言，在工业化初期及以前阶段，资本短缺是经济发展的重要特征，在不存在自然条件的限制或相关土地制度约束的情况下，投资者往往倾向于以更多的土地替代资本，土地利用程度因而表现为粗放型；随着资本的形成和积累，当经济进入工业化中后期后，土地的相对价格不断提高，同时这一时期的经济得到较快发展，产业结构不断调整以适应经济发展的需要，以土地集约利用为特征的第三产业在产业结构中的比重不断上升，投资者此时倾向于以更多的资本替代成本相对较高的土地，土地利用结果因而表现为集约型。

不同强度的土地利用效率会带来产业结构的调整。当土地利用率较低时，经济发展以粗放式发展模式为主，土地利用效率不高，工业生产过程对生态环境的破坏程度大，这使得地均土地生态环境质量下降；当土地利用率较高时，经济发展以集约式发展模式为主，国家在土地政策和产业政策上向服务业及高新技术产业等倾斜（王镝和唐茂钢，2019）。城市的产业结构调整带动了城市土地利用结构做出相应的模式调整。城市的企业为追求规模经济所带来的经济效益，都不约而同地选择企业聚集地和居民居住区作为驻扎地，经济和社会联系紧密发展。这种空间集中模式降低远距离所带来的生产和生活成本，在客观条件上要求集约使用特定地区的土地资源，这有利于调整城市土地利用结构和空间布局，以提高城市土地资源的集约化使用程度。

不同类型的产业所需土地资源在数量和利用效益方面都发生明显的改变，第一产业即农业为主用地量最大，但土地利用效率最低，第二产业以工业为主用地量次之，其利用效率明显高于第一产业。当城市土地从第一产业的农用地为主转变为第二、第三产业为主的建设用地之后，土地价值也会发生巨大的转变。可以说土地资源既是产业的支撑，也约束产业的空间发挥。

表 4.19　城市用地与产业结构的关系

时　期	前工业化时期	工业化时期	工业化中期	工业化后期
生产方式	资源密集型	劳动密集型	资本密集型	技术密集型
产业结构	第一产业主导	第二产业主导	第三产业上升	第三产业主导
城市发展特征	数量型增长型	数量速度增长型	速度、结构效益型	可持续发展型
用地规模	规模小	规模迅速扩大	大城市、巨型城市	规模与环境容量平衡
城市布局	布局散乱、结构简单	布局失衡、现代城市结构形成	布局趋向平衡、结构趋于合理	布局集约、结构紧凑

资料来源：王磊（2001）。

集约利用土地为产业结构优化提供物质基础。城市土地支撑其产业的发展，所以城市产业结构优化也必须以土地利用结构优化为前提。城市土地资源的稀缺供给和土地资源自身的不可再生性决定了优化配置土地资源的必要性。多种潜在的用途在任何城市都存在，不同类型的企业和居民对使用同种土地时的产出效益是不同的。把城市潜在的区位收益转化为实际的经济效益就是所谓的土地资源优化配置。严重阻碍城市的经济发展进程的行为就是把经济效益相对较低的企业和居民安置在收益较高的地区，这也是对土地资源一种极度浪费。同时在聚集效益偏低的地区布置经济产出效益高的产业也是不合理的。推动城市产业结构调整的前进动力就是土地利用结构的优化调整。没有土地资源的优化合理配置,城市的产业就不能得到发展和升级。

城市土地资源在不同产业部门之间重新分配源于城市产业结构的调整,并导致城市土地利用结构的变化。地区产业发展水平受地区土地资源特性的影响,其发展进程也决定了不同区位的土地利用结构的变化。可以看出,国民经济各主要产业部门总是坐落在城市中的某一特定地域内,由于一定数量土地资源的投入是产业发展的必然要求,且每种产业对土地区位的要求都不尽相同,这决定了土地资源在产业之间不断进行着重新分配。要根据产业分工与城市土地利用效率的耦合协调特征,制定差异化的产业发展策略和城市土地利用管控策略,推动产业与土地要素的高效融合(卢新海等,2018)。

城市较低层次的产业形态正经历从繁荣逐渐走向衰落的过程,其被在新生基础上逐渐成长的、较高层次的产业形态取代的过程就是所谓的产业结构优化。飞跃式的技术革新、新兴产业的高速发展贯穿于这一过程的始终。城市产业类型的选址区位趋向也随这一过程发生转变。一般来说,比较成熟的产业具有相对完善的生产技术和组织结构,网络交易平台比较稳定,减少了"面对面"交流的新生较高级层产业在生产技术和系统网络优化等诸方面都还不够成熟,产业对聚集经济的高要求使得新生产业驱逐成熟产业、成熟产业因此被迫转移。真正合理的城市空间布局应按土地利用效率把产业由高到低依次排列:第三产业用地面积最少,而产出效益最高,应集中于城市中心地理位置,其次第二产业和第三产业依次排开,土地的集约利用水平变化趋势也按产业用地次序由高到低依次排列。上海市各行政区2018年三次产业比重及地均GDP水平见表4.20。

表4.20　2018年上海市各行政区三次产业比重及地均GDP水平

行政区	地均GDP(元/平方米)	第一产业比重(%)	第二产业比重(%)	第三产业比重(%)
全　市	515.41	0.32	29.78	69.90
浦东新区	864.18	0.18	23.90	75.92
黄浦区	11 096.29	0.00	2.92	97.08
徐汇区	3 044.91	0.00	10.60	89.40
长宁区	3 728.46	0.00	6.30	93.70
静安区	5 008.13	0.00	5.41	94.59
普陀区	1 826.71	0.00	11.37	88.63
虹口区	3 572.08	0.00	9.17	90.83

（续表）

行政区	地均GDP（元/平方米）	第一产业比重(%)	第二产业比重(%)	第三产业比重(%)
杨浦区	3 042.08	0.44	54.64	44.92
闵行区	543.13	0.06	44.15	55.79
宝山区	513.69	0.09	40.10	59.81
嘉定区	508.98	0.14	68.12	31.74
金山区	154.79	0.99	77.17	21.84
松江区	211.29	0.51	41.03	58.47
青浦区	160.31	0.76	43.63	55.61
奉贤区	122.42	1.19	53.81	45.00
崇明区	29.62	6.24	39.87	53.89

资料来源：《上海统计年鉴》。

2. 土地承载力与土地利用效率的影响效应分析

经济规模达到一定程度以后，实现区域经济持续增长越来越依赖于产业结构调整，而产业结构调整最终要求土地利用结构做出相应的改变（黄贤金，2002）。中国城市土地利用效率呈波动式上升态势，地区间城市土地利用效率变化轨迹差异显著（王良健等，2015；李菁等，2017），土地利用调整与优化表现为土地资源在产业间重新分配，由低效益领域向高效益领域聚集，产业结构也因此由低级向高级演化，单位面积的土地产出更高（张颖等，2007）。李琴等（2008）、李冠等（2010）和毕安平（2013）等运用典型相关分析法研究安徽省、南宁市和南安市等地产业结构与用地结构的关系，发现二者有明显的相关性，且同步协调变化（孟媛等，2011）。一方面，土地是产业发展的基本载体，支撑着产业结构不断演进；另一方面，产业结构调整是土地利用变化的直接动力，控制着土地利用的空间格局（孔祥斌等，2005）。因此产业布局特征和生产效率受到土地利用效率和模式的制约，土地利用结构是产业结构的间接反映。

通过借鉴相关学者的研究，并对土地承载力（土地利用效率）与产业升级之间的关系进行梳理，构建计量模型来估计土地承载力（土地利用效率）对产业升级的影响效应，基准模型如下：

$$ind_{it}=\alpha+\beta_1 lcc_{it}+\beta_2 lue_{it}+\gamma_1 rgdp_{it}+\gamma_2 fdi_{it}+\gamma_3 invest_{it}+u_i+v_t+\varepsilon_{it}$$

上式中，ind_{it} 为反映产业升级的产业结构变量，lcc_{it} 为土地承载力，lue_{it} 为土地利用效率，$rgdp_{it}$ 为经济发展水平，fdi_{it} 为外资利用水平，$invest_{it}$ 为基础设施建设投入水平，u_i 为个体固定效应，v_t 为时间固定效应，ε_{it} 为随机误差项。

估计结果见表4.21,其中列(1)和列(2)为土地承载力对产业升级的影响效应估计结果,列(3)和列(4)为土地利用效率对产业升级的影响效应估计结果,列(1)和列(3)不引入控制变量。

表4.21 土地承载力与土地利用效率对产业升级的影响效应估计结果

变量	(1)	(2)	(3)	(4)
lcc	0.704 8***	0.377 6**		
	(7.25)	(2.39)		
lue			0.567 9***	0.350 9***
			(13.51)	(25.87)
rgdp		0.665 6***		0.549 0*
		(9.42)		(1.77)
fdi		0.137 7***		0.970 2***
		(3.53)		(3.06)
invest		0.178 6***		0.461 6***
		(6.38)		(11.11)
_cons	−5.607 6***	−7.298 1***	−0.164 1***	−0.308 3**
	(−6.75)	(−9.25)	(−3.01)	(−1.98)
Regional FE	*YES*	*YES*	*YES*	*YES*
Year FE	*YES*	*YES*	*YES*	*YES*
R^2	0.482 6	0.548 4	0.376 6	0.565 5
F	52.62	69.72	182.48	58.88
N	320	320	320	320

由表4.21的列(1)和列(2)可知,上海市各行政区土地承载力与产业结构之间显著正相关,说明提升土地承载力有助于促进产业结构调整,土地承载力每提升1%,第三产业比重相对第二产业比重提升0.38个百分点,有利于产业结构的横向调整。土地承载力主要从资源配置效应和生态环境效应两个方面促进产业升级,一方面土地承载力越高,可供调配的资本劳动等资源越多,通过对区域资源的优化配置,优化重点产业布局,促进产业链上下游深度融合,助推产业结构调整升级;另一方面,土地承载力还在一定程度上反映绿色生态环保状况,这对于追求可持续发展的地区来说,会提高相应的产业环保准入门槛以及加强环保监督和执法,促进产业节能减排,淘汰落后产能和重污染企业行业,倒逼产业进行结构调整和优化升级。

土地承载力与土地供给密切相关,土地供给结构和方式决定了产业结构升级的方向和质量。应把供地的重点转到技术含量高、环境污染小、资源消耗少、产品附加值高以及低碳经济、循环经济产业项目上。严把建设项目用地"入口"关，从严控制新增建设用地和农用地转用总量，严格执行新的禁止、限制供地目录，把好产业政策、规划计划、安置补偿、节约集约、耕地保护"五个关口"。改变外延式、粗放型发展模式，走盘活存量、优化发展之路，通过土地利用结构和方式的转变倒逼城市发展转型，促进"三产"协同发展和城市功能优化，实现经济社会的可持续发展。以空间优化、结构调整、绩效提高和能级提升为主，着力构建战略性新兴产业引领、先进制造业支撑、生产性服务业协同的新型工业体系，巩固提升工业园区产业集聚优势，增强城市综合功能。

由表4.21的列(3)和列(4)可知，上海市各行政区土地利用效率(*lue*)与产业结构(*ind*)之间显著正相关，说明提高土地利用效率有助于促进产业升级，土地利用效率每提高1个百分点，第三产业相对第二产业比重会提高0.35%，推动产业向高质量发展。土地利用效率的提高，能有效引导投资方向和影响投资强度，促进产业结构调整与升级。土地作为基本的生产要素之一，也是包括在"联合需求"内的一种需求，所以，其供给与许多产业间存在"联系效应"。"联系效应"包括"前向联系"和"后向联系"两个方面，前向联系指主导产业对吸收其产出的下游产业的波及和影响；后向联系则是指主导产业对向其投入的上游产业的连带作用。例如，土地供给本身会吸收建材业的大量产品，从而对建材业产生前向联系；土地供给作为房地产业发展的必备前提，对房地产业发展产生后向联系。不论是前向联系还是后向联系，通过该产业的扩张，凡是与其有联系效应的产业都能引致投资，从而促进所有前向、后向联系部门的发展，而联系效应反过来也会推动该产业的进一步扩张，达到正反馈的效果，从而推动整个产业部门不断向前发展，间接达到对经济增长的助推作用。

合理的土地供给结构可以促进产业结构的优化升级。经过多年发展，上海大部分土地成了规划意义上的"存量土地"，未来新增发展空间有限，且资源日益稀缺，转型升级的重点应着眼存量工业用地的二次开发。"十二五"期间，新增建设用地规模逐年递减，从原来的50平方公里以上降至目前的20平方公里以下，其中，工业仓储用地、市政公用用地和经营性用地占比约为23∶46∶31，新增建设用地应逐渐向公益民生类项目倾斜。实施优化"104"工业区块、"195"区域和"198"区域工业发展空间转型升级路径和差别化管理策略。通过土地节约集约利用评价，对"三高一低"(高耗能、高污染、高危险、低效益)工业用地进行减量，推进存量工业用地整体转型，转型方向以研发用地、住宅用地、公共服务用地和公共绿地为主，或开展零星开发试点工作，促进存量工业用地盘活利用。建立和完善低效工业用地认定标准，进行全面调查和分类评价，推进低效用地的再开发利用。促进资源高效率配置，推动产业高质量发展。

4.4　政策与建议

进入新时代、面对新要求、对标新定位，上海土地供需矛盾依然突出，土地利用质量仍有差距，土地利用强度不充分、土地配置效率不协调、土地利用绩效不均衡等问题，制约了城市能级和土地承载力的提升。上海用地不可能通过增量来解决，只能在盘活存量上做文章，核心是要更集约、更高效、更优质地利用土地，进一步提高土地利用效率和土地产出率。

4.4.1　加强顶层设计，提高用地规划的精细化

在现有"两规合一"基础上，加快推进城市规划、土地规划和产业规划"三规合一"。提高对用地项目的全程监管，推进土地利用绩效评估工作。以高密度集约型开发模式为导向，研究出台地方性法规，适度突破国家及地方对建设用地尤其是工业仓储用地建筑容积率上限规定，在大的区域范围内对容积率进行总体控制并允许不同地块的容积率相互调剂。同时，适当放宽郊区新城建设的容积率限制，提高产业和人口集聚度，促进其向 SCBD 发展。在有关政策制定和执行中，确保平等对待民营企业与其他所有制企业。

要牢牢把握上海的城市性质和定位，紧紧咬住城市发展目标和愿景，全力以赴实施好上海新一轮城市总体规划。要尽快出台新总规实施意见及中、近期行动规划，抓紧修编专项规划、分区规划、单元规划和控详规划。近期，上海市制订了高质量利用产业用地的实施细则、容积率管理实施细则、乡村振兴规划土地政策、低效用地退出行动方案等 20 个配套政策文件和行动方案，旨在支撑"高质量用地政策"落地。"高质量用地政策"提出了收储、转型、提容、节余转让、低效退出等 5 条存量土地盘活路径。

强化土地利用年度计划、建设项目用地预审管理，科学编制和严格实施土地利用年度计划、土地供应计划和土地储备计划；严格落实耕地和基本农田保护责任；采取"拆除复垦、现状确认、手续补办、土地储备"等方式，稳妥推进历史遗留用地分

类处置,并将其纳入全生命周期管理;开展郊区违法违规用地专项整治行动,实施违法用地综合整治三年行动计划,规范土地使用;开展"新三线"合规性技术审查,完善以土地利用总体规划为基本依据进行农转用和土地征收的规划审查制度,加强批后监管工作力度;以提质增效为目标、简政放权为手段,推进行政审批制度改革,实现规划国土资源管理工作减负、质量提高、效能提升。

优化建设项目规划土地审批,简化控详规划实施和调整机制,分区、分类、分层推进管理重心下移。强化土地全生命周期共同监管,健全多部门共同监管机制,产业用地要加强产业绩效评估和土地退出监管。扎实开展第三次国土调查,提升土地基础数据质量。加强违法用地整治力度。强化各区政府规划土地资源管理的主体责任,切实提高政策执行力度和执行效率。完善经营性用地市场配置方式,保持房地产市场长期健康平稳发展。优化产业用地利用方式,强化产业绩效导向,实行产业用地全要素、标准化出让,在地价底线管理原则下,实行产业用地地价与产业绩效挂钩。落实乡村振兴战略,高效配置乡村土地资源。建立实施紧凑型、高效型用地标准。

4.4.2 创新土地使用制度,完善用地模式

实施差别化的土地供应政策,提升产业空间供给质量。对于一般区域、一般项目,采用"以供厂房为主"的土地供给方式,允许一般存量工业用地二次开发项目准入条件略低于新增工业用地项目准入条件。对于重点功能区、工业楼宇及优质产业项目,综合采用"带项目出让""标准地"和1.5级开发等多种土地供应方式,明确出让方式、定价、二次动迁费用等条件,强化合同履约管理,严格规定自用年限、最小自持比例和转让对象。立足企业土地利用效率综合评价结果,对于土地利用效率上游的企业,加大土地供给支持力度,优先配置增量土地,给予企业容积率奖励,降低水、电、气等要素供给价格;对于土地利用效率中游的企业,加大技术改造投入的支持力度,促进企业加快创新发展步伐,着力提升企业产出效率。对于土地利用效率低下的企业,增加其水、电、气等要素供给价格,倒逼其调整或退出。

健全土地交易市场机制,促进产业空间资源有序流转。完善土地收储机制,根据城市规划和年度计划组织工业用地使用权收储。积极研究出台容积率转移办法,明确转移规则,制定转入区和转出区的标准要求,探索跨区域容积率转移。研究出台工业楼宇分割转让办法,允许企业闲置用房在不改变用地性质,符合区域产业发展导向,保有最小自用比例的基础上,进行分层分栋转让。深化农村集体建设

用地二级市场试点，积极复制推广松江试点经验，加大对农民集中居住项目的资金支持，建设农民集中居住社区。推动农用地与农村建设用地指标占补平衡。

加快土地二次开发，提高地均产出效益。可以借鉴发达国家分别采用“土地重整制度”和“精明增长战略”应对土地紧缺的经验，加快工业土地二次开发，盘活存量，提高质量。通过合理分配土地用途转型所带来的“红利”，鼓励现有的二产用地向三产用地转型。利用税收调节手段，促进企业部分存量与闲置土地入市，从而增加建设用地的供应途径。

探索实行优质开发主体托管开发乡镇低效工业园区，促进其“二次开发”。积极引入国内外有实力、有经验的园区开发机构参与上海郊区乡镇工业园区开发管理。实施园区协同品牌联动工程，鼓励国家级、市级开发区与乡镇工业区通过品牌合作、管理合作、股权合作等多种方式实施联动发展。推进优质园区开发企业成片开发利用低效土地，加大园区整合归并力度。探索建立“198”区域内优质企业的评估保留机制，对确需保留的优质企业，经认定批准后，可作为规划零星工业地块保留。制定出台“198”区域内以划拨方式取得国有土地的盘活政策。强化农村集体建设用地与新城建设、重大功能区建设的联动，最大限度用于配套设施和公共租赁房及其商业、服务业等配套项目的建设。大力推进全市村庄布点规划，结合各区及镇总体规划编制，研究“撤并村”实施集中居住的多元模式，促进宅基地集约利用。

4.4.3　完善土地全生命周期管理制度

加强土地全生命周期管理，提高土地利用精细化管理水平。土地全生命周期管理指的是对土地利用进行全要素、全过程、多部部门共同监管，以土地出让合同为平台，将项目建设投入、产出、节能、环保、本地就业等经济、社会、环境各要素纳入合同管理。

建立全市统一的土地全生命周期管理信息平台，通过多部门信息共享、动态监测，切实按“谁提出、谁负责、谁监管”的原则，落实合同履约情况监管。优化提升全覆盖、全要素、全过程的土地全生命周期管理要求。根据土地节约集约利用和城市发展方式转变要求的明确和深化，以土地出让合同为平台，从资源规模和强度控制、社区开放共享、生态环境改善、智慧绿色城市建设、城市文化提升等方面，进一步优化全生命周期管理要求。

创新产业用地供给和管理新机制，在产业用地的全生命周期管理中，重点要突出以下环节：一是严格产业准入，通过提高土地供给质量，保障产业发展，加强产业招商和土地资源统筹，坚持全市产业发展“一盘棋”，把产业绩效平均水平作为未来产业准入的底线标准，坚持各区产业准入“一把尺”，优选产业项目，完善产业全要素管理要求，切实提高产业项目质量。二是严格产业项目绩效评估和土地退出机制，在产业用地利用的全过程中，按照投产、达产、达产后每3—5年等节点开展产业绩效综合评估工作，并基于绩效评估结果，按照出让合同关于产业绩效的约定，对低效利用的产业用地实施土地退出机制。三是严格落实共同监管机制，强化落实区政府产业用地管理的主体责任，按照土地出让前“谁提出、谁监管”的原则，依托土地全生命周期管理信息系统实施监管，土地部门强化开、竣工履约管理，产业部门强化产业绩效综合评估管理，共同为提高全市产业用地的绩效水平协同发力。

推进工业用地精细化和差别化管理。建议从工业用地项目前期管理、项目过程管理、项目后期管理、存量用地管理和配套措施等方面，进一步创新完善相关政策内容，实现全过程精细化、差别化管理。对事前管理而言，要严格产业项目准入，明确各项准入指标和标准；要进一步健全工业用地弹性年期出让制度，加快工业用地流量。对事中管理而言，要健全税收差别化政策，适当提高工业用地使用税标准，倒逼企业提高用地绩效，根据企业用地绩效评价分类结果，对其实行差别化的房产税减免政策，增加企业积极性。

进一步推进“城市更新”和“土地置换”。完善城市更新实施机制，以落实公共要素、补齐公共设施短板为重点，分类引导公共活动中心区、历史风貌地区、轨道交通站点周边地区、老旧住区等各类功能区域实施更新。推进旧区和城中村改造，以保护历史风貌为原则，通过带保护方案招拍挂、定向挂牌、组合出让等供地方式支持中心城旧区改造。以强化区域功能、基础设施和公共服务配套为重点，开展城中村改造。高效配置乡村土地资源。落实乡村振兴战略，优化调整村庄用地布局，实施综合生态修复，提高乡村空间品质，试点打造“新江南田园”。统筹开发强度政策，坚持“以强度换空间，以空间促品质”，提高开发强度后腾挪出的土地用于增加公共空间、绿化、服务设施等。依据《跨省域补充耕地国家统筹管理办法》和《城乡建设用地增减挂钩节余指标跨省域调剂管理办法》深入展开跨区域土地置换。

加强土地管理相关政策法规的宣传和普及，结合全国土地日、世界地球日、世界湿地日、世界森林日、世界水日、世界城市日的宣传活动，充分利用微信、微博等平台，强化依法依规、节约集约用地意识，引导公众自觉保护和合理利用土地资源；健全规划公示制度，强化公众参与，构建规划编制、管理、实施、监督的全过程公众参与机制，搭建多方参与规划实施的平台，引导公众共同参与规划监督，共同维护规划实施成果。

4.4.4　加快产业结构调整，优化建设用地结构

从长远来看，产业结构优化是经济增长的核心，土地二次开发的目的就是让优质项目尽快落地，保证经济、社会的可持续发展。因此，优化建设用地结构：一要加快产业结构调整，使产业用地政策与上海市产业发展导向高度匹配。中心城区应优先发展现代服务业，而郊区工业用地需优先保证先进制造业及高新技术产业发展；二要坚持"产业集中、用地集中"原则，优化产业布局。加大市域范围内零星、低效工业点向该市统一认定的"104 个产业区块"集聚力度；三要研究产业结构调整、产业转移动向，建立覆盖上海市各行业的集约节约用地标准体系。

创新容积率弹性调控机制。现有容积率设置是一种行政控制手段，而非市场化的经济决策。弹性的容积率调控机制在上海乃至全国都处于初期探索阶段，而且目前上海在这方面的绝大部分实践都是为了提供公共空间，对于工业用地应当如何进行容积率调控，可供参考的法律依据并不多。2016 年上海出台《关于盘活存量工业用地的实施办法》提及提高容积率的管理要求，包括事前综合评估、设定准入条件、补缴土地价款等方面内容，但这些规定缺少明确的执行标准，颁布以来也缺少成功的实践案例。下一阶段创新容积率调控机制，应当从简化综合评估流程、适当降低准入条件、设定土地出让价款免缴标准、建立园区企业同地方政府溢价收益协调机制等方面着手进行法规细化工作。

完善增减挂钩土地供应机制。在土地资源紧约束条件下，上海只有通过存量优化、流量增效、质量提升等途径才能实现工业用地可持续利用。为此，下一阶段新增工业用地需求，只有依靠工业区外建设用地减量化增减挂钩或者工业园区内存量土地二次开发才能予以支持。由于目前减量化的重点是集建区外的"198 地块"和部分"195 地块"，因此在现有政策下，要建立新增建设用地指标的差别化奖惩机制，把盘活的存量工业用地与该区域下一年度新增建设用地指标分配相挂钩；同时，还要加大对"198 地块"工业用地减量化的支持力度，根据地方政府对减量化的贡献，合理分配指标和收益。

强化工业园区用地准入和退出管理。一方面，要严格产业项目准入门槛，在项目引进上要控制与主导产业无关联的项目入园，提高投入产出强度，提升产出效益。在项目进入后，要周期性从主营业务收入、工业增加值、全员劳动生产率、主营

业务税收、科技研发投入、生态管理投入等多个指标，对企业进行考核，建立优胜劣汰的进退机制。另一方面，要加大对闲置工业用地的处置力度，对因政府原因造成土地闲置的，要落实部门责任；对因非政府原因或非不可抗力造成土地闲置的，要按照规定征缴土地闲置费或收回土地使用权。同时，要进一步完善租赁规则、租赁方式、租赁价格等土地租赁相关制度，加强对闲置土地和厂房的短期利用和临时租赁管理。

通过产业统筹引领，各区将谋求特色化、差异化发展。作为经济高质量发展的重要支撑，上海将着力构建以现代服务业为主体、战略性新兴产业为引领、先进制造业为支撑的新型产业体系，统筹优化全市产业定位和空间布局，引导各区产业布局的“GPS”导航系统。聚焦国家战略要求，强化前沿科技、核心产业布局，力争突破“卡脖子”瓶颈、加快推动产业化。强化新一代信息技术、民用航空、生物医药等战略领域布局。同时，要依托产业地图推动各区和重点区域着力发展主导产业。比如浦东聚焦集成电路、航运贸易，而嘉定则聚焦汽车产业等，促进优势更优、特色更特、强项更强，提高上海产业的集中度和显示度。通过“正向激励＋反向倒逼”的政策，加快淘汰落后产能、盘活存量土地，通过多举措“腾笼换鸟”。通过土地收储，统筹用于更高质量的产业项目；通过市场流转，将资源从低效企业转向高效企业；原地转型提升，通过企业技改，加大智能化、绿色化改造。围绕资源投入、产业创新、空间集约、集群发展、政策配套等，构建集产业链、创新链融为一体的经济要素体系。做到“好地段要做好产业，好资源要用于高质量发展”。

聚焦“评、配、管、引”，建立推动产业高质量发展的制度体系。包括构建资源利用效率评价制度，实施要素差别化配置机制，严格产业全生命周期管理，制定高质量发展的指标体系。按照《关于本市促进资源高效率配置推动产业高质量发展的若干意见》（沪府发〔2018〕41号）关于建立高质量发展指标体系、更新产业用地指南的相关要求，完善产业准入评估、工业用地招拍挂、规划编制和产业结构调整等体制机制。结合《上海产业用地指南（2019版）》，鼓励发展经济效益好、资源消耗低、环境友好型的优质产业项目，限制和淘汰高消耗低产出的粗放型产业项目，推进产业结构优化升级，助力产业高质量发展。

进一步增强产业用地政策与产业发展导向的匹配程度，强化产业发展规划与土地利用总体规划的协调水平，使优质项目落地，加快淘汰劣势企业，促进产业与用地的空间协同，从而提高地均产出效益、激活低效率土地；建立覆盖上海各行业的集约利用用地标准体系，健全已有闲置土地的动态监管、长效预防机制，加大对闲置土地的整治和防治力度，采取限期开发、调整项目、土地回收等多元化途径促进盘活，如加快合理整治中心城区的大量老厂房、老仓库，利用税收调节等手段促进企业部分存量与闲置土地入市。

4.4.5　构建土地管理决策大数据平台

构筑基于大数据和“互联网＋”的土地资源管理决策与服务体系。在国土资源“一张图”数据库基础上，采集并整合其他部门、行业和互联网有关数据资源，构建国土资源大数据体系。继续推进“智慧国土”建设，构建国土资源态势感知和决策支持系统，建立“用数据说话、用数据决策、用数据管理、用数据创新”的管理机制，促进国土资源决策科学化、监管精准化、服务便利化。打造基于互联网的国土资源政务服务平台，优化国土资源网上审批，强化网上服务，实现各业务一站式办理，形成线上线下结合、高效便捷、协同互动、公众参与的“互联网＋国土资源政务服务”的新模式，提高政府效率和透明度，变“群众跑腿”为“信息跑路”，为推进简政放权、放管结合、优化服务改革向纵深发展提供支撑。强化基于互联网的公众监督服务。充分利用互联网，通过征地、矿业权等信息的及时公示，广泛征求群众意见，建立针对国土资源热点问题的网民意见分析与反馈机制。建立完善的国土资源违法线索网上举报系统，形成行政监管与群众监督的合力，及时回应社会关切，查处违法案件，接受群众监督，提高政府感知群众期盼、服务公众需求的能力。

加强土地数据深度挖掘，提升预警和科学决策水平。大数据时代下的管理决策靠数据“说话”，运用现代云计算、大数据、物联网等技术手段，实现数据的专业开发与应用，能够为广大用户提供个性化的应用定制服务，实现对土地资源、工业用地及其相关数据信息的获取、存储、管理、处理、挖掘、分析、可视化及其应用，为土地管理、资源利用、城乡规划、智慧土地、高端决策等领域提供有效的技术支撑，为各行业、各部门的预测、规划与决策提供科学依据。云计算等高性能计算环境能深度挖掘土地数据资源，形成基于数据驱动的土地管理新模式。通过对初始数据的有效组织和深度挖掘，研制针对土地的海量数据的挖掘算法，对各类数据（文本、影像、视频等非结构化数据）进行关联分析，实现数据深度利用。准确、及时、高效地采集数据，原始数据的规范存储与有效组织，海量数据的模型建立与智能提取，是实现对数据深度挖掘与充分应用的关键，是将数据从单纯的原始信息转变为智慧基因的快速通道。不断加强对土地资源信息与工业用地大数据的深度挖掘，提升相关行业的综合管理效率与科学决策水平，更好地满足实际应用中对数据生产、入库、管理、更新与提取的现实需要。

构建土地大数据共享平台，提升城市土地供给和管理决策的科学有效性。充分发挥城市空间信息在支持政府决策、服务社会公众以及促进城市发展中的基础性作用，以建立本市不动产统一登记与城市空间基础信息平台为中心，运用“大云平移”(大数据、云计算、平台、移动互联网)等新一代信息技术和理念，在空间上实施精确“制导”，准确发现低效土地“在哪里”，通过多渠道、多层次的大数据获取分析，提高土地管理工作效率。不仅可以分析城市土地利用效率的总体水平，还可以分析不同时段城市土地的利用效率，为存量土地的挖潜提供空间指引。在未来基础设施和公共服务设施的空间规划中，不仅可以通过对前期大数据的分析提高规划的科学性，还可以通过实时信息数据引导土地资源的合理利用。

建立土地利用数据库和动态监测系统。适应数据驱动的空间治理模式，充分运用现有数据获取技术手段，在国土资源“一张图”综合监管平台基础上，梳理土地、不动产、地质矿产、地质环境与地质灾害防治等各类国土资源数据，汇聚整合其他部门、行业和互联网等大数据资源，建立内容全面、标准统一的国土资源数据资源体系，全面提升土地规划编制与管理数据支撑能力。基于物联网、云计算、时空大数据集成等新一代信息技术，通过对人口规模、人口流动方向、人口职住活动、土地利用、产业发展等相关数据和信息的挖掘和分析，揭示人口、土地、产业之间的时空变化规律，建立集基础评价、国土空间演变、土地利用自动化监测和预警等功能于一体的国土资源决策支持系统，为规划实施和管理决策提供支撑。以土地全生命周期业务流程为主线，集成并改进状态监控技术、信息动态联动技术等，实时掌控建设项目用地预审、土地储备、土地审批、土地供应、土地登记、土地利用、市场交易、执法监察等生命环节的时空变化(实施进度)数据信息，并提供回溯查询、综合统计分析、智能预警等功能，实现对规划实施情况的全程动态监管，为规划的动态评估和修改提供支撑，强化规划的弹性和可操作性。

拓宽互联网、物联网、物流网的运用平台，鼓励土地利用向服务、研发和金融等高附加值环节拓展，逐步改变经济增长对传统土地利用方式的路径依赖，推动产业向“经济服务化”和合理化发展，继而提高经济发展质量。规划和土地管理的目的是为城市居民服务，了解居民的时空行为有助于切实提高规划和土地管理水平。分析不同单元土地上居民活动的联系强度可以判断地块之间的交通流量，通过居民活动需求分析可以演绎基础设施和公共服务设施的土地需求，从而为城市规划和土地管理服务。通过大数据对居民出行的时空路径研究，进而通过土地空间布局优化，预控降低居民出行过程中运动型持续共存的概率，有助于交通拥堵问题的解决，提高城市规划决策的科学性。

第5章
长三角一体化示范区建设与上海城市区位功能结构优化

5.1 跨界地区的空间治理：概念辨析与理论演进

5.1.1 空间治理的基本概念和特征

"治理"本身是一个西方社会经济政治中的概念，其内在涵义是国家事务和资源配置的协调机制。在经济学和政治学界，"治理"的说法较之"管制"更能体现出权利各方在现代社会结构中的责权利关系。有别于传统自上而下的"统治"概念，治理指的是相关治理主体之间的合作、协调、配合的机制与过程。治理既包括纵向的互动与反馈（包括自下而上与自下而上），又包括横向的协调与合作，从而形成一种网络状的关系。一般来说，"治理"具有四个特征（尹来盛，2012）：(1)治理不是一整套规则，也不是一种活动，而是一个过程；(2)治理过程的基础不是控制，而是协调；(3)治理既涉及公共部门，又包括私人部门；(4)治理不是一种正式的制度，而是持续的互动。治理机制的本质是一种协商机制，用来协调多元主体处理公共事务的机制。它是在市场机制难以解决公共问题时，而采取的一种新的机制，在一定程度上是效率与公平问题的某种权衡（程栋等，2018）。

治理理念反映了全球化和信息化时代语境下两个重要变化（孙毓蔓，2013）：首先，随着全球化的发展，在区域管理的过程中，政府不再是国家唯一的权力中心，各种非政府组织、跨国公司、企业组织、利益集团等，成为各个不同层面的权力中心。这些组织形成一种持续的互动，共同致力于解决各个层次的经济、社会问题，他们在全球化背景下共同建立地方制度、规则、秩序，共同维护全球的公平和正义。其次，公私部门在治理中相互依存，相互影响，构成一种具有自主性和自组织特征的网络。这些主体以共同的价值观为指导，以实现共同利益为目标进行协商和谈判，通过合作的形式以及有组织的集体行动解决各个层次上的冲突问题。“互动”和“自组织”是治理的重要特征。

全球化、信息化和城市化的深入发展使得社会日趋多元化、流动化，碎片化，公众对传统官僚制公共行政模式产生质疑，空间和城市研究中对社会公共性的诉求不断强化。20世纪80年代以来，非政府组织、社会组织、第三部门等出现，新公共管理主义理论产生并付诸实践，西方国家政府开始与商业机构、社会组织等合作推进城市经济增长、公共产品生产等。空间(区域)作为政府的管理对象和公共资源，向多元参与、协商共治的治理方式转变，例如城市规划领域强调其公共政策属性，并非只是技术精英和政府管理(熊竞等，2017)。“空间治理”是指通过资源配置实现国土空间的有效、公平和可持续的利用，以及各地区间相对均衡的发展(刘卫东，2014)。“空间治理”强调的是多方参与，政府仅是权威的一方，其他方面还包括市场机制、社会参与等(Liu，2014)。当今社会，区域性的公共问题层出不穷，例如：流域水资源开发与管理问题、跨行政区公共基础设施衔接、邻避设施布局冲突、跨界大气污染治理等，这些区域性问题给单一政府管理模式带来挑战，对跨地区治理模式提出了新的需求。

一般来说，空间治理中可能包含政府体系(包括中央政府、地方政府)、经济力量(企业、私人、商会等)、社会群体(公共组织、市民等)3类主体。它们之间的关系特征，决定了空间治理的基本模式，如中央政府主导、地方自治为主、市场化发展、网络化治理等等。但不论是哪种情境下，厘清主体之间的利益关系与权责关系最为重要。而主体的差异性，决定了它们在应对空间治理时依托的方式不同。政府整合区域资源的职能无法取代，空间治理中必须留有政府权威的空间(洪世键，2009)。因此，依托政府机构职能的行政手段是重要的治理手段之一，行政手段可以参与空间治理决策，并对治理进行管理与监督。此外还有市场手段，是区际关系形成的内在机制，也是非政府主体间、公私之间维系关系的重要基础。最后，为了更好地约束行政手段与市场手段，法律手段也必不可少，以作为保障空间治理合理有效、有序开展的依据。稳定成熟的空间治理，一般都由上述3种手段相辅相成地发挥综合作用(苏黎馨和冯长春，2019)。

5.1.2 大都市区空间治理：相关概念和特征

1. 大都市、大都市区、都市圈

在全球化的推动下，城市特别是大都市，正在转变成全球经济的枢纽，其对国家竞争力的提升和区域经济的带动作用进一步增强。作为当代资金、物质、人才、信息集散中心的大城市成为全球经济发展的节点。大都市(metropolis)是城市化过程的重要形式,它与大城市在一定程度上重合。大都市区(metropolitan area)这个概念首先在美国被提出和使用,是指一个大型的人口中心及与该中心有较高经济、社会、空间整合联系的社区地域。1910 年,美国人口普查局开始采用“大都市区”的概念进行人口统计。大都市区区别于行政意义上的城市,是反映城市人口聚集及社会经济一体化功能的一种统计单元。美国大都市区概念的广泛使用对西方国家产生了很大影响,它们也纷纷提出了类似的概念。例如,英国“标准大都市劳动区”(standard metropolitan labor area)、加拿大“大都市人口普查区”(census metropolitan area)、法国“集聚区”(agglomeration area)、德国“标准都市区”(standard region)、瑞典“劳动市场区”(labour market area)、澳大利亚“城市人口普查扩展区”(census expanded urban district)都属于同类概念。尽管这些国家在大都市区概念界定的标准上存在一定的差别,但概念的核心内涵都是一致的。大都市区是城市发展到较高阶段产生的城市空间组织形式,一个大都市区必须包括一个人口中心,以及与中心地区经济联系密切、社会整合程度较高的外围地区(郑迎春,2012;俞晓波,2014)。大都市区一般都超出了地方政府管理和服务的范围,其内部复杂的政治和经济结构对经济发展、社会状态以及人们的生活方式都有着深远影响。

相对于美国式的“大都市区”,日本将这样一种城市功能地域界定为“都市圈”。日本学界和政府较早进行了都市圈的规划研究和实践。都市圈指在城市群中出现的以大城市为核心,周边城市共同参与分工、合作、一体化的圈域经济现象。根据中心城市与周边地区的交通时间可以将都市圈分为“一小时都市圈”“两小时都市圈”等。都市圈与都市区的主要区别在于前者对通勤时间的要求通常较弱或者不设要求,而后者则主要基于通勤时间对外围进行界定,但两者的共同之处在于它们都刻画了一种中心城市与周边地区紧密联系形成的一体化区域,并且这种联系常常突破行政边界(孟美侠等,2019)。

2019 年,中国国家发展改革委在《关于培育发展现代化都市圈的指导意见》中提出了都市圈的概念:“都市圈是城市群内部以超大特大城市或辐射带动功能强的大城市为中心、以 1 小时通勤圈为基本范围的城镇化空间形态。”相比城市群,都市圈的着眼点更在于核心城市与周边辐射区域的协调发展,以及相邻城市在交通、服务、市场等方面的一体化运营。

2. 大都市区空间治理的兴起

大都市区的出现不仅使城市地域空间形态与规模发生重组和变化,而且使资本、产业、劳动力等要素形成新的流动和布局，进而对原有城市行政管理模式提出新的要求和挑战。大都市区在生态、经济和社会层面上是一个有机的统一体，许多区域性公共问题都是紧密联系和不可分割的。在大都市区一体化发展中涌现出了很多公共性的问题，例如：流域水污染问题、跨行政区的区域规划、跨行政区公共工程建设、跨行政区公共交通及信息网络建设与管理、同一行政区域内的跨组织公共事务处理等，这些区域性问题给单一政府管理模式带来挑战，对跨地区治理模式提出了新的需求。为了有效解决诸如资源配置、环境治理、公共安全、发展规划等区域性公共问题，就需要在大都市区内建立常态的区域治理制度（张紧跟，2010）。大都市区空间治理是指利用规划手段，通过调整大都市区发展总体布局，引导人口、产业等各类资源要素在城市乃至更大的区域范围内合理分布（宁越敏，2012；陆韬，2013）。与传统的城市管理相比，大都市区治理是在一个扩大的大都市的政治空间里，运用政府的制度和规程，在公众参与政策制定、资源分配及其一切事务的政治过程中的管理决策过程，这一过程不仅是中心城市与郊区政府、市场与社会从分离到协调互动的过程，同时也是大都市区各级政府间从分割到竞合的共赢过程，对区域、国家乃至全球城市发展进程产生了深远影响（崔向华，2015）。

在城市区域成为全球经济重要竞争者的历史条件下，区域政策将更致力于重新设计和提高城市的基础建设，以使都市能在全球经济中更具备竞争优势，改变大都市治理的制度安排将在很大程度上决定区域的发展战略和竞争实力。20世纪以来，一方面，政府一直在试图找到一种合适的区域治理模式，以使一个聚居人口与经济活动的领域范围能够与城市区域系统相符合（Frisken and Norris，2001）；另一方面，有学者从不同角度展开研究，力图建立区域治理制度来满足城市区域发展的新需要（Savitch and Vogel，2000）。总体上看，这些研究主要有三个共同的目的（Frisken and Norris，2001）：(1)在大都市区建立一种方法以提升地方政府间的合作；(2)区域治理的目的是解决大都市区碎片化政府组织结构带来的外部性；(3)提供一种财政和减税办法来促进城市中心的发展，以便于使其能更好地为整个区域发展作贡献。

然而，大都市区内多中心的利益主体之间矛盾重重，许多区域性公共问题得不到有效治理，产生了诸多弊端。主要表现为：(1)大都市区内各个辖区在经济发展和公共服务上的不平衡；(2)大都市区内诸如区域综合规划等区域性公共问题得不到有效治理；(3)大都市区的整体竞争力受到损害。这样，大都市区政府管理的碎片化就成为治理的难题（Brenner，2002）：一方面，大大小小且数量众多的地方政府都积极寻求自身的独立性与自主性。另一方面，层出不穷的区域性公共性问题又使之不断陷入治理困境。

5.1.3　大都市区空间治理的主要理论学派

1. 单中心主义治理理论

单中心主义指在大都市地区建立一个统一的大都市管理机构，形成唯一的决策中心。单中心主义治理理论也被称为“巨人政府论”，产生于20世纪40年代。这一传统改革思路在较长的一段时间内一直在美国学术界占主导地位。基于对政治碎化问题带来“政府效率损失、效果低下与公共服务不平等”的批判，传统区域主义学派主张大都市区的政治一体化，以区域为基础建立统一的大都市区政府，优化大都市区资源配置，增进政府的工作效率和经济效益，为市民提供必需的公共服务和执行必要的政府职能。单中心主义主张建立独立统一的大都市区政府，整合以地方自治为特色的地方“碎片化”政府，建立功能覆盖全面的、强有力的单一区域政府。这种理论将大都市区内过多的独立行政单位视为政府公共服务效率和均衡的主要障碍，因此，单中心主义主要从结构途径去研究区域治理机制。单中心主义主张实行政府合并(consolidator)，建立大都市区政府或者中心城市对郊区的兼并，认为政区合并或兼并有助于实现政府规模的合理化，促使资源不足的地方政府获得发展。单中心主义反对行政区之间为发展展开竞争，认为这种竞争会导致公共服务提供的无效以及不平等，并将造成粗放型的发展、产业结构同化以及工业的重复建设等问题。

由于美国政治思想中存在根深蒂固的“小政府”传统以及市郊社区政府强大的经济、政治势力，这样的大规模政区合并或兼并并没有在美国得到广泛推广(叶林，2010)。1898年，纽约市宣布其周边的4郡20市合并成现在的“大纽约市”。这是在当时影响最大的市郡合并，标志着北美历史上第一波“区域政府合并”达到了高潮。在美国式的民主中，合并型的区域“巨人政府”与传统的“管制最少的政府乃是最佳政府”的理念背道而驰。到了20世纪初期，区域政府在美国的发展日渐衰退。然而，加拿大的一些主要城市却积极采纳了“大区域”的理念，在过去几十年中产生了不少令世界瞩目的区域行政变化。比如说，多伦多(Toronto)、温尼伯(Winnipeg)和蒙特利尔(Montreal)这3个加拿大城市在二战之后都成立了区域政府来管理城市的发展和服务。1998年合并成了现在的“大多伦多市”，这也是北美最大规模的区域政府组建行为。这些大区域政府的建立主要是为了实现经济规模效应，提高政府服务效率和使政府责任更有针对性(叶林，2010)。主要体现在两方面：首先，区域政府面向更多的服务人群，政府职能和公共服务措施可以有更广泛的群众基础。按照经济规模效应理论，一些公共服务设施，比如说城市供水、垃圾处理以及现代刑事侦破设备等，都需要有一个最低人口数量以分摊提供服务的固定成本，使公共服务的平均成本大幅下降。大区域政府的建立为实现经济规模效应提供了人口基础。其次，大区域政府的建立有利于精简各级政府机构的重复设置，以最精简的政府机构和人员向全区域提供最高效的服务。这样精简后的政府机构也使政府责任更有针对性。简明的政府网络体系使群众对政府各部门职能一目了然，避免了各级政府机关互相推诿、职责不明。统一的区域政府为区域内公共服务和政务管理统一协调，做到资源统筹、高效明责。

然而，一些学者认为单中心或者“巨人政府”的产生降低了大都市区的行政治理效率，并降低了政府的竞争性，更容易产生官僚主义。按照传统组织行为学的理论，管理者与被管理者之间的距离应保持相对接近，这样有利于意见的上传下达，政府能够及时了解居民的需求，居民能够有效地和政府沟通，做到信息链的流畅贯通。如果由一个过于庞大的政府负责老百姓的日常民生与公共设施，就很难做到因地制宜、灵活地制定措施。此外，“巨人政府”还可能带来政府机构臃肿、机关人员难于管理、改革无法实施等组织性问题，降低政府的办事效率。

2. 多中心主义治理理论

多中心主义是指大都市地区存在相互独立的多个决策中心，包括正式的综合的政府单位和大量重叠的特殊区域。多中心主义治理理论也称作“公共选择学派”，产生于20世纪50年代中期。美国大都市区的治理模式大多属于多中心体制。与单中心主义相对，多中心主义秉持蒂伯特(Tiebout)著名的“用脚投票”(vote with their feet)观点，认为大都市区内分散化的地方政府形成了一种多中心治理机制，能够更好地满足居民分散的公共服务需求与偏好，公民可以通过“以脚投票”的方式选择最能够满足自身需要，实现成本和效益最优的社区。众多地方政府为居民提供竞争性服务的行动将消除由政府垄断所造成的低效与不足问题，实现高效、质优、负责以及规模经济等多项好处。

大都市区中的地方政府通过政府间协议、区域委员会等经常性和定期性联系构成了一套大都市治理体制，能够成功地应对大都市范围内的服务与政策挑战。行政区域之间的竞争实可以提高服务提供的数量和质量。多元的、功能重叠的政府并不意味着混乱和无效率，而是对异质性需求的满足。一些学者认为，区域内若存在许多不同地方政府且管辖权彼此重叠，就能通过相互竞争产生更高的效率，更好的满足公民的需求。此外，多中心主义还认为多中心体制可以使其采取比其他社区更优惠的税收政策、更好的环境规制以及在更多的经济激励措施来吸引投资者。而单中心的区域治理将导致公共服务的垄断，缺乏竞争压力将导致区域政府运行的无效率。

多中心主义认为介于地方政府之间的大量自治选区可以吸引更多居民的竞争活动，一方面促使地方政府努力满足居民的服务需求；另一方面也提升了地方政府分配公共资源和生产服务的效率。只有在区域内发挥政府的多中心特性，即有限的政治融合，才能有效地解决外部经济和非经济的问题。然而，多中心的政府可能在经济发展中造成产业结构同化和重复建设等问题，从而无法达到规模化经济。对于投资者来说，条块分割、多重行政治理以及多个小政府的存在可能需要高额的时间成本与其进行沟通，并造成多个部门相互扯皮、职责划分不清等现象，从而影响投资者的决策。

3. 新区域主义治理理论

新区域主义是指为了更好地解决区域性公共问题，由区域内地方政府、非营利组织和市场主体所构成的治理主体及其组织形态，通过多种类型行动者之间的互动，增强合作网络和集体的共识、行动和反应能力来解决大都市区的公共问题。新区域主义强调全球化背景下区域角色和定位的转型，区域发展与规划中对社会多极化阶层的协调和重视，提倡自上而下与自下而上的区域发展、规划和管治的结合互动，强调基于多元行动主体的、以激发内生增长潜力为主的政策行动，强调对“合作网络”以及集体认知和反应进行响应的能力(孙鹏，2011)。新区域主义的核心主题主要包括：区域空间解释的多元性、区域治理决策方式的多层性、区域协调合作与参与机制的多方参与性，以及区域多价值目标的综合平衡性。

之所以称之为新区域主义，是相对传统区域主义而言。传统的区域主义注重上级对下级的管理和指导，主要是通过在不同级别政府间重新设立机构来进行管理。传统区域主义强调单一的管理主体——区域政府的构建，通过建立正式机构，垄断区域决策权和宏观控制权，从而实现决策过程和主体行为的一致。传统区域主义体现的是政府主导的区域整合现象，是一种“区域行政管理模式”(张紧跟，2006)。例如，一些国家将一些特定区域的地方政府联合、合并起来，设立专门协调和管理组织来进行区域规划和发展指导，形成一定的科层结构(袁政，2011)。新区域主义与传统区域主义在批判政治碎化问题、注重区域整体发展等方面的观点基本一致，但二者的区别在于新区域主义的核心理念已不是试图建立统一的区域性政府。新区域主义在主张统一解决大都市区治理问题时，强调大都市区内地方政府的独立和自治。相比传统区域主义而言，新区域主义具有以下不同(崔向华，

2015)：(1)更关注跨部门(cross-sectoral)而非单一部门(uni-sectoral)，即大都市区治理不限于公共部门责任，为了有效实现大都市区治理目标，政府与非政府组织之间越来越多地需要相互协作；(2)更关注合作(collaboration)而非协调(coordination)，即大都市区治理的目标不限于提高公共部门规划与行动的协调能力，而是通过不同层级政府之间、不同领域公私机构之间的志愿合作机制实现；(3)更关注过程(process)而非结构(structure)，即大都市区治理的过程，包括制定区域愿景目标、在关键利益群体中形成一致行动意见、动用资源实现目标等，比大都市区政府结构安排与调整更重要；(4)更关注网络(networks)而非正式的结构(formal structure)，即大都市区治理更多借由利益相关者之间的稳定网络关系，而非正式的结构安排来达成，这个稳定网络关系一般由不同背景和能力、在特定领域具有共同利益的行动群体构成。

新区域主义在区域规划中强调多极化、自上而下与自下而上的有机结合、强调社会公平、环境保护和经济发展目标的综合平衡，提倡更加积极、民主的规划方法，重视公众的参与以及非政府组织在区域规划和管治中的作用(孙鹏，2011)。基于此，20世纪90年代以来的西方区域规划无论是理念、方针，还是规划目标、方法、内容等都出现了重大的转变。在全球化和地方化的双重作用下，西方国家兴起了新一轮的区域规划热潮。这些规划主要包括以推动区域一体化为目标的跨国、跨区域规划蓬勃兴起，如欧盟编制的《欧洲空间发展展望》的跨国性规划；以多元目标、多极化为特征的大都市地区规划的繁荣，如大伦敦发展战略规划、大巴黎地区规划等；以均衡区域发展差距为目标的区域规划兴起，如日本的第五次国土综合开发计划("五全综")中，面对不同区域间发展的巨大落差，计划的基本理念是要改变目前的单级、单轴结构，并构建一个多轴网络(东北带、日本海沿岸带、新太平洋沿岸带、西部带)，制定相关的实施政策，以平衡地区经济布局，推动落后地区的发展(李广斌，2007；孙鹏，2011)。

相比于20世纪末期前在欧美国家流行的"单中心"和"多中心"的区域政策，新区域主义的发展具有几个鲜明的特点(叶林，2010)。其与"单中心"区域管理最根本的区别(或者是改进)在于"治理"而非"管理"。通过治理的横向网络，形成跨部门而非单一部门的协作，由多个地方辖区联合形成的治理层次。新区域主义还大大扩充了区域治理的参与者，跳出了由政府部门进行单一管理的框架，鼓励和吸纳包括非营利组织、商业社团和公民组织等各种形式的组织都加入区域性的问题解决之中，参与政府区域政策制定与实施。相对于"多中心"的区域政策，新区域主义通过灵活的政策网络倡导了区域的整合和发展的协调，有助于解决区域内各级政府各自为政、效率低下的问题，有利于组建区域治理的协作性或合作性组织，采取多种形式来解决区域性公共问题。

然而，新区域理论在自身发展的过程中也面临着很多难题（叶林，2010）。在理论层面上，由于新区域主义模式缺乏强制性的政策手段，主要是依靠政府和其他组织的自愿参与和主动合作，在一些地方保护主义严重、集团利益复杂的地区，其可行性可能会受到很大的局限。在实践层面上，在许多地区"新区域主义"的成功取决于一些特定要素，比如说地区领袖的领导才能，一些突发性的地区事件而统一民众意见，以及上级政府的扶持和激励，这些不具备必然性的要素也使新区域主义模式在不同地区的通用性受到一定的限制。在某些情况下，由于缺乏正式的法律法规和政策条例，在某些地区新区域主义的实践可能带来制定、执行和落实区域政策的责任分配不明确的问题，由此削弱政策的效果或者导致缺乏明晰的问责机制。

5.1.4　大都市区空间治理运作模式：集中式治理

根据政府等级体系的层次以及权力在不同层次政府间的分配可以将大都市政府结构分为两种类型："单层制"大都市区政府结构、"双层制"大都市区政府结构。

1. "单层制"大都市区政府

快速城镇化过程中，大都市区中心城市的急剧扩张往往超越原有行政边界。为了减少中心城市扩张的阻力，并有效实施涉及更大空间范围的大都市区整体利益的决策，兼并或合并等行政区划调整成为城市迅速扩张直接而有效的手段（崔向华，2015）。一种是通过大都市地区中心城市对周围地域的兼并（aimexation），建立覆盖整个大都市区范围的大都市区政府，实行统一的经济社会规划。另一种是通过中心城市政府与所在县政府及其县域内若干郊区政府的合并，即市县合并（city-county consolidation），在涉及区域事务的某些特定领域内进行规划与合作。

在快速城市化的背景下，兼并是中心城市在大都市地区保持主导地位的最有效也是最为直接的方式，是大都市政府的早期形式。19 世纪末到 20 世纪 30 年代之前，美国一些大城市扩张主要采用兼并形式。例如 1898 年纽约将曼哈顿、皇后、布鲁克林、布朗克斯及斯塔滕岛 5 个市县兼并为大纽约市，成为当时仅次于伦敦的世界第二大城市，这标志着北美历史上第一波政府兼并达到了高潮。在城市化进程中，中心城向外扩张的冲动不断膨胀。由于行政界限的限制，中心城市的这种扩展不可能是无止境的，超越行政区划界线必须通过市、县行政区划上的调整才能得以实现。随着郊区化的发展，大都市区郊区因担心大都市政府无法代表郊区居民的利益而对中心城市的兼并持抵制态度，他们更倾向于成立自治市以向其辖区居民提供公共服务，从而使通过兼并建立的单层大都市区政府的动议难以付诸实施。20世纪50年代到70年代，美国大都市区纷纷开展“市县合并”的改革尝试，形成了统一机构、统一管理的“单层制”大都市政府，并将传统县政府功能整合到统一大都市区政府当中。然而，由于市县合并涉及地方政府结构重大调整，且需要取得大多数选民尤其是郊区选民的同意，实施难度较大，成功案例并不多。

2. “双层制”大都市区政府

由于传统的通过兼并和市县合并方式建立单层制大都市政府结构在实践中难度较大，对于大都市层面的治理，人们不得不寻求一种其他改革方式。其中，“双层制”大都市区政府成为不少大都市区治理改革的方向。“双层制”大都市区政府是由一个履行区域管理功能的政府和若干承担地方服务功能的政府这两个层级组成，两个层级的政府间没有权力等级区别，只有法律规定的政府职责与权限分工。其实质是对地方政府进行结构性变革，重新组建大都市区的地方政府结构（郑迎春，2011）。一方面，在大都市区内统一建立一个综合性政府管理机构，类似于区域政府，为整个大都市区居民提供“区域一体化”公共服务，如供水供电、污水处理、生态保护和基础交通设施；另一方面，现有的各级基层自治政府如市镇政府仍然保留，继续为其辖区居民提供“地方生活”服务，如公立基础教育、社区卫生服务等。“双层制”政府的管理模式是上层政府承担区域范围的公共服务，基层的自治市政府则实行属地管理，试图在管理效能和地方自治保持平衡。这种模式在一定程度上避免了公共产品规模经济与可获得性之间的冲突，双层结构既提供区域范围的重要服务，也允许地方职能有效执行和大都市区内市政当局的自治，最大限度满足了功能和社区要求（崔向华，2015）。虽然“双层制”大都市区政府也属于政府合并的一种形式，但这类合并不以结构性的重组为目标，而是不同的地方政府和上一级管理机构之间进行政府功能的重新配置和分工，类似于美国的联邦政府与州政府之间的结构关系（洪世键，2015）。因此，“双层制”大都市区政府也称作联邦制大都市区政府。

采取双层制结构体制与大多数西方国家的行政管理体制及经济运行体制较为吻合，因此，这种模式成为目前被西方大都市区最普遍接受的一种治理体系。从实践上看，多伦多大都市区于1954年就建立了北美第一个有效的双层制大都市管理机构。1978年成立的波特兰大都市区政府是美国唯一通过直接选举产生且具有自治章程的双层制区域性地方政府。2000年成立的大伦敦都市区治理体系实行的也是双层制模式。双层结构既提供地区范围的重要公共服务，同时也允许地方当局一定程度的自治，以最大程度满足政府职能和社区管理要求。虽然双层结构承认权力集中与分散都有存在的合理性，但更加强调上级政府与地方政府之间在职能和权力上进行分工与协作制衡。“双层制”大都市区政府在最大限度上保留了一个大都市区内各级地方政府的组织结构以及管理功能，在此基础上，建立了一个地区性的“伞型”(umbrellalevel)管理机构。这个管理机构并不越权管理其辖区内各级政府的日常事务，而只是负责涉及各个辖区之间的区域范围政务。比如说大型水域的环境保护、城市之间的轨道交通和区域财政事务等。各级地方政府仍然负责全面的公共服务，保持原有的决策权和独立性(Savitch et al.，2010；叶林，2010)。

联合的双层制政府体制并不是严格的区域、城镇政府等级隶属制，在两个层次之间有明晰的分权，其核心是政府职能，特别是提供公共产品和服务的职能在不同层次政府之间的分配(洪世键，2015)。公共交通、污水处理、垃圾处理等具有显著规模经济和外部性的公共产品和服务的供给职能均由大都市区层面的政府承担，而图书馆、环境卫生、垃圾收集等规模经济不明显或需求多样性显著的公共产品和服务的供给职能则由地方政府承担。

5.1.5　大都市区空间治理运作模式：分散式治理

为了降低公共服务成本，发挥规模效益，大都市地区政府通过多种形式实施跨界公共事务治理。

1. 成立区域委员会

区域委员会是指为加强大都市区地方政府之间的交流、合作和协商，便于计划和执行土地、环境等区域性项目，而由市、县、特别区乃至市民团体等地方单位组成的自愿性区域组织(崔向华，2015)。主要形式包括：(1)区域规划委员会(Regional Planning Commissions)：由州特别立法或一般授权立法设立的区域性规划组织，主要就土地利用、经济发展等某一功能领域为大都市区地方政府制定规划和提出建议。(2)政府联席会(Councils of Governments)：政府联席会是大都市地区制度化的跨政府合作形式，它们是地方政府的自愿联合，不是具有独立权威的能制订法律或捆绑决策的政府，主要职能是对影响整个大都市地区的事务提出建议(洪世键，2010)。政府联席会是政府构建的具有协会松散组织架构性质的组织，不涉及地方政府间领导关系结构的调整，由区域内政府成员自愿组成，主要发挥行政协商、协调作用，以此来降低政府间合作交易成本、减少阻碍(洪世健，2009)。相对于单个政府，政府联席会的作用在于能从中立、整体发展的角度规划大都市区内部的产业发展、社会公共服务、环境保护及促进资源要素自由流动。

2. 签订政府间协议

政府间协议是大都市区地方政府间为提供公共服务而达成的正式或非正式的协议，是一种结构化程度较低的地方政府间的自愿合作（崔向华，2015）。协议的主要内容包括：一个政府为另一个或多个政府提供某种服务；两个或多个政府共同执行某项职能、提供某种服务或在紧急情况下提供互相援助。协议的主要形式包括（崔向华，2015）：(1)非正式合作协议；(2)政府间服务协议；(3)一揽子服务协议：即规模较小、在服务提供上无法实现规模经济的郊区社区与其他较大政府签订的购买一揽子服务的协议，从而实现了服务生产与提供的分离；(4)共同权力协议：即两个或两个以上的地方政府共同建造和管理某项公共设施或共同提供某项公共服务；(5)职能转移：即一个地方政府永久性地将某项职能转移到另一个政府。各种形式的政府间自愿合作协议无形中扩大了大都市区政府的行政管理范围，形成了地方政府间合作的虚拟实体，在降低区域性公共服务和设施供给成本的同时，增强了公共服务的边界弹性。

在美国大都市区的跨界治理实践中，政府间协议是当前社会公共服务提供中运用最普遍的方式之一。一个政府采用付费的方式让邻近的另一个政府来为自己的居民提供公共服务，其中一个政府是服务的生产者，另一个政府则是服务的安排者，在协议中明确规定公共服务的数量和质量（陶希东，2016）。大都市区范围内的市和县在选择跨界协作的服务类别上，公共安全是最主要的合作服务内容之一，包括警察和消防员的培训与测试服务、监狱和拘留所的共享等。

3. 设立专区

在地方政府间合并难以推动的情况下，为了提高公共服务的供给规模和效率，在某一地区联合设立功能单一的专区及其独立管理机构，如“专区”“管理局”或“委员会”承担某种区域性专业服务，得到了广泛的运用（杨宏山，2010）。例如，美国一些州的法律授权大城市议会通过与周边的市、镇议会协商，设立专区，凡是被列入特殊功能的服务事项，均由大城市政府或专门成立的专区委员会统一管理。这些“专区”跨越若干个市、镇的管辖区。这样，各个市、镇在保留自治权的同时，把适宜由专业化机构统一提供的服务事项移交出去，由“专区”提供专业化服务，并为此承担相应的税费。每个“专区”都承担单一的服务功能，如供水、住房和社区发展、卫生、医院、学校、机场、垃圾收集与处理、污水处理、公共交通、图书馆、高速公路、自然资源、工业区等。“专区”根据服务项目的具体内容，确定征税或收费的标准。

根据美国对专区的统计报告(陶希东,2016),大概有90%的特别区履行着单一功能,所涉及的部门按比例依次为:自然资源类(主要是防洪排涝、灌溉、水土保持)、消防、供水、住房和社区发展、下水;其次是殡葬管理、图书馆、公园与娱乐设施、道路、保健;最后是医院、教育、机场、供水以外的基础设施(包括电、气、公共交通等)及其他。

4. 税基分享

税基分享的理念很简单:选择某一区域财政收入来源,例如财产税或销售税,然后以反映区域需要的客观标准将该税分拨给具有成员资格的地方政府。一般而言,税基分享对经济发展和增长具有更为有效和平等的影响。考虑到地方政府服务和决策的分割阻碍了任何来自发展和增长政策的财富和收益分配的理性方式,税基分享有助于缓解分割的负面效应。相较两个地方成员同意共同购买商品或提供服务这一合作方式而言,税基分享的区域合作方式要求更大的结构变化。税基分享受到许多城市研究学者和实践者的推崇,被认为是一条解决城市地区内部税基不均和弱化地方成员之间经济发展竞争的有效途径。在实践中,各个地方在共享的税种和共享的比例上存在差别,相应的税基分享的运作模式也有所不同。

5.2　国际大都市区空间治理与区位功能结构优化:经验借鉴

从世界范围来看,目前在西欧、北美、日本等地区均出现了世界性的中心城市、大都市区,例如英国大伦敦地区、美国纽约大都市区、日本东京都市圈。研究伦敦、纽约、东京等大都市区政府治理改革并借鉴其成功经验,有利于拓展上海大都市区治理改革的思路。

本节首先界定国际大都市区的空间范围:

第一,伦敦大都市区大致相当于大伦敦地区范围。大伦敦地区由33个相对独立的行政区划单元构成,即下辖伦敦市(City of London)与32个伦敦自治市(London Boroughs)。

第二,纽约大都市区是全美国最大的都市区,以纽约市为核心,包括美国纽约州、康涅狄格州与新泽西州的一部分。

第三,东京大都市区大致相当于东京都市圈范围,属于东京的近郊通勤圈,受东京的辐射影响最为强烈,通常指包括一都三县(东京都、神奈川县、埼玉县和千叶县)。

5.2.1 大伦敦地区空间治理与区位功能结构优化

1. 大伦敦地区基本情况

伦敦位于英国东南部,跨泰晤士河下游两岸。伦敦是英国的首都,是英国的政治、经济和交通中心,也是英国的最大海港和首要工业城市。伦敦不仅是英国王室、政府、议会以及各政党总部的所在地,同时也是许多国际组织总部的所在地,其中包括国际海事组织、国际合作社联盟、国际妇女同盟、社会党国际等。

伦敦大都市区大致相当于大伦敦(Greater London)规划的区域范围。大伦敦地区由33个相对独立的行政区划单元构成,即下辖伦敦市(City of London)与32个伦敦自治市(London Boroughs)。大伦敦表现为三级圈层结构。中心区由伦敦城构成,面积约2.6平方公里;伦敦城外12个自治市构成大伦敦内圈层,称为内伦敦(Inner London),面积约310平方公里;其他20个自治市构成外伦敦(Outer London),面积约为1 279平方公里。

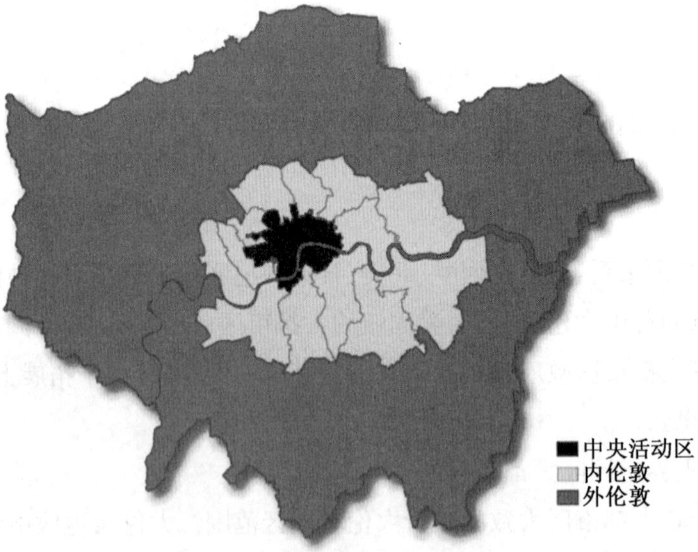

图5.1 大伦敦地区行政区划图

资料来源:http://www.londonnasuwt.org.uk/。

2. 大伦敦地区治理结构和空间治理方式

在英国地方自治政治文化传统的影响下,早期的伦敦并没有形成统一的大都市区政府。1994年,针对地方发展的战略协调问题,中央政府决定在各大区域设立"政府办公室",从而就有了"伦敦政府办公室"——中央政府在伦敦下派的办事机构,专事伦敦地方层次的战略规划和协调发展。根据 1999 年的《大伦敦市政府法案》(*Greater London Authority Act*, 1999),大伦敦市政府(Greater London Authority, GLA)于 2000 年经选举成立。该法案对大伦敦市政府的组织机构构成、运作方式、大伦敦市政府与各自治市的权力分配等做了明确的法律规定。大伦敦市政府统辖整个大伦敦地区 32 个自治市和 1 个伦敦城,负责交通、警察、消防与紧急规划以及区域发展战略的制定和推行;在自治市层面上,主要的公共事务由自治市政府负责。

治理结构上,大伦敦地区实行"大伦敦市政府——自治市议会"的双层治理结构。大伦敦与自治市之间不是隶属关系,而是合作和协调关系,在法律上是各自独立的实体并且两级政府组织结构不同(高秉雄和姜流,2013;俞晓波,2014)。大伦敦市政府主要负责大伦敦地区整体的规划和治理,各自治市政府则负责对大伦敦市政府的战略予以执行并提供各自区域内的公共产品。在新的"两级制"下,大伦敦政府通过管理下沉和对更多的地方事务实行自我管理,实现了整合区域内社会资源的与提供良好公共服务。此外,大伦敦政府与自治市政府采取了职能异构设置,以此来保障地方的自治权和职能边界清晰。两级政府的职能边界都以法律的形式加以明确并固化,既保证了地方事务管理的有效性,又发挥了大都市区的资源整合和规模效应。

职能配置上,在整个大伦敦地区层面上,大伦敦市政府负责战略规划等政策的制定,并通过下属的伦敦警察局、伦敦交通局等四个功能实体提供警察、消防、交通以及紧急情况处理等职能,基本上不介入地方的日常公共服务。在自治市层面上,自治市政府提供除了消防、警察、交通及紧急情况处理外的所有公共服务。自治市职责范围内的公共行政事务都在自治市议会解决,不存在多层级的服务架构或审批权限。

(1) 伦敦市长和伦敦议会。

大伦敦市政府于 2000 年 3 月成立,由伦敦市长(mayor of London)和伦敦议会(London assembly)组成。伦敦市市长由选民直接选举产生,负责大伦敦市的对外联络和交往,制定大伦敦市的战略规划和各部门预算。伦敦议会有独立调查权,有权监督、质询市长以及向市长提出建议的权力。议员与市长同时选举产生,旨在监督市长的权力。

伦敦市市长日常工作主要有以下四个方面(张紧跟,2011):

第一,制定规划,主要涉及交通、发展计划、经济发展、文化和环境保护;

第二，制定年度预算；

第三，任命交通管理委员会成员和伦敦发展局理事会成员；

第四，通过城市空间发展战略——伦敦规划制定伦敦新建筑和土地利用的方针。

市长为五个政府组织制定年度预算，这五个组织被称为“大伦敦政府群体”，包括大伦敦政府部门、伦敦交通局、伦敦警察局、伦敦发展局和伦敦消防队。其中，伦敦交通局、伦敦警察局、伦敦发展局和伦敦消防队四个组织是具体执行市长的战略决策、履行相应职责的公共职能部门。

(2) 自治市及伦敦城。

大伦敦地区的32个自治市及伦敦政府部门的职能根据公众服务需求而设置，除涉及大伦敦市的共同事务外，包括教育、垃圾处理在内的社会服务事务等均由各自治市选举产生的议会负责执行(俞晓波，2014)。伦敦城是伦敦的金融中心和商业中心，有自己相对独立的管理机构。除政府机构外，行业协会和独立的功能性管理机构也在伦敦城的管理中发挥着重要作用。伦敦城管理委员会就是一个民间管理的理事会，由一个选举产生的常设机构和执行理事管理着这个城市的日常事务，其本身更多地代表着城内企业和居民的利益。

大伦敦与各自治区是新型的合作关系，即不存在上下级的隶属关系，两者在各自的范围内各司其职，互不干涉。制度设计充分考虑到了各利益主体的博弈，有利于实现利益各方的平衡和社会意愿的表达(生小刚等，2006)。各自治市因此可以在平等的层面上与市长及其所代表的大伦敦市进行交流和磋商，并在此过程中寻找各方能够接受的方案。

3. 大伦敦地区空间结构演变与发展：从郊区化与再城市化

伦敦在二战结束至20世纪70年代间，经历了由小汽车普及、新城、高速公路、郊区铁路的大规模建设而驱动的郊区化进程，这在一定程度上加剧了伦敦内城的衰落，该阶段城市人口分布特征以向郊区转移为主(吴唯佳等，2014)。为了缓解市区产业和人口过度集中给伦敦市带来的压力，1944年，《大伦敦规划》正式完成。该规划提出构建“内圈、近郊圈、绿带圈、外圈”的空间结构。1965年，大伦敦规划重新修编，并提出未来大伦敦主要沿东、西南、北三个方向的三条主要交通干道发展，逐步形成长廊地带。

20世纪70年代之后，日益暴露的内城问题和日益激烈的国际竞争促使政府重新关注内城，通过内城复兴带动回归性的再城市化进程，该阶段城市人口流动趋势以重返中心城为主。70年代中期，英国工党政府大幅削减新城建设计划，转而开始关注伦敦的内城改造。1978 年,伦敦正式颁布《内城法》,开始了对旧城的改造与保护。通过中心城与周边地区相互联动的平衡发展来构建合理的都市区空间结构已成为伦敦发展战略的重要原则,这一点在颁布的《伦敦战略规划白皮书》和《伦敦战略规划建议书》中都有所体现(安静文,2011)。许多民间资本开始重新流回伦敦中心,大量的办公、科研、文化设施、住宅在内城地区获得再生或者重建。

2004 年,《大伦敦空间发展规划》编制完成。此次规划理念在于:首先,通过实施"强化中心、照顾东部、侧重交通走廊"的空间发展战略强调和鼓励伦敦增长。其次,针对城市东扩西拓的现象,注重空间的竖向发展,提高开发强度,进行再开发和综合性功能开发,使伦敦成为紧凑型城市。最后,在尊重市场、侧重交通、兼顾公平的原则下,为确保伦敦全球城市的地位实施空间上的非均衡发展战略,即根据众多世界性和跨国性机构和活动的需要,将它们集中在中心城内伦敦。中央活动区(central activties zone)是伦敦此次规划的重点,是伦敦保持自身全球城市地位、展现城市魅力的核心区(吴唯佳等,2014)。该地区定位为:

伦敦地理、行政、经济、文化的中心;伦敦参加全球化的核心竞争地区;体现伦敦现代、活力、多元的地区。

4. 大伦敦地区人口和产业空间结构及优化调整

(1) 大伦敦地区人口空间发展演变。

大伦敦是英国最重要的人口居住区域。在过去 200 多年的时间里,大伦敦地区人口城市化经历了城市化—郊区化—逆城市—再城市化的空间路径循环(毛新雅和彭希哲,2013)。工业革命促使伦敦城市不断扩张,大量人口从城市涌向农村。然而,二战后英国政府为了降低大都市中心的人口压力,开始从政策层面引导人口向郊区和外围扩散。1946 年,英国通过了《新城法》,并于 1952 年进一步通过了《新城开发法》。英国建设新城的目标是建设"既能生活又能工作,内部平衡和独立自足的新城"。"平衡"即总人口和就业人口平衡、各工业岗位种类平衡、各社会阶层比例平衡。"独立自足"则要求新城拥有齐全的生活设施,在满足居民生活需求的同时,为他们提供就业岗位。在具体实施过程中,新城虽然在吸引伦敦市人口外迁方面的效果不太显著,但是对于截流外来人口进入中心城方面起到了重要作用。从而缓解了中心城居住环境进一步恶化的趋势,并在一定程度上分担了中心城的部分城市功能(安静文,2011)。20 世纪 40 年代以后,大伦敦等都市区与城市群区域进入了漫长的人口郊区化阶段和逆城市化(或反城市化)阶段。

20 世纪 90 年以来,大伦敦地区又出现了人口加速增长的状态,并且内伦敦人口增长快于外伦敦。在新的全球性金融、管理和专业服务的带动下,伦敦城市中心区人口再次开始增长，占城市总人口的比例也开始稳定甚至回升。内伦敦始终是整个都市区人口最密集的地区。这与内伦敦的政治、金融中心的城市功能是分不开的。城市功能集中，且在世界范围内具有较大影响使内伦敦承载了更多的人口。

(2) 大伦敦地区产业转型及空间变化。

伦敦是欧洲的中心城市之一，也是全球商业活动中心之一。从18世纪起，伦敦就成为了具有领导地位的全球金融中心。二战后，伦敦的第三产业产值、就业份额不断增高。随着地价、劳动力成本的不断上升，伦敦的产业结构不断升级，产业发展经历了制造业的向外迁移和中心区服务业的高级化过程。20世纪50年代，伦敦制造业就业占到总就业规模的1/3，到了90年代早期衰减到10%。位于中心区的港口、工业、仓储运输业等行业衰落，并向泰晤士河下游迁移，原有用地或被废弃或被改作服务业用地(吴唯佳等，2014)。70年代中后期，由于长期采取疏解政策的原因，大部分人口和产业迁出主城区，伦敦主城逐渐呈现萎缩态势。因此，伦敦市政府在新一轮新城规划中把城市建设的重心转向主城地位提升与设施更新建设。80年代以来，金融创新和信息化的迅速发展直接推动了整个大都市区服务业的发展。与区域性和国际性功能紧密联系的高端服务业在伦敦快速发展，商业和金融服务业就业占总就业的比重上升到1/3，创造了伦敦40%以上的财富。伦敦其他主要服务产业还包括文化、旅游、设计、零售和娱乐业，这类新增加就业往往指向城市中心区或者密集地区(吴唯佳等，2014)。

伦敦城至今仍保持着自中世纪开始的划分界限。伦敦城是英国大伦敦的32个郡之一，面积仅有2.6平方公里，因而也被称为"一平方英里(square mile)"。由于该地聚集了大量银行、证券交易所、黄金市场等金融机构，所以又称为伦敦金融城。伦敦是世界最强大的国际金融中心之一，众多全球性的金融集团聚集在伦敦城这一狭窄空间内。在伦敦产业结构变化的过程中，相比外伦敦而言，内伦敦产业结构升级进程更快，产业结构特点更加鲜明。目前，第一产业在内外伦敦经济中所占的比重几乎可以忽略不计。房地产租售业在整个地区经济中占据了首要地位，排在内伦敦经济比重第二位的产业是金融中介业，远远高于外伦敦及全国水平。房地产租售业在外伦敦经济中同样占据首要地位。与内伦敦不同，占外伦敦经济比重排名第二名、第三名的分别是包括汽车销售在内的批发零售业、运输、仓储及通信业。

伦敦内部的区域发展水平有很大差异(宁越敏，2003)。中心区是伦敦最繁华的部分，东部是传统的工业区，已经历了持续的经济衰退，西部则在经济重建后出现了经济繁荣的景象。因此，不同区域应该有对其未来发展的专门探讨以解决特殊的问题，提供特别的机遇。随着经济全球化和知识经济的深入发展，为了增强国际竞争力和提高城市治理能力，伦敦先后四次制定实施了《大伦敦地区空间战略规划》。其中，2004 版伦敦规划做了分区的战略性规划，分区的目的主要是希望消除 32 个行政区的边界限制，希望片区内和片区与中心区之间形成良好的交通联系和产业互动。该版规划将伦敦分成了五个片区，分别是伦敦中部、伦敦东部、伦敦西部、伦敦北部、伦敦南部，并在此基础上确立各区域的功能、发展重点、何处应定性为“机遇区域”或“强化区域”。

伦敦在《2030 年大伦敦规划》中指出要强化金融业、航运业、旅游业、商业、文化产业、创意产业、咨询服务业等行业的国际竞争力，提升英国产业领域资源配置能力和国际话语权；“在不侵占其他开发空间的前提下，满足伦敦增长”，提升产业发展能级和密度，未来产业发展和布局将走集约化、复合化、融合化的道路。规划重点提出将伦敦建设成为一个英国和国际的创意产业和新的知识型经济中心，因此伦敦支持新兴的、有活力的增长和创新部门，如环保和创意产业，鼓励信息技术、研究以及商务智能的发展。同时也关注中小企业的发展，建设信息通信技术基础设施以电子信息支持中小企业发展(黄炜乐和肖扬，2017)。

5.2.2　纽约大都市区空间治理与区位功能结构优化

1. 纽约大都市区基本情况

纽约大都市区(New York metropolitan area)位于美国东北部，是全美国最大的都会区。纽约大都市区俗称大纽约，是以纽约市为核心。纽约市总面积为 828.3 平方公里，截至 2016 年，纽约市的人口总数已经超过 850 万，GDP 超过 9 000 亿美金，是全球金融贸易和文化中心。纽约大都市区包括美国纽约州、康涅狄格州与新泽西州的一部分，面积约 13 000 平方英里(约 33 670 平方公里)，是美国最重要的社会经济区域之一。

纽约位于美国东北部海岸哈德逊河口，是美国第一大城和最大海港，同时也是美国大公司的集中地，大银行、保险公司、律师事务所林立。世界各国大企业大多在纽约设有机构。联合国总部也在纽约。华尔街是纽约大都市区的一个重要的标签，它是美国金融业的象征，也是全球金融中心之一。全球最大的两个证券交易所——纽约证券交易所和纳斯达克证券交易所均将总部设立与此。纽约是美国文化、艺术、音乐和出版中心，有众多的博物馆、美术馆、图书馆、科学研究机构和艺术中心，美国三大广播电视网和一些有影响的报刊、通讯社的总部都设在这里。此外，纽约还是全美运输业最发达的地区，市内多数河流都通大西洋，港口规模巨大、设备优良。

2. 纽约大都市区治理结构和空间治理方式

纽约大都市区包括美国人口最多的城市——纽约市；长岛各县；纽约州的中哈德逊谷和下哈德逊谷；新泽西州最大的六个城市——纽瓦克(Newark)、泽西市(Jersey)、帕特森(Paterson)、伊丽莎白(Elizabeth)、特伦顿(Trenton)和爱迪生(Edison)及其周边地区；康涅狄格州的六个最大城市——布里奇波特(Bridgeport)、纽黑文(New Haven)、斯坦福德(Stamford)、沃特伯里(Waterbury)诺沃克(Norwalk)和丹伯里(Danbury)及其周边地区；以及宾夕法尼亚州东北部五县，包括该州第三大城市阿伦敦(Allentown)。纽约大都市区以纽约市为核心，纽约市由5个行政区组成，分别为曼哈顿区(Manhattan)、布鲁克林区(Brooklyn)、皇后区(Queens)、布朗克斯区(The Bronx)和史泰登岛(Staten Island)。纽约大都市区虽然没有形成统一的区域政府，但于1929年成立了区域规划委员会(Regional Plan Association, RPA)，之后又成立了大都会运输署(Metropolitan Transportation Authority, MTA)，这些跨行政区机构在横向协作、公众参与的基础上关注公众住房、交通、贫困、安全等区域问题。

在过去的90年间，区域规划协会始终是塑造纽约大都市区发展最具影响力的机构之一。20世纪初期，随着私人汽车的广泛使用，纽约市的人口与产业不断向纽约市的郊区及其周边地区蔓延。这一蔓延现象常常突破行政的边界，然而单个地方政府的治理能力并不足以充分满足该地区的交通、公共服务、环境保护与住房需求。纽约作为大都市带中的核心城市，其对周边地区社会经济影响和辐射范围远远超出了纽约市，甚至纽约州政府管辖的范围(谷海洪，2007)。要在更广阔的空间范围内进行规划配置，实现资源的帕累托效应，一个跨行政区域的规划是必不可少的。1921年，纽约区域规划协会(Regional Plan Association of New York, RPA)成立。1929年，RPA发布了《纽约及其周边地区的区域规划》(*Regional Plan of New York and Its Environs*)，在区域规划政策领域对跨政府和跨行政边界的合作进行了积极探索和实践，突出了政府、企业和社会等三方合作机制在区域规划中的作用。这个规划成为“世界上第一个关于大都市区的全面规划”。

该规划大力倡导政府与企业的合作，对纽约大都市区的交通、管理、社区系统产生了长远影响。这一被称为“第一次区域规划”的规划范围包括22个县、5 528平方英里。这次规划具有突出的区域视野，努力将城市和周边区域作为整体考虑，而面临的主要问题是如何适应城市爆炸式增长、物质空间建设落后于经济增长速度。1968 年，RPA 完成了大纽约地区第二次区域规划，规划的核心是通过“再集中”，也就是将就业集中于卫星城，恢复区域公共交通体系，以解决郊区蔓延和城区衰落问题。1996 年，RPA 发布第三次区域规划——《危机挑战区域发展》，规划的核心是凭借投资与政策来重建经济、公平和环境。通过重建经济、公平和环境推动区域发展，从而增加区域的全球竞争力。2017 年 11 月，RPA 发布第四次区域规划，规划面积约约为 33 670 平方公里，涉及 31 个县，规划人口约为 2 280 万人。这四次针对纽约大都市区的区域总体规划，其提出的关于基础设施投资、城市发展和环境保护的大部分提议都被采纳并最终得以实施。这些提议的实施提升了整个区域的发展质量和竞争力，为纽约市的发展开拓了广阔的腹地，四次区域规划所引致的数以亿计的基础设施投资和城市建设项目是令纽约在 20 世纪中期成为全球领先城市的重要支撑（孟美侠等，2019）。

RPA 的四次规划都将交通作为都市区发展的基石（孟美侠等，2019）。第一次规划提议通过高速公路和公共交通提高核心之外区域的可达性。第二次规划成功推动了联邦政府对公共交通的投资，并推动设立了纽约大都会运输署，对地铁、公交、通勤铁路和桥梁隧道的收费进行统一管理。第三次规划进一步强调公共交通网络对该地区发展的重要性。第四次规划建议对纽约大都会运输署与纽约港务局进行改革，并实现地铁系统的扩张与现代化建设，同时对区域铁路网进行扩张整合。大都会运输署负责管理包含纽约市五大区、纽约州 12 个郡、新泽西州及康涅狄格州部分地区内的交通运输，该机构拥有并管理纽约地铁、公共汽车及渡轮。其辖下单位包括纽约市公共运输局、大都会北方铁路、长岛铁路、斯塔滕岛铁路、桥梁暨隧道管理局以及大都会运输署公共汽车公司。

3. 纽约大都市区空间结构演变与发展：从“点”到“面”扩展

起初，美国东北沿海城市只在重要港口聚集形成少量经济中心，由于各城市间的联系较少，各城市呈斑点状分布，呈现出独立发展的状况。随着产业结构的变化和横贯大陆铁路网的形成，城市数量急剧增加，规模不断扩大，区域内的城市化水平不断提高（吴唯佳等，2014）。1920 年以后，中心城市规模继续扩大，城市发展不断地向周边郊区扩展，超越了建成区的地域界限。1950 年后是纽约大都市区发展的成熟阶段。此时，科学技术发展迅速，交通和通信革命随后而起，产业结构向知识密集型转变，加速了城市产业结构的优化。随着城市郊区化的出现，次中心区域开始形成，沿海交通主干线将各个中心城市及区域连接起来。

20 世纪 80 年代以来，纽约大都市区的空间扩展模式已经从“点”扩展到“面”（吴唯佳等，2014）。城市一方面不断通过改造和提升中心城区来增加城市吸引力；

另一方面在更大的范围内进行功能的整合与调整，通过区域合作扩大城市竞争力。纽约逐步与周边城市和地区共同组成城市经济区。

4. 纽约大都市区人口和产业空间结构及优化调整

(1) 纽约大都市区人口空间发展演变。

在工业化时期，纽约是美国最大的工业基地。郊区人口、工厂和企业纷纷向纽约聚集，城市规模迅速膨胀，加快了纽约城市化的速度。1920年以后，美国城市化开始进入郊区化发展的阶段。同时期，纽约城市人口猛增到619万人左右，由于城市规模的迅速膨胀，纽约中心城区出现了一系列的社会问题，迫使其城市发展战略不得不从城市化向郊区化转变。城市核心开始向外自然扩展，即都市区人口向郊区分散、核心地区的人口向非核心地区转移。二战结束后，一系列技术与交通革命的产生，为城市化的快速发展带来了契机。美国城市人口开始大规模地向郊区迁移——郊区化加速(张晓兰，2013)。20世纪80年代中后期至今，纽约进入再城市化阶段。政府和企业发展战略的双重调整，使得人口向中心城区转移。

(2) 纽约大都市区产业空间布局演变与发展。

早在19世纪，纽约就已经成为了一个经济功能齐全的大城市，不仅是美国的制造业中心，还是金融商贸中心。工业革命开始后，纽约充分利用资本与劳动力优势，主要发展皮革、服装、机械制造和食品加工等资本和劳动力密集型产业，制造业得到了迅速发展。到了19世纪后期，纽约已发展成为全美最大的制造业基地，直到现在，印刷和服装制造仍然是纽约重点发展的制造业(张晓兰，2013)。

二战后，美国科学技术发展迅速，交通和通信革命随后而起，产业结构向知识密集型转变，加速了美国城市产业结构的优化。20世纪70年代，美国经济正处于转型时期。纽约自70年代以来，经历了制造业的快速萎缩和服务业的飞速发展过程。一方面，纽约的现代服务业占据明显的优势，尤其是金融保险业和房地产业，交通运输和商业等以城市居民和国际游客为主的行业类型也显示出一定的优势；另一方面，纽约的制造业主要以服务城市居民生活的消费品生产为主，以高档消费品制造为主的皮革和相关制造品制造相对发达。相对于制造业而言，技术密集型和知识密集型等生产性服务业的聚集效应更为明显，逐渐成为第三产业的主体。同时，纽约市的很多服务行业彼此间的业务联系紧密，如律师事务所、房地产公司、交通通信服务部门、金融部门、广告设计部门、会计公司等，这使得纽约大都市区的服务行业进展迅速(张晓兰，2013)。

纽约“2040规划”《一个纽约——规划一个强大而公正的城市》对产业发展提出了三个促进措施，首先是发展高增长和高附加值产业，具体包括先进制造业(如清洁能源技术)、设计业、广告艺术业、电子商务和生命科学产业;其次加大产业基础设施投入,例如建立应用科学学校以提供产业人才,为初创生命科学研发企业建立实验空间,建立高端制造业网络共享制造业创新所需要的高科技技术以降低初创企业前期成本,加大对时尚设计产业的投入;最后通过简化办事流程、创造低成本的绿色办公空间等措施为小企业提供良好的成长环境(黄炜乐和肖扬,2017)。

5.2.3　东京都市圈空间治理与区位功能结构优化

1. 东京都市圈基本情况介绍

东京是日本的首都,是日本政治、经济、文化与交流等领域的枢纽中心。东京作为亚洲地区的顶级世界城市,其所在的周边区域是亚洲地区发展水平最高的世界城市区域。由于东京城市空间不断向周边扩张,形成不同层次的巨型都市圈,因而衍生出多个东京概念的层次(郑京淑和郑伊静,2013)。

第一层次,东京中心区主要由 23 个区组成,面积约 621 平方公里。通常所说"东京"指"东京 23 区"。

第二层次,东京都由"东京 23 区"、多摩地区以及岛屿地区(伊豆诸岛、小笠原群岛)共同组成的日本一级行政区,也是日本都道府县中唯一的都,总面积约 2 188 平方公里,人口 1 316 万。

第三层次,东京都市圈(东京大都市区),从东京都心向外扩张,半径约 50—70 公里同心圆范围内的区域,相当于东京的近郊通勤圈,受东京的辐射影响最为强烈,通常指包括一都三县(东京都、神奈川县、埼玉县和千叶县),面积约为 13 556 平方公里。

第四层次,首都圈:东京都市圈之外再包括外围的茨城、群马、枥木、山梨等四县,总面积为 36 274 平方公里。

2. 东京都市圈治理结构和空间治理方式

日本的地方政府分为两级,即都道府县和区市町村。都道府县和区市町村是相互独立的地方政府,两者之间不存在制度上的上下级关系,构成二重制的自治体(俞晓波,2014)。区市町村是第一层基础自治体,与居民较为贴近,而都道府县是包括了基础自治体的第二层广域自治体。都道府县的职能范围包括处理跨越众多区市町村的广泛区域内的事务,对区市町村之间调整、联络和劝告等事务以及普通区市町村难以处理的事务;而区市町村主要负责与居民生活相关的基础性事务,例如有关居民安全、保健以及环境保护等事务。这种关系也体现在东京都与区域内的区市町村的关系上。东京都政府负责具有一体性的功能,如消防、治安等,而区市町村等则以提供具体的公共服务为主。

1956 年,日本政府颁布了《首都整备法》,设立了首都圈整备委员会,负责首都圈规划工作。根据经济社会环境变化及时调整城市圈规划与城市规划、全国综合开发计划的关系。在规划实施阶段,负责协调与日本土地局、交通省等中央省局以及县、市地方自治体的关系,确保规划落实。1974 年,首都圈整备委员会并入了国土综合开发厅。2000 年,日本国土交通省大都市整备局将国土综合开发厅纳入其中,直接管辖东京都市圈的土地规划及交通圈建设等。2004 年,日本政府退出了全国性国土开发规划的编制,对首都圈的开发更多地转变为间接的政策引导与协调规划。

3. 东京都市圈空间结构演变与发展:从“一极集中”到“多心多核”

二战后,随着东京战后经济的复兴和人口的恢复增长,日本国内人口和大企业开始向东京聚集。东京“一极”结构造成了城市过度拥挤、城市规模无限扩张、城市功能过度集中等问题。为了解决中心区人口、产业和功能过度集中的问题,东京不得不向外扩张,进一步改变城市空间结构。日本政府从 20 世纪 50 年代制定首都圈规划开始到 20 世纪末完成的 5 次规划过程中,东京都市圈呈现出由传统的“一极结构”向“多心多核”转变的趋势(张晓兰,2013;张晓兰和朱秋,2013;李国庆,2017)。

1956 年 4 月,首都圈规划整治的基本法——《首都圈整治法》正式实施。1958 年,日本政府制定了《第一次首都圈建设规划》,主要仿照 1944 年大伦敦规划:一是提出建立卫星城市的方案,将东京外围 8—10 公里的地域规划为近郊地带,并保留部分绿地,防止东京都向周边地区无序扩张;二是调整东京城区的建设,将 8—10 公里近郊地带的外围区域规划为“城镇开发区”(张晓兰,2013)。1968 年,日本政府颁布了《第二次首都圈建设规划》,并对东京城市的空间结构进行了调整,实现了东京中心城区的大规模改造,而城市外围区域得到了开发建设。同时,区域内修建了铁路、公路等交通体系,缩短了城市间的通达时间。

在《第三次首都圈建设规划》中,日本政府设想形成首都圈区域多中心城市“分散型网络结构”,即多级结构的广域城市复合体,分散东京的中枢管理功能,培育都市圈核心区。第四次规划中日本政府进一步推进了首都圈从“一极集中”的地域结构向“多心多核”的结构规划转变,在一定程度上解决了东京城市的人口与产业的压力。1999 年,日本出台了《第五次首都圈建设规划》,其发展目标是将首都圈建设成为一个独立的、自主化的可持续发展的功能区域,设想构建区域多中心城市“分散型网络结构”的空间模式,增加东京外围区域近郊地带业务核心城市的数量。

4. 东京都市圈人口和产业空间结构及优化调整

(1) 东京都市圈人口空间发展演变。

二战结束后以来，日本经济发展并非在整个国土上呈现均衡发展态势，而是向东京、大阪、名古屋为核心的三大都市圈倾斜发展。在三大城市圈中，东京都市圈人口占全国总人口的比例持续上升。日本自1970年开始，人口合计特殊生育率开始低于联合国测算的维持人口长期稳定的人口置换率，且该值在2012年下降到了1.41。同时日本的人均寿命不断提高，由此出现了生育率下降、儿童减少、老人增加的少子高龄化趋势，且愈演愈烈。从人口年龄构成历年变化情况来看，东京都市圈范围内的人口与日本全国的年龄构成比例相似，均呈现出"老龄化、少子化"的状况(王德等，2013)。

虽然东京的人口总量持续增长，但是人口的自然增长曾一度下降。东京中心城人口增加主要源于机械增长。尽管日本总人口已经连续十年呈减少态势，但向大都市圈尤其是东京都市圈集中的趋势却依然持续。东京作为日本的首都，不仅是政治、行政中心，同时成为二战后的经济、文化、教育中心，因而发展迅速，其对人口的吸引力也远比其他大都市圈强得多。1980年以后，日本人口流动出现新趋势，人口流动从向包括大阪都市圈、名古屋都市圈在内的三大城市圈流入转变为朝向东京都市圈一极集中，这就意味着大阪都市圈、名古屋都市圈的人口流入出现减少。

(2) 东京都市圈的产业空间布局演变与发展。

从1950年开始，日本经济逐渐复苏，城市重建步伐加快，产业结构开始发生变化，出现了大规模制造业的空间集聚。大量的农村人口开始涌入城市，政府机关、公司总部和商业服务机构等在东京聚集。这一时期，东京逐渐形成了以资本密集型制造业为主导的产业结构(张晓兰，2013)。20世纪60年代，日本国土开发空间规划提出，环太平洋沿岸地区的建设以石油化工和钢铁等重型化工业为主，这一临海工业基地策略为日本经济高速增长奠定了重要的基础。此阶段，东京的产业类型从劳动密集型制造业为核心的产业转变为以资本技术密集型制造业为核心的产业。然而，由于大型制造业企业过度集中，东京中心区地价不断攀升，也导致了工业用地生产率不断下降，随之而来的便是城市产业结构的调整和转型，制造业开始向东京周边的城市转移(王德等，2013)。1972年日本颁布《工业布局鼓励法》，并根据该法确定了"搬迁鼓励区"和"布局接收区"。该政策的主要做法是：对迁出城市的组织和企业购买工业建设用地、税收实行优惠；对建设工业设施和相关建筑、购置有关设备给予贷款优惠。另外，国家还拨专款用于完善中小城镇的基础设施，以利于大城市的相关部门迁往这些地区。

20世纪80年代初期,随着东京产业结构的升级和人口的高度集聚,越来越多的跨国金融机构将总部设立在东京。东京的金融业迅速发展,服务业进一步向东京集聚。此时,第三产业成为城市经济的核心产业,推动经济的增长。这一阶段,东京基本完成了由制造业中心向经济中心的过渡,成为全国的生产要素配置中心和经营决策中心(张晓兰,2013)。到了80年代后期,东京已成为一个规模庞大、功能齐全的国际金融中心。

20世纪80年代末,经济全球化和信息技术的发展加快了东京都市圈生产性服务业的崛起。90年代后期,东京面临着产业结构转型、少子老龄化、国际化等不断出现的新挑战,也给城市发展提出了更高的要求。经过长期的发展,东京都市圈内各城市已经形成了明显的区域职能分工,各主要城市充分发挥优势产业,在都市圈内占据了重要的地位(张晓兰,2013)。东京集中了大部分政府行政机构、教育文化机构、批发零售业、住宿餐饮等服务行业,以及金融保险业、不动产业等,发挥着巨大的中枢作用。东京集中了大部分政府行政机构、教育文化机构以及金融保险业、不动产业等,发挥着巨大的中枢作用。神奈川县工业发达,是日本四大工业基地之一。琦玉县交通网络密集,是日本东部最重要的交通枢纽之一。在区域功能定位方面,主要表现为东京的副都,接纳了政府部分职能的转移。千叶县是日本重要的工业聚集地,并发挥着国际空港、海港、商务、国际交流等作用。

东京于2014年12月制定了新一轮城市规划《创造未来——东京都长期展望》,规划中提出刺激其国内经济增长,营造吸引人流和资本的商业环境,提高东京创意创新产业在全球的影响力(黄炜乐和肖扬,2017)。具体包括完善东京金融中心职能,将东京建设成为全球金融中心;增加具有高附加值的化工与药物研究所与企业,使东京成为全球生命科学产业中心;增加经济活力吸引初创公司,使东京成为世界级创业城市;促进中小企业的发展特别是机器人产业和医药产业。

5.3 上海建设全球城市背景下空间治理与城市区位功能结构优化

5.3.1 上海建设全球城市的核心功能与非核心功能

1. 全球城市和全球城市区域

1981年,美国经济学家科恩(Cohen)首次提出了全球城市(global city)的概念，将其定义为新的国际分工协调和控制的中心。1991年，美国社会学家萨斯基娅·萨森(Saskia Sassen)重新定义全球城市，将其定义为“管理和指导全球经济的战略基地”。一般认为，全球城市是城市发展的高级阶段和国际化的高端形态，是全球产业链的控制中心，是全球网络的主要节点。现代意义上的全球城市是全球经济系统的中枢和世界城市网络体系中的组织节点，是在全球化和信息化背景下，以全球城市网络化为基础形成与发展起来的那些具有广泛的经济、政治、科技和文化交流联系，在全球经济协调与组织中扮演超越国家界限的关键角色的现代化国际大都市(周振华，2008；周海蓉等，2018)。

全球城市的核心功能主要体现在其对全球高端资源和战略要素的配置功能上(周海蓉等，2018)。全球城市的核心功能主要具有四个性质：一是高效连通性。全球的人流、资金流、技术流和信息流等高端要素和战略资源能在全球城市实现充分连通，表现为多种中心功能的综合化和复合化，集全球金融中心、全球贸易中心、全球科技创新中心等于一体。二是核心枢纽性。全球城市是全球资源的配置中心和交互中心，贯穿全球生产链、创新链与价值链的核心环节，各类资源能够在这里实现高效流动和循环增值，通过更高效率的组合扩散到全球，产生集聚辐射效应。三是节点管控性。城市已不再单纯被视为一种场所、地点的空间，而是为“流动的空间”。全球城市占据全球城市网络体系顶端，对全球战略性资源、产业和通道实现占有、使用和指挥功能。通常节点层级越高，功能级别也越高。四是强力吸引性。人才正日益成为推动城市在经济、社会、文化等各方面不断实现可持续发展的催化剂和推动力。全球人才短缺的常态化和长期化趋势日趋明显，人才在全球进行流动的意愿不断增强。全球城市通常拥有丰沛活跃的文化氛围、舒适宜人的生态环境，能够更好地汇聚高端人才、释放人才潜力、发挥人才潜能。

经济全球化进一步强化了不同层级都市区在全球网络中的作用，带来了全球范围全新的地域空间现象——全球城市区域(global city region)。既不同于普通意义上的城市范畴，也不同于仅有地域联系形成的城市连绵区，全球城市区域是在全球化高度发展的前提下，以经济联系为基础，由全球城市及其腹地内经济实力较为雄厚的二级大中城市扩展联合而形成的一种独特空间现象(Scott, 2001)。放眼世界，纽约、伦敦等全球城市发展无不以具有强大影响力的区域为基础，依托的是以中心城市为核心的区域整体竞争力。全球城市在职能转变的同时，服务业高度集中，服务质量得到明显提高，成为高品质生活的代表(浦再明，2017)。然而，与此同时，人口集聚也将导致一系列新的社会问题，如住房、教育、交通、社会福利等。面对新的社会问题，全球城市区域正在逐步形成。全球城市区域可以解决城市扩张中的单一城市功能等问题，使得城市与城市之间通过地区的联系产生功能上的渗透与补充，协调平衡城市发展。

2. 上海全球城市核心功能的内涵

城市性质是一个城市在区域发展中所处的地位和所承担的主要职能，是城市建设的总纲。因此，城市性质可以看作一个城市核心功能的缩影。《上海市城市总体规划(2017—2035年)》明确了上海的城市性质，即："上海是我国的直辖市之一，长江三角洲世界级城市群的核心城市，国际经济、金融、贸易、航运、科技创新中心和文化大都市，国家历史文化名城，并将建设成为卓越的全球城市、具有世界影响力的社会主义现代化国际大都市"。

《上海市城市总体规划(2017—2035年)》中明确指出，要将上海建设成为与我国经济实力和国际地位相适应、具有全球资源配置能力的国际经济、金融、贸易、航运中心，科技创新中心和文化大都市。由此可见，经济、金融、贸易、航运、创新和文化这六大功能的完善和强化是推动上海加快建设成为卓越全球城市的关键所在，这从本质上反映了城市的全球资源配置能力和集聚辐射功能(周海蓉等，2018)。

未来，上海城市主要应有八大核心功能(肖林，2015)：一是资源配置功能，包括资本和资金交易、大宗商品与期货交易、技术交易、人力资源交易等。二是科技创新功能，包括研发、孵化、中试、技术成果交易等。三是门户枢纽功能，包括亚太航空枢纽、国际航运中心、旅游集散中心等。四是投资管理功能，包括总部运营、资产管理、财富管理、投资咨询、海外投资管理等。五是专业服务功能，包括会计、审计、咨询、律师、经纪、会展等生产性服务和国际教育、国际医疗等生活型服务业等。六是高端制造功能，包括关键设备制造、智能制造、精密制造和高科技含量的都市型工业。七是信息集散功能，包括信息收集、信息加工、信息发布、信息交易和通信枢纽等。八是文化交流功能，包括国际文化演艺、国际文化交流、国际时尚发布、国际文化产品交易、都市旅游、国际组织集聚等。这八大核心功能的本质特征是"创新"和"对外连通性"。除这八大功能之外的其他与"创新"和"对外连通性"无关的城市功能都属于上海城市的非核心功能。

3. 上海全球城市非核心功能的内涵

城市非核心功能是相对于核心功能的概念。目前来看，上海全球城市非核心功能主要载体可能出现在占用资源大、较为低端的、层次不高的劳动密集型低效产业和非高端非核心制造业，以及与"四个中心"建设距离较远的制造业和服务业，还有高污染、高耗能行业等(浦再明，2017)。

上海全球城市非核心功能主要有以下八类(王新军，2017)：

一是农林牧渔功能。包括农业、林业、畜牧业、渔业、农林牧渔服务业等功能。二是一般制造功能。除高端制造业以外的其他制造业，例如钢铁、有色金属、建材、化工、纺织印染、机械、造纸等污染较大、耗能耗水较高的产业。三是建筑功能。包括房屋和土木工程建筑、建筑安装、建筑装饰及其他建筑功能。四是交通运输、仓储和邮政功能。包括铁路运输、道路运输、管道运输、装卸搬运等交通运输功能；专门从事货物仓储、货物运输中转仓储，以及以仓储为主的物流送配功能；还有邮政和其他寄递服务功能。五是一般性批发和零售功能。批发功能包括批发商向批发、零售单位及其他企业、事业、机关批量销售生活用品和生产资料的活动；零售功能包括百货商店、超级市场、专门零售商店、品牌专卖店、售货摊等主要面向最终消费者的销售活动。六是房地产功能。包括房地产开发经营、物业管理、房地产中介及其他房地产活动。七是租赁和一般性商业服务功能。包括机械设备租赁、文化及日用品出租等租赁功能，以及职业中介、市场管理、旅行社、包装、保安等一般性商务服务功能。八是部分技术服务功能。指除去设计类行业，剩余的气象、地震、海洋、测绘等服务，技术检测、环境监测等专业技术服务功能。

4. 上海疏解全球城市非核心功能的重要意义

上海在建设全球城市的过程中，需要明确和把握好"核心功能"与"非核心功能"之间的关系。"核心功能"是推动上海成为卓越的全球城市的基本功能和关键功能；"非核心功能"不是一个贬义的概念，并不是上海建设全球城市所不需要的功能，只是这些功能对上海建设卓越的全球城市的发展目标不起决定性作用，对强化全球资源配置能力不起主导性作用(周海蓉等，2018)。

疏解上海城市的非核心功能对于未来上海建设卓越的全球城市具有重大意义：

一是有利于提升上海城市核心竞争力。上海人均 GDP 要远低于纽约、伦敦、东京等全球城市。其根本原因在于资源配置不合理，一些不符合城市发展要求的低附加值产业占用了大量资源。围绕全球城市核心功能的建设，上海需要处理空间资源的有限性和城市功能加速升级的矛盾(包晓雯等，2017)。疏解城市非核心功能有助于将有限的资源集中到核心功能和核心产业，提高资源配置效率和产出水平，提升上海作为全球城市的支配力、影响力和核心竞争力。

二是有利于促进上海城市可持续发展。近 20 多年来，上海单中心"摊大饼"式的空间发展模式明显，致使了中心城区交通拥堵、经济绩效低下、环境污染集中和房价上涨等诸多弊病，导致上海健康可持续发展受到了严重的制约与挑战(孙斌栋和黄鑫楠，2018)。最为突出的问题即交通拥堵日趋严重，降低了城市整体运行效率,造成了巨大的机会成本损失。交通拥堵、环境污染和高房价不利于宜居宜业城市的建设,损害了创业环境和投资环境。更重要的是,人口和经济活动过于集中于中心城区,进而造成空间失衡。《上海“十三五”规划(纲要)》提出四个硬约束指标:一是常住人口总量控制在2 500万人以内;二是建设用地总量控制在3 185平方公里以内;三是PM2.5年平均浓度下降到42微克/立方米左右;四是年能源消耗总量控制在1.25亿吨标准煤以内。如果不考虑疏解非核心功能,这四个硬约束指标一定会守不住,一旦被突破,人口、交通、资源、环境等压力将远超现在。疏解非核心功能是明确牢牢守住人口、用地、生态、安全4条底线约束的必由之路,有利于上海破解人口、交通、资源、环境等压力,促进城市可持续发展。

三是推进区域协同发展的需要。上海疏散非核心功能,有利于更好地发挥上海作为长三角城市群中心城市的龙头作用,促进区域一体化向更高层次发展。

5.3.2 上海疏解全球城市非核心功能的战略思路

1. 上海疏解全球城市非核心功能的战略出发点

上海全球城市非核心功能疏解必须对照全球城市建设目标,以全球城市核心功能建设为基准,以满足特大城市市民基本生活为底线,进一步提升城市核心功能和资源配置效率,优化城市发展环境,增强上海参与国际竞争和合作的能力,带动大上海都市区(圈)和长三角城市群协同发展(周海蓉等,2018)。

一是城市的核心功能和非核心功能是相互支撑的。城市的核心功能离不开部分非核心功能,有些功能虽然是非核心的,但如果不能很好地协调核心功能和非核心功能之间的关系,最终将对上海的全球城市建设产生负面影响。

二是并非所有的非核心功能都需要疏解。疏解城市非核心功能不是要将城市全部非核心功能疏解出去,而是要疏解不符合城市性质目标和资源禀赋条件,以及超出城市合理需要的一般功能。有些城市功能虽然不是上海建设全球城市的核心功能,但确是必不可少的保障功能,并不需要疏解。

三是非核心功能是有地域属性的。上海中心城区的非核心功能,到了郊区甚至是长三角某些区域就可能成为核心功能,关键要看这些功能的配置区域,如果在不合适的区域配置可能就是非核心功能,在合适的区域配置就有可能成为核心功能。

四是非核心功能的疏解应当具有多层含义。非核心功能疏解并不一定是完全丢掉这些功能,还包含“淘汰”“搬迁转移”“协同发展”等多重概念。例如,对上海产业负面清单中禁止发展的功能是需要淘汰的；对不适合在中心城区发展的功能，需要转移到外围地区；对不适合在上海市内发展的功能，周边城市又需要这类功能，则需要与周边城市协同发展。因此，部分非核心功能疏解之后，并不是就与上海的发展再无关系可言，只是在空间上实现适度分离，但在发展上仍然存在内在联动关系（周海蓉等，2018）。

2. 上海全球城市非核心功能的疏解重点

疏解上海城市的非核心功能，从当前看，主要从问题导向出发，应该重点疏解五类产业（肖林等，2016）：

一是"四高两低"工业。即高能耗、高污染、高占地、高风险、低技术、低效益产业，包括普通能源原材料产业、普通化工类产业、建材行业、印染行业、危险品生产行业、能耗与排放超过一定标准的一般制造业、中低端轻工行业等。二是一般加工贸易。包括技术含量和附加值较低的来料加工、来样加工和低端装配业。三是大量集聚外来人口的批发市场。包括传统的建材市场、轻纺市场、小商品批发市场、水产市场等。四是区域性物流仓储。包括黄浦江沿岸码头和仓储业、中心城区的铁路货运站等。五是部分为周边地区服务的医疗教育产业，包括合作医疗、中低端应用型教育等。通过疏解五类产业，缓解人口压力，减轻土地、资源、环境紧约束的矛盾，有效化解城市风险。

从长远看，主要从目标导向出发，按照全球城市"创新"和"对外连通性"的特征和要求，进一步疏解以下产业和功能：一是按照"两头在沪、中间在外"的要求，引导制造业中除核心制造环节外的其他不具备比较优势的制造环节逐步外移；二是引导不具有国际连通性特征的一般生产性服务业逐步外移，如各种后台服务等；三是将部分对区位和人才要求不高的研发中试和产业化基地逐步外移；四是将部分市场化养老产业外移，引导上海市民异地养老。

3. 上海全球城市非核心功能的疏解原则

上海全球城市非核心功能疏解要采取以下原则（王新军，2017）：

一是区域一体化要与城乡一体化相结合。上海城市功能疏解要与长三角区域一体化发展相结合，对不适宜在上海发展而周边城市能够承接的功能进行合作转移，协同发展。同时，对与上海生产生活有紧密关系又不必要在主城区布局的功能，要引导其向郊区转移，带动郊区发展，促进上海城乡一体化。

二是弹性疏解要与适度集聚相结合。上海城市功能疏解要充分尊重市场发展规律，以城市资源优化配置为基础，实行弹性疏解。另外，在功能疏解的同时，也要积极推进核心功能的强化与集聚，提升为居民生活服务的基本服务发展水平。

三是功能疏解要与产业、人口疏解相结合。进一步明确上海人口、土地等资源环境的约束底线，实现功能疏解与产业、人口的疏解相协调。促进中心城的人口与各类社会经济活动在全市的重新优化布局，合理控制中心城人口规模，解决各类城市病。

四是要分步实施、统筹推进。上海城市功能疏解必须要放眼长远，确定合理的疏解时序，针对不同阶段发展特征制定具体的疏解方案，明确时间表、线路图。另外，根据主城区各个区不同发展定位，制定差异化疏解方案，统筹推进全市功能疏解。

五是要采用市场与政府机制相结合的疏解机制，并对不同的作用主体实施差异化的疏解机制(孙斌栋和黄鑫楠，2018)。在市场经济条件下，政府虽然能改变企业区位抉择的环境，但并不能代替企业进行区位抉择。对于企业等市场化主体，应充分发挥市场机制的作用，遵循市场原则，依靠市场力量进行置换。政府一般发挥引导作用，创造条件，满足人们对方便快捷的区域交通、优质均等的公共服务等方面的基本需求，通过严格执行法律规章、制定鼓励政策和利用经济杠杆推动其向外疏解。对于行政机构、事业单位、国有企业和社会公共服务等主体和功能，行政机制和政府可作为的空间较大，能够结合相应的程序和规则发挥政府对资源配置等方面的促进与推动作用。

4. 上海全球城市非核心功能的疏解顺序和疏解时序

在疏解顺序方面，不同主体的疏解顺序应该有先后差异(孙斌栋和黄鑫楠，2018)。一方面，需要利用行政主体带动经济主体疏解。从已有的国内外发展经验看，行政资源在空间配置方面可以起到良好的推动作用，能够优化和改善城市空间格局。例如，东京都将政府办公机构迁往新宿区内，大量办公及商业设施等被吸引并在其附近形成集聚，成为副中心建设的强大动力。因此，疏解非核心功能可率先推动行政部门中具有较强配置能力的资源由中心城向副中心疏解，形成示范效应，进而带动其他社会资源的疏解。另一方面，需要根据解决问题的紧迫程度对疏解主体进行排序。破坏城市生态环境和威胁人们生活安全的产业与活动是最先要解决的，如高污染、高耗能的石化和钢铁生产；缓解交通拥堵紧随其后，如控制北部宝山和浦东港口集装箱货运量，缓解集卡带来的交通压力和安全隐患；提升城市功能则是长远目标，如疏解低附加值、用地不集约和劳动密集型的产业与企业。

从疏解时序来看，可以分为近期、中期、远期三个阶段：近期(2016—2020年)。以《上海产业结构调整负面清单》(2016)为指导，加快疏解不符合上海市产业发展要求的高耗能、高污染、高耗水的一般性制造功能。对于主要服务于上海以外人口的中心城内的公共医疗设施，严格控制其规模，如有扩张需求，在郊区为其寻找空间。中期(2021—2025 年)。弱化核心功能的非核心环节，逐步将其转移到中心城以外地区(包括郊区和周边城市)。对科技创新功能、技术服务功能、总部经济功能进行选择性地向郊区疏解。远期(2026—2030 年)。完成非核心功能的弹性有机疏解，形成完善的城市功能体系和多中心的功能空间布局体系。

5.3.3　上海疏解全球城市非核心功能的空间导向

疏解上海城市非核心功能，本质上是超大城市功能的合理布局问题。要按照建设全球城市的目标导向，将功能疏解与大都市地区空间战略相结合，优化城市功能的空间布局。上海全球城市非核心功能疏解的空间路径包括两种类型：一种是上海市域范围内的疏解，即将产业从中心城区疏解到郊区；另一种是市际的疏解，即将产业转移到上海市域以外。具体可以从四个空间层面疏解上海全球城市非核心功能：

一是在市域层面，主城区是上海全球城市核心功能的主要承载区，应大力提升主城区创新经济发展能级，促进金融、特色贸易、航运服务、文化创意、科技创新等现代服务业集聚发展，增强高端要素集聚和辐射能力，强化上海市作为全球城市的基本节点的全球资源配置能力(王新军，2017)。同时，要强化郊区新城作为长三角地区综合性节点城市的性质和功能。一方面，要将主城区过度集聚的，与核心功能关联度较高的非核心功能有序向郊区新城疏解，包括部分高端服务业的支撑功能、中高端制造生产功能、部分专业技术服务功能、研究与试验功能、教育医疗等公共服务功能等；另一方面，支持郊区新城依托制造业基础、创新成本较低、生态环境较好等优势，培育和增强科技创新、总部经济、文化创意等核心功能，防止郊区“塌陷”，增强郊区反磁力中心的作用(肖林等，2016)。

二是在上海大都市圈区层面，《上海市城市总体规划(2017—2035 年)》提出，将构建上海与苏州、无锡、南通、宁波、嘉兴、舟山等地区协同发展的上海大都市圈，依托交通运输网络培育形成多级多类发展轴线，推动近沪地区(90 分钟通勤范围)及周边同城化都市圈的协同发展。在大上海都市圈范围内，重点促进与苏州、嘉兴、无锡、南通、宁波、舟山等周边城市同城化发展，上海与这些城市更多是协同分工，可以把工业功能的生产环节、金融行业的部分后台服务环节、科技创新的孵化中试环节、航空的部分货客运等功能、港口物流运输功能、区域性商贸市场与仓储物流功能及部分农业生产等转移到这些地区(王新军，2017)。

三是在长三角区域层面，结合落实《长江三角洲城市群发展规划》，通过市场化手段，将产业链中下游环节以及上海不具比较优势的功能向长三角地区梯度转移，逐步形成各城市横向错位发展、纵向分工协作的发展格局。长三角城市群的其他范围内，以上海为核心，依托区域交通运输网络，分层次疏解上海城市非核心功能。例如，在长三角地区建立和完善上海的农产品、专业市场、健康养老、旅游、社会服务等方面的功能补给，疏解部分劳动密集型的一般制造业等（肖林等，2016）。

四是在全国层面，结合国家新一轮区域空间布局，主动服务"一带一路"建设、西部大开发、东北振兴和中部崛起等区域发展战略，将一些资源消耗较大产业和饱和产业向中西部能源产地和"一带一路"沿线国家转移，提高资源配置效率，带动中心地区发展。

5.3.4 上海全球城市跨界协同发展与空间治理能力提升

深度全球化和区域一体化是未来上海迈向全球城市的必然趋势，这将对上海未来城市治理产生重大影响。

1. 增强全球视野，提升上海城市治理效率和水平

在深度全球化背景下，未来上海城市治理的内涵、范围、层级都将大大拓展。要增强全球视野，拓展公共事务治理的边界和领域，把更多的全球性问题纳入城市治理体系中，积极参与国际规则制定，努力争取全球治理制度性权力，充分发挥上海在全球城市网络体系中的功能和作用。要理顺与跨国公司、国际组织等全球治理主体的关系，加强与国际组织和非政府组织的交流联系，吸引更多跨国公司在上海设立总部和分支机构，推动上海成为全球治理体系的重要节点（肖林，2015）。此外，上海还要提升跨文化背景下的治理能力，使城市治理更好地适应全球城市族群和文化多元化的要求。

2. 划分城市次区域，优化上海城市治理的层级结构

区级政区位于城市管理之中间层级，是大城市的基层行政区划单元，也是设置基层政府的主要空间载体，在城市治理领域有着相当的重要性（马祖琦，2006）。这表现在：区级政府上有市级政府，下有社区组织，既要处理好与上下级层面的关系，同时又要与周边其他市辖区保持协调。相应地，区级行政管理体制呈现出鲜明的双重属性，与之适应，"市—区"关系的处理也是城市行政管理体制改革的重要内容。

要优化上海超大型城市治理体制，科学界定市区之间的职责分工，切实减少不

必要的管理层级，构建扁平化的城市治理体系，提升城市治理效率和水平。在市域层面，按照区域空间结构和空间主体功能的差异，划分次区域进行差异化的政策安排。所谓城市次区域，是指突破市域行政区划框架、以区位功能作为依据的规划控制区。根据不同区域的区位功能定位、发展特征、资源禀赋、社会环境、生态条件等因素划定次区域，对次区域的区位功能体系、产业体系、基础设施体系、人口分布体系、社会事业体系等进行规划，并作出相应的土地利用规划。发挥市场机制和公共政策的作用，对各次区域的开发模式、开发强度、建设周期、管理模式实施分类指导和控制，实现多中心、组团式的城市发展模式。

在上海市域范围内建议划分 6 个次区域：

(1) 中心城区次区域：内环线以内地区，包括浦东陆家嘴金融贸易区。

(2) 浦东次区域：包括浦东新区除中心城区以外的区域。

(3) 沪东北次区域：包括杨浦区、虹口区、普陀区、静安区的内环线以外地段，以及宝山区和嘉定区。

(4) 沪西南次区域：包括长宁区、徐汇区的内环线以外地段，以及闵行区、青浦区、松江区。

(5) 杭州湾次区域：包括金山区和奉贤区。

(6) 海岛次区域：包括崇明、长兴、横沙三岛。

以上 6 个次区域即是各具特色的规划单元，又是内部统筹整合的发展板块。

3. 发挥核心作用，提升上海大都市区治理能力

快速轨道交通的建设不断扩大上海的生活通勤圈，在空间组织上需要将视角关注到上海大都市区周边地区，尤其是临沪地区。上海与周边地区虽然地理邻近、建设连绵，但存在着规划建设理念不统一、发展目标导向不一致、空间发展布局不对接等问题(熊健等，2019)。要从大都市区整体发展的角度出发，加强上海与周边城市在产业、空间布局、社会事业、环境治理等领域的协同。各地应发挥比较优势，处理好上海与周边城市、区域中心城市与中小城市的关系，通过错位发展与协同分工推动形成优势互补、各具特色的协同发展格局。

作为区域核心城市、龙头城市，上海应在区域治理的制度层面、市场层面、机制层面、监管层面等多个层面充分发挥核心作用(唐亚林和于迎，2018)。第一，制度层面，区域治理制度体系的核心内容既包括均等化、标准化、规范化的区域公共服务体系和区域治理制度体系，又包括区域公共治理的系统化机制体系。上海应主导区域公共治理的制度设计并贯彻落实，以切实推进大都市圈区域整体性治理进程。第二，市场层面，上海应主导建立统一规范的区域市场体系，包括市场准入机制、管理机制、产业和科技创新协同机制等，明确政府与市场权力边界，率先实现区域市场一体化。第三，机制层面，按照公共事务的不同属性，分拣出超越行政区范围的区域公共事务，将其在不同范围和层级的政府间进行有机配置。明确区域公共治理事权划分中的规划权、建设权、财权等核心内容所属类别，并将之与区域治理立法有机对接，推进区域治理体系与治理能力的法治化。第四，监管层面，建立系统化、科学化的区域治理绩效评估指标体系。通过广泛的调研和科学的论证，建立上海大都市区区域治理评估机制，以达到全面落实区域发展总体规划、提升区域治理质量等目标。

4. 强化协同联动，提升长三角全球城市区域治理能力

近年来，长三角区域合作步伐明显加快，长三角在由"行政区经济"向"城市群经济"转型的过程中取得了大量成绩，以上海为核心的长江三角洲全球城市—区域正在加速整合发展。虽然长三角区域一体化发展取得了大量成果，但也存在诸多问题。由于行政区之间的经济分割，使得生产要素和产品不能自由流动，地区间横向经济联系受阻，从而无法形成统一的要素市场和产品市场，对资源在空间上的合理配置产生较大影响。

长三角全球城市区域治理不仅要立足城市自身，更要注重不同城市间的相互协作以及城市内各个节点的协调发展，更大程度上打破行政区划的界限，在充分发挥市场机制作用基础上，构建多层次、网络化的协同治理机制，迈向一体化治理(肖林，2015)。上海作为长三角巨型城市区域的核心城市，要在区域协同治理中发挥更加重要的作用，尤其是牵头推进区域规划、优化区域产业布局、深化科技创新合作、加强环境污染治理等，推动跨区域公共产品的提供，为提升长三角整体竞争力作出重要贡献。

参考文献

Abrigo, M. R. M., and I. Love, 2016, "Estimation of Panel Vector Autoregression in Stata", *Stata Journal*, 16.

Brenner, N., 2002, "Decoding the Newest 'Metropolitan Regionalism' in the USA: A Critical Overview", *Cities*, 19(1):3—21.

Breslin, S., and R. Higgott, 2010, "Studying Regions: Learning from the Old, Constructing the New", *New Political Economy*, 5(3):333—352.

Frisken, F., and D. F. Norris, 2001, "Regionalism Reconsidered", *Journal of Urban Affairs*, 23(5):467—478.

Holtz-Eakin, D., and N. H. S. Rosen, 1988, "Estimating Vector Autoregressions with Panel Data", *Econometrica*, 56(6):1371—1395.

Krugman P. R., and A. J., 1995, "Venables Globalization and the Inequality of Nations", *Quarterly Journal of Economics*, 110(4):857—880.

Liu, W., 2014, "Research in Human Geography: Getting Closer to Society, Industry and the State", *Asian Geographer*, (31):161—165.

Savitch, H.V., and R. K. Vogel, 2000, "Paths to New Regionalism", *State and Local Government Review*, 32(3):158—168.

Savitch, H. V., R. K. Vogel, and L. Ye, 2010, "Beyond the Rhetoric: Lessons From Louisville's Consolidation", *American Review of Public Administration*, 40(1):3—28.

Scott, A. J., 2001, *Global City-Regions: Trends, Theory, Policy*, New York: Oxford University Press.

《2017年嘉善县国民经济和社会发展统计公报》

《2017年苏州吴江区国民经济和社会发展统计公报》

《2018年上海市青浦区国民经济和社会发展统计公报》

《2019年上海市政府工作报告》

《2019年上海市政府工作报告》，http://www.shanghai.gov.cn，2019年2月3日。

《青浦、吴江、嘉善2019年一体化发展工作方案》

《上海市青浦区国民经济和社会发展第十三个五年规划纲要》

安虎森：《增长极理论评述》，《南开经济研究》1997年第1期。

安静文：《世界城市空间结构比较及其对北京的启示》，首都师范大学硕士学位论文，2011。

包晓雯、曹贤忠、曾刚：《基于长三角城市群的上海全球城市非核心功能疏解》，《科学发展》2017年第11期。

毕安平、杨云燕、唐令玉：《南安市土地利用效率与产业结构升级》，《内江师范学院学报》2013年第10期。

陈翠芳、卢新海、刘茜等：《城市土地集约利用能提升经济增长质量吗?》，《资源与产业》2019年第3期。

陈军亚：《西方区域经济一体化理论的起源及发展》，《华中师范大学学报(人文社会科学版)》2008年第6期。

程栋、周洪勤、郝寿义：《中国区域治理的现代化：理论与实践》，《贵州社会科学》2018年第1期。

崔向华：《北京大都市区城镇化治理转型研究》，首都经济贸易大学博士学位论文，2015。

范剑勇：《市场一体化、地区专业化与产业集聚趋势——兼谈对地区差距的影响》，《中国社会科学》2004年第6期。

冯邦彦、尹来盛：《美国大都市区治理研究综述》，《经济学动态》2011年第4期。

冯之浚等：《区域经济发展战略研究》，经济科学出版社2002年版。

高秉雄、姜流：《伦敦大都市区治理体制变迁及其启示》，《江汉论坛》2013年第7期。

高骞、王丹：《提高土地利用效率推动高质量发展》，《科学发展》2019年第1期。

国家发改委：《长江三角洲区域一体化发展规划纲要》，2019年7月14日。

何敏、刘友兆：《江苏省相对资源承载力与可持续发展问题研究》，《中国人口·资源与环境》2003年第3期。

洪世键：《大都市区政治碎化与中国的大都市区治理改革》，《厦门大学学报(哲学社会科学版)》2015年第1期。

洪世键：《大都市区治理：理论演进与运作模式》，东南大学出版社2009年版。

洪世键:《基于新区域主义的我国大都市区管治转型探讨》,《国际城市规划》2010 年第 2 期。

侯赟慧、刘志彪、岳中刚:《长三角区域经济一体化进程的社会网络分析》,《中国软科学》2009 年第 12 期。

胡莹:《哈维的“时间—空间修复”理论刍议》,《桂海论丛》2012 年第 1 期。

黄炜乐、肖扬:《全球城市产业发展历程与战略解析及对上海的启示》,《城市建筑》2017 年第 4 期。

黄贤金、彭补拙、张建新等:《区域产业结构调整与土地可持续利用关系研究》,《经济地理》2002 年第 4 期。

黄宇驰、苏敬华、吕峰:《基于 SEP 模型的土地资源承载力评价方法研究——以上海市闵行区为例》,《中国人口 · 资源与环境》2017 年第 5 期。

[美]霍利斯 · 钱纳里:《结构变化与发展政策》,朱东海、黄钟译,经济科学出版社 1991 年版。

孔祥斌、张凤荣、李玉兰等:《区域土地利用与产业结构变化互动关系研究》,《资源科学》2005 年第 2 期。

李冠、童新华、张亮:《南宁市产业结构调整与土地利用结构变化关系研究》,《江西农业学报》2010 年第 7 期。

李广斌:《新时期我国区域规划理论革新研究——基于利益协调的视角》,华东师范大学博士学位论文,2007。

李国庆:《东京圈多中心结构及其对京津冀发展的启示》,东北亚学刊 2017 年第 2 期。

李菁、胡碧霞、匡兵等:《中国城市土地利用效率测度及其动态演进特征》,《经济地理》2017 年第 8 期。

李琴、程久苗、樊小凤:《安徽产业结构与用地结构变化的相关性分析》,《科技和产业》2008 年第 3 期。

李欣红:《国际区域一体化的经济效应分析理论综述》,《财经政法资讯》2007 年第 3 期。

李新刚、王双进、孙钰:《地承载力与经济发展的动态效应和耦合协调——基于京津冀城市群的实证研究》,《经济理论与经济管理》2018 年第 12 期。

刘洪颜:《基于主体功能区划的济南市产业布局优化研究》,山东师范大学,2015。

刘斯康、王水嫩:《用产业集群理论来规划新的产业布局》,《当代财经》2003 年第7期。

刘卫东:《经济地理学与空间治理》,《地理学报》2014年第8期。

刘志彪:《长三角区域经济一体化》,中国人民大学出版社2009年版。

卢新海、陈丹玲、匡兵:《产业一体化与城市土地利用效率的时空耦合效应——以长江中游城市群为例》,《中国土地科学》2018年第9期。

陆韬:《"大城市病"的空间治理——基于新城视角的大都市区城镇体系研究》,华东师范大学硕士学位论文,2013。

毛新雅、彭希哲:《伦敦都市区与城市群人口城市化的空间路径及其启示》,《北京社会科学》2013年第4期。

孟美侠、张学良、潘洲:《跨越行政边界的都市区规划实践——纽约大都市区四次总体规划及其对中国的启示》,《重庆大学学报(社会科学版)》2019年第4期。

孟媛、张凤荣、姜广辉等:《北京市产业结构与土地利用结构的关系研究》,《地域研究与开发》2011年第3期。

南京大学长江产业经济研究院:《长三角地区高质量一体化发展水平研究报告(2018年)》。

宁越敏:《国外大都市区规划体系评述》,《世界地理研究》2003年第1期。

宁越敏:《中国城市化特点、问题及治理》,《南京社会科学》2012年第1期。

彭颖、陈雪瑶:《国际大都市提高土地利用效率的经验与启示》,《科学发展》2018年第7期。

浦再明:《上海城市非核心功能疏解研究》,《科学发展》2017年第7期。

沈梦姣:《长江经济带产业空间布局优化研究》,东南大学,2017。

生小刚、李婷、张锦云、艾晓峰:《英国大伦敦市政府的组织机构及启示》,《国外城市规划》2006年第3期。

苏黎馨、冯长春:《京津冀区域协同治理与国外大都市区比较研究》,《地理科学进展》2019年第1期。

孙斌栋、黄鑫楠:《上海城市非核心功能疏解研究》,《规划师》2018年第9期。

孙鹏:《中国大都市主体功能区规划的理论与实践——以上海市为例》,华东师范大学博士学位论文,2011。

孙毓蔓:《新区域主义理论研究及其启示》,中南大学硕士学位论文,2013。

唐亚林、于迎:《大都市圈协同治理视角下长三角地方政府事权划分的顶层设计与上海的选择》,《学术界》2018年第2期。

陶希东:《美国大都市区治理的基本态势与发展趋势》,《社会科学》2016年第

4 期。

王磊:《城市产业结构调整与城市空间结构演化——以武汉市为例》,《城市规划汇刊》2001 年第 3 期。

王镝、唐茂钢:《土地城市化如何影响生态环境质量? ——基于动态最优化和空间自适应半参数模型的分析》,《经济研究》2019 年第 3 期。

王洪庆、朱荣林:《制度创新与区域经济一体化》,《经济问题探索》2004 年第 5 期。

王珏、陈雯:《全球化视角的区域主义与区域一体化理论阐释》,《地理科学进展》2013 年版。

王良健、李辉、石川:《中国城市土地利用效率及其溢出效应与影响因素》,《地理学报》2015 年第 11 期。

王晓飞:《上海经济发展与土地集约利用的耦合研究》,《上海房地》2012 年第 9 期。

王新军:《上海城市非核心功能疏解》,《科学发展》2017 年第 11 期。

吴唯佳、唐燕、向俊波、于涛方:《特大型城市发展和功能演进规律研究——伦敦、东京、纽约的国际案例比较》,《上海城市规划》2014 年第 6 期。

肖林、周国平、徐诤、高骞:《上海城市非核心功能疏解研究》,《科学发展》2016 年第 11 期。

肖林:《未来上海迈向全球城市的治理体系创新》,《科学发展》2015 年第 9 期。

熊健、孙娟、王世营、马璇、张振广、刘晟:《长三角区域规划协同的上海实践与思考》,《城市规划学刊》2019 年第 1 期。

熊竞、罗翔、沈洁、何文举:《从"空间治理"到"区划治理":理论反思和实践路径》,《城市问题》2017 年第 11 期。

闫昊生、孙久文、苏玺鉴:《土地要素:一个中国特色的政策工具》,《经济学家》2019 年第 5 期。

杨宏山:《美国城市治理结构及府际关系发展》,《中国行政管理》2010 年第 5 期。

叶林:《新区域主义的兴起与发展:一个综述》,《公共行政评论》2010 年第 3 期。

尹来盛:《政府碎化、都市治理与经济发展:基于机构集体行动的分析框架》,暨南大学博士学位论文,2012。

王德、吴德刚、张冠增:《东京城市转型发展与规划应对》,《国际城市规划》2013 年第 6 期。

俞晓波:《扁平化架构下的大都市政府结构研究》,武汉大学博士学位论文,2014。

袁政:《新区域主义及其对我国的启示》,《政治学研究》2011 年第 2 期。

张紧跟:《当代美国大都市区治理的争论与启示》,《华中师范大学学报》(人文社会科学版)2006 年第 7 期。

张紧跟:《新区域主义:美国大都市区治理的新思路》,中山大学学报(社会科学版)2010 年第 1 期。

张瑞萍:《大力推进产业生态化转型》,《甘肃日报》2019 年 7 月 24 日第 5 版。

张晓兰、朱秋:《东京都市圈演化与发展机制研究》,《现代日本经济》2013 年第 2 期。

张颖、王群、王万茂:《中国产业结构与用地结构相互关系的实证研究》,《中国土地科学》2007 年第 2 期。

赵可、张炳信、张安录:《经济增长质量影响城市用地扩张的机理与实证》,《中国人口·资源与环境》2014 年第 10 期。

赵毓芳、彭爱华、赵俊杰、王学新:《上海市产业结构调整升级的用地政策浅析》,《国土资源情报》2011 年第 11 期。

郑京淑、郑伊静:《东京一极集中及其城市辐射研究》,《城市观察》2013 年第 5 期。

中指院:《成为世界第六大城市群,长三角还差什么?》,凤凰网,2017 年 6 月 9 日。

周海蓉、张云伟、崔园园:《上海建设全球城市的核心功能与非核心功能研究》,《科学发展》2018 年第 1 期。

周振华:《崛起中的全球城市》,上海人民出版社 2008 年版。

朱正伟、盛群华、郑家臻:《推动长三角一体化示范区产业协同发展》,《党政论坛》2019 年第 9 期。

祝秀芝、李宪文、贾克敬等:《上海市土地综合承载力的系统动力学研究》,《中国土地科学》2014 年第 2 期。

张晓兰:《东京和纽约都市圈经济发展的比较研究》,吉林大学博士学位论文,2013。

图书在版编目(CIP)数据

2020上海城市经济与管理发展报告:长三角生态绿色一体化发展示范区建设与上海城市能级提升/上海财经大学上海发展研究院等编.—上海:格致出版社:上海人民出版社,2020.8
(自贸区研究系列)
ISBN 978-7-5432-3129-0

Ⅰ.①2… Ⅱ.①上… Ⅲ.①城市经济-经济管理-研究报告-上海-2020 Ⅳ.①F299.275.1

中国版本图书馆CIP数据核字(2020)第096281号

责任编辑 张宇溪 程 倩
装帧设计 路 静

自贸区研究系列
2020上海城市经济与管理发展报告
——长三角生态绿色一体化发展示范区建设与上海城市能级提升

上海财经大学上海发展研究院
上海财经大学城市与区域科学学院
上海市政府决策咨询研究基地"赵晓雷工作室"
上海市教育系统"赵晓雷城市经济与管理工作室" 编

出 版 格致出版社
上海人民出版社
(200001 上海福建中路193号)
发 行 上海人民出版社发行中心
印 刷 常熟市新骅印刷有限公司
开 本 787×1092 1/16
印 张 17.25
插 页 2
字 数 302,000
版 次 2020年8月第1版
印 次 2020年8月第1次印刷
ISBN 978-7-5432-3129-0/F·1304
定 价 69.00元